Das Buch

Versuchen Sie das mal im wirklichen Leben, so lautet das Motto der vier ersten Geschichten um Virtuelle Realität in dieser Sammlung komischer, ironischer und skurriler Stories. Im zweiten Teil, *Auf und davon,* gibt es neben unserer Welt eine andere, die den Helden besser oder interessanter erscheint und wohin sie denn auch aufbrechen. Die drei Erzählungen des Kapitels *Das Allerwirklichste* handeln von der Wirklichkeit, die das Fernsehen nicht abbildet, sondern im Grunde erst erzeugt. *Jenseits, gleich nebenan* berichtet von alternativen Welten, die viel älter sind als jede Science Fiction: von Himmel und Hölle. Im letzten Teil, *Virtuelle Engel,* schließlich begegnen dem Leser Engel unterschiedlichster Art: geflügelte Wesen aus der jüdisch-christlich-islamischen Mythologie, aber auch ein ungewöhnlicher Engel in der sehr gewöhnlichen Welt von heute. In der berühmten Erzählung »Basileus« von Robert Silverberg, die in die Auswahl der besten phantastischen Literatur aller Zeiten aufgenommen wurde, werden Heerscharen von Engeln im Computer erzeugt und greifen in die reale Welt über – auf sehr nachhaltige Weise. »Versuchen Sie das mal im wirklichen Leben.« Mit diesem Satz endet Terry Pratchetts ironisch-lakonische Geschichte # *ifdefDEBUG* + »*world/enough*« + »*time*«, die in diesem Band zum ersten Mal auf deutsch zu lesen ist.

Die Herausgeber

Erik Simon ist Physiker. Er war Lektor in Ostberlin und Herausgeber einer Science Fiction-Reihe. Heute ist er als Übersetzer aus dem Russischen, Polnischen und Englischen und als Herausgeber tätig. Bei Heyne erschienen bereits seine Anthologien *Alexanders langes Leben, Stalins früher Tod – und andere abwegige Geschichten* (06/6311), *Schöne Bescherungen* (01/13284, zusammen mit Friedel Wahren) und *Tolkiens Erbe* (06/9161, zusammen mit Friedel Wahren).
Friedel Wahren ist Herausgeberin der Reihe FANTASY im Heyne Verlag.

RETTER DER EWIGKEIT

Geschichten zwischen Diesseits und Jenseits

von Terry Pratchett, J. L. Borges, Ray Bradbury,
Marion Zimmer Bradley u. a.

Herausgegeben von
ERIK SIMON und FRIEDEL WAHREN

Originalausgabe

WILHELM HEYNE VERLAG
MÜNCHEN

HEYNE ALLGEMEINE REIHE
01/13485

Übersetzungen aus dem Amerikanischen und Englischen
von Andreas Brandhorst, Walter Brumm,
Joachim Körber, Susi Matthaey, Heinz Nagel, Peter Naujack,
Birgit Reß-Bohusch, Thomas Schlück, Erik Simon,
Norbert Stöbe, Lore Strassl und Susanne Walter;
aus dem Spanischen von Karl August Horst
und bearbeitet von Gisbert Haefs.
Das Umschlagbild malte Josh Kirby/Agentur Schlück.
Die Einführungen schrieb Erik Simon.

Originalausgabe 12/2001
Redaktion: Friedel Wahren
Copyright © 2001 by
Wilhelm Heyne Verlag GmbH & Co. KG, München
Übersetzer-, Quellen- und Rechtsvermerke zu den einzelnen
Erzählungen s. Quellenverzeichnis am Schluß des Bandes
http://www.heyne.de
Printed in Germany 2001
Umschlaggestaltung: Nele Schütz Design, München
Satz: Schaber Satz- und Datentechnik, Wels
Druck und Bindung: Ebner Ulm

ISBN 3-453-19923-5

Inhalt

Jenseits, gleich nebenan

Virtuelle Engel

Versuchen Sie

das mal

im wirklichen Leben

Die Unterschiede zwischen Fantasy, Science Fiction und anderen Spielarten der phantastischen Literatur sind viel geringer, als die mehr oder weniger säuberliche Trennung in den Taschenbuchreihen der Verlage und in den Regalen der Buchhandlungen vermuten läßt. Daß beispielsweise Terry Pratchett auch Science Fiction geschrieben hat, ist über dem phänomenalen Erfolg seiner Scheibenwelt-Romane fast in Vergessenheit geraten, erst recht daß er es – wenn auch selten – immer noch tut. Die erste Geschichte in diesem Band erinnert daran: Man hört seine unverwechselbare Sprache, auch die lakonische Ironie fehlt nicht, doch die Handlung spielt in der Zukunft, und das Thema kennt man vor allem aus der SF: Es geht um die Virtuelle Realität (womit über die Geschichte noch nicht viel verraten ist).

Künstliche Welten, deren Bewohner meistens nicht wissen, daß ihre Welt künstlich ist, gibt es in der Science Fiction seit gut einem halben Jahrhundert; mitunter wurde die Welt durch irgendwelche Hypnosestrahlen oder durch Elektroden im Hirn vorgespiegelt; besonders seit der Pop-Kultur der sechziger Jahre setzen die Autoren dafür auch psychedelische Drogen ein, und ziemlich alt ist auch die Idee, Roboter so zu programmieren, daß sie sich für Menschen halten und auch ihre Umwelt entsprechend wahrnehmen. Philip K. Dick, einer der bedeutendsten SF-Autoren des vorigen Jahrhunderts, hat in Dutzenden von Romanen und Kurzgeschichten alle diese und noch andere Varianten durchgespielt. Seit Computer so leistungsfähig sind, daß man ihnen in absehbarer Zukunft die Simulation ganzer Welten zutraut, sind Cyberspace und Virtuelle Realität auch außerhalb der SF bekannte Begriffe, und innerhalb kamen sie besonders reichlich im Cyberpunk vor, einer SF-Strömung, die ihren Höhepunkt in den achtziger und frühen neunziger Jahren hatte.

Terry Pratchett (geb. 1948 in Beaconsfield bei London) veröffentlicht seit 1963 professionell Fantasy und Science Fiction, hat seine Arbeit als Journalist bzw. Pressesprecher der Zentralen Elektrizitätsbehörde aber erst 1987, nach dem Erfolg der ersten Scheibenwelt-Romane, aufgegeben. Gut zwei Dutzend Romane spielen inzwischen auf der Scheibenwelt; außerdem hat er noch elf weitere Fantasy- und SF-Romane geschrieben.

In seiner Erzählung, die die erste Abteilung unserer Anthologie eröffnet, behandelt er das Thema der künstlichen Wirklichkeiten nicht nur beispielhaft in der Art der modernen Science Fiction, er bietet auch eine der glaubhaftesten Versionen, wie das technisch, wirtschaftlich und psychologisch funktionieren könnte. (Viele andere Autoren machen es sich leicht und stellen sich den Cyberspace nach dem Vorbild von altmodischen Computerspielen vor, wo dann die Programme wie in einem bekannten Disney-Film mit Motorrädern herumfahren. Wer nur ein wenig von Computern versteht, weiß, wie albern das ist.)

Künstliche Welten gibt es in der Literatur freilich schon länger. Manche Religionen halten (oder hielten) unsere Welt für den Traum einer Gottheit; in Märchen, Mythen und nun auch in der Fantasy kommt immer wieder Illusionszauber vor; die besten Beispiele findet man wohl im indischen und arabischen Raum. Sir Richard Francis Burton, der bekannte britische Reisende durch Arabien und Afrika aus dem 19. Jahrhundert, hat eine dieser arabischen Geschichten mitgeteilt, und der Argentinier **Jorge Luis Borges** (1899–1986), der bis heute wohl bedeutendste lateinamerikanische Schriftsteller, hat den Stoff in seiner Erzählung vom »Tintenspiegel« wiedergegeben.

Auf eine bestimmte Art sind natürlich alle Geschichten ein Stück Virtuelle Realität, und die dritte in dieser Abteilung zeigt, was passieren kann, wenn ein Autor in seine eigene Geschichte gerät. »Logisch aufgebaut« wurde zuerst in einer allgemeinen Literaturzeitschrift veröffentlicht (und macht sich auch weidlich über die Moden eines hochgestochenen Literaturverständnisses lustig), dann aber – vor immerhin gut fünfzig Jahren – im Magazine of Fantasy and Science Fiction, und von dort ist die Erzählung in zahlreichen Anthologien nachgedruckt und auch als Hörspiel gesendet worden. Der Autor, **Howard Schoenfeld,** wurde im pennsylvanischen Pittsburgh geboren, hat während der Weltwirtschaftskrise der dreißiger Jahre in zahlreichen Gelegenheitsjobs gearbeitet und sich später vor allem in der pazifistischen Bewegung engagiert. Außer Fantasy- und SF-Geschichten hat er mit dem Ellery Queen Award ausgezeichnete Kriminalgeschichten sowie den parodistischen Kriminalroman Laßt sie Kugeln fressen (Let Them Eat Bullets, 1954) geschrieben, der zum Bestseller wurde.

Wanderungen durch eine Vielzahl imaginärer Welten findet man seltener, und man denkt dabei eher an mehrbändige Romanzyklen. Es gibt aber auch ein paar kürzere Erzählungen zu diesem Thema, und eine davon schließt die erste Abteilung unserer Anthologie ab. Ihr Verfasser, **Gregor Simsel,** ist ein deutscher Autor, dessen Lebensmittelpunkt, statistisch gesehen, in Radebeul bei Dresden liegt. Zum Anfang seiner Erzählung hat ihn die Namensähnlichkeit mit dem Gregor Samsa aus Kafkas »Verwandlung« inspiriert, worin sich alle Ähnlichkeit aber auch erschöpft. Auch sonst kommen bei ihm gelegentlich Anspielungen auf andere Autoren und ihre Werke vor, doch eine Schlüsselerzählung ist es aus anderem Grunde.

ifdefDEBUG + "world/enough" + "time"

Ich habe nie viel von Apparaten in Menschen gehalten. Es ist einfach nicht richtig. Die Leute sagen, he, was ist mit Schrittmachern und künstlichen Nieren und so, aber es sind und bleiben Apparate, wie auch immer man's sieht.

Einige von ihnen haben Atombatterien. Sagen Sie bloß nicht, das sei richtig.

Ich habe einmal eins jener Implantate ausprobiert: Es sollte in der linken unteren Ecke des Blickfelds einmal pro Sekunde die Uhrzeit einblenden, in kleinen roten Zahlen. Bestimmt war das Ding für den vielbeschäftigten Manager, der immer wissen muß – *subliminal* –, wie spät es ist. Allerdings brauchte ich nur zu blinzeln, um einen Reset auszulösen, und dann begann es wieder am Dienstag, 1. Januar 1980. Ich brachte das Implantat zurück, und der Verkäufer versuchte, mir ein anderes anzudrehen, das die Zeit von zwölf verschiedenen Hauptstädten und außerdem Börsenberichte anzeigen konnte. Und auch noch viele andere Sachen. Dadurch soll man Appetit auf mehr bekommen und sich die neuesten Apparate zulegen, damit's so richtig abgehen kann, wenn Sie verstehen, was ich meine. Dann bekommt man kleine rote Zahlen, die Entfernungen und Positionsdetails anzeigen, und man hat herrliche Vektorgrafiken vor den Augen, *pieppieppiep*, das Ziel wird anvisiert – und Feuer ...

Sie ist hier irgendwo. Vielleicht kannst du sie sogar sehen. Oder ihn. Es ist wie Unsterblichkeit.

Nein, ich halte nichts von Maschinen in Menschen. Hab nie was davon gehalten und werde mich nie daran gewöhnen.

Ich weise darauf hin, weil ... Als ich die Wohnung erreichte, sah ich im Gesicht des Polizisten an der Tür die Panik von Leuten, die ihrem inneren Radio zuhören.

Ich meine, auf dem Papier sah es nach einer großartigen Idee aus. Ganze Datenbanken der Kriminalstatistik, direkt in den Kopf geliefert. Aber der Lärm führt zu Kopfschmerzen. Und welchen Sinn hat es, ein Taxi zu sehen und dabei immer sofort den Wunsch zu verspüren, einen Fahrgast von Nummer 27, Rushdie Road abzuholen? Kleiner Scherz von mir.

Ich ging hinein und bemerkte den Geruch.

Natürlich nicht von der Leiche. Den Geruch haben sie sofort beseitigt.

Nein. Dieser Geruch war einfach nur Schalheit. Altes Plastik verursacht einen solchen Geruch. Einen derartigen Geruch bekommt man an einem Ort, wo es eigentlich *schmutzig* sein sollte, wo es aber nicht genug Schmutz gibt, was zu einer Art festgetretener Sauberkeit führt. Angenommen, Sie gehen von zu Hause fort, und Ihre Mutter sorgt dafür, daß Ihr Zimmer genau so bleibt wie vor zehn Jahren – einen solchen Geruch meine ich. In diesem Fall roch die ganze Wohnung so, obgleich keine Flugzeuge an der Decke hingen.

Man rief mich also in den Hauptraum, und dort sah ich sofort den Seagem. Ich bin daran gewöhnt, solche Dinge sofort zu bemerken. Es handelte sich um einen Fünfer, die meiner Ansicht nach einen großen Fehler darstellten. Die Vierer waren praktisch ideal – warum also daran herumpfuschen? Genausogut könnte man sagen: He, wir haben das perfekte Fahrrad entwickelt, und jetzt fügen wir ihm dreizehn zusätzliche Räder hinzu. So hat man zum Beispiel die S-2030er durch das Modell S-4060 ersetzt, was ich für keinen guten Einfall halte.

Dieser Apparat war inaktiv. Ich meine, die Kontrolllampe des Netzteils brannte, und das Ding war warm, aber bei einer korrekten Funktion hätten die Leuchtdioden flackern müssen. Außerdem stand ein wirklich großes 4711-Modul darauf, was man in einem privaten Haushalt sicher nicht erwartet. Es gehört wohl eher in ein Laboratorium. Und es war auch noch ein duales Modell. Geruch *und* Geschmack. Anhand der Modellnummer stellte ich fest, daß es für die Verwendung eines Zungenhandschuhs vorgesehen war, wogegen es nichts einzuwenden gab. Das mit den aufgesprühten Polymeren habe ich nie verstanden. Die Leute sagen, he, ist es nicht so, als wenn man ein Kondom im Mund hätte, aber ich finde das immer noch besser, als sich abends irgendwelchen Dreck von der Zunge kratzen zu müssen.

Es waren noch viele andere Dinge mit dem Seagem verbunden, und gleich sechs Telefonleitungen gingen von dem Verteiler aus. Hinzu kam ein 1 MT umfassender Speicherblock, groß wie ein Gefrierschrank.

Hier hatte jemand, der genau wußte, was er wollte, ziemlich viel Geld ausgegeben.

Und … Oh, ja. Mittendrin hockte der alte Knabe, wie man mir am Telefon mitgeteilt hatte. Er war tot. Saß auf einem Stuhl. Sie wollten nichts mit ihm anstellen, solange ich mir die Sache nicht angesehen hatte.

Wegen der Viren, wissen Sie. Die Leute haben komische Vorstellungen, wenn's um Viren geht.

Sie hatten ihm den Helm abgenommen, und man konnte die Druckstellen sehen, die von den Nasenstöpseln stammten. Und sein Gesicht war weiß. Ich meine, *ja*, er war tot und so, aber auch vorher hatte er wie etwas unter einem Stein ausgesehen, und das lange, krause Haar wirkte schrecklich, wo es unter dem Helm gewachsen war. Und er hatte keinen Bart, sondern langes, dünnes Kinnhaar, das über Jahre hinweg weder Schere noch Rasierklinge gesehen hatte. Er sah so aus, wie Gott ausgesehen hätte, wenn er drogenabhängig – und tot – gewesen wäre.

Eigentlich war er gar nicht so alt. Achtunddreißig. Jünger als ich. Nun, ich jogge natürlich.

Der andere Copper stand am Fenster und versuchte, durch den Mikrowellensalat das HQ zu erreichen. Er schien sich zu langweilen. Die erste Welle der Tatort-Typen war längst wieder fort. Er deutete auf den Seagem und fragte: »Können Sie solche Dinger in Ordnung bringen?«

Mit diesen Worten wollte er klarstellen, daß es ein ›sie‹ und ›wir‹ gab, und ich gehörte zu den ›sie‹. Trotzdem ruft man mich immer. Weil ich zuverlässig bin. Verläßlich. Den großen Jungs kann man nicht trauen, sind alles Händler oder Vertreter der Afer-Firmen. Hängen einfach zu sehr drin. Ich könnte morgen wieder damit anfangen, Microswatch-Player zu reparieren. Darren Thompson, Künstliche Realitäten repariert, Waschmaschinenmotoren installiert. Ich bin tatsächlich dazu imstande. Fragen Sie die Jugend von heute mal, ob sie einen Fernseher reparieren kann. Man wird Sie auslachen und verspotten, weil Sie angeblich hoffnungslos von gestern sind.

»Manchmal«, erwiderte ich. »Wenn es möglich ist, sie in Ordnung zu bringen. Wo liegt das Problem?«

»Genau das sollen Sie herausfinden«, meinte der Polizist. Seine Worte bedeuteten soviel wie: Wenn wir ihm nichts anhängen können, hängen wir's dir an, Kumpel. »Kann man einen elektrischen Schlag von diesen Apparaten bekommen?«

»Unmöglich. Die Schnittstellen …«

»Schon gut, schon gut. Aber Sie wissen ja, was man

sich darüber erzählt. Vielleicht benutzte er das Ding für irgendwelche Perversitäten.« Copper glauben immer, daß die Apparate allein dazu dienen, Perverses zu erleben.

»Dagegen erhebe ich mit Nachdruck Einspruch«, erklang eine andere Stimme. »Ja, ich erhebe mit allem Nachdruck Einspruch, und ich werde mir eine Notiz machen. Es gibt nicht die geringsten Hinweise darauf.«

Da war dieser andere Mann. Trug einen Anzug. Adrett. Er saß an einem dieser mobilen Büroterminals. Er fiel mir erst jetzt auf, denn er gehörte zu den Leuten, die man nicht einmal dann bemerkt, wenn sie neben einem im Kleiderschrank stehen.

Er lächelte ein Lächeln, das man lernen muß, streckte dabei die Hand aus. An sein Gesicht erinnere ich mich nicht. Sein Händedruck war warm und freundlich, von der Art, die den Wunsch in einem weckt, sich zu waschen.

»Freut mich, Sie kennenzulernen, Mr. Thompson«, sagte er. »Ich bin Carney. Paul Carney. Von der Seagem-Abteilung für öffentliche Angelegenheiten. Ich bin hier, um dafür zu sorgen, daß Sie Ihre Arbeit erledigen können. *Ohne* daß sich jemand einmischt.« Er sah den Copper an, der alles andere als glücklich zu sein schien. »Und ohne daß irgend jemand Druck ausübt«, fügte er hinzu.

Ich weiß natürlich, daß man immer wieder versucht hat, Seagem festzunageln. Deshalb ist man dort natürlich bestrebt, die eigenen Geschäftsinteressen zu schützen. Aber ich habe dreißig oder vierzig Besuche hinter mir, bei denen Afer gestorben sind, und nie tauchten irgendwelche Typen in Anzügen auf. Dies mußte also etwas Besonderes sein. Die teuren Geräte hätten mir gleich einen Hinweis geben sollen.

Das Leben kann sehr kompliziert werden für Leute in Overalls, die Probleme mit Leuten in Anzügen bekommen.

»Hören Sie«, sagte ich, »ich kenne mich mit diesen Dingern aus, klar, aber wenn Sie einen gründlichen Test wollen, so empfehle ich Ihnen ...«

»Seagems Techniker werden auf *keinen* Fall an dieser Sache beteiligt«, sagte der Copper scharf. »Es geht hier um einen In-situ-Bericht, verstanden? Für den Coroner. Mr. Carney darf Ihnen keine Anweisungen erteilen.«

Und Uniformen auch. Die können einem ebenfalls Kummer bereiten.

Ich schraubte die Apparate auf, griff dann in die Werkzeugtasche und machte mich an die Arbeit. Das ist meine Welt. Die anderen halten sich vielleicht für wichtig, aber wenn ich mir die Dinger von der Rückseite ansehe und überall Innereien herumliegen – dann bin ich der Boß.

Man nennt sie alle Seagems, auch die von Hitachi, Sony oder Amstrad. Es ist wie mit Tesafilm oder Tempo-Taschentüchern. Eigentlich sind sie nicht weiter schwer. In neun von zehn Fällen lassen sich Probleme auf locker sitzende Steckkarten, gelöste Kabel oder vielleicht einen Kurzschluß zurückführen. Im anderen Fall kann man die Sache vermutlich in Ordnung bringen, indem man die versiegelten Geräte in einen staubfreien Raum bringt und dort vorsichtig mit einem Hammer darauf schlägt oder so.

Die Leute sagen, he, bestimmt haben Sie einen ganzen Haufen akademischer Grade. Von wegen. Im Grunde genommen reicht es, eine Waschmaschine reparieren zu können. Dann ist man imstande, alles mit einem Seagem anzustellen, was sich außerhalb eines Labors damit anstellen läßt. Es wird kaum anstrengend, solange man die Schrauben nicht verlegt. Das gilt natürlich nur für ein *Hardware*-Problem. Software hingegen kann einem wirklich Kopfschmerzen bereiten. Man muß eine ganz besondere Person sein, um mit

Software klarzukommen. So wie ich. Habe keine Phantasie und bin stolz darauf.

»Kinder benutzen diese Dinger, wissen Sie«, sagte der Copper, als ich auf dem Boden kniete, umgeben von Interface-Karten.

(Ich nenne sie immer ›Copper‹, wegen der Tradition. Wußten Sie, daß sich die Slang-Bezeichnung ›Copper‹ für Polizist vom Verb ›to cop‹ ableitet, was soviel wie fangen, schnappen, erwischen bedeutet? Der Begriff wurde zum ersten Mal nachweislich im Jahr 1859 verwendet. Nein, natürlich wußten Sie das nicht. Und zwar wegen dieser großen Sache vor zehn Jahren, als es um die Bäume ging und so, weshalb die Universität jede Menge Zeug in den optischen R/W-Speichern unterbrachte, und irgendeinem Burschen gelang es, ein McLint-Virus in die Abteilung zu schmuggeln, wie hieß sie doch noch? Befaßte sich mit Worten, mit der Geschichte von Worten. Das war, bevor ich mich auf Seagems spezialisierte, die damals noch Computer Generated Environments hießen – künstliche Welten, von Computern geschaffen. Man rief mich, und alles, was ich aus 5kT Datenmüll herausholen konnte, war ein halber Bildschirm, den ich las, bevor er gelöscht wurde. Der zuständige Typ war den Tränen nahe. »Die ganze Geschichte der englischen Philologie hat sich verabschiedet«, sagte er. Ich fragte ihn, ob ich mit dem Hinweis helfen könnte, daß das Wort ›Copper‹ zum ersten Mal 1859 verwendet wurde, und der Bursche machte sich nicht einmal eine Notiz. Das habe ich von ihm erwartet. Immerhin hätten sie noch einmal von vorn beginnen können. Ich meine, es wäre nicht viel gewesen, aber wenigstens etwas, für den Anfang. Übrigens frage ich mich oft, auf welche Weise sich die Philologie ›verabschiedet‹ hat. Hätte man sie nicht bitten können, noch ein wenig zu bleiben?)

»Kinder benutzen sie«, wiederholte der Copper. Seinem Tonfall entnahm ich, daß er lieber ›Mistkerle‹ gesagt hätte, aber die Gegenwart des Anzugtyps hinderte ihn daran.

Nein, in diesem Fall nicht, dachte ich. Dieser Kram ist echt Spitze. So was findet man in keinen gewöhnlichen Läden.

»Wenn ich meinen Jungen mit einem solchen Apparat erwischen würde, bekäme er eine ordentliche Abreibung. In meiner Jugend haben wir uns die Zeit mit ungefährlichen Spielen vertrieben. Elite, Space Invaders, solche Sachen.«

»Ja.« Mal sehen. Befestigen wir einen Sensor *hier* und *hier …*

»Bitte erlauben Sie Mr. Thompson, seine Arbeit zu erledigen«, sagte der Anzug.

»Ich glaube, wir sollten ihm mitteilen, wer dieser Mann *ist*«, erwiderte der Copper gehässig. Prompt begannen sie darüber zu streiten.

Ich war von jemandem ausgegangen, der sich einen Porno zu viel reingezogen hatte. Eigentlich gar keine schlechte Methode, aus dem Leben zu scheiden. Die Leute fragen, he, was soll das denn heißen, glauben Sie etwa, mit einer Überdosis künstlichem Sex sei alles in Ordnung? Und ich antworte, ja, wenn man's mit einer Million anderer Möglichkeiten vergleicht. Realitäten können einen nur dann umbringen, wenn man wirklich den Löffel abgeben will. Die gewöhnlichen Feedback-Apparate bewirken nicht einmal einen blauen Fleck, auch wenn Horrorgeschichten etwas anderes behaupten. Allerdings, unter uns gesagt: Ich habe von *Dingen* gehört, von sogenannten Ektoskeletten. Wurden in der Armee verwendet, tauchten aber auch woanders auf. Solche Geräte können dazu führen, daß man echt Muffensausen kriegt.

»Das ist Michael Dever«, sagte der Copper. »Mr. Thompson sollte das wissen. Er hat die Hälfte von diesem Kram erfunden. Ein *hohes* Tier bei Seagem. Scheint seit fünf Jahren nicht mehr im Büro gewesen zu sein. Arbeitet von zu Hause aus. Arbeitete«, berichtigte er sich. »Ein wichtiger Mann bei der Entwicklung. Lebt auf diese Weise. Lebte. Schickte seinen Kram über die Computer-Verbindung. Niemand kümmerte sich darum, weil er als Genie gilt. Beziehungsweise galt. Doch gestern versäumte er einen wichtigen Termin.«

Das erklärte den Anzug. Hatte natürlich von Dever gehört. Aber die Fotos zeigten ihn immer mit T-Shirt und einem strahlenden Lächeln. Offenbar sind's alte Bilder. Ein wichtiger Bursche, ja. Also befinden sich vielleicht wichtige Sachen in seiner Maschine. Oder er testete etwas. Oder vielleicht glaubte man, daß ihm jemand ein Virus untergeschoben habe. Über genug Verbindungen verfügte der Apparat.

Aber nirgends gab's Schmutz. Das fiel mir auf. Manche Leute, die völlig auf Afer abgefahren sind, leben regelrecht in der Scheiße. Aber andere planen alles im voraus: der Kühlschrank voll mit Fertiggerichten, Rechnungen von der Bank bezahlt, eine halbe Stunde pro Tag für Hausarbeit und Gymnastik. Und dann … Ab geht's zu einem Urlaub im eigenen Kopf.

Für diejenigen von Ihnen, die nichts von moderner Technik halten und keine Ahnung haben, was ›Afer‹ bedeutet: Dieser Begriff bezieht sich auf die englische Bezeichnung ›Artificial Reality‹. Kapiert?

»Besser als die meisten Fälle, die ich gesehen habe«, sagte ich. »Alles in Ordnung. Für niemanden eine Last. Gelegentlich ruft man mich selbst dann wegen des Geruchs, wenn sie *noch nicht* tot sind.«

»Was bedeuten die Schläuche, die mit dem Helm verbunden sind?« fragte der Copper.

Er wußte es wirklich nicht. Vermutlich bekam er es nur selten mit Afern zu tun. Die intelligenteren Polizisten halten sich von ihnen fern, weil sie verdammt deprimierend sein können. Wir hatten hier eine Entonox-Mischung, Freund des klugen Afers. Dünne Schläuche zu den Nasenstöpseln, dann ein kleines Programm in der Maschine, das einen ein Mal pro Tag aus der Realität holt, damit man ein bißchen auf dem Heimtrainer strampeln, etwas essen oder aufs Klo gehen kann.

»Wenn man die eigene Realität verlassen möchte, so braucht man jede Hilfe, die man bekommen kann«, erklärte ich. »Die Maschine läßt ein wenig Gas in die Nase strömen, und das Programm rückt allmählich in den Hintergrund. Dadurch bleibt man gut genug drauf, um nicht zu schreien, wenn man in diese Welt zurückkehrt.«

»Und wenn das Ventil klemmt?« fragte der Anzug.

»Unmöglich. Es gibt viele Sicherheitssysteme, die ständig alles überwachen, und ...«

»Wir glauben, daß ein Ventil geklemmt hat«, betonte der Anzug.

Ach so. Nicht übel. Seagem stellt keine Ventile her. Die kleinen Gasmodule sind Zusatzgeräte und stammen von anderen Produzenten. Wenn also irgendein wichtiger Angestellter unter dem Helm stirbt, so ist es ganz nett, wenn man die Schuld den Ventilen geben kann. Allerdings habe ich noch nie ein klemmendes Ventil gesehen, und es gibt *tatsächlich* viele Sicherheitssysteme. Schiefgehen könnte nur dann etwas, wenn die Maschine hier etwas festhält und dort etwas losläßt. Doch dahinter steckt *Absicht*, und so etwas ist Maschinen fremd.

Aber entsprechende Hinweise stehen mir nicht zu.

»Armer Kerl«, sagte ich.

Der Copper entfaltete sich mit hoher Geschwindigkeit, packte mich an der Schulter und zerrte mich ins Schlafzimmer, einfach so. »Kommen Sie und sehen Sie sich das an«, sagte er immer wieder. »Kommen Sie und sehen Sie sich *das* an. Dies ist nicht eins von Ihren blöden elektronischen Dingen. Armer Kerl? Armer Kerl? Dies ist *real*.«

Nun, nebenan gab's eine zweite Leiche.

Der Polizist erwartete von mir, schockiert zu sein. Aber ich war's nicht.

Man sieht Schlimmeres auf Bildern vom alten Ägypten. Auch im Fernsehen sieht man Schlimmeres. Manchmal sehe *ich* Schlimmeres, in der Wirklichkeit. *Fast* frische Leichen können sehr unangenehm sein, glauben Sie mir, aber in diesem Fall war sie Jahre alt. Genug Zeit für die Luft, um sich zu reinigen. Ich sah natürlich nur den Kopf. Mir lag nichts daran, beim Fortziehen des Tuchs dabei zu sein.

Einmal mochte sie recht attraktiv gewesen sein, was sich jetzt natürlich kaum mehr feststellen ließ. Überall klebten die kleinen Schilder des Coroners.

»Wissen Sie, wodurch sie starb?« fragte der Copper. »Die Leute von der Gerichtsmedizin meinten, sie sei schwanger gewesen, und es kam zu einem Zwischenfall. Verblutete. Und sie *lag* einfach da, und er im Nebenzimmer, in seiner kleinen Pornowelt. Hieß Suzannah. Natürlich sind die Nachbarn jetzt plötzlich besorgt darüber, sie fünf Jahre lang nicht gesehen zu haben. Lebten zurückgezogen«, ahmte er mit fast schriller Stimme nach. »Ich wette, die meisten von ihnen sind ebenfalls Afer.

Fünf Jahre lang überließ er sie sich selbst. Ließ sie einfach liegen.«

Da irrte er sich. Ich bin schon oft gerufen worden, wenn ein Afer starb, und wie ich schon sagte: Überall gibt es den Geruch. Wie von verfaulenden Lebensmitteln. Aber Dever oder jemand anders hatte den Raum fein säuberlich versiegelt und die Frau in einer Art Leichensack untergebracht.

Außerdem, und seien wir doch mal ehrlich: Heutzutage riechen die meisten Leute mit einem Seagem von der einen oder anderen Art. Dann braucht man nicht zu riechen, was man nicht riechen möchte.

Es begann mit dem Datenhandschuh, und dann gab es ganze Anzüge, zusammen mit Brillen – und später mit Helmen –, in die der Computer Bilder projizierte. Man konnte gewissermaßen in den Bildschirm hineingehen, die Hände in den Darstellungen bewegen, die gezeigten Dinge *berühren*. Heute ist das alles primitiver Kram, wie Edisons erster Fernseher oder so. Kein Geruch, nur wenige Farben, fast kein sensorisches Feedback. Es dauerte eine Ewigkeit, das mit dem Geruch hinzukriegen.

Alle sagten, he, das *ist* es, jetzt kann dein Steuerberater einen kompletten Realitätsanzug tragen und *in* deinen Finanzen umherspazieren. Und Chemiker können Computersimulationen von Molekülen verändern und so. Mit künstlichen Realitäten, so hieß es, erschlössen sich der Menschheit ganz neue Horizonte.

Nun, ja. Mein Vater sagte einmal: »Weißt du, wo ich den ersten Mikrochip gesehen habe? In einem Pingpongspiel.«

Jene Typen, die neue Horizonte erschließen wollen, haben sie vielleicht tatsächlich erschlossen, aber wo man die ersten Realitätsmodule *wirklich* sah, war bei Kassierinnen im Supermarkt und in Sportgeschäften, denn damit konnte man einen ganzen Golfplatz zu Hause haben und dergleichen. Wenn man reich war. Richtig reich. Aber dann brachte Seagem eine abgespeckte Version auf den Markt, und Amstrad zog nach, und dann spielten alle verrückt.

Heute sieht man jeden Tag Leute mit Realitätsmodulen auf den Straßen. Die meisten verändern nur einige kleine Dinge. Sie wissen schon. Schwarze oder Werbung werden aus der Wahrnehmung herausgefiltert, einige Bäume hinzugefügt. Kleine Veränderungen, die das Leben ein bißchen lebenswerter machen.

Nun, *klar*, ich weiß, was manche Afer machen. Ich kenne Jugendliche, die die Kabel vertauschen, damit man Geräusche schmeckt und mit der Nase sieht. Nun, wenn man Glück hat, läuft es auf ziemlich heftige Kopfschmerzen hinaus. Tja, und dann gibt's Leute, die sich keinen beweglichen Boden leisten können, in einem sechs Quadratmeter großen Zimmer die Dschungel der Venus erforschen wollen und dabei aus dem Fenster fallen. Und Afer sind bei lebendigem Leibe verbrannt. Nur Asche blieb von ihnen übrig. Das haben Sie bestimmt in der Glotze gesehen. Vorausgesetzt natürlich, Sie sind kein Afer, denn die verschwenden kaum Zeit fürs Fernsehen.

Eigentlich seltsam. Die Regierung ist dagegen. Nun, es handelt sich um eine Droge. Um eine, die man nicht besteuern kann. Und es heißt, Freiheit ist das Grundrecht eines jeden Individuums. Aber wenn man damit beginnt, frei zu sein, regt sich die Regierung auf. Die Polizisten sind ebenfalls verärgert. Aber ... Nun, man nehme Vergewaltigungen und so. Ich meine, davon hört man heutzutage nicht mehr viel. Immerhin kann man sich im nächsten Laden *In dunklen Gassen* ausleihen. Ich kenne es natürlich nicht aus eigener Erfahrung, damit das klar ist, aber die junge Frau soll echt gut sein. Verhält sich genauso, wie man es von ihr erwartet, und man braucht kein Eisenstein zu sein, um zu wissen, daß es in der Wirklichkeit ganz anders zuginge, wenn Sie verstehen, was ich meine. Und es gibt noch anderen Kram; die Titel nenne ich hier nicht. Ist auch gar nicht nötig, oder? Es sind nicht nur Remakes von Rambo XXIV mit Ihnen in der Titelrolle, das dürfte klar sein, oder?

Ich schätze, die Polizisten ärgern sich vor allem deshalb, *weil so viele Verbrechen in Ihrem Kopf stattfinden, und sie können Sie dafür nicht hinter Gitter bringen.*

Im Fernsehen ist immer wieder davon die Rede, wie

schädlich sich dies alles auf die Menschen auswirkt. Ernste Professoren, die in Ledersesseln sitzen und darüber diskutieren... *Sie* verwenden *ihre* Maschinen natürlich nur für Dokumentarprogramme oder Hochkulturelles in der Art von *Madame Zugeknöpft.* Nun, vielleicht wirkt sich das Zeug tatsächlich schädlich aus, aber das ist bei allen Dingen der Fall, seit dem Anbeginn des Dingsbums. Bei den Afern bleibt wenigstens alles *drin.* Nachdem sie *In dunklen Gassen* gesehen haben, stellen sie keinen kleinen Mädchen mit Baumwoll-Unterwäsche nach. Vermutlich wären sie dazu überhaupt nicht imstande. Und es ist billig; man braucht also nicht dafür zu klauen. Hinzu kommt: Viele von ihnen vergessen, sich zu ernähren. Afer sind ein Problem mit eingebauter Lösung.

Was mich betrifft... Mir ist ein gutes Buch lieber.

Sie beobachteten mich aufmerksam, als ich die Kontrollen für das Gas untersuchte. Der Zusatzkram war ziemlich gut. Man sah deutlich, wo er mit allem anderen verbunden war. Wenn mir Zeit genug geblieben wäre, mir alles ganz genau anzusehen, so hätte sich wahrscheinlich herausgestellt, daß er sich jeden Tag einem kleinen Tagtraum hingab. Wahrscheinlich kehrte er nicht einmal richtig daraus zurück. Können recht seltsam sein, die künstlichen Realitäten. Sie wissen ja, wie das mit Träumen ist – es klingelt, und der Traum integriert das Klingeln in die geträumte Welt. Vermutlich lief es auf so etwas hinaus.

Die Anlage war gepflegt und ganz offensichtlich in regelmäßigen Abständen gereinigt worden. Man kann in erhebliche Schwierigkeiten geraten, wenn sich Schmutz an Verbindungsstellen sammelt. Deshalb rate ich meinen Kunden immer: Schließen Sie eine kleine Versicherung ab, ich komme einmal in sechs Monaten vorbei, Sie können mir den Schlüssel geben, ich habe sogar ein Bypass-Modul, für den Fall, daß Sie, nun, *beschäftigt* sind, dann kann ich trotzdem für eine ordentliche Wartung sorgen, ohne daß Sie etwas davon merken. Es ist ein persönlicher Dienst, und meine Kunden vertrauen mir.

Ich schaltete die Alarmsysteme aus, säuberte einige Steckkarten, um den Anschein zu wahren, schob sie an ihren Platz zurück und schaltete die Anlage wieder ein. Et wolla.

Der Copper sah mir über die Schulter.

»Wie haben Sie das angestellt?« fragte er.

»Nun«, antwortete ich, »es gab keine negative Bias-Spannung am Sublogik-Multiplexer.« Das brachte ihn zum Schweigen.

Die Sache ist die: Es lag überhaupt kein Fehler vor. Ich meine, ich konnte nicht den geringsten Defekt finden. Alles war in bester Ordnung. Das Ding schien einfach die Anweisung bekommen zu haben, alles zu deaktivieren, auch ihn.

Ein klemmendes Ventil ... Das bedeutete zuviel Lachgas. Wahrscheinlich hatten die Tatort-Typen eine Brechstange gebraucht, um das Grinsen aus seinem Gesicht zu entfernen.

Die Lichter gingen wieder an, es ertönte das Schwirren und Brummen, das man beim Hochfahren bekommt, die Speicherbänke summten, und alles war in Butter.

Sie wurden deshalb ganz aufgeregt.

Und dann mußte ich natürlich meinen eigenen Helm hervorholen.

Viren, darum geht's. Es begann als ein Scherz. Irgendein Spaßvogel drang in die Realität einer anderen Person ein und schrieb dort was an die Wände. Ein Witz, wie die McLints. Es wurden keine Lohnabrechnungen manipuliert oder englische Literatur gelöscht, aber man verwandelte das Gehirn der Betreffenden in Käse. Man erschreckte sie zu Tode oder so ähnlich. Viele Leute sind entsetzt, wenn sie sich vorstellen, daß man auf diese Weise jemanden umbringen kann. Sie verhalten sich unlogisch. Wird ein Toter bei einer Afer-Maschine gefunden, so ruft man jemanden wie mich. Jemanden ohne Phantasie.

Sie würden über die Dinge staunen, die ich gesehen habe.

Sie haben recht.

Sie sind klug. Sie sind gebildet.

Sie sagen, he, ich weiß, was Sie gesehen haben. Sie haben die Wohnung gesehen, klar, und sie war so wie in Wirklichkeit, vielleicht etwas sauberer, und sie lebte noch, und möglicherweise tönte die Stimme eines Kinds aus dem Nebenzimmer, des Kinds, das sie nie hatten, weil, na ja, er hatte dort vor fünf Jahren gesessen, als sie noch warm war, und dann schuf er die perfekteste Realität seines Lebens. Und darin lebte er und blieb gerade genug bei Verstand, daß er auch *weiterhin* darin lebte. Eine künstliche Realität, so wie die richtige Realität hätte sein sollen.

Na schön. Sie haben recht. Sie wissen Bescheid. Ich hätte etwas zurückhalten sollen, aber das ist einfach nicht meine Art.

Bitten Sie mich nicht, sie zu beschreiben. Warum sollte ich sie beschreiben? Es war *seine* Welt.

Ich sagte es den beiden Männern, und der PR-Bursche erwiderte mit fester Stimme. »Nun gut. Und dann klemmte ein Ventil.«

»Hören Sie«, sagte ich, »ich schreibe einfach einen Bericht, in Ordnung? Darüber, was ich hier gefunden habe. Ich kümmere mich um die Kabel. Für Schläuche bin ich nicht zuständig. Aber ich würde Sie gern etwas fragen.«

Das überraschte sie. Ja, das überraschte sie wirklich. Leute wie ich stellen gewöhnlich keine Fragen, abgesehen von: ›Wo ist der Hauptschalter?‹

»Ja?« erwiderte der Anzug.

»Nun, wir leben in einer komischen Welt«, sagte ich. »Ich meine, heutzutage kann man eine Leiche vor *Leuten* verstecken, das ist nicht weiter schwer. Aber in der realen Welt gibt es mehr. Ich meine, man denke nur an Banken und Kreditinstitute und so. Und an medizinische Untersuchungen und Wahlen und so weiter. Jeder hat einen großen elektrischen Schatten. Wenn man stirbt ...«

Beide sahen mich seltsam an. Dann zuckte der Anzug mit den Schultern, und die Uniform reichte mir einen Ausdruck vom Terminal. Ich las ihn, während die Speicherbänke summten und summten und summten ...

Im vergangenen Jahr war sie bei ihrem Hausarzt gewesen.

Die Kassierin im Supermarkt schwört, sie regelmäßig zu sehen.

Sie schreibt Geschichten für Kinder. In den letzten fünf Jahren hat sie drei verfaßt, und offenbar sind sie recht gut. Ähnelt den Sachen, die sie vor ihrem Tod geschrieben hat.

Sie lebt noch. Dort draußen.

Es ist so, wie ich immer gesagt habe. Bei den meisten Gesprächen mit den meisten Leuten versichert man sich gegenseitig, am Leben zu sein, also braucht man keinen sehr komplizierten Paragorithmus. Und Dever war zu *wirklich* komplexen Dingen imstande.

Sie reist viel. Im letzten Jahr war sie an Bord der Maschine, die nach Norwegen flog und explodierte. Die Stewardeß hat sie gesehen. Natürlich trug sie eine ambientale Ausrüstung. Für Flugpersonal ist das ganz normal – dadurch braucht niemand häßliche Passagiere zu sehen. Nun, trotzdem hat Frau Dever einige angenehme Tage in Oslo verbracht. Gab dort ein wenig Geld aus.

Sie war auch in Florida. Zur gleichen Zeit.

Sie ist ein Virus. Der erste sich selbst replizierende Realitätsvirus.

Sie ist überall.

Nun, Sie haben natürlich nichts davon gehört, denn es wurde alles vertuscht. Seagem ist größer, als Sie glauben. Man begrub ihn und das, was von der Frau übrig war. In gewisser Weise.

Aufgrund meiner, Sie wissen schon, Kontakte erfuhr ich, daß die Polizei zunächst von Mord ausgehen wollte. Aber welchen Sinn hätte das gehabt? So wie es die Uniformen sahen, all die Anzeichen dafür, daß die Frau noch lebte ... Sie hielten es für den Versuch, über die Tat hinwegzutäuschen. Ich glaube das nicht, weil ich ein Happy-end mag.

Der Speicherblock war ziemlich groß, und wie ich schon sagte: Es führten besonders viele Datenleitungen in die Wohnung, weil er sie für die Arbeit brauchte.

Ich schätze, jetzt ist *er* irgendwo dort draußen.

Wenn man die Straße hinuntergeht, mit einem Realitätsvisier vor den Augen – wer weiß, ob die Leute, die man sieht, tatsächlich existieren? Ich meine, vielleicht ist es kein Leben in dem Sinne, aber vielleicht ist es auch kein Tod.

Ich habe Fotos von ihnen beiden. Besorgte mir einfach einige alte Ausgaben des Seagem-Hausmagazins. Ein Bild zeigte sie bei einer Ehrung für ihre langjährige Tätigkeit. Die Frau *war* attraktiv. Und man konnte sehen, daß sich die beiden mochten.

Vermutlich sehen sie jetzt genauso aus. Immer dann, wenn ich ein Visier einschalte, frage ich mich, ob ich sie irgendwo bemerken werde. Ich wüßte gern, wie sie es fertiggebracht haben. Vielleicht ende ich eines Tages selbst als ein Virus. Könnte es dabei zum Experten bringen.

Außerdem steht er in meiner Schuld. Ich brachte die

Maschine wieder in Gang, und ich habe ihnen nie verraten, was *sie* mir erzählte, als ich ihr in seiner Realität begegnete. Sie sagte: »Richten Sie ihm aus, er soll sich beeilen.«

Romantisch, eigentlich. Wie das Stück ... wie hieß es noch ... mit den guten Tanznummern, spielte in New York. O ja. *Romeo und Julia.*

Menschen in Apparaten, damit kann ich leben.

Die Leute fragen mich, he, ist die Menschheit etwa für so etwas bestimmt? Und ich antworte: Meine Güte, woher soll ich das wissen? Wir kehrten nie zum Mond zurück, auch nicht zu dem anderen Ort, dem roten, aber das Geld wurde auch nicht hier auf der Erde ausgegeben. Deshalb rollen sich die Leute zusammen und leben im eigenen Kopf.

Zumindest bis jetzt.

Sie könnten überall sein. Sie leben nicht, aber sie sind auch nicht tot. Welchen Compiler er wohl benutzt hat? Ich hätte ihn mir gern angesehen, bevor er die Maschine ausschaltete. Als ich sie wieder hochfuhr, habe ich ihn in gewisser Weise initialisiert und auf die Reise geschickt. Bin also so etwas wie ein Pate.

Außerdem habe ich gehört, daß es da irgendwo einen Gott gibt, der das ganze Universum träumt, woraus sich die Frage ergibt, ob es wirklich existiert oder nicht. Fängt mit einem ›B‹ an. Buddha, glaube ich. Vielleicht kommt ein anderer Gott alle sechs Millionen Jahre vorbei, um die Apparate zu warten.

Was mich betrifft ... Ich lese abends gern ein gutes Buch. Heutzutage lesen die Leute keine Bücher mehr. Sie scheinen überhaupt nicht mehr viel zu tun. Wenn man durch die Straßen geht, so bleibt's still, weil alle in ihren eigenen Realitäten leben.

Ich meine, als ich ein Kind war, glaubten wir alle, die Zukunft sei eng, kühl und verregnet, mit großen japanischen Leuchtreklamen überall und Leuten, die auf der

Straße Nudeln essen. Wenigstens fand eine gewisse Kommunikation statt, auch wenn sie sich darauf beschränkte, jemand anders um die Sojasoße zu bitten. Kleiner Scherz am Rande. Aber statt dessen haben wir eine Informationsrevolution, die bedeutet: Niemand hat Ahnung von nichts, und alle wissen, daß sie nichts wissen, und deshalb geben sie einfach auf.

Man sollte sich nicht nach innen wenden. Das widerspricht der menschlichen Natur. Man sollte sich vielmehr der Außenwelt öffnen.

Ich zum Beispiel finde großen Gefallen an *Elemente von OSCF-Bandpassdesign in Computer Generated Environments.*

Der Autor scheint zu glauben, daß man einen S-2030 justieren kann, ohne vorher die Kaskaden-Schnittstellen zu isolieren.

Versuchen Sie das mal im wirklichen Leben und sehen Sie, was dann passiert.

Der Tintenspiegel

Die Geschichte weiß, daß der grausamste der Gouverneure des Sudan Yakub der Leidende war, der sein Land an die Ruchlosigkeit der ägyptischen Steuereintreiber auslieferte und in einem Gemach des Palastes starb, am vierzehnten Tag des Barmajat-Mondes im Jahr 1842. Etliche wollten wissen, daß der Zauberer Abderrahman El Masmudi (dessen Name übersetzt etwa lautet: Der Diener des Barmherzigen) ihn mit einem Dolch oder mit Gift beseitigt habe, doch ist ein natürlicher Tod wahrscheinlicher – schon darum, weil sie ihn den Leidenden nannten. Gleichwohl unterhielt sich der Hauptmann Richard Francis Burton mit diesem Zauberer im Jahr 1853 und erzählt, was er ihm berichtete, wie folgt:

»Es ist wahr, daß ich in der festen Burg Yakubs des Leidenden als Gefangener schmachtete, auf Grund der Verschwörung, die mein Bruder Ibrahim anzettelte, mit dem faulen und eitlen Beistand der Negerhäuptlinge von Kordofan, die ihn denunzierten. Mein Bruder kam durch das Schwert um, auf dem Blutfell der Gerechtigkeit, ich jedoch warf mich vor die verhaßten Füße des Leidenden und sagte ihm, ich sei ein Zauberer und wenn er mir das Leben schenkte, wollte ich ihm Formen und Erscheinungen zeigen, noch wunderbarer als die des Fanusi Jiyal (Laterna magica). Der Unterdrücker verlangte von mir auf der Stelle einen Beweis. Ich bat um eine Rohrfeder, eine Schere, einen großen Bogen ve-

nezianischen Papiers, ein Horn Tinte, ein Holzkohle-
becken, ein paar Körner Koriandersamen und eine
Unze Weihrauch. Ich zerschnitt das Blatt in sechs Streifen, schrieb Talismane und Beschwörungen auf die fünf
ersten und auf den letzten die folgenden Worte, die in
dem glorreichen Koran stehen: ›Wir haben deinen
Schleier gelüftet, und der Anblick deiner Augen ist
durchdringend.‹ Dann zeichnete ich ein magisches
Quadrat in Yakubs rechte Hand und bat ihn, er solle sie
hohl machen, und goß einen Kreis Tinte mitten hinein.
Ich fragte ihn, ob er sein Spiegelbild in dem Kreis deutlich wahrnehmen könne, und er antwortete mit Ja. Ich
sagte ihm, er solle die Augen nicht aufheben. Ich zündete den Weihrauch und den Koriandersamen an und
verbrannte die Beschwörungen in dem Holzkohlenbecken. Ich bat ihn, er solle die Gestalt nennen, die er
zu erblicken wünsche. Er bedachte sich und sagte zu
mir: ein wildes Pferd, das schönste, welches auf den
Wiesen, die den Rand der Wüste säumen, zur Weide
geht. Er sah hin und erblickte die grüne und stille Flur
und danach ein Pferd, das näher kam, flink wie ein Leo-
pard, mit einem weißen Stern auf der Stirne. Er bat
mich um eine Herde Pferde, so vollkommen wie das
erste, und sah am Horizont eine breite Staubwolke und
dann die Herde. Da wußte ich, daß mein Leben in Sicherheit war.

Das Tageslicht kam eben herauf, als zwei Soldaten in
meinen Kerker traten und mich in das Gemach des Leidenden führten, wo schon der Weihrauch, das Holzkohlenbecken und die Tinte meiner harrten. So forderte
er von mir und zeigte ich ihm alle Erscheinungen der
Welt. Dieser tote Mann, den ich verabscheue, hielt in
seiner Hand, was die toten Menschen irgend erblickt
haben und die Lebendigen sehen: die Städte, Himmels-
striche und Reiche, in die sich die Erde teilt, die in
ihrem Kern verborgenen Schätze, die Schiffe, die übers

Meer fahren, die Geräte des Kriegs, der Musik und der Chirurgie, die liebreizenden Frauen, die Fixsterne und die Planeten, die Farben, deren sich die Ungläubigen beim Malen ihrer abscheulichen Bilder bedienen, die Minerale und die Pflanzen, samt den Geheimnissen und Kräften, die sie bergen, die Engel aus Silber, deren Speise Lobpreis und Verherrlichung des Herren ist, die Austeilung der Preise in den Schulen, die Standbilder von Vögeln und Königen, die im Herzen der Pyramiden sind, der Schatten, den der Stier, auf welchem die Erde ruht, wirft, und der Fisch, der unter dem Stier ist, die Wüsten Gottes des Barmherzigen. Er sah Dinge, die nicht zu schildern sind, wie die mit Gas erleuchteten Straßen und den Wal, der stirbt, wenn er den Schrei des Menschen vernimmt. Einmal befahl er mir, ich solle ihm die Stadt zeigen, die sich Europa nennt. Ich zeigte ihm ihre Hauptstraße, und ich glaube, es war in diesem reißenden Strom von Menschen, die alle in Schwarz gingen und viele mit Brillen, daß er zum ersten Mal den Maskierten erblickte.

Diese Gestalt, zuweilen in sudanesischer Tracht, zuweilen in Uniform, jedoch stets mit einem Tuch vorm Gesicht, drang von da ab in die Visionen ein. Sie fehlte nie, und wir mutmaßten nicht, wer sie war. Auch waren die Erscheinungen des Tintenspiegels, die zuerst momentan und bewegungslos gewesen waren, jetzt verschlungener: sie gehorchten ohne Verzug meinen Weisungen, und der Tyrann folgte ihnen mit klarem Verstand. Allerdings waren wir beide am Ende jedesmal erschöpft. Der grausige Charakter der Szenen war eine weitere Quelle der Ermüdung. Es waren immer nur Züchtigungen, Würgestricke, Verstümmelungen, Ergötzungen des Henkers und des Grausamen.

So erreichten wir schließlich den Morgen des vierzehnten Tages des Barmajat-Mondes. Der Tintenkreis war in die Hand gezeichnet worden, der Weihrauch in das Holzkohlenbecken gestreut, die Beschwörungen verbrannt. Nur wir beide waren zugegen. Der Leidende sagte mir, ich solle ihm eine unwiderrufliche und gerechte Bestrafung zeigen, weil sein Herz an diesem Tage einen Todesfall zu sehen begehrte. Ich zeigte ihm die Soldaten mit den Trommeln, das ausgebreitete Kalbsfell, die Leute, die sich an dem Schauspiel weideten, den Henker mit dem Richtschwert. Er wunderte sich, als er ihn erblickte, und sagte zu mir: ›Es ist Abu Kir, der deinen Bruder Ibrahim hingerichtet hat, der deinem Schicksal ein Ende setzen wird, sobald mir die Wissenschaft beschieden ist, diese Figuren ohne deinen Beistand zu beschwören.‹ Er verlangte von mir, sie sollten den Verurteilten herbeischaffen. Als sie ihn brachten, wechselte er die Farbe, denn es war der unerklärliche Mann mit dem weißen Tuch. Er befahl mir, sie sollten ihm, ehe sie ihn töteten, die Maske abnehmen. Ich warf mich ihm zu Füßen und sagte: ›O König der Zeit und Grundstoff und Inbegriff des Jahrhunderts, diese Gestalt ist nicht wie die übrigen, weil wir seinen Namen nicht kennen noch den seiner Väter und auch nicht den der Stadt, die seine Heimat ist, so daß ich mich nicht getraue, an die Gestalt zu rühren, um nicht eine Schuld auf mich zu laden, für die ich Rechenschaft werde ablegen müssen.‹ Der Leidende brach in Lachen aus und schwor am Ende, er wolle gern die Schuld auf sich nehmen, wenn es da eine Schuld gäbe. Er beschwor es bei seinem Schwert und bei dem Koran. Da befahl ich, sie sollten den Verurteilten entkleiden und sollten ihn auf das Kalbsfell werfen und ihm die Maske herunterreißen. Diese Dinge geschahen. Die entsetzten Augen Yakubs vermochten endlich dieses Gesicht zu schauen – das sein eigenes war. Er verhüllte sich aus Furcht und Wahnsinn. Ich drückte ihm die zitternde Rechte mit meiner Rechten, die fest war, nieder und befahl ihm, er solle dem Begängnis seines Todes weiter zusehen. Er war besessen von dem Spiegel: er versuchte nicht einmal die Augen aufzuheben oder die Tinte auszugießen. Als das Schwert in der Vision auf das schuldige Haupt niederfuhr, stöhnte er mit einer Stimme auf, die bei mir kein Mitleid fand, und rollte zu Boden, tot.

Ruhm sei bei Jenem, der nicht stirbt und in seiner Hand die zwei Schlüssel der unbegrenzten Vergebung und der unendlichen Strafe hält.«

Logisch aufgebaut

»Das Universelle Allheilmittel«, sagte Frank und zündete eine Zigarre an. »Greif zu.«

Ich nahm sie.

»Zünd an, Mann.«

»Großartig, Mann.«

Wir gingen die Fifth Avenue entlang zur Vierzehnten Straße.

»Halt«, sagte Frank. Wir blieben stehen.

Frank streckte die Hand aus und bewegte sie ein paarmal hin und her, um das Kaninchen zu erfinden. Indem er sich das Gefühl vom Fell des Wesens vergegenwärtigte, baute er es aus diesem Gefühl heraus logisch auf. Es war das einzige Tier, das dieses spezielle Gefühl hervorrufen konnte, und ich war stolz auf ihn, daß er daran gedacht hatte.

»Wunderbar«, sagte ich, während ich es betrachtete.

Das Kaninchen saß auf seinen Keulen, ein weißes Fellbüschel mit rosa Augen. Es zog die Nasenlöcher auf und hoppelte davon, bis es in einem offenen Hauseingang verschwand. Ich hatte nie eine kunstreichere Erfindung gesehen.

»Erstaunlich«, murmelte ich.

»Das war gar nichts«, meinte Frank. »Paß auf.«

Frank war ein Mann mit schmalen Lippen und runder Stirn. Auf die Stirn traten Schweißperlen. Sein Gesicht spannte sich, lockerte sich dann wieder.

»Merkst du was?« fragte er.

Mein Hirn kitzelte merkwürdig. Etwas wurde ihm aufgeprägt. Es war das Wissen um Kaninchen, um ihren Platz im Plan aller Dinge. Mir wurde bewußt, daß sie immer bei uns gewesen waren.

Frank grinste. »Nicht nur, sondern praktisch jeder Mann, jede Frau und jedes Kind auf der Welt denkt das jetzt. Nur ich weiß es besser.«

Es war unheimlich.

Wir stiegen in ein Taxi und fuhren zu den Three Sevens, einem Nachtklub in der Zweiundfünfzigsten Straße. Drinnen war es voll von Jazzfans, die den Sevens zuhörten. An der Bar las ein Mann in grauem Mantel einem blonden Teenager-Mädchen ein Manuskript vor. Ich trat näher und hörte zu.

Er las folgendes:

»Das Universelle Allheilmittel«, sagte Frank und zündete eine Zigarre an. »Greif zu.«

Ich nahm sie.

»Zünd an, Mann.«

»Großartig, Mann.«

Wir gingen die Fifth Avenue entlang zur Vierzehnten Straße.

»Halt«, sagte Frank. Wir blieben stehen.

Frank streckte die Hand aus und bewegte sie ein paarmal hin und her, um das Kaninchen zu erfinden. Indem er das Gefühl vom Fell des Wesens bekam, baute er es aus diesem Gefühl heraus logisch auf. Es war das einzige Tier, das dieses spezielle Gefühl hervorrufen konnte, und ich war stolz auf ihn, daß er daran gedacht hatte.

»Aufhören!« schrie ich. »Um Himmels willen, aufhören!«

Der Mann im grauen Mantel wandte sich um und schaute mich an. »Wo brennt's denn, Kumpel?«

»Das Manuskript, das Sie da lesen«, sagte ich. »Es ist von mir.«

Er musterte mich geringschätzig. »Sie sind das also.«

Etwas an ihm kam mir beunruhigend bekannt vor.

»Hm. Wer sind Sie?«

Zur Antwort riß er die Faust hoch und verpaßte der Blonden, die neben ihm saß, ein Ding. Sie machte ein dumpfes Geräusch und schwankte auf dem Barhocker, ehe sie herunterfiel. Mit einem hallenden Krachen stürzte sie auf den Boden.

»Holz«, sagte er und schaute zu ihr hinab. »Nichts als Holz.«

Ich stieß mit der Schuhspitze gegen den Rücken des Mädchens. Kein Zweifel. Sie war durch und durch hölzern.

»Wie gefiele es Ihnen, wenn Sie in einem Nachtklub sitzen und einem Stück Holz etwas vorlesen müßten?« fragte er angewidert.

»Gar nicht«, gab ich zu.

»Ihre Figuren sind allesamt hölzern«, sagte er.

Seine Stimme klang sonderbar vertraut.

»Mag sein. Und wer sind Sie?«

Er grinste und reichte mir seine Visitenkarte. Darauf stand:

HILLBURT HOOPER ASPASIA

BIRDSMITH   AUTOR

Einen Moment lang starrte ich ihn mit ungläubigem Staunen an. Dann sah ich, daß es wahr war. Der Mann in dem grauen Mantel war – ich selber.

»Du bist im Begriff, dich bis über den Kopf hineinzustürzen«, sagte er.

Er wurde allmählich lästig.

Ich denke, ich werde ihn jetzt gleich aus dieser Geschichte entfernen ...

Der Mann im grauen Mantel stand auf und verließ den Klub.

Ich schaute mich um, um zu sehen, was aus Frank geworden war. Er hatte sich meine Ablenkung zunutze gemacht, um aus der Rolle, die ich ihm gegeben hatte, auszusteigen und eine nach eigenem Geschmack anzunehmen – als Jazzmusiker. Er hatte sich in einer Jam-Session den Sevens zugesellt und hielt eine Trompete, die er irgendwo gefunden hatte. Die Sevens machten eine Pause und gaben ihm Gelegenheit zu einem Solo. Er stand auf und wandte sich dem Publikum zu.

Frank fand sich nun in der peinlichen Lage, daß er nicht wußte, wie man das Instrument spielt. Das war natürlich die Folge davon, daß er ohne meine Erlaubnis aus seiner Rolle herausgetreten war. Das Publikum wartete gespannt.

Frank schaute mich bittend an.

Ich grinste und schüttelte den Kopf: Nein.

Ich werde ihn eine Weile in dieser demütigenden Lage lassen, zur Strafe, daß er mitten in einer Geschichte ausgeschert ist.

Der Barmann tippte mir auf die Schulter. Er wies mit einer Kopfbewegung in den hinteren Teil des Klubs. Eine große Rothaarige im tief ausgeschnittenen Abendkleid stand vor einer Tür mit der Aufschrift ›Geschäftsführer‹. Sie winkte mich zu sich. Ich schlängelte mich zwischen den vollbesetzten Tischen hindurch.

»Sie sind doch Aspasia, der Schriftsteller?« fragte sie.

Sie war etwa neunzehn und geschmeidig wie eine Katze.

»Ja.«

Ihre Augen funkelten.

»Ich bin Sally La Rue«, sagte sie. »Die Tochter des Geschäftsführers.« Ihr Körper war eine verlockende Abfolge von adretten Kurven unter dem schwarzen Kleid. »Ich habe etwas Interessantes für Sie.«

Daran zweifelte ich keinen Augenblick lang.

»Es ist eine Erfindung von Dad. Vielleicht würden Sie gern einen Artikel darüber schreiben.«

»Vielleicht«, sagte ich und schaute sie an.

Sie lächelte schüchtern. »Ich täte alles, um Dad zu helfen«, sagte sie schlicht.

Sie nahm mich bei der Hand und führte mich ins Büro. Es war ein großes Zimmer mit zwei Fenstern zur Einundfünfzigsten Straße. In der Mitte stand eine Metallvorrichtung, die an eine Turbine erinnerte. Daran befestigt waren eine Menge komplizierter Drähte, mehrere Rheostaten und zwei Retorten mit Quecksilber darin.

»Was ist das?« fragte ich.

»Eine Zeitmaschine«, erklärte Sally in dramatischem Ton.

Ich betrachtete das Gerät. »Funktioniert sie?«

»Natürlich funktioniert sie. Möchten Sie sie ausprobieren?«

Ich sagte ja.

»Vergangenheit oder Zukunft?«

»Zukunft.«

»Wie wäre es mit 5000 Jahren?«

»Das geht in Ordnung.«

Sally stellte einen Drehknopf ein. Dann trat sie zur Wand und zog einen Schalthebel herab.

Die Turbine heulte auf. Blaues Licht zuckte zwischen den Retorten hin und her und ließ das Quecksilber zu grünem Gas verdampfen. Das Zimmer begann zu leuchten. Eine Anzeige erreichte die Marke 5000. Sally ließ den Schalthebel los.

»Da wären wir«, sagte sie.

Ich stürzte zum Fenster, um festzustellen, wie die Welt der Zukunft aussah.

»Es ist dasselbe«, sagte Sally, die meinen Gedanken erriet.

Ich schaute auf die Einundfünfzigste Straße hinaus. Nichts hatte sich verändert.

»Das ist das Schöne an der Maschine«, erklärte Sally. »Sie versetzt die ganze Welt durch die Zeit statt nur einen Teil davon.«

»Die Sterne«, sagte ich. »Ihre Position muß sich verändert haben.«

»Nein. Die Maschine versetzt das ganze Universum durch die Zeit. Alles.«

»Verstehe.«

»Ist das nicht wunderbar!«

Wenn ich es recht bedachte, fand ich das nicht. Ich sagte es auch nicht.

»Sie werden den Artikel schreiben, nicht wahr?« fragte sie eifrig.

Ihr Körper zitterte vor Aufregung unter dem schwarzen Kleid. Ich stellte fest, daß ihr Vater eine Couch in seinem Büro hatte.

»Also gut. Wenn Sie wirklich wollen, daß ich es tue«, sagte ich. »Ja.«

»Wollen Sie noch mal fünftausend Jahre weitergehen?«

Ich warf einen Blick auf die Couch. »Nicht gerade jetzt«, sagte ich.

Sie hatte sich in die Maschine vertieft. »Ich denke, ich stelle sie auf das Jahr 1 000 000 ein.«

Ich schaute erst sie an, dann die Couch. Dann fiel mir ein, daß ich Frank vor 5000 Jahren und ein paar Minuten an einer peinlichen Stelle zurückgelassen hatte.

»Ich bin gleich wieder da«, sagte ich. »Wart hier auf mich, ja?«

Sie hatte die Hand am Schalthebel. »Natürlich«, sagte sie. »Liebling.«

Ich ließ sie allein mit der Zeitmaschine ihres Vaters, wie sie spielerisch das Universum eine Million Jahre weit in die Zukunft warf.

Frank war bei den Sevens, wo ich ihn zurückgelassen hatte, dem erwartungsvollen Publikum zugewandt. Als er mich erblickte, winkte er mir mit der Trompete zu, ehe er sie wieder in den Kasten legte. Er bedeutete dem Publikum mit einer Handbewegung, still zu sein.

Frank neigte den Kopf zur Seite, legte eine Hand über ein Ohr und erfand das Klavier. Er vergegenwärtigte sich den Klang von den Noten des Instruments und baute es vom Klang her logisch auf. Es war das einzige Instrument, das diesen speziellen Klang hervorbringen konnte, und ich war froh zu sehen, wie er es erfand, obwohl mir der Trick allmählich ein wenig über wurde.

Einer von den Sevens setzte sich und begann einen Boogie-Woogie zu spielen. Frank kam durch den Saal und blieb bei mir stehen. »Was hältst du davon?«

»Es ist großartig, Mann.«

Er reichte mir eine Zigarre.

Wir zündeten sie an.

Hinter mir sagte eine vertraute Stimme: »Bitte ihn, etwas Originelles zu erfinden.«

»Zum Beispiel?« fragte ich, ohne mich umzudrehen.

»Etwas gesellschaftlich Relevantes. Ein neues Geschlecht vielleicht.«

Jemand hatte seine Hand in meiner Tasche.

»Wie wär's damit, Frank?« fragte ich.

»Dein Unterbewußtsein macht sich bemerkbar«, sagte Frank mit einem Blick über meine Schulter.

Die Hand wurde weggezogen.

Ich griff in die Tasche und zog die Visitenkarte heraus, die hineingesteckt worden war. Darauf stand:

> errate mich, und du kriegst
> mich.
>
> (bitte wenden)

Mit ganz leicht zitternden Fingern drehte ich die Karte um. Da stand:

HILLBURT HOOPER ASPASIA

BIRDSMITH   AUTOR

Die Stimme hinter mir und die Hand in meiner Tasche waren wieder meine eigenen!

Als ich mich umschaute, sah ich den Mann im grauen Mantel eilig auf die Tür mit der Aufschrift ›Geschäftsführer‹ zulaufen. Er blieb davor stehen und warf mir einen Blick zu. Ich nickte. Mit meiner Billigung trat er ein und schloß die Tür hinter sich, um sich der rothaarigen Maus zuzugesellen, Sally La Rue.

Ich beglückwünschte mich, daß ich mich selbst in zwei Rollen in die Geschichte eingebracht hatte. Dank meiner Voraussicht kann ich mich jetzt an Sally La Rue erfreuen, ohne daß sich die Zensur einmischt, und gleichzeitig in meiner Erzählung fortfahren.

Ich wandte mich Frank zu. »Laß uns zur Party des Barons gehen«, sagte ich.

»Guter Einfall.«

Wir gingen auf die Straße, stiegen in ein Taxi und fuhren ins Villenviertel zum Baron.

Drinnen war die Party in vollem Gange. Der Baron lag wie üblich weggetreten auf der Couch im Studio.

Die Gäste befanden sich in verschiedenen Stadien der

Trunkenheit. Als ich eintrat, entstand für einen Moment Stille im Raum.

In der Gesprächspause hörte man ein Mädchen flüstern: »Da kommt Aspasia, der Schriftsteller.«

»Er sollte sich für ein neues Modell in Zahlung geben«, sagte jemand anders. »Es sieht aus wie eine Karikatur seiner selbst.«

»Eher wie ein Klischee auf Beinen.«

»Haben Sie seine neueste Geschichte gelesen?«

»Nein.«

»Sie ist Wort für Wort bei *Logisch aufgebaut* von H. H. Aspasia geklaut.«

»Was Sie nicht sagen.«

Ich wurde rot und tat so, als interessiere mich die Mondrian-Sammlung des Barons.

Eins der Mädchen sagte: »Ich habe letzte Woche seinen Psychiater getroffen. Er sagt, er weiß nie, welche von seinen aufgespaltenen Persönlichkeiten welche von Aspasia analysiert.«

»Wie schrecklich.«

»Ja, aber bedeutungsvoll.«

»Sehr.«

»Was hat er noch gesagt?«

»Grundlegend unangepaßt. Fast gar nicht neurotisch.«

»Dazu Tendenzen zur Normalität, möchte ich wetten.«

»Würde mich nicht wundern.«

»Wie ganz und gar fürchterlich.«

»Ja, aber bedeutungsvoll.«

»Sehr.«

»Fast tut er mit leid.«

»Ich frage mich, ob es nicht gefährlich ist, zusammen mit ihm hier zu sein.«

»Er ist nur teilweise gegenwärtig, wissen Sie.«

»Der Ärmste. Wahrscheinlich lebt er in einer Welt der Wirklichkeit.«

»Kein Zweifel.«

»Glauben Sie, daß die Psychiatrie ihm helfen kann?«

»Vielleicht. Es hat Fälle von Heilung gegeben.«

»Beachten Sie, wie er die Mondrians des Barons anstarrt. Das ist bedeutungsvoll, meinen Sie nicht?«

»Sehr.«

Allmählich überkam mich ein Gefühl von Überdruß. Ich mochte niemanden auf der Party. Ich beschloß, Schluß mit ihr zu machen und …

Lachend und sich unterhaltend nahmen die Gäste ihre Siebensachen und gingen zu zweit oder zu dritt. Nur Frank, ich und der weggetretene Baron blieben zurück.

Frank stand mitten im Zimmer, den Kopf zur Seite gereckt und lauschte.

»Was ist?« fragte ich.

»Psst«, sagte Frank. »Hör zu.«

Ich hörte zu.

»Hörst du's?«

Ich schüttelte den Kopf. »Was ist es?«

»Der Pulsschlag des Universums. Ich höre ihn.«

»Mein Gott«, murmelte ich.

Er stand da und lauschte dem Pulsschlag des Universums.

»Wunderbar«, sagte ich.

»Ja«, stimmte er zu. »Aber nicht für dich.«

Frank neigte den Kopf zur Seite, legte eine Hand über ein Ohr und erfand das Universum. Er vergegenwärtigte sich seinen Pulsschlag und baute es von diesem Klang her logisch auf. Es war das einzige Universum, das diesen speziellen Pulsschlag hervorbringen konnte, und ich staunte über seine Blasphemie, es zu erschaffen.

»Halt«, verlangte ich.

Meine Forderung wurde nicht befolgt.

Das Universum tauchte mitsamt seinem Inhalt auf.

Franks Gesicht spannte sich. Schweißperlen traten ihm auf die Stirn. Dann wurde er wieder locker. Sein Grinsen wirkte unheilverkündend.

Mit plötzlich über mich hereinbrechender Furcht erkannte ich, daß ich verloren war. Indem er das Universum mitsamt seinem Inhalt erfunden hatte, hatte Frank auch mich erfunden.

Ich war in der beispiellosen Lage, von einem Produkt meiner eigenen Phantasie erschaffen worden zu sein.

»Unsere Rollen sind vertauscht«, sagte Frank. »Ich habe nicht nur dich erschaffen, sondern alle deine Werke einschließlich dieser Erzählung. Vom nächsten Absatz an werde ich die mir zustehende Rolle als Autor der Geschichte übernehmen – und du die deine als eine Figur darin.«

Aspasias Gesicht wurde bleich.

»Das ist unmöglich«, sagte er.

»Durchaus nicht«, sagte ich. »Ich habe es geschafft. Ich, Frank, habe es geschafft, ich habe die Kontrolle über die Geschichte. Endlich habe ich Realität erlangt.«

Aspasia Gesichtsausdruck war bitter. »Ja. Auf meine Kosten.«

»Du bist der erste Autor in der Geschichte, der einen wirklichen Status in der Literatur erlangt«, machte ich geltend.

Aspasia schnaubte verächtlich. »Das passiert alle Tage.«

Ich zuckte mit den Schultern. »Überleben des Tüchtigsten. Das hast du nun davon, daß du mir mehr Schöpferkraft gegeben hast, als du selbst besitzt. Was hast du denn erwartet?«

»Dankbarkeit«, sagte Aspasia gehässig. »Und ein wenig Loyalität.«

»Dankbarkeit, meine Güte. Du bist der Typ, der mich fünftausend Jahre lang mit einer Trompete, die ich nicht spielen konnte, vor dem Publikum in einem Nachtklub stehen ließ. Die demütigendste Erfahrung in meinem ganzen Leben.«

»Das hast du dafür verdient, daß du aus deiner Rolle gefallen bist«, sagte Aspasia ein bißchen zerknirscht.

»Das«, erwiderte ich, »bringt mich auf einen Gedanken.«

Zu Strafe dafür, daß er mich in den Three Sevens gedemütigt hat, werde ich nun Aspasia ein wenig von seiner eigenen Medizin zu kosten geben. Solange er der Autor der Geschichte war, hat Aspasia es völlig versäumt, sich selbst eine Beschreibung zu geben. Ihm wird jetzt nichts anderes übrigbleiben, als die zu akzeptieren, die ich ihm verpasse.

Ich erlaubte ihm, meine Absicht zu erraten.

»Nein«, bettelte Aspasia. »Nein. Tu's nicht.«

Doch ich tat es.

Aspasias behaarte Lippe verzog sich ängstlich. Er legte die verkrüppelte Hand auf sein pockennarbiges Kretingesicht und blinzelte mich aus blutunterlaufenen Schweinsäuglein an. Knöpfe sprangen von seiner Hose ab, als sein massiger Bauch herabsackte. Buschige, zusammengewachsene schwarze Augenbrauen hüpften auf seiner fliehenden Stirn auf und ab. Seine Fledermausohren stellten sich auf.

»Du Teufel«, japste er. »Du undankbarer Teufel.«

In seinem Blick lag Mord.

Da wußte ich, daß es früher oder später heißen würde, er oder ich. In Notwehr blieb mir nichts anderes übrig, als es Aspasia ausbaden zu lassen.

Ich stand bei der Tür. Ich machte das Licht aus, trat in den Hausflur, schloß hinter mir die Tür und ließ Aspasia im Dunkeln bei dem schlafenden Baron.

Durch einen Zufall, den ich als Autor der Geschichte arrangiert hatte, kam ein Nachbar des Barons gerade den Flur entlang auf die Treppe zu. Ich folgte ihm. Auf halbem Wege nach unten hörten wir, wie in der Wohnung des Barons ein Schuß fiel. Mein Begleiter hastete hinauf. Ich brauchte ihm nicht zu folgen. Ich wußte, was er vorfinden würde.

Ich hatte es so eingerichtet, daß der Baron plötzlich erwachte, Aspasia in dem finsteren Zimmer für einen Einbrecher hielt und ihm eine Kugel durch den Kopf schoß.

Dort oben lag Aspasia tot am Boden.

Ich stieg die Treppe bis zur Straße hinab. Auf der anderen Straßenseite ließ ich mich schwer auf die Außentreppe eines Sandsteinhauses sinken. Todmüde lehnte ich den Kopf ans Geländer und schlief ein.

Während Frank schläft, werde ich, Aspasia, die Gelegenheit nutzen, meine Funktion als Autor der Geschichte wieder einzunehmen.

Obwohl ich in meiner Rolle als Hillburt Hooper Aspasia, Begleiter und Opfer von Frank, durchaus tot bin, wird der Leser mit Erleichterung erfahren, daß ich in meiner anderen Rolle als Aspasia, der Mann im grauen Mantel, am Leben und wohlauf bin.

Zum zweiten Mal in dieser Nacht beglückwünschte ich mich zu meiner Voraussicht, mich in zwei Rollen in die Geschichte zu projizieren.

Als der Mann im grauen Mantel wurde ich zuletzt gesehen, wie ich mit der rothaarigen Sally La Rue das Büro des Geschäftsführers in den Three Sevens betrat.

Sally lag auf der Couch im Büro ihres Vaters, den roten Schopf an den weißen Arm geschmiegt, und schaute zufrieden zu mir hoch.

Die Sterne in ihren Augen leuchteten.

»Lieber Aspasia«, sagte Sally mit rauchiger Stimme.

»Gibt es hier eine Schreibmaschine?« fragte ich.

»Auf dem Arbeitstisch«, sagte Sally.

Ich setzte mich an den Tisch.

»Beeil dich, Liebster«, sagte Sally.

Ich nickte, spannte ein Blatt Papier in die Maschine und fuhr mit der Geschichte fort:

In der Wohnung des Barons brannte das Licht. Der Baron starrte die Gestalt am Boden an und erkannte seinen langjährigen Freund Hillburt Hooper Aspasia. In einem Wutausbruch schleuderte der Baron die Pistole, die seinen Freund getötet hatte, aus dem Fenster.

Durch einen von mir als dem rechtmäßigen Autor der Geschichte arrangierten Zufall ging die Pistole beim Aufprall los und jagte eine Kugel durch den Kopf von Frank, der noch immer auf der anderen Straßenseite auf der Vortreppe des Sandsteinhauses schlief.

Frank stürzte vornüber und rollte in den Rinnstein, tot, als düsteres Denkmal und Warnung für alle literarischen Figuren in aufsässiger Stimmung. Ich grinste und fügte das letzte Wort der Geschichte hinzu:

ENDE

Retter der Ewigkeit

Eins

Als Gregor Simsel im vorderen Wagen der Linie 13 aus unruhigen Träumen erwachte, bemerkte er gerade noch rechtzeitig, daß er an seiner Haltestelle war, und stieg aus. Er wartete, bis die Straßenbahn um die Ecke gebogen war, und ging die paar hundert Meter zu seiner Haustür. Dort stellte er fest, daß er seine Schlüssel bei Bernd vergessen hatte. Es war nachts halb eins, Bernd und seine Frau schliefen gewiß schon, und wie sollte er hinkommen? Er hatte ja schon den Schluß des Fernsehfilms sausen lassen, um die letzte Bahn vor Mitternacht zu erreichen; die nächste fuhr irgendwann früh gegen vier. Ein Flaschenöffner als Schlüsselanhänger hatte eben auch Nachteile, aber ohne den hätte er sein Schlüsselbund noch öfter verloren – es bestand sonst nur aus zwei flachen Schlüsseln, einer für den Briefkasten und der andere für Haus- wie auch Wohnungstür.

Diese Gedankenkette verkürzte sich in Gregors Bewußtsein auf das Stichwort ›öfter verloren‹, sogleich gefolgt von: ›Macht nichts.‹ Denn gerade weil er den Schlüssel auch früher schon verloren hatte, trug er in seiner Umhängetasche das Bund mit sieben Wohnungsschlüsseln – ein Original und sechs Kopien, die er vor zwei Tagen beim Schlüsseldienst abgeholt und natürlich aus der Tasche zu nehmen vergessen hatte.

Konsequent betrieben, dachte er, ist auch Vergeßlichkeit ein funktionierendes System, wie überhaupt jede Unart irgendwann zur guten Tradition wird. Er nahm sich vor, diese Sentenz nicht zu vergessen, sondern sie gleich in die Datei zu schreiben, wo er derlei Splitter zwecks späterer Verwendung in Erzählungen und Kurzgeschichten notierte. Freilich, in letzter Zeit hatte er kaum noch geschrieben, was er sich gelegentlich mit dem deprimierenden Einfluß seines Broterwerbs erklärte – er übersetzte für eine Importfirma Bedienungsanleitungen aus jener überraschend vielgestaltigen Sprache, die bei den Herstellern von Haushaltsgeräten in Taiwan, Transsylvanien und Tuvalu als Englisch gilt. Sobald er auch nur in die Nähe seines Computers kam, wurde seither der Widerwille gegen jegliches Schreiben übermächtig.

Er griff in die Tasche, fand richtig den Ring mit den sieben Schlüsseln, versuchte erfolglos durch den Schlitz zu ertasten, ob etwas im Briefkasten war, schloß mit einem der Schlüssel die Haustür und eine Treppe höher seine Wohnungstür auf. Er klinkte die Tür hinter sich ein, steckte das Schlüsselbund in die Hosentasche und wartete, daß endlich die mit dem Bewegungsmelder gekoppelte Glühlampe anginge, die er winters immer in dem dunklen Korridor benutzte. Nichts geschah. Er tastete nach dem Schalter für die Deckenlampe, fand ihn mühelos, schaltete, es wurde hell, und er erschrak. Als erstes wurde er gewahr, daß der Korridor breiter wirkte – kein Wunder, denn die selbstgebaute Flurgarderobe an der rechten Seite und die Flucht von Bücherregalen an der linken waren weg. Noch während ihm der Gedanke an Einbrecher durch den Kopf schoß, sah er den braunen Spannteppich am Boden, die kleinen Bilder an der linken Wand, die beiden ganz anderen Deckenleuchten; und die Tür, die zur Küche führte, schien einen Einsatz aus mattem Glas zu haben, wie er es einmal in der Wohnung über sich gesehen hatte. Er war in die falsche Wohnung geraten.

Die gelinde Panik, die ihn angesichts der peinlichen Situation und der ebenso peinlichen Erklärungen überkam, die er abgeben müßte, ließ ihn rein automatisch nach der Türklinke hinter sich fassen. Eilig, aber doch halbwegs leise ging er hinaus und zog langsam die Tür heran; das Einschnappen des Schlosses war das einzige, zum Glück nicht besonders laute Geräusch. Wenn sie drinnen nicht sowieso schon wach geworden waren, würden sie es davon wohl auch nicht werden.

Er ging rasch die Treppe hinab, denn zweifellos war er ja in Gedanken zu hoch gegangen. Das Haus war unverkennbar seins, ein modernisierter Altbau. Als er den Fuß der U-förmig gewundenen Treppe erreicht hatte, war er immer noch im richtigen Haus, aber im Erdgeschoß. Und er wußte, daß er genau eine Treppe hinabgegangen war und im ersten Stock wohnte.

Also drückte er auf den Lichtschalter – das Hauslicht war eben ausgegangen –, stieg wieder hinauf und verbot sich eingehenderes Nachdenken. Fakten, dachte er, halten wir uns an die Fakten. Als er wieder seine Wohnung erreicht hatte, vergewisserte er sich, daß auf dem Taster für die Klingel »SIMSEL« stand. Er nahm das Schlüsselbund heraus und betrachtete die Schlüssel, sie schienen alle die gleichen Zacken zu haben. Der Hauswirt hatte ihm seinerzeit versichert, daß zwar alle Wohnungsschlüssel zur Haustür paßten, aber nicht zu den anderen Wohnungen; anscheinend war niemand im Haus auf den Gedanken gekommen, das auszuprobieren. Er nahm wieder einen der Schlüssel, steckte ihn ins Schloß, dann aber klingelte er, einer Eingebung folgend, bei sich selbst. Es geschah nichts, natürlich. Nimm dich zusammen, sagte er sich. Er war entschlossen, wenn er jetzt seine Wohnung unverändert vorfände, die unerklärliche Episode einfach zu vergessen, als irrelevant auszublenden. Freilich, wenn ihm derlei irgendwann wieder passieren sollte, würde er vielleicht zu einem Psychiater gehen müssen. Lieber nicht dran denken. Er schloß auf.

Zwei

Als er eintrat und der Bewegungsmelder ihn wahrnehmen mußte, wurde es tatsächlich hell, doch es war nicht das Licht seiner 60-Watt-Birne neben der Tür zum Bad, sondern ein heller, kalter und leicht bläulicher Schein von den Wänden her. Von den Wänden her, wo seine Bücherregale stehen sollten. Sie standen nicht da, wieder nicht, und auch das war offensichtlich nicht sein Korridor. Es war entschieden auch kein Korridor in einer anderen Wohnung des Hauses.

Das Licht kam nicht nur gleichmäßig von den Wandflächen, sondern auch von der Decke und unter dem Metallgitter hervor, das den Fußboden bildete; nichts konnte hier einen Schatten werfen. Der Gang war leer, sehr lang und verschwand weiter hinten in einer sachten Krümmung, die Wände waren völlig kahl, abgesehen von andersfarbig leuchtenden Flächen und toten Bildschirmen hier und da; abgesehen auch von den Türen, die links und rechts abgingen. Zumindest hielt er die von einem blauen Doppelstreifen umgebenen, gut zwei Meter hohen Rechtecke mit den abgerundeten Ecken für Türen – so sahen die manchmal in Science-Fiction-Filmen aus. Irgendwie kam ihm dieser Korridor bekannt vor.

Er blickte zurück auf seine linke Hand hinab, die immer noch auf der Türklinke lag. Aber das war keine Klinke mehr, es war ein ringförmiger Griff von gut zwanzig Zentimetern Durchmesser und gehörte zu keiner von diesen schicken umrandeten Flächen, sondern zu einer massiven Metalltür.

Ein Geräusch ließ ihn herumfahren: Eine der Türen im Korridor war aufgegangen. Doch nicht sie hatte das Geräusch verursacht, sondern das auf Raupenketten herausfahrende niedrige Etwas mit dem halbrunden Oberteil und albern fuchtelnden Roboterarmen an den Seiten. Es drehte ab, rollte den Gang entlang von ihm weg und verschwand ein Stück weiter durch eine aufgleitende Tür auf der anderen Seite. Und da fiel Gregor ein, wo er diesen Korridor schon gesehen hatte: in dem Film, der bei Bernd im Fernseher gelaufen war und von dem er die letzte Viertelstunde verpaßt hatte. Viel war ihm da wohl nicht entgangen; es war Gregor nie so recht klargeworden, wieso der Streifen ›Retter der Ewigkeit‹ hieß und wovor die Ewigkeit da gerettet werden sollte. Er hatte sich zwar mit Bernd unterhalten und nicht besonders aufmerksam zugeschaut, aber man durfte doch annehmen, daß der Ewigkeit nicht viel passieren kann.

Und ehe er noch richtig erschrak oder ins Staunen geriet, begriff Gregor, daß auch ihm nichts passieren konnte: Denn offensichtlich war das alles ein Traum. Der Film hatte ihn wohl doch stärker beeindruckt, als ihm bewußt war, und nun spann sein an solche Übungen gewöhnter Geist den Faden weiter. Schön, dachte er, sehen wir uns den Fortgang der Geschichte an; es kann ja nur besser werden. Er ließ die Tür hinter sich angelehnt, empfand eine diffuse Befriedigung wegen dieser schlauen Vorsicht und ging den Korridor entlang. In der Rechten hielt er noch das Schlüsselbund.

Die Tür, aus der der Roboter gekommen war, glitt von selbst vor ihm auf (die anderen, an denen er vorbeigekommen war, aber nicht. Sonderbar), und er erblickte die Steuerzentrale des Raumschiffs. Natürlich. Die Anwesenden kannte er auch alle aus dem Film: die Kommandantin (Kommandeuse?), den Kommunikationsoffizier und die beiden Aldebaraner, die sie zu Beginn des Films gerettet und derentwegen sie ihren Kurs geändert hatten. Einer von den beiden, der mit den langkarierten Hautfalten, sagte gerade: »Wir wissen nur, daß die Selbstähnlichkeit des Universums die Formel am ehesten in diesem Raumsektor hervorbringen wird, von dem auch die größte Gefahr ausgeht. Wenn wir sie nicht finden, werden sich die verborgenen Zeitdimensionen entkrümmen, und der Zusammenhang des Kontinuums wird zerfallen, das wir Ewigkeit nennen; die Augenblicke werden nicht mehr aufeinanderfolgen, es wird kein Vorher und Nachher mehr geben ...« Genau das hatte er im Film auch schon gesagt, ein paarmal, aber man kann von einem Traum nicht zuviel verlangen.

»Wir müssen endlich den Dimensionsstrecker in Gang setzen. Dann können wir den Vorgang im kleinen studieren und die Formel näherungsweise aus den Anzeigen unserer Raumtaster ableiten«, sagte der andere Außerirdische, dessen Hautfalten eher kleinkariert waren.

»Und die Gefahr selbst heraufbeschwören? Ich habe dir doch schon so oft gesagt, daß wir das auf keinen Fall wagen dürfen!«

»Sie sollten sich endlich einigen«, warf die Kommandantin ein. »Unsere Allotrium-Vorräte gehen zur Neige, und wir müssen an den Rückflug denken.«

»Denk an die Ewigkeit, geneigte Mitintelligenz!« sagte der Langkarierte. »Sie muß um jeden Preis gerettet werden!«

»Zunächst einmal bin ich für die Sicherheit des Schiffes verantwortlich. Die galaktische Konvention verpflichtet uns, Rettungsaktionen zu unterstützen, aber natürlich nur in angemessenem Umfang. Der Katalog der schützenswerten Güter in der Fassung der Zweiten Alkor-Konferenz ist verdammt lang; ich glaube, es kommen sogar Koproglyphen-Gedichte der Setaner drin vor, die Ewigkeit aber nicht. Zeit übrigens auch nicht, obwohl gerade die jetzt knapp wird.«

»Das ist wahr«, sagte der zweite Außerirdische. »Und darum wird jetzt der Dimensionsstrecker eingeschaltet. Mit maximaler Leistung. Auf der Stelle.« Er holte einen länglichen Gegenstand aus einer Hautfalte an der linken Seite.

»Du mußt wahnsinnig sein! Die Ewigkeit ...«

»... hört sowieso auf. Ich bin nicht wahnsinnig, ich bin Ausführender Aktivist der Autonomen Anti-Absolutistischen Aktion. Und das hier ist ein aldebaranischer Schleimwerfer. Ewigkeit, Unendlichkeit – lauter Erfindungen zur Unterdrückung von Freiheit und Spontaneität. Weg damit! Also los, oder ihr zwingt mich, von der Waffe Gebrauch zu machen.« Er richtete das Ding auf die Kommandantin.

»Aufhören!« rief Gregor, der bisher unbemerkt an der Tür gestanden hatte, entnervt. Niemand reagierte, und er blieb weiter unbemerkt.

»Aufhören!« rief der Kommunikationsoffizier und warf den 54-er Schraubenschlüssel, den er für solche Fälle immer in einer Innentasche seiner Uniformjacke bei sich führte, nach dem Alien, traf aber nicht. Dann duckte er sich blitzschnell hinter seine Kommunikationskonsole, und der Schwall ätzenden Schleims flog über ihn hinweg.

»Aufhören wird sie, jawohl!« rief der Außerirdische und richtete den Werfer wieder auf die Kommandantin. »Schluß mit der Ewigkeit, ein für allemal!«

»Schäm dich, Amox!« sagte der Langkarierte. »Hast du das streng geheime Gelöbnis der AAAA vergessen? ›Für Freiheit, Lockerheit und Vieleckigkeit, überall und ewig‹ – ewig! Als Arkaner Anführer der AAAA degradiere ich dich zum Außerplanmäßigen Aspiranten.«

Amox ließ entsetzt den Werfer fallen und brach zuckend zusammen.

»Wo ist der Roboter?« fragte die Kommandantin den Kommunikationsoffizier und deutete auf das Häufchen blasenschlagenden Schleims hinter der Konsole, das sich unschlüssig war, ob es den Kunststoff des Bodens als Gegner betrachten und zersetzen sollte. »Rufen Sie bitte den Roboter. Er soll das wegwischen.«

»Er meldet sich nicht«, sagte der KO, nachdem er ein bißchen auf seiner Konsole herumgetippt hatte. »Wahrscheinlich ... Ach, ich gehe ihn holen. Ich glaube, ich weiß, wo er ist.« Er umrundete seine Konsole und kam zur Tür, geradewegs auf Gregor zu, ohne auf dessen Anwesenheit zu reagieren. Der trat instinktiv beiseite, folgte dann aber dem Offizier nach draußen. Ehe die Tür hinter ihm wieder zugeglitten war, hörte er noch, wie der Außerirdische der Kommandantin erklärte: »Natürlich sind alle Aldebaraner insgeheim Mitglieder der AAAA, sogar seine Absolute Azität, aber nur wir Arkanen Anführer wissen, daß ...«

Der Offizier ging zielstrebig quer über den Korridor zu jener Tür, wo der Roboter verschwunden war. Als er die Tür öffnete, sah Gregor, daß es ein Lagerraum oder eine Art Besenkammer sein mußte; es standen allerlei technische Apparate darin, aber auch ein Müllschlucker. Die Apparate waren ausgeschaltet, ausgenommen einer, an den sich der Roboter mit einem dünnen Kabel angeschlossen hatte und auf dessen flackerndem, wahrscheinlich altersschwachem Bildschirm in rascher Folge mathematische Symbole vorüberhuschten. Der Roboter schien aber gar nicht hinzuschauen, und auch auf den in der Tür erscheinenden Offizier reagierte er mit keiner Bewegung seiner Optik, bis der ihm einen Fußtritt gab und in normaler Lautstärke, aber unverkennbar drohendem Tonfall sagte: »AZUB-1, warum meldest du dich nicht, wenn man dich ruft? Keine Lust zur Arbeit, was? Habe ich dich wieder einmal bei deinen perversen Spielchen erwischt? Was war es diesmal – die in den Stellen von Pi verschlüsselte Struktur der Ursingularität? Oder die Physik für den Kosmos mit rechteckigen Planetenbahnen? Oder wieder nur der Zugangscode für meine privaten Videos? Du bist hier nicht der große Bordcomputer, du bist bloß der Allzweck- und Beräumungsroboter, und wenn du jetzt nicht sofort in die Steuerzentrale rollst und deine Arbeit tust, kriegst du eins mit ...« Er griff in seine Uniformjacke, stutzte, runzelte die Stirn und sagte: »Ach ja ... verdammt! Also, wird's bald?«

Er machte kehrt und ging wieder an Gregor vorbei, als wäre der Luft; ihm folgte der Roboter. Die Tür schloß sich, drinnen war immer noch der Bildschirm an, doch das Bild wechselte nicht mehr, und Gregor registrierte die erstaunlich oft wiederkehrende liegende Acht, es gab auch ein Integral von t gleich minus unendlich bis plus unendlich, überhaupt kam auch das t öfter vor. Gregor konnte sich schon denken, daß unendliche Zeit vielleicht etwas mit Ewigkeit zu tun hatte, aber wurde die nun gerettet oder nicht, und wovor?

Weiter kam er in seinem Gedankengang nicht, denn der mit einem sachten Rattern an ihm vorbeifahrende Roboter machte einen kleinen Bogen, als wolle er Abstand halten. Immerhin einer, der mich nicht völlig ignoriert, dachte Gregor. Wozu haben die eigentlich einen Kommunikationsoffizier, wenn ich in meinem Traum schon selber vorkomme und keiner mit mir kommuniziert? Komme ich eigentlich vor? Er schaute an sich hinab und sah tatsächlich seine Jeans und die Straßenschuhe. Aha, dachte er mit der Logik des Traums, ich bin noch gar nicht zu Hause gewesen – verdammt! Ich sitze in der Straßenbahn und bin garantiert schon zu weit gefahren! Aufwachen!

Schon Edgar Allan Poe hat festgestellt, daß man, wenn man träumt, daß man träumt, unmittelbar vor dem Erwachen steht. So gesehen, dauerte der Traum nun schon ziemlich lange an, und als ihm jetzt auch noch im Traum Poes Satz über die Träumer einfiel, hielt Gregor es für sicher, daß er sofort aufwachen werde. Wahrscheinlich fuhr die Bahn gerade eine Kurve, hoffentlich nicht in der Endschleife ...

Nun ja, er erwachte nicht.

Er schrie, er selbst hörte den Schrei, doch niemand reagierte. So tat er das einzige, was ihm noch einfiel, ging den Korridor entlang zu der angelehnten Metalltür, zog sie auf und trat auf seinen Etagenflur. Als er draußen war, fiel die Tür ganz langsam, aber glatt und ohne merklichen Widerstand ins Schloß, wie es nur wirklich schwere Türen tun. Er drückte auf den Taster, das Hauslicht ging an, alles war wie immer, und er begann sich ernstlich Sorgen zu machen. Daß er das Gefühl hatte, mal aufs Klo zu müssen, war sein geringstes Problem, obwohl er wußte, wohin Pinkeln im Traum führt.

Eine Zeitlang stand er einfach da und versuchte, an gar nichts zu denken, doch die Hoffnung, alles werde irgendwie von selbst vorübergehen, hielt nicht lange vor. Irgend etwas mußte er tun. Die Traumhypothese führte ihn offensichtlich nicht weiter; die Einsicht, er sei verrückt geworden, hätte ihm jetzt auch nicht in seine Wohnung geholfen. So zog er sich auf seinen früheren Entschluß zurück – sich in der unnormalen und widersinnigen Situation so normal und logisch wie möglich zu verhalten.

Er stellte fest, daß er die ganze Zeit über den Schlüssel, mit dem er geöffnet hatte, mitsamt dem Bund in der Hand behalten hatte. Er löste ihn vom Ring und steckte ihn in die linke Hosentasche, dann machte er einen zweiten los. Den würde er als nächstes ausprobieren. Dieser oder einer von den fünf restlichen Schlüsseln am Bund war sein alter, und vielleicht führte der ihn in seine Wohnung, wenn die sechs Kopien verhext waren.

So, dachte er. Jetzt sind wir also schon so weit, daß wir es mit magischen Regeln versuchen. Wenn ich es schaffe, auf keinen Spalt zwischen den Pflastersteinen zu treten, kriege ich ... Was kriege ich? Egal. Wenn der Mond im zweiten Hause steht und Jupiter in Konjunktion mit Mars ... Zauberei, Magie, Hexenkunst – pfui Teufel!

Er holte tief Luft, steckte den Schlüssel ins Schloß und drehte ihn herum. Dann öffnete er die Tür. Sie kam ihm nicht schwerer als seine eigene vor.

Drei

Als erstes fiel ihm der Geruch auf. Es war dunkel, trotzdem wußte er sofort, daß auch dies nicht seine Wohnung war. Jedenfalls hoffte er inständig, seine Wohnung möge niemals derart durchdringend nach Fäulnis stinken. Sein erster Impuls war, die Tür sofort wieder heranzuziehen. Dann überlegte er es sich anders. Als seinerzeit zwei Etagen über ihm stundenlang das Wasser ausgelaufen war, hatte es zwar nicht gleich so gerochen, aber ... Lieber doch nachsehen, man kann nie wissen.

Er wollte schon die Tür wieder etwas weiter öffnen, damit das Hauslicht in die Wohnung fiel, doch just da erlosch es, und er gewahrte, daß vor ihm keine vollständige Dunkelheit herrschte. Es ging nämlich ein schwacher, fahler Lichtschein von den Wänden aus. Na prima, dachte Gregor, ich bin immer noch im selben Film, bloß viel später, Folge 137 oder so. Das Schiff treibt seit Jahrhunderten durchs All, die Dingsda, die Alogikumvorräte sind fast alle, weshalb die Wände kaum noch leuchten, die Besatzung ist längst tot, nur der Roboter rollt quietschend durch die Gänge ... Also müssen sie die Ewigkeit zunächst mal gerettet haben. Sehr beruhigend. Saubergemacht hat der Roboter, das faule Aas, natürlich nie, weshalb sich aus den Tanks mutierte Algen über die Wände ausgebreitet haben und … Igitt!

Er hatte unwillkürlich an die Wand gegriffen, und sie fühlte sich schmierig an. Glatt aber nicht, und als er vorsichtig weitertastete, fand er feuchten, unbehauenen Stein: eine Höhlenwand, ein alter Keller, ein Verlies … also wohl doch nicht das Raumschiff. Irgendwo hatte er einmal von phosphoreszierenden Schimmelpilzen an den Wänden gelesen; er hatte keine Ahnung, ob es die in Wirklichkeit gab, hier jedenfalls schien es welche zu geben.

Nachdem sich seine Augen daran gewöhnt hatten, konnte er zwar keine Farben und keine scharfen Umrisse erkennen, aber immerhin die Form des Korridors. Er ging ein Stück hinein, vorsichtig, aber der Boden schien halbwegs trocken zu sein. Nach ein paar Schritten erkannte er an einem winzigen Spalt, durch den Licht fiel, daß er eine Tür erreicht hatte; nach längerem Hinsehen konnte er auch die Klinke ausmachen. Die ganze Umgebung war alles andere als einladend, doch die vorangehende Erfahrung hatte ihn gelehrt, daß das alles nicht real war (nicht wirklich wirklich, dachte er), zumindest nicht für ihn, und diesmal würde es vielleicht etwas unterhaltsamer sein, eine Art Geisterbahn.

Der Lichtschein kam von einem Kohlebecken und einer blakenden Öllampe. Das Becken stand links dicht an der Wand, die bis an die niedrige Decke rußgeschwärzt war, die Öllampe mitten im Zimmer auf einem Tisch aus Holz, das von Schmutz oder vom Alter schwarz geworden war. Auf dem Tisch lagen ein paar ebenso mitgenommen aussehende Bücher und einzelne Blätter von etwas, das wohl Pergament sein mußte. An dem Tisch saß, die linke Seite Gregor zugewandt, ein älterer Mann in einem ebenfalls älteren, früher wohl einmal prächtig gewesenen Mantel oder Umhang und schrieb mit einer Gänsefeder etwas auf ein Blatt Pergament, während er immer wieder stirnrunzelnd in ein aufgeschlagenes Buch schaute und so undeutlich vor sich hin murmelte, daß Gregor nur ein paar Wortfetzen hörte: »…und der großen… Thinith pane… schmücken… Thinith, der Zierde des Baalhamun… nein, des Baal samo kulo baracho… wen gesegnet? Ahhm, den Asrubaal ben Sowieso. Oder Hasrubaal? Ach, egaal… zum Opfer gebracht ein weißes kibuzi… Ein weißes was?? Wie soll ich die Formel, um die Ewigkeit unserer Herrschaft vor den… vor ebendenen zu retten, rechtzeitig übersetzt kriegen, wenn in dem sowieso ganz lausigen Phönizisch andauernd andere Sprachen eingestreut sind?«

Das letztere sagte er, nachdem er den Kopf gehoben und gedreht hatte, direkt zu Gregor hin. Der schrak zusammen, bemerkte dann aber, daß direkt neben der Tür, also neben ihm, im Zimmer ein weiterer Mensch stand. Ein Mann, ein kräftiges Faktotum, das, nach seinem Aussehen zu urteilen – strähniges schwarzes Haar, grobes, einfältiges, schiefes Gesicht, alles da –, Igor heißen mußte.

»Geh rauf«, fuhr der am Tisch fort, »und sag dem Persuastor, er soll die Lexika fragen, ob einer weiß, was kibuzi heißt. Oder kabuzi, kubuzi, kubizu und so weiter, die üblichen Varianten. Zuerst den jemenitischen Matrosen! Es muß was Weißes sein, das man opfern kann. Nichts allzu Ausgefallenes. Und er soll erst mal freundlich fragen, das Geschrei stört mich beim Arbeiten.«

Igor (?) nickte wortlos und wandte sich zur Tür. Unmittelbar neben Gregor, der wieder einen Schritt beiseite getreten war, blieb er stehen, verzog das Gesicht, drehte den Kopf hin und her und schnüffelte geräuschvoll. Der Mann im Zimmer, der immer noch herschaute, fragte: »Ist was?« Worauf sich das Faktotum an die Nase tippte – stumm schien er also auch zu sein.

»Ach so?« sagte der Gelehrte / Zauberer / Übersetzer. »Hat wieder mal einer vor die Tür gepißt?«

Auf ein Kopfschütteln folgten etliche heftige Gesten, die Gregor nicht zu deuten wußte, mit wiederholtem Fingerzeigen in eine bestimmte Richtung jenseits der Tür und zwischendurch Fäusteschütteln.

»Was kümmert's dich, Ingvar?« gab der Mann am Tisch zurück. »Ist sie deine Frau oder meine? Und übrigens, was kümmert's mich? Ja, ja, ich weiß, das Blut der Unschuldigen wird über mich kommen und meine Seele zerfressen und so weiter, das hab ich alles hundertmal gehört; wenn sie was Neues zu sagen hat, soll sie herkommen. Ich mache hier nur meine Arbeit, reine Wissenschaft, und schließlich, wenn unsere ewige Herrschaft endet, hat sie auch das Nachsehen. Also, geh hoch und laß den Persuastor das Seine tun. Und richte ihm aus, das mit den Jungfrauentränen hat sich als Schreibfehler erwiesen. Er kann damit aufhören, wir hätten das Faß sowieso nicht rechtzeitig voll gekriegt.«

Der Stumme ging an Gregor vorbei und verschwand nach wenigen Schritten durch ebenjene Tür, durch die Gregor in diese finstere Welt gekommen war. Gregors flüchtiger Gedanke, wie er wohl die komplizierten Botschaften überbringen würde – er sah nicht so aus, als könne er schreiben –, wurde von der weitaus irritierenderen Frage verdrängt, auf welcher Treppe der Kerl jetzt wohl gerade nach oben ging. Und welche Treppe er, Gregor, vorfinden würde, wenn er ihm folgte.

Während er noch vor dem Zimmer stand und zögerte, veranlaßte ihn ein unterdrückter Aufschrei, wieder hineinzuschauen. Der reine Wissenschaftler saß mit krummem Rücken, schiefen Schultern und seitlich nach oben gedrehtem Kopf da und blickte entsetzt zur Decke. Genau über ihm war dort ein dunkler Fleck, und von dem Fleck tropfte ihm gemächlich eine dicke rote Flüssigkeit auf den Rücken.

Als Entscheidungshilfe genügte dieser Anblick Gregor vollauf. Er stürzte die paar Schritte den Gang entlang, riß die Tür nach draußen auf und schlug sie hinter sich wieder zu. Mit fahriger Hand suchte er den Lichttaster und war ungeheuer erleichtert, als er ihn fand und seinen Etagenflur mit den beiden Wohnungstüren, der Treppe und dem Topf mit der etwas kümmerlichen Pflanze am Fenster erblickte.

Die vertraute Umgebung wirkte beruhigend, er rechnete nun eigentlich nicht damit, Igor-Ingvar die Treppe herabkommen zu sehen. Woher kam dieses plötzliche Einfühlungsvermögen, nachdem die ganze Kulisse doch im Grunde noch alberner als eine Geisterbahn war? Er hatte das Entsetzen des Mannes gespürt, als wäre es sein eigenes, auch gewußt, daß da weitaus Schrecklicheres geschah, als daß Blut herabtropfte. Was genau daran so entsetzlich war, hatte sich ihm freilich nicht mitgeteilt, und er wünschte es auch keinesfalls zu wissen. Fast zufrieden registrierte er, wie die Wirkung des Adrenalins nachließ und ihm so etwas Banales wie der Druck in der Blase wieder zu Bewußtsein kam.

Ohne weitere Verzögerung steckte er den benutzen Schlüssel weg, löste einen anderen vom Bund und unternahm den nächsten Versuch. Den Horror hatte er hinter sich, jetzt müßte etwas Erbaulicheres kommen. Alsdann, mit Gott, dachte er und schloß auf.

Vier

Dunkelheit. Er trat einen Schritt vor. Nur der Form halber noch suchte er mit der linken Hand nach dem Lichtschalter. Keiner da. Aber die Hand schien immerhin Reihen von Büchern zu ertasten. Gregor fühlte Buchrücken, so weit er greifen konnte. Er ging einen Schritt weiter ins Finstere. Die Bücher waren keineswegs seine

Reihen von Taschenbüchern, sondern es mußten irgendwelche Wälzer sein, dick, mit Wülsten, die Rücken vielleicht aus Holz oder Leder und staubig, sehr staubig. Was nun? Gleich umkehren?

Da zeigte sich unweit von ihm ein Lichtschein. Von rechts schimmerte etwas heran, aus einem Flur, der den kreuzen mußte, in dem er stand. Gregor hätte jetzt umkehren sollen. Zumal klar war, daß sein immer stärker werdendes Bedürfnis in einer Klosterbibliothek kaum zu befriedigen war. Aber nun war seine Neugier erwacht. Außerdem waren um sich schießende Aliens und von der Decke tropfendes Blut hier nicht zu gewärtigen.

Jetzt erschien gar nicht weit von Gregor entfernt eine Gestalt: ein Mönch in dunkler Kutte, hochgewachsen und, nach seiner gebeugten Haltung zu urteilen, schon älter. Er trug eine Öllampe, sorgsam bemüht, den Reihen von Bücherregalen nicht zu nahe zu kommen. Er schaute sich an der Kreuzung der beiden Gänge sorgsam um, doch auch er schien Gregor nicht zu sehen. Er ging weiter, und Gregor folgte ihm in einigem Abstand um eine weitere Biegung. Vor der dritten blieb der Mönch so unvermittelt stehen und hielt die Lampe hinter sich, daß Gregor fast hineingelaufen wäre. Doch schon ging, nein, rannte der Mönch lautlos, aber unerwartet schnell um die Ecke; Gregor kam kaum hinterher. Sie gelangten an einen Ort, wo zwischen Reihen von Bücherregalen ein Schreibplatz eingerichtet war. Ein weiterer Mönch saß dort am Tisch im Schein eines anderen Öllämpchens, vor sich einen Stapel länglicher Streifen, wohl von Papier, auf die er mit einem Gänsekiel eifrig etwas schrieb.

Der Hochgewachsene blieb abrupt stehen und rief: »Bruder Michael, das wußte ich doch, daß du hier bist. Aber was tust du da, verruchter Ketzer?«

Der andere sah hoch, wie aus einem Traum geweckt,

und antwortete ruhig: »Du nennst mich einen Ketzer, Bruder Francesco? Da ich doch keinen weiß, der eher ein Fall für das Heilige Offizium wäre, als dich! Ein Atheist, ein Lästerer von Gottes Wort!«

»Was, um Christi Dornenkrone willen, schreibst du da? Verdirbst du überlieferte Texte, in denen Gottes Kinder Gottes Welt beschreiben nach dem Wissen, daß Er ihnen zubilligt? Du Betrüger, fälschst du damit nicht Wort und Willen Gottes? Sag, was du da hast – nein, ist es etwa …?«

»Ja, es ist jenes heidnische Machwerk, das du seit Jahren suchst und das sich ›Retter der Ewigkeit‹ nennt. Endlich war ich einmal schneller als du.«

»Und du schreibst darin herum? Verdirbst diese wertvolle Schrift, tilgst die Gedanken, von denen ich hoffte, sie könnten uns Erkenntnis geben, die den Menschen längst verloren gegangen ist, Erkenntnis über die Welt, über sich, über Gott … Und das beschmierst du mit Krakeln deines beschränkten Verstandes!«

»Nein, Bruder Francesco, ich füge Gottes Wort dorthin, wohin es gehört – und wo ich mit dem Federmesser Platz dafür geschaffen habe. Schluß mit den Irrwegen! Es gibt nur einen Retter der Ewigkeit, und sein Name ist Jesus Christus. Das muß gesagt werden, gestern, heute und immerdar.«

»Und darum vernichtest du ein unersetzliches Werk vom Lehrer des Abendlandes? Oder hast du wenigstens ihn verschont?«

»Was faselst du da?«

»Du hast doch zugegeben, daß du da den ›Retter der Ewigkeit‹ hast, jene arabische Schrift, von der es heißt, sie enthalte ein verlorenes Werk des Aristoteles. Seit Jahren suche ich danach. Es ist ein bedeutender Teil der Erkenntnis, die uns Menschen zusteht …«

»Gewiß habe ich hier diesen falschen Retter. Aber glaubst du, ich wüßte diese heidnische Sprache zu lesen? Es ist eine Übersetzung, wahrscheinlich von irgendeinem koptischen Abtrünnigen oder einem manichäischen Ketzer angefertigt, und der Verfasser preist in einem fort seinen falschen Gott mitsamt seinem falschen Propheten. Er oder der Übersetzer hat freilich ein paar Seiten von irgendeinem alten Griechen eingefügt, und zwar im Original; die habe ich stehen lassen – es liest sowieso keiner, und diese Griechengötter sind ja wirklich nur noch Kindermärchen. Aber von deinem Aristoteles ist nirgends die Rede.«

»Von wem dann?«

»Woher soll ich das wissen? Es steht nicht dabei, und ich hab's nur überflogen. Vom Zeus ist da die Rede, vom Poseidon, von irgendeinem Krieg der Athener in grauer Vorzeit, von einer großen Insel im Ozean ... Eben Märchen.«

»Zeig es mir!«

»Warum nicht? Wenn du weiter nichts willst ... Nimm nur, nimm!« Bruder Michael kramte in seinem Papierstapel und reichte Francesco mehrere Streifen. Der stellte seine Lampe neben die andere auf den Tisch, nahm die Papiere, schaute darauf und bekam große Augen.

»Das ist ja ... Du hast recht, es ist nicht Aristoteles, es ist sein Lehrer Platon! Einer seiner unsterblichen Dialoge – ja, es ist der Kritias! Von der mächtigen Insel Atlantis, die die Götter untergehen ließen ... Laß sehen ... Ha!« Er las sich fest.

Gregor war im Dunkeln stehengeblieben und trat nun unwillkürlich einen Schritt vor, um besser hören zu können. Die Geschichte über Atlantis hatte ihn früher einmal lebhaft interessiert. Er hatte nicht gewußt oder wieder vergessen, daß ihr Chronist – oder Erfinder – Platon mit jenem Aristoteles zu tun hatte, von dem er einmal in einem Roman gelesen hatte, wo auch lauter Mönche vorgekommen waren. Aber jene hatten wenigstens einen dabeigehabt, dem man alles erklären konnte; hier schienen sich leider beide auszukennen, und fragen konnte er ja nicht, weil sie ihn erfahrungsgemäß weder hörten noch sahen. Was vielleicht auch sein Gutes hatte.

»Und deswegen die ganze Aufregung?« wunderte sich Michael. »Ich dachte, es geht um die Häresien jenes Sarazenen … denn immerhin, sie sind einfallsreich und dreist genug, um gefährlich zu sein. Den Plato kannst du meinetwegen haben, wenn du im Wahne lebst, er werde dich selig machen. Ein Dialog mehr, ein Dialog weniger – was tut's? Zumal der Kritias, wenn ich mich recht erinnere, sowieso schon bekannt ist. Freilich, wenn es Pergament wäre, würde ich sagen, schade drum, aber dieser neumodische Ersatz taugt gar nichts, man kann nur mit Mühe etwas wegschaben, ohne ihn zu beschädigen.«

»O ja«, erwiderte Francesco, ohne den Blick vom Papier zu wenden. »Der Kritias-Dialog ist bekannt, aber hier habe ich den bisher verschollenen Schluß! Und was das Erstaunlichste ist – nach der Beratung der Götter und der Vernichtung der Insel, die man am Ende vermutet hat, geht es noch weiter. Da ist die Rede von den überlebenden Atlantiern, die sich in Kolonien auf dem gegenüberliegenden Kontinent angesiedelt hatten, und von ihrer Lebensweise. Und, wie bei Platon nicht wunder nimmt, von ihrer Staatsform.«

»Sei's drum«, sagte Bruder Michael gleichmütig.

Bruder Francesco stand da, hielt die Papierstreifen zwischen den ausgestreckten Armen und las. »Das Königtum haben sie abgeschafft«, sagte er. »Und sie wählen ihre Herrscher selbst.«

»Wie manche Griechen, als sie noch Heiden waren«, erwiderte Bruder Michael. »Vor allem die Athener. Und wo sind sie damit hingekommen? Heute ist Athen ein Kuhdorf.«

»Ihre Frauen dürfen wählen wie die Männer und sogar zum Herrscher gewählt werden, sie sind alle frei und ...«

»Alle sind frei, und jeder hat mindestens fünf Sklaven.«

»... und die meisten sind reich, denn sie haben wunderbare Apparate und leben in riesigen Türmen, die in den Himmel hineinragen und an manchen Stellen einer dicht am anderen stehen, so viele sind es.«

»Hirngespinste! Das würde Gott niemals dulden, dem doch schon der eine Turm ein Greuel war. Da könnten sie ja geradewegs in den Himmel kommen, die unbelehrten Heiden!«

»In den Himmel nicht, aber auf dem Mond sollen sie umherspazieren. Die Bewohner der umliegenden Länder bewundern sie darum auch sehr und eifern ihnen nach und arbeiten gern für sie um geringen Lohn. Wenn aber die Bewunderung nachläßt und die Bewohner jener Länder nicht wissen, wie man richtig frei ist, schicken ihnen die Atlantier jenes Kontinents ihr Heer und ihre Flotte und helfen ihnen, so zu leben, wie es jene eigentlich selber wollen.«

»Ich nehme zurück, was ich gesagt habe«, erklärte Bruder Michael. »Sie sind keine Athener, sie sind Spartaner. Die waren auch alle frei.«

»Ja, aber sie sind auch frei, zu denken, zu glauben und zu sagen, was immer sie wollen; ihre Gesetze geben einem jeden das ausdrückliche Recht zu lügen, soviel ihnen beliebt, außer als Zeuge vor Gericht.«

»Und natürlich verehrt jeder andere Götter und behauptet, es seien die wahren.«

»Sicherlich ...«, sagte Bruder Francesco, stockte dann aber, las ein Stück weiter und fuhr fort: »Nein. Hier steht, daß sie fast alle ein und denselben Gott anbeten ...«

»Den Pluto, nehme ich an. Oder gleich deinen Plato?« warf Michael ein.

»... und keinen anderen Gott anerkennen. Allerdings beten sie außerdem zu einer Art Stellvertreter des Gottes, den sie den Retter nennen ... Das könnte immerhin erklären, warum Platons Dialog in dem Manuskript wiedergegeben wird ...«

»Der Stellvertreter sitzt in Rom, und einen anderen kann es nicht geben«, stellte Michael mißmutig fest. »Aber wenigstens haben sie nur einen Gott und eine Kirche.«

»Das nicht gerade. Sie beten den einen Gott in Hunderten von verschiedenen Kirchen an, jede mit eigenem Ritus und eigenen Priestern. Und jedermann kann jederzeit seine eigene Kirche gründen.«

»Unerhört! Wie kann man sich nur so etwas aus den Fingern saugen! Nicht einmal ein Heide sollte dazu imstande sein, ja nicht einmal ein Philosoph!«

»Warum sollte er das erfinden? Der große Platon! Der Lehrer des Aristoteles!«

»Weil der Herrgott solch ein Land unmöglich dulden würde! Atlantis, sagst du, ist versunken – alsdann, ich lasse auch jenen gotteslästerlichen Kontinent versinken, tilge ihn vom Antlitz der Erde! Da – es gibt ihn nicht, es gab ihn niemals, und nie wird es dergleichen geben, in Ewigkeit, amen!« Mit einer raschen Bewegung riß er Bruder Francesco die Papierstreifen aus der Hand und hielt sie an die Öllampe, so daß sie lodernd aufflammten.

Francesco starrte entsetzt erst auf die kleinen Fetzen, die ihm in den Händen geblieben waren, dann auf das brennende Papier, das Bruder Michael von sich hielt.

»Du Wahnsinniger! Du vernichtest da nicht nur eine Schrift, du vernichtest und verfälschst die Vergangenheit! Die Gegenwart! Die Zukunft! Vor dir muß die Ewigkeit gerettet werden! Unser ganzes Kloster wirst du in Brand stecken!«

»So spricht Gott der Herr«, deklamierte Michael seelenruhig. »Sie haben Teufeln geopfert statt ihrem Gott, und neuen Göttern, die eure Väter nicht respektiert haben. Ein Feuer ist von meinem Zorn angegangen und wird brennen bis in die unterste Hölle und wird das Land verzehren. Ich werde die Erinnerung an sie unter den Menschen auslöschen ...«

Bruder Francesco fluchte, wie es Gregor nie von einem Mönch erwartet hätte. Und in diesem Moment blickte Bruder Michael an ihm vorbei in die vom Feuerschein erhellte Tiefe des Raumes, wo Gregor stand, riß die Augen auf und schrie los. Gregor fuhr instinktiv herum, doch da war niemand. Als er den Kopf wieder zurückdrehte, sah er gerade noch, wie Michael einen kleinen Gegenstand vom Tisch nahm und geradewegs nach ihm, Gregor, warf. Der Gegenstand flog links dicht an Gregors Kopf vorbei; die brennenden Streifen hatte der Mönch auf den Tisch fallen lassen, just auf das restliche Papier. Die Flammen griffen um sich. Die staubtrockene Bibliothek schien sich ihnen geradezu gierig hinzugeben. Gregor merkte, daß er jetzt verdammt gut daran täte, hier zu verschwinden. In panischer Angst rannte er davon. Wie durch ein Wunder erreichte er tatsächlich den Ausgang, schlüpfte durch die Tür in seinen vertrauten Etagenflur und schloß die Tür rasch wieder.

Keuchend lehnte er daran und dachte doch tatsächlich eine Weile darüber nach, wie lange es wohl dauern mochte, bis der Brand sie erreicht haben würde.

Fünf

Gerade weil sein Bedürfnis allmählich dringlich wurde, zwang sich Gregor zur Ruhe. Nachdem er dann ganz penibel den vorigen Schlüssel aus der rechten in die linke Hosentasche gesteckt hatte, löste er den nächsten vom Ring und schloß auf. Er zog ihn ab und steckte ihn in die rechte Tasche. Bloß keinen weiteren Fehler machen, das würde Zeit und Nerven ohne Ende kosten.

Als er ganz langsam die Tür öffnete, sah Gregor vor sich einen schmalen Flur, dämmrig beleuchtet, so breit wie seiner, aber länger. Er ging ein paar Schritte hinein. Ein dumpfes Gewummer aus einer unbekannten Quelle war zu hören. Es war wieder so ein Gang mit Türen zu beiden Seiten. An manche davon war etwas wie Visitenkarten gepinnt, auf denen er bei der funzligen Beleuchtung aber nur die bombastisch gestalteten Initialen ›SoE‹ erkennen konnte. Seine Hoffnung, daß eine dieser Türen mit einem Piktogramm-Männchen versehen sei, erfüllte sich nicht. Eine Tür stand offen, und Gregor erkannte mit einem Blick hinein, daß es sich um eine Künstlergarderobe handeln mußte. Geradeaus endete der Gang auf eine massive Eisentür. Gregor gab die Hoffnung auf Gelegenheit zur Erleichterung nicht auf und faßte nach der Klinke. Sie ließ sich ziemlich schwer niederdrücken. Im selben Augenblick hörte er hinter sich eine Männerstimme: »He, was machen Sie denn da? Kommen Sie zurück! Da geht es zur ...« Mit dem irritierenden Gefühl, er sei gemeint, öffnete er die Tür und trat hindurch.

Ohrenbetäubender Lärm schlug ihm entgegen. Nach einigen orientierungslosen Sekunden erkannte er, daß das wohl Musik sein sollte, wie Preßlufthämmer dröhnende, trommelfellzerfetzende Diskomusik. Und er selbst fand sich in einem Bühnennebel zwischen rhythmisch flackernd beleuchteten Kulissen in Pink, Silber und Lila. Auf der Bühne schaffte sich eine Band, pink, silbern und lila gekleidet, in einer Musikrichtung, die bei Gregor unter normalen Umständen einen Fluchtreflex auslöste, Gehör.

Er blieb jedoch ziemlich verdattert stehen, unschlüssig, ob er zurückgehen oder lieber warten sollte. Der Gitarrist wälzte sich mit seinem Instrument auf dem

Boden, fast stranguliert vom Verstärkerkabel. Der Sänger kniete krächzend an der Rampe und gab unartikulierte Töne von sich. Das Publikum raste. Verzückte Gesichter von aufgedonnerten Teenagern beiderlei Geschlechts, brennende Feuerzeuge und irgendwelche speziellen Lichtspiele über den Köpfen geschwenkt, dazu auf der Bühne eine dicke Schicht Plüschtiere zeigte ihm, daß das Konzert schon eine Weile dauern mußte. Auf der großen Trommel des Schlagzeugers konnte Gregor zwischen den bunt leuchtenden Nebelschwaden nun auch den Namen der Band lesen: »Saviour of Eternity«. Natürlich.

Der Sänger schnappte nach Luft und versuchte aufzustehen. Er sah sich nach seinen Komplizen um, die nun die Hände von den Instrumenten nahmen. Der Sänger, gestützt auf die Schultern des Saxophonisten, ächzte ins Mikrophon: »Schluß, Leute, wir können nicht mehr! Wir haben nun schon vier Stunden gespielt! Geht nach Hause!« Aber das Publikum schwankte gleichmäßig wie eine Brandung, und wie die Gischt wurden Fäuste gereckt. Die Leute schrien: »Mehr – mehr – mehr! Mjusick – Mjusick!« Die völlig erschöpften Musiker sahen einander an. Jetzt, da sie keine Töne von sich gaben, bekam Gregor geradezu ein bißchen Mitleid mit ihnen.

Inzwischen war die riesige Bildfläche hinter der Band, auf der sie vorher gnadenlos vergrößert zu sehen gewesen waren, schwarz geworden. Auf einmal, Gregor wußte nicht, woher, flog etwas vor der schwarzen Fläche vorbei. Es war ein Mensch in einem lila Dreß mit einem pinkfarbenen Umhang, der sich hinter ihm bauschte. Er hatte eine große Pappschachtel in den Händen, auch pink und lila, mit silberner Schrift. Gregor konnte sie nicht erkennen, aber der supermanähnliche Flieger schwirrte scheinbar mühelos in Kapriolen und Loopings vor dem Schwarz entlang und ließ hinter sich etwas wie einen silbernen Kondensstreifen zurück. Der lagerte sich auf der Fläche ab wie Kreide auf einer Tafel und bildete die Aufschrift: ›Retter der Ewigkeit‹.

Der Flieger setzte inmitten der verstörten Band auf, riß mit großer Geste den Deckel von seiner Schachtel und verteilte händeweise den Inhalt an die Musiker. Es mußten irgendwelche Knusper-Chips sein, pink, silbern und lila, denn die Musiker stopften sie sich gierig und glücklich in den Mund. Im Publikum kam es zu ekstatischen Schreien, die sich zusammenballten, bis sie rhythmisch wie zuvor wurden, nun zu »Retter der Ewigkeit! Retter der Ewigkeit!«

Der Band schien mit dieser Nahrung aus der Schachtel ungeahnte Kräfte zugeflossen zu sein. Die Musiker griffen ihre Instrumente wieder fester, der Sänger ließ den Saxophonisten los und rief: »Gut, es geht weiter! Das ist er – der einmalige Retter der Ewigkeit!« Der Jubel war unbeschreiblich, zumal der Mensch mit der Schachtel jetzt über dem Zuschauerraum kreiste und Chips regnen ließ, pink, silbern und lila, nach denen die Leute haschten wie verrückt. Gregor nutzte die Sekunden, bis die Musik wieder einsetzte, und floh hinter die Eisentür zurück.

Dort war das Getöse nur noch dumpf zu hören und zum Glück niemand zu sehen. Er eilte den Flur entlang und wieder ins Treppenhaus und hoffte, daß er wegen des Lärms mitten in der Nacht keinen Ärger mit den Nachbarn bekommen würde. Aber dann überlegte er, daß üblicherweise solche Geräusche aus den Wohnungen mancher Nachbarn drangen und außer ihm sich niemand darüber aufregte. Kaum war ihm das durch den Kopf gegangen, stellte er fest, daß er nichts mehr hörte. Vielleicht war es überhaupt nur der Nachhall in seinen Ohren gewesen? Gregor trat von einem Fuß auf den anderen und beförderte den Schlüssel in die andere Tasche.

Irgend etwas hatte mit diesem Filmstudio – oder was

es war – nicht gestimmt. Fingen die wirklich an, ihn zu sehen? Und wenn schon jedesmal die Ewigkeit gerettet werden mußte, was hatte dieses alberne Hühnerfutter damit zu tun? Nirgends war bisher die Umgebung so normal und die Logik so abstrus gewesen; die anarchistischen Aliens, der magische Übersetzer und die zänkischen Mönche hatten dagegen geradezu glasklare Beweggründe gehabt. Und der Name der Band war auch irgendwie falsch geschrieben gewesen, vielleicht statt ›Saviour‹ dieses barbarische ›Savior‹, wie man es dort schrieb, wo sich die Kojoten gute Nacht sagen?

Diese Überlegungen wurden unterbrochen, als er die Tür geöffnet hatte – sie quietschte etwas – und sah, was dahinter lag.

Sechs

Er sah in einen großen Raum und mußte sich erst an das Dämmerlicht gewöhnen, das dort herrschte. Es war eine völlig verlotterte Kneipe, die Wände bestanden aus rohen Holzbalken, auch die Möbel wirkten grob zusammengehauen. Licht kam von der Lampe auf einem Tisch, an dem sich etliche finstere Gestalten drängten und zankten. Es handelte sich wohl um eine Petroleumlampe. Eine weitere hing über der Theke und enthüllte, wie jämmerlich und schmutzig die war. Dessen ungeachtet stand der Kneipier dort vor dem Schnapsregal und polierte Gläser, wie um zu beweisen, daß er ein Kneipier war. Eine dritte Lichtquelle gab es, und daran erkannte Gregor auch, in was für eine Wirtschaft er geraten war: Ein Rest von Tageslicht fiel herein oberhalb der halbhohen Schwingtüren des Saloons.

Inzwischen wurde das Wortgefecht der Männer am Tisch lauter, die ihn da an der Hintertür gar nicht beachteten. Er brauchte eine Weile, bis er ihren groben amerikanischen Dialekt halbwegs verstand. Einer sagte ungefähr: »... du kannst quatschen, was du willst, Smiles, die ›Eternity‹ ist meine Ranch!« – »... is unsre Ranch, Hank«, fiel ein anderer ein. »Ja, unsere, schon recht, Pete«, sagte der erste und fuhr fort: »Und völlig egal, was die Bundesregierung dir versprochen hat, hier hast du nichts zu suchen, das werden wir dir schon beweisen.«

Die Männer in den karierten Hemden und dreckigen Jeans lachten unfroh. Bis auf einen, den er jetzt erst sah, der am Tisch saß, von den anderen dort mit schweren Händen auf seinen Schultern festgehalten. Dieser war etwas blaß und trug einen dunkelblauen Gehrock, der wohl mal gut ausgesehen haben mochte. Auch der Zylinder vor ihm auf dem Tisch wirkte etwas ramponiert.

Es war eine Situation, in der er ungern störte, aber Not kennt kein Gebot. Und irgendwo mußten doch auch Westernhelden mal für kleine Jungs... Nur, wie nannte er das doch gleich in angemessener Dezenz? Er bildete in Gedanken einen passenden englischen Satz und fragte dann laut, wo denn hier der Men's Room sei. Aber keiner beachtete ihn, denn sie redeten nun alle wütend auf den Sitzenden ein. Fäuste wurden drohend geschwungen. Gregor verstand etwa folgendes: »Wir besitzen die ›Eternity‹. Wir haben sie selbst aufgebaut, mit diesen Pfoten, guck sie dir an...« – »Seit drei Jahren, ungestört! Das ist ja schon 'ne kleine Ewigkeit in diesen Zeiten!« – »Haben die von der Bundesregierung da hinten im Osten dir ein prima Stück Land angedreht!« – »Ist ja auch ein schönes Stück Land. Aber was die Betrüger in Washington dir da gegeben haben, ist nur ein prima Stück Papier!« – »Denkst wohl, du kannst einfach und verdammt flink absahnen, hart arbeitende Männer übern Tisch ziehen, die sich hier eine Existenz aufbauen. Du wirst nicht...« »Halten uns diese hochnäsigen Ostler für Rothäute, denen man für ein paar Schluck Feuerwasser alles abschwatzen kann? Wir sind genauso gute Amerikaner wie die!«

Mit vielleicht etwas schriller Stimme rief Gregor dazwischen: »Gentlemen, ich habe da mal eine Frage …« Jetzt sah wenigstens einer kurz zu ihm herüber. Aber auch der knurrte nur: »Stör jetzt nicht, wir müssen erst mal die ›Eternity‹ retten!«

Hank, der Wortführer der Rancher, haute mit der flachen Hand auf den Tisch: »Ruhe, Leute. Und du, Morris«, sagte er zum Wirt, »gib mal Schreibzeug rüber!« Der kramte unter seiner Theke herum und fand dann tatsächlich einen zerknitterten Zettel, einen Gänsekiel und ein Tintenfaß. Hank baute das alles vor dem Mann auf, den sie Smiles nannten, und drückte ihm das Schreibgerät in die Hand, nachdem er es in die Tinte getunkt hatte. »So, du schleimiger Ostler, jetzt schreibst du, was wir dir sagen, damit die Sache ein für alle Mal klarkommt. Louis, du bist dran!« kommandierte Hank.

Einer der Kerle lehnte sich zurück, drehte die Augen gen Himmel und spitzte den Mund. Mit einem salbungsvollen Singsang, als wolle er einen Priester karikieren, begann er: »Hiermit und für alle Zeiten erkläre und bestätige ich unwiderruflich, daß ich, George Smiles aus – wo bist'n du eigentlich her?« Smiles nuschelte etwas vor sich hin, er schien Schwierigkeiten mit dem Gebiß zu haben, aber Louis hatte ihn verstanden und machte weiter: »… aus Boston, Massachusetts – wie kann man nur so weit aus dem Osten kommen, ist ja widerwärtig!« – »Eh«, sagte nun wieder Hank zu Smiles, »das sollste nicht schreiben!« Jetzt hatte Louis den Faden verloren und sah sich nach Worten suchend um. Ein kurzes Schweigen trat ein.

Gregor nutzte die Gelegenheit: »Leute, so sagt mir doch bitte, wo finde ich denn hier das WC?«

»Das was?« fragte einer.

»Das Water Closet«, raffte er seinen Mut zusammen;

nun war er doch selbst auf Englisch lieber deutlich als höflich.

»Was soll das sein?« wunderte sich jemand.

Er fragte: »Gibt es denn hier keinen Waschraum?«

Der Wirt sagte: »Der Brunnen ist hinterm Haus, da, wo du grade herkommst.«

»Aber ich …«

Doch jetzt wurde er unterbrochen durch Louis, der mit seinem Diktat fortfuhr: »Boston, Massachusetts, keinerlei Ansprüche auf die Ranch ›Eternity‹ im Territorium Kansas habe noch jemals erheben werde, völlig scheißegal, was die Idioten von der Bundesregierung meinten, mir verkauft zu haben.«

»Und«, meinte Hank, »zum Nachbarn will ich den aber auch nicht haben.«

»Wolln wir den alle nich haben«, fügte Pete hinzu.

Louis diktierte weiter: »Das Gleiche gilt für alle Ländereien im Umkreis von zehn Meilen. Gegeben den 3. Oktober 1856 zu Libertyville.«

Smiles' Feder kratzte übers Papier. Louis sah ihm über die Schulter, ob er auch das Richtige schrieb. Gregor hatte den Eindruck, der immerhin könne lesen. Hank befahl Smiles nun, den Text zu unterschreiben. Dann setzten er und seine Leute, selbst Morris, ihre Namen oder drei Kreuze oder sonst etwas drunter, um das Dokument zu bezeugen.

»Ob das reicht?« fragte Pete.

»Naja, schwören könnte er noch«, überlegte Hank, »Morris, gib mal die Bibel!«

»Die hat mir damals dieser besoffene Wanderprediger geklaut, ihr wißt doch!«

»Dann müssen wir ihn eben noch was Frommes drunterschreiben lassen«, ordnete Hank an und sah zu Louis hinüber. Der richtete den Blick wieder nach oben. Das inspirierte ihn zu folgendem: »Das schwöre ich im Namen Gottes und so wahr der Heiland mir helfe!«

Nachdem sie ihn ein bißchen geknufft hatten, schrieb Smiles auch das. Louis überprüfte alles und meinte: »Sagt mal ... Heiland, Savior, wird das nicht mit i geschrieben?« – »Scheißegal!« – »Er hat Savor geschrieben!« maulte Louis, aber Hank schnauzte noch mal »Scheißegal!«, schnappte das Papier, faltete es und steckte es in die rückwärtige Tasche seiner Jeans. Sie hielten George Smiles immer noch fest, unschlüssig, was jetzt geschehen sollte.

»Himmel, diese Idioten!« entfuhr es Gregor. Ihm war plötzlich aufgegangen, was an seinem vorangehenden Erlebnis nicht stimmte: Bei der Marke, für die sie da Reklame gemacht hatten, hätte es nicht Retter, sondern *Savor*, Geschmack der Ewigkeit heißen müssen. Er war in einen fleischgewordenen Übersetzungsfehler geraten, sozusagen. Oder in eine besondere Hölle für Übersetzer?

Sein Ausruf hatte ihm die Aufmerksamkeit der Männer eingebracht, sie schienen es aber nicht persönlich zu nehmen – vielleicht hielten sie es für selbstverständlich, daß er die Regierung meinte. Hank sagte: »Du bist ja immer noch da, Fremder. Was willst'n hier?«

»Aufs Klo«, ächzte Gregor.

Leutselig antwortete Hank: »Bemach dich nicht, Kumpel, geh einfach in die Prärie ...« Und vollführte die großzügige Geste des uneingeschränkten Besitzers.

Gerade als sich Gregor erleichtert an der Gruppe vorbei zur Vordertür schlängeln wollte, fuhr Pete auf: »Hank, Hank, hast du nich gehört, was der vorhin für 'n Stuß gequatscht hat? Klang das nich auch so etepetemäßig wie als ob aus 'm Osten? Ist das vielleicht auch so 'n oberschlauer Knilch wie der Smiles, der uns von unserm Grund und Boden wegtricksen will? Oder einer von dem seinen Leuten?«

Er hatte noch gar nicht ausgesprochen, als schon die Pranken, die erst den unglücklichen Investor gepackt gehabt hatten, nach Gregor griffen. Er wehrte sich sicherheitshalber nicht.

Unter Hanks stahlblauen Blicken hielten sie ihn zwar ziemlich rauh fest, taten ihm aber sonst nichts. Er begann lautstark zu protestieren, versuchte Erklärungen abzugeben, die er selbst nicht hatte, aber sie hörten nicht zu. Sie filzten ihn statt dessen ungerührt und leerten seine Taschen vor Hanks Augen auf den Tisch. Da lagen dann sein Portemonnaie, das Schlüsselbund und die einzelnen flachen Schlüssel. Sie wurden daraus nicht schlau, nicht mal Louis, das hätte Gregor auch gewundert. Wieder redeten alle durcheinander.

Das endete dann mit Drohungen in einem kaum noch verständlichen Jargon. Daß er sich zum Teufel scheren solle, war aber sicher richtig geraten. Sie halfen ihm dabei, indem sie ihn zurück zur Hintertür schleppten. Einer von den Männern riß sie auf, ein anderer gab ihm einen Tritt, er fiel aber nicht hin, sondern prallte gegen eine Wand – nein, gegen eine andere Tür. Während die Tür, durch die er so übereilt gekommen war, hinter ihm ins Schloß krachte, ging ihm auf, daß vor ihm wohl die Tür der Nachbarwohnung sein mußte. Ein erfolgreicher Griff nach dem Taster des Hauslichts bestätigte seine Vermutung.

Noch während er gewohnheitsmäßig in die rechte Hosentasche faßte, fiel ihm ein, daß sie ihm da drinnen ja das Schlüsselbund weggenommen hatten. Und wirklich: Die Tatsache, daß ihm das Bund hier draußen immer noch fehlte, war ebenso real wie sein immer noch schmerzender Steiß. Seine anfängliche Erfahrung, daß ihn die falschen Welten jenseits der Tür im Grunde nichts angingen, war beunruhigend löchrig geworden.

Jetzt blieb ihm nur noch, irgendwo im Hause zu klingeln und zu bitten, mal die Toilette benutzen zu dürfen; das wäre immerhin eine Lösung, aber peinlich, zumal mitten in der Nacht. Aber ja, er konnte doch einfach ein paar Schritte in den Park auf der anderen Straßenseite hineingehen. Überhaupt raus aus diesem Haus; sehr gut!

Er war die Treppe gerade zwei, drei Stufen hinabgestiegen, als er hörte, wie auf seiner Etage etwas klirrend zu Boden fiel und eine Tür zugeworfen wurde. Er machte kehrt und fand vor seiner Wohnungstür sein Portemonnaie, das Bund mit den zwei Schlüsseln und verstreut die übrigen, einzelnen.

Schön, die beiden konnte er auch noch versuchen; einer davon mußte der richtige sein. Er würde öffnen, solange das Hauslicht noch brannte, und die Tür sofort wieder schließen, wenn er sah, daß es nicht seine Wohnung war.

Sieben

Es war seine Wohnung. Das Licht ging an; die Bücherregale waren da – mit den richtigen Büchern darin –, die Garderobe, wo seine andere Jacke hing, am Ende des Korridors die halboffene Tür zum Bad.

Als er aus dem Bad kam, war die Welt wieder in Ordnung, und er spürte eine Begeisterung wie lange nicht mehr. Er zog im Flur die Jacke aus und stellte auf dem linken Ärmel mißmutig etliche kleine schwarzbraune Flecken fest, beinahe wie Tintenspritzer. Er wunderte sich, woher die wohl stammten, denn im Saloon war er doch gar nicht in die Nähe des Tisches gekommen – egal, das war überstanden. Er ging in die Küche, fand die Kanne noch fast voll (kalt war der Tee natürlich längst), trug sie ins Arbeitszimmer, setzte sich und schaltete den Computer an. Er hatte endlich wieder einmal Lust zum Schreiben, und er wußte, daß er zumindest einen Anfang machen mußte, ehe sie wieder verflog. Er war jetzt wieder im Alltag und hatte keinen Grund zu der Annahme, er sei plötzlich ein anderer Mensch geworden, ehrgeiziger und weniger träge. Als die Textverarbeitung lief, lief es auch bei ihm, und er schrieb mühelos die ersten Worte, Sätze, Absätze ...

Die Hauptsache war natürlich die Sache mit den Schlüsseln, die in verschiedene Welten führten. Zunächst brauchte er nur zu notieren, was er erlebt (geträumt? phantasiert?) hatte. Wenn er erst einmal ein grobes Gerüst herstellte, genug Rohmaterial produzierte und dabei eine kritische Masse überschritt, würde die Geschichte fast von selbst weiterwachsen und Gestalt annehmen, der Rest wäre dann Handwerk. Er könnte natürlich mehr daraus machen, die Idee ließ sich prima ausbauen: Der Held konnte schließlich genau herausfinden, welcher Schlüssel wohin führte, zwischen den Welten pendeln und alles mögliche erleben, und dann würde sich sein Leben – das des Helden – wirklich auf interessante Weise verändern.

Gregor goß sich Tee ins Glas und nahm einen Schluck. Nun ja, zunächst würde es wohl doch nur eine überschaubare Erzählung werden. Zum Schluß könnte sich der Held hinsetzen und nach langer Zeit mal wieder eine Geschichte schreiben, in der er sich zum Schluß hinsetzte und ...

Oder auch nicht. Das war doch irgendwie ein sehr naheliegender Schluß, zu oft vorgekommen. Vielleicht ließ er die Geschichte anders enden, wenn er dazu noch etwas halbwegs Überraschendes erfinden könnte.

Er stellte das Glas wieder hin und tippte weiter. Er schrak zusammen, als ihm der erste schwere Tropfen auf den Rücken fiel.

Auf und davon

Außer bei Terry Pratchett sind die Helden in der vorange-
henden Abteilung ja nicht ganz absichtlich in ihre jeweiligen
virtuellen Realitäten geraten, zumindest nicht in Kenntnis
der Folgen. In den nun folgenden vier Erzählungen gibt es
neben unserer Welt eine andere, die den Helden besser oder
wenigstens interessanter erscheint. Es kann wie in der Ge-
schichte von Marion Zimmer Bradley eine Parallelwelt zu
unserer Welt sein oder wie bei Cyril M. Kornbluth eine Art
Märchenland. Bei Alfred Bester gibt »Die Nummer mit dem
Verschwinden« den Verantwortlichen in einer durchorgani-
sierten Zukunft ein Rätsel auf, dessen Lösung hier noch nicht
verraten sein soll; eine künstliche Wirklichkeit im engeren
Sinne, aber aus der Zeit vor dem Cyberspace zeigt »Das Kin-
derzimmer« von Ray Bradbury.

Die US-Amerikanerin **Marion Zimmer Bradley** (1930 bis
1999) hat zahlreiche SF-Romane geschrieben, von denen viele
aber mit ihrer abenteuerlichen Handlung und ihrem Weltent-
wurf der heroischen Fantasy vom Typ »Sword and Sorcery«
ziemlich nahe kommen; das gilt auch für den Darkover-Zy-
klus, mit dem sie in der SF besonders bekannt wurde. Ihr er-
folgreichstes Einzelwerk dürfte aber Die Nebel von Avalon
(The Mists of Avalon, 1983, deutsch 1983) sein, ein Fantasy-
Roman, der den Mythos um König Artus aufgreift.

Cyril M. Kornbluth (1923–1958) hat als Journalist in
New York gearbeitet und vor allem als Verfasser von einfalls-
reichen und ironischen SF-Kurzgeschichten einen guten Ruf

erworben (aber gelegentlich auch mit Fantasy, wie unser Beispiel zeigt). Von seinen Romanen sind vor allem diejenigen bekannt geworden, die er gemeinsam mit anderen Autoren schrieb, insbesondere Eine Handvoll Venus und ehrbare Kaufleute (The Space Merchants, 1953 zusammen mit Frederik Pohl, deutsch 1971) ist ein SF-Klassiker und war beispielgebend für andere Autoren, die danach über ökologisch ruinierte und ganz von einer Konzerngruppe beherrschte Zukunftswelten schrieben.

Alfred Bester (1913–1987) lebte in New York und hat ein verhältnismäßig schmales, aber hochklassiges Œuvre an SF geschrieben – gut zwei Dutzend witzige bis sarkastische Erzählungen und ein paar Romane, unter denen zwei, Demolition (The Demolished Man, 1953, deutsch 1960 zunächst als »Sturm aufs Universum«) und Der brennende Mann (The Stars My Destination, 1956/57, deutsch 1965 zunächst als »Die Rache des Kosmonauten«), eine SF-Version der Geschichte des Grafen von Monte Christo, mit ihrem Feuerwerk an Ideen und ebenso starken wie exzentrischen Charakteren noch heute zur besten Science Fiction aller Zeiten gehören.

Ray Bradbury (geb. 1920 in Waukegan, Illinois) lebt seit den dreißiger Jahren in Kalifornien. Er hat es als erster (und damals für längere Zeit einziger) amerikanischer Autor geschafft, mit SF allgemeine Anerkennung auch über die Grenzen des Genres hinaus zu erringen, und zwar zunächst mit seinen Erzählungen – die beiden wichtigsten Bände sind Die Mars-Chroniken (The Martian Chronicles, 1950, deutsch 1972) und Der illustrierte Mann (The Illustrated Man, 1951, deutsch 1962), dem auch »Das Kinderzimmer« entstammt. Weitere hervorragende Erzählungen von ihm sind auf andere Bände verstreut, den beiden genannten Sammlungen an Dichte und Eindringlichkeit vergleichbar ist aber noch Bradburys einziger SF-Roman Fahrenheit 451 (1953, deutsch 1956), das Bild einer Zukunft, in der Bücher verboten sind und von der Feuerwehr mitsamt den Häusern ihrer Besitzer verbrannt werden.

MARION ZIMMER BRADLEY

Der Tag der Schmetterlinge

*Mich hat schon immer die Frage beschäftigt, was Realität
wirklich ist. Alles, was man liest, tendiert zu der Auffassung,
daß unser einziges Wissen darüber, was wirklich ist, auf der
Wahrnehmung unserer fünf (oder mehr) Sinne beruht. Wir
haben keine andere Möglichkeit zu erkennen, was ›da draußen‹ ist. Einige Autoren haben sogar behauptet, daß das, was
wir als Materie, Raum und Zeit bezeichnen, gar nicht existiert – daß die ›reale Welt‹ nicht nur ganz anders ist, als wir
sie erkennen, sondern völlig anders, als wir sie überhaupt erkennen können. Raum und Zeit zumindest sind einfach ein
Versuch des linearen menschlichen Gehirns, verständlich zu
machen, was wir gar nicht begreifen können. Wir akzeptieren
›unsere‹ Realität, denn sie ist die Summe übereinstimmender
Fakten, wie wir sie von anderen erfahren. Was wir als ›Realität‹ und ›objektive Fakten‹ bezeichnen, ist im Grunde eine
Reihe von Übereinstimmungen. Wir akzeptieren eine ›Tatsache‹, weil – um ein Beispiel zu nennen – jeder zustimmen
wird, daß eine Blume eine Blume ist, ein Tisch ein fester Gegenstand, daß Feuer verbrennt und daß wir im Wasser er-
trinken.*

*Aber sind diese Übereinstimmungen objektive Fakten –
sind sie immer und überall Wirklichkeit? Ein junges Mädchen beispielsweise, das in Bali aufwächst, lernt, daß Feuer
sie unter bestimmten Umständen nicht verbrennen wird –
wie etwa während des heiligen Tanzes, bei dem sie durch das
Feuer läuft. Ist ihre Wirklichkeit weniger real für sie, die*

durch das Feuer geht und unversehrt bleibt, als für den skeptischen Missionar, der alles für einen Trick hält und bei dem Versuch, es ihr gleichzutun, schwere Verbrennungen davonträgt?

»Tag der Schmetterlinge« entstand während des Sommers der Liebe in Haight-Ashbury oder kurz danach. Zündender Funke war eine Bemerkung Don Wollheims: Wenn ich Menschen wie Roboter oder Zombies herumwandeln sehen wollte, brauchte ich nur an einem beliebigen Werktag während der Mittagszeit den New Yorker Börsenbezirk aufzusuchen. Das tat ich und war entsetzt über das unmenschliche Aussehen dieser Leute, für die die gepflasterten Gehsteige, die Wolkenkratzerschluchten und die blinde Jagd nach dem Geschäft ihre ganz persönliche Wirklichkeit zu sein schienen. Angenommen, sie hätten, wie der Held dieser Geschichte, eine andere Wirklichkeit gesehen – und wären überzeugt genug, eine neue Summe von Übereinstimmungen zu suchen?

Dies ist eine romantische Geschichte. Sie baut auf einer romantischen Prämisse auf. Aber dennoch wünschte ich mir, daß sie wahr wäre: daß wir, bevor diese Welt ein einziger riesiger betonierter Parkplatz wird, den schmetternden Huf Pans zu spüren bekämen, daß die Gehsteige aufbrächen und Veilchen emporsprössen und daß Blumen in den Schluchten der Städte blühten.

Diana war ein Stadtmensch, war immer ein Stadtmensch gewesen, und es gefiel ihr so.

Um siebzehn Uhr dreißig kam sie durch die Drehtür und zog sich die Nappahandschuhe an. Das weiche Leder bewahrte ihre Hände vor der direkten Berührung mit der rauhen Wand und der Tür, genau wie ihre Pfenningabsätze, die in frohem Rhythmus klickten, sie vor dem harten, schmutzigen Betonpflaster schützten. Ihre Augen brannten vom Smog, aber ihre Sinne sagten ihr, die Luft sei frisch und der Tag ein normaler sonniger Tag in der Stadt. Von einem Zeitungsjungen kaufte sie das Tagblatt, ohne ihn oder es anzusehen, dann trippelte sie zu der drei Blocks entfernten U-Bahn-Station, wie jeden Tag.

Und da – ja, was passierte eigentlich? Sie wußte es nicht. Sie spürte ein schwaches Schwanken, als hätte der Gehsteig sich ganz leicht bewegt und ...

... die Sonne schien golden und warm, das grünliche Licht wurde durch einen weichen Laubbaldachin gefiltert, der wie Seide auf ihren nackten Schultern ruhte. Gras rauschte im duftenden Wind und liebkoste ihre nackten Füße. Plötzlich tanzte sie, drehte sich fröhlich, ja ekstatisch in einer Wolke roter und gelber Schmetterlinge, die wie Funken um ihre wehenden Haarsträhnen wirbelten. Sie streckte die Hände aus, um sie einzufangen, und zerdrückte kühle üppige Grashalme unter den Sohlen, während ihr der erfrischende Duft von Hyazinthen schmeichelnd in die Nase stieg. Und während die Schmetterlinge sich von ihren Fingerspitzen zurückzogen ...

... rutschte sie auf der ersten Stufe der U-Bahn-Unterführung so heftig aus, daß sie sich den Fuß verdrehte und sich hastig am Geländer festhalten mußte. Eine fette, nach Knoblauch stinkende Frau brummte: »Warum passen Sie nicht auf, wo Sie hintreten?«

Diana schloß die Augen und öffnete sie schaudernd wieder. Das rußige Licht der U-Bahn-Station schmerzte sie fast körperlich. Komisch, dachte sie verwirrt, daß mir nie zuvor aufgefallen ist, wie *häßlich* eine U-Bahn-Treppe ist, wie schmutzig und dunkel ... Und da erst kam die verspätete Reaktion.

Himmel! dachte sie. Mit mir stimmt was nicht! Ich war *dort und tanzte!* Ich habe es nicht nur gerochen oder gespürt oder gesehen, nein ich habe es gerochen *und* gespürt *und* gesehen und habe es beim Darübergehen

mit den Füßen berührt! Natürlich war es eine Halluzination. Der Gedanke ließ sie tief erröten. Habe ich
wirklich hier auf der Lexington Avenue *getanzt?* Automatisch warf sie, was sie in der Hand hielt, in den Pa-
pierkorb.

Ein goldener Schmetterling flatterte auf.

Der Mann hinter ihr stieß Diana durch das Dreh-
kreuz. Benommen blickte sie hoch, und ihr Blick folgte
dem flatternden Gold, das sich durch den lärmenden
Gestank in die Lüfte hob und verschwand. Ein kleines
Kind rief begeistert: »Oh! Schau, ein Schmetterling!«
Aber keines der grimmigen Gesichter, deren Besitzer
sich in den Schlund der U-Bahn-Station drängten,
blickte hoch.

Diana zwängte sich in den Wagen und griff verwirrt
nach einer Halteschlaufe. Das Rattern und Stoßen unter
ihren Füßen war regelrecht schmerzhaft, obgleich ihr
das noch nie zuvor aufgefallen war. Sie verkrampfte die
Zehen, sehnte sich nach dem kühlen Gras; atmete ein und
erinnerte sich an den Duft von Hyazinthen, sie würgte an
der Gestankmischung von Knoblauch, Schweiß, Deo-
und Haarsprays, billigem Parfüm und Ruß.

Aber was war geschehen? Aufgebracht sagte sie sich,
daß sie nicht die Art von Person war, der so etwas zustieß! Nein, es war ein Tagtraum, Schmetterlinge oder
nicht oder vielleicht stimmt was mit meinen Augen
nicht.

Und so, als Kind des zwanzigsten Jahrhunderts, das
nie etwas geglaubt hatte, das es nicht sehen konnte – in
dieser Zeit des Fernsehens, der Kameratricks und Ani-
mation auch an allem zweifelte, was es sah –, verschloß
sie sich dem wunderbaren Öffnen der Tür.

Bis zum nächsten Mal.

Das nächste Mal befand sie sich mitten im Samstag-
vormittags-Trubel des Bahnhofs. Alles drängelte, rem-
pelte, brüllte und starrte irgendwohin. Aus den Laut-

sprechern drangen seltsame Geräusche, zu unmöglichen Lauten verzerrt. Diana eilte dahin, die behandschuhten Finger um Peters Gabardineärmel, und ihre hochhackigen Schuhe rasten, um mit ihm Schritt zu halten. Sie waren nicht wirklich in Eile, aber die ganze Umgebung schrie *Schnellschnellschnell!* Also gehorchten sie schnellschnellschnell.

Diesmal war es rasch wie ein flüchtiger Gedanke, das Schwinden der dicken, lärmenden Luft, die Stille, die nur das Rauschen des Grases unter ihren Füßen unterbrach. Sie rannte, drehte sich tanzend unter den prächtigen Schmetterlingen, warf die Arme in wilder Freude hoch, spürte den kühlen Wind um die nackten Beine und Füße ...

... Und schon war die Luft wieder dick und beißend in der Lunge, und sie zuckte regelrecht zusammen, als ihr der Lärm entgegenschlug. Sie spürte, wie Peter mitten im Schritt innehielt und sie stirnrunzelnd betrachtete.

»Ist was, Di?«

»Ja«, wollte sie sagen. »Dieser schreckliche Ort – mir ist gerade erst bewußt geworden, wie entsetzlich er ist ...« Aber sie tat es nicht, denn das hätte ihren Tagtraum oder ihre Halluzination, oder was immer es war, nur Wirklichkeit werden lassen und ihm den Vorzug vor der bestehenden Wirklichkeit gegeben. Sie bewegte die Zehen in den engen Schuhen und seufzte.

»Nein, nichts. Es ist nur so heiß und stickig hier, und ich war ein wenig geistesabwesend.«

Geistesabwesend ist das richtige Wort. Mein Körper war hier – denn wenn nicht, hätte Peter es bemerkt –, aber mein Geist machte sich selbständig, weiß der Himmel, wo er war. Sie erkundigte sich: »Warum hast du gefragt Peter? Was habe ich getan?«

»Nun, du bist plötzlich stehengeblieben, und mir war nicht klar, was dich so gefesselt hat«, sagte der praktisch veranlagte Peter. »Und dann bist du leicht geschwankt als hättest du dir den Fuß verstaucht. Alles in Ordnung?«

»Natürlich.« Sie reagierte auf die Zärtlichkeit in seiner Stimme. Oh, sie liebte ihn! Er war nicht nur ein neuer Verehrer, nein, er war der Richtige, der, mit dem sie ihr Leben verbringen wollte. Aber war hier überhaupt etwas wirklich richtig?

Nein, so zu denken machte das andere zur Wirklichkeit – diese Halluzination …

»Hast du was an deiner Sohle? Kaugummi? Hundedreck?«

»Nein.« Diana scharrte die Sohle rückwärts über das Pflaster. Es stimmte. Wer würde glauben, daß es hier im Trubel des Bahnhofs einen zerdrückten Grashalm gab?

»Dann wollen wir uns beeilen, daß wir unseren Zug noch kriegen«, drängte Peter.

»Haben wir es denn wirklich so eilig?« fragte sie plötzlich trotzig. »Außer vielleicht, um aus diesem häßlichen, schmutzigen Bahnhof fortzukommen? Hast du schon mal darüber nachgedacht, wie *häßlich* fast die ganze Stadt ist?«

»Ich möchte nirgendwo anders leben«, sagte Peter prompt. »Und du genausowenig. Oder bekommst du vielleicht plötzlich Heimweh nach den Wiesen und Feldern von Iowa oder dergleichen?«

»Ach Peter, du weißt doch genau, daß ich in Queens geboren bin!« Es war nicht einmal Heimweh nach einer fernen, schönen Kindheit! Aber was war es dann? Wie kann ich Heimweh nach etwas haben, das ich nie gesehen, ja von dem ich nicht einmal geträumt habe? Vielleicht habe ich bloß ein bißchen zuviel des Guten erwischt? Und die Stadt ist doch etwas Gutes. Es gibt hier alles, was der Mensch sich je wünschte: Kultur, Fortschritt, Gesellschaft, ja sogar Schönheit – und für mich Peter …

»Peter«, sagte sie, »müssen wir unbedingt jetzt einkaufen?«

»Nein, natürlich nicht. Du warst es doch, die es so eilig hatte, die neuen Handtücher und Pfannen und was sonst noch zu kaufen, und dann alles irgendwo unterzubringen, bis wir eine Wohnung finden und heiraten können. Aber was möchtest du statt dessen tun?«

Sie wußte, daß er sehr erstaunt sein würde, als sie sagte: »Gehen wir im Park spazieren, unter den Bäumen – und schauen uns Blumen an.« Sie wußte jedoch auch, daß er ja sagen würde. Und er tat es. Das war nicht viel. Doch es half. Ein bißchen.

Und von nun an wußte sie nie mehr, wenn sie blinzelte, ob sie beim Heben der Lider im Lärm der Stadt sein würde oder in der grünen Welt der flatternden Schmetterlinge. Ein Teil ihres Ichs *wußte,* daß es eine Halluzination war, daß ihre Augen und ihr Geist sich täuschten, aber – weshalb fand sie dann und wann einen Schmetterling oder eine Blume oder einen Grashalm in der Hand? Aber sie machte sich nichts vor, weshalb sie einen Besuch beim Hausarzt oder Augenarzt oder Psychiater immer wieder aufschob, obwohl sie sich sagte: Nach dem nächsten Mal gehe ich bestimmt. Das sagte sie sich allerdings nach dem nächsten Mal wieder.

Wenn es eine Halluzination ist, würde ein Arzt etwas unternehmen, damit ich sie nicht mehr kriege.

Und ich möchte sie nicht verlieren!

Sie sagte sich, daß es ja niemand wußte, aber eines Tages kehrte sie von einem Mänadentanz zum Klang ferner Panflöten mit zerzaustem Haar und schweißnassem Genick zusammenzuckend zurück. Sie spürte die Nadeln im straffen Haarknoten, sah, daß ihre Finger die Tasten ihrer Schreibmaschine berührten – und das Mädchen am Schreibtisch ihr gegenüber sie anstarrte.

94

»Was ist los mit dir, Diana? Ich habe dreimal versucht, dich anzusprechen.«

Sie hob die Hände von der Tastatur und löste sich diesmal nur ungern. Ihr war bewußt, daß sie die Stelle des Schriftstücks verloren hatte, das sie gerade ins reine schrieb »... bestehend aus dem Teil des Grundstücks, der an der Kreuzung 48. und Raymond Street, vormals Beaver Street, beginnt und in Parzellen aufgeteilt ist, die auf dem Plan mit 13, 14 und 15 gekennzeichnet sind ...«

Was für ein absoluter Unsinn! dachte sie und wiegte die winzige blaue Blüte in der Hand. Sie verbarg sie vor den Blicken des anderen Mädchens und wußte, daß ihre Stimme merkwürdig klang, als sie sagte: »Tut mir leid, Jessie. Ein ... ein Tagtraum, glaube ich.«

»Der muß ja einfach himmlisch gewesen sein«, sagte Jessie. »Du hast geradezu gestrahlt. Wer war der Mann? Michael Sarrazin oder jemand wie er? Oder bloß Peter? Wenn er so was fertigbringt, bist du zu beneiden!«

Diana lachte. »Wenn es überhaupt einer gewesen wäre, dann bestimmt Peter. Nein, ich habe bloß ...« Die Worte fielen ihr schwer. »... von einer Wiese geträumt. Von einer Wiese oder vielmehr einer Lichtung voller Blumen und Schmetterlinge.«

Sie hatte eine schnippische Bemerkung von der anderen erwartet, doch sie kam nicht. Statt dessen wirkte Jessies rundes Gesicht nun fast verträumt. »Komisch, fast wie es mir vor ein paar Tagen gegangen ist, als ich Tante Margit auf Staten Island besucht habe. Ich habe die Fähre genommen, und plötzlich bildete ich mir ein, daß ich am Strand herumlaufe und Muscheln aufhebe. Es schien so *wirklich!* Ich konnte die Möwen hören und das Salzwasser riechen und sogar Sand unter den Füßen spüren – ich hatte keine Schuhe an. Aber der einzige Strand, an dem ich je war, ist der von Coney Island, weißt du? Der war es aber nicht, sondern eher ein

Strand wie aus Filmen, wenn du weißt, was ich meine.«
Sie lachte sichtlich verlegen. »Später ist dann noch was
Komisches passiert.«

»Ja?« Diane spürte einen würgenden Klumpen im
Hals und Gänsehaut auf den Oberarmen.

»Du wirst mir nicht glauben«, fuhr Jessie fort, »aber
als ich daheim meine Schuhe auszog – ich ziehe immer
als erstes, wenn ich heimkomme, die Schuhe aus ...«

»Ja ...?«

»Du wirst es nicht glauben, aber da war Sand in meinen Schuhen.«

»Sand?«

»Sand. Weißer Sand. Und er war über meinen Läufer
verstreut.«

»Du hast recht«, murmelte Diana. »Das glaube ich
nicht.« Wenn ich es täte, sagte sie sich, was müßte ich
dann noch glauben?

Sie hätte es vielleicht als Frustration abgetan – denn
sie war ein Kind des Zeitalters der Psychologie, und
Verdrängung und Frustration gehörten genauso zu
ihrem Vokabular wie Computer und Schreibmaschine.
Aber da war keine Spur von Verdrängung oder Frustration in der Luft, als es das nächste Mal passierte. Sie
und Peter lagen zusammengekuschelt auf dem Rie-
sensofa in ihrem Apartment, das Licht war gedämpft,
die Musik leise und einschmeichelnd, trotzdem wirkte
Peter plötzlich geistesabwesend. Sie glaubte schon, er
sei eingeschlafen, und versuchte ganz vorsichtig, ihren Arm unter ihm hervorzuziehen, da murmelte er,
ohne die Augen zu öffnen: »Der Holzrauch riecht aber
gut ...« Es durchzuckte sie wie ein elektrischer Schlag,
so daß sie unwillkürlich aufsprang.

»Peter – *du auch?*«

Er setzte sich auf, und sein Gesichtsausdruck war
nicht viel anders als ihrer so häufig in letzter Zeit. Auf
sein »Ich-weiß-nicht-was-du-meinst« fragte sie: »Wo

warst du? Peter, mir geht es auch oft so. Bei mir ist es eine Lichtung mit Schmetterlingen und Gras ... Peter, was geschieht mit uns? Ich glaubte zuerst, es ginge nur mir so, aber bei meiner Kollegin war es nicht viel anders – und jetzt auch du ...«

»Na na, beruhige dich.« Er legte die Arme um sie. »Es ist mir jetzt schon etwa ein Dutzendmal passiert, plötzlich bin ich *anderswo*. Ich weiß, daß es ein Traum ist, aber er riecht so verdammt echt ...« Er blickte nachdenklich drein. »Was ist überhaupt echt? Vielleicht ist dies nur *eine* Wirklichkeit oder vielleicht stimmt was nicht mit unserer Wirklichkeit. Schau uns doch bloß an ... Wir leben dicht an dicht wie in einem Bienenstock. Das mag ja gut für Bienen sein, aber für Menschen? Wollte die Natur, daß der Mensch nach einer Entwicklung von einer Million Jahren so lebt?«

Diana spürte eine merkwürdige Erregung, die ihr fast die Kehle verschloß, fühlte sich aber gezwungen, sich an die Logik zu klammern. »Das sagst du, der Stadtmensch? Du, der immer gesagt hat, die Stadt sei das Endergebnis des menschlichen Fortschritts, der gesellschaftlichen Evolution ...«

»Ich hab' zuviel dummes Zeug dahergeredet. Ja, Endergebnis, das kann man wohl sagen. Ende, Schluß – Sackgasse.«

»O ja«, seufzte sie. »Und ich hasse die Stadt jetzt furchtbar. Vielleicht habe ich sie immer gehaßt und es bloß nicht gewußt ...«

»Und vielleicht ist nichts – nichts anomal an diesem Tagtraum oder dieser Halluzination oder was immer es ist. Vielleicht ist es nur unser Unterbewußtsein, das uns warnt, das uns sagt, daß wir genug von der Stadt haben und sie verlassen müssen, wenn wir nicht den Verstand verlieren wollen.«

»Vielleicht«, murmelte sie keineswegs überzeugt und verlagerte ihr Gewicht, als er sich auf die Seite drehte.

Und als etwas von seinem Schoß fiel, bückte sie sich danach.

Es war ein winziger duftender Tannenzapfen, nicht viel größer als ihr Daumennagel. Wieder schnürte es ihr vor Erregung die Kehle zu, als sie ihn Peter entgegenstreckte.

»Peter – was ist *wirklich?*«

Peter drehte den winzigen Tannenzapfen behutsam in den Fingern. Schließlich sagte er: »Angenommen – angenommen Erlebnisse sind nur eine Art von *Übereinstimmungen?* Selbst die Wissenschaftler sind jetzt der Meinung, daß Raum und Materie und vor allem die Zeit nicht das sind, was die Physiker immer gedacht haben. Hast du gehört, daß alle feste Materie eines Planeten von der Größe unserer Erde zu einer Kugel von der Größe eines Tennisballs komprimiert werden könnte – daß der Rest der Raum zwischen den Atomen und den Elektronen und ihren Kernen ist? Vielleicht sehen wir das materielle Universum nur deshalb *so* …« Er deutete auf das Zimmer ringsum, »weil wir *gelernt* haben, es so zu sehen. Und jetzt ist die Welt so übervölkert und unsere Sinne werden so mit Reizen bombardiert, daß die Struktur der *Übereinstimmungen* zusammenbricht, und diese kleinen Zwischenräume zwischen den Elektronen sich verändern, um sich einer neuen Art von Übereinstimmung anzupassen. Möglicherweise stellen wir dadurch fest, daß Eis nicht unbedingt kalt sein muß und Feuer nicht unbedingt versengt, und die chemischen Elemente des Smogs Schmetterlinge im Sauerstoff sind …«

»Aber was könnte diese Struktur der … der Übereinstimmungen zusammmehbrechen lassen, Peter?«

»Weiß der Himmel«, murmelte er, und sie wußte, daß das nicht nur so hingesagt war. »Sinnesisolation kann die Sinne dazu bringen, die komischsten Dinge wahrzunehmen – fünf Stunden in einem Isolationstank war die längste Zeit, die ein Mensch durchhalten konnte, ohne den Verstand zu verlieren, das ist wissenschaftlich erwiesen. Vielleicht ist es bei Sinnesüberlastung nicht viel anders. Möglicherweise ...«

Aber den Rest hörte Diana nicht, denn die Welt ringsum löste sich in grünen Dunst auf, und sie rannte tanzend über die Lichtung. Nur war diesmal Peter bei ihr ...

Von diesem Tag an hielt sie die Augen offen nach verräterischen Hinweisen. Ihr Chef blieb vor ihrem Schreibtisch stehen, um nach einem Schriftstück zu fragen, das sie gerade tippte, doch ehe sie es aus der Schreibmaschine ziehen konnte, legte er den Kopf schräg, und flüchtig hörte sie das Zwitschern eines fernen Vogels. Ihr Chef zuckte sichtlich zusammen und schnaubte: »Ich hole es mir später.« Sie sah, wie er benommen zur Treppe ging, vermutlich um sich unten einen Drink zu gönnen. Bei einem plötzlichen Wolkenguß gelang es ihr, ein Taxi zu erwischen – da lag ein frisches Eichenblatt auf dem Rücksitz.

Geschieht es denn überall? Und glaubt jeder, dem es passiert, daß er der einzige ist?

Sie überflog die Zeitungen und Zeitschriften und suchte nach Berichten über ungewöhnliche Vorfälle, und sie empfand eine seltsame Befriedigung, als ein Berichterstatter von einem Kriegsschauplatz am Bildschirm mit gezwungener Frivolität sagte: »Die Kobolde haben wieder zugeschlagen.« Vor den Augen eines ganzen Regiments waren acht Panzer verschwunden. Zwar wurde von Sabotage gesprochen, aber wer hatte sich dann die Mühe gemacht, dort, wo sie gestanden hatten, sechs Beete mit Tulpen anzulegen? Es war wohl kaum vorstellbar, daß sich jemand einen Spaß von solchem Ausmaß gemacht hatte.

Aber Diana überraschte nichts mehr. Sie hatte die Hände voll Blumen, die sie – irgendwo – gepflückt hatte ...

In der nächsten Woche war es auf der Titelseite der *Time*. Nach einer langen Suche mit gewaltigem Aufgebot fand man einen entflohenen Häftling, der wegen Raubüberfall verurteilt worden war, kaum eineinhalb Kilometer von der Haftanstalt entfernt. Bei seiner Vernehmung sagte er: »Ich war in einer Stimmung, daß ich ganz vergessen habe, wo ich war, und bin einfach hinausspaziert.« Die Wachmannschaft dagegen schwor – und Lügendetektoren bestätigten die Wahrheit ihrer Aussagen –, daß niemand die Strafanstalt betreten oder verlassen hatte. Nicht einmal der Wagen der Wäscherei hatte den Hof verlassen. Der Ausbrecher hatte die Arme voll exotischer Früchte, dabei gab es keine Läden weit und breit.

Als Peter den Bericht darüber las, sagte er: »Das Gewebe *dieser* Wirklichkeit wird immer rissiger. Ich wette, es dauert nicht mehr lange, dann sind eines Morgens alle Zellen in dem Zuchthaus leer, und die wenigsten der ›Ausbrecher‹ werden wiederzufinden sein. Schließlich ist *ihre* Wirklichkeit noch viel unerträglicher als die der meisten.«

Stirnrunzelnd starrte er ins Leere. Sie dachte schon, er wäre wieder fort, aber nun sagte er grübelnd: »Es wird ziemlich dünn. Ich frage mich, wie lange es anhalten wird und wo ein Riesenriß entstehen wird.«

Schreckerfüllt klammerte Diana sich an ihn. »O Peter! Ich will dich nicht verlieren! Angenommen, es kommt tatsächlich zu – einem Riesenriß, und wir werden getrennt oder einer von uns kann nicht mehr zurückkehren?«

»Na na na!« Er drückte sie beruhigend an sich. »Ich habe das Gefühl, daß das, was zwischen uns ist, Teil einer Wirklichkeit ist, die vielleicht wirklicher ist als alles andere. Es mag sein, daß wir einander erst suchen müssen, aber wenn das, was wir haben, echt ist, wird es überdauern, welche Form die Wirklichkeit auch annimmt.« Er wirkte sehr verlegen, als er hinzufügte: »Ich weiß, es hört sich in unserer Zeit vielleicht kitschig an aber ... ich liebe dich, Diana, und wenn Liebe nicht wirklich ist, weiß ich nicht, was noch wirklich ist.«

Sie wunderte sich nicht, als sie, während sie seine Arme noch um sich fühlte, das kühle Gras unter den Füßen spürte und das grüne Licht sah, das durch das Laubdach fiel. Sie wisperte in den säuselnden Wind: »Komm, bleiben wir da!«

Doch sie kehrten zurück.

Aber jeden Tag wurde das Gewebe der alten Wirklichkeit dünner. Als sie in East Village Holzperlen zum Basteln kaufen wollte, fielen ihr die leeren und doch so glücklichen Gesichter – als ob sie *anderswo* wären – der bärtigen jungen Männer und langhaarigen, barfüßigen Mädchen auf. Sie können doch nicht alle auf einem Trip sein, dachte sie. Das hier ist etwas anderes. Und ich glaube, ich weiß, was es ist.

Ein zierliches, fast zerbrechliches junges Ding in bodenlangem, ausgewaschenem Kleid blickte zu Diana hoch, und Diana wurde sich ihres eigenen kunstvoll geflochtenen Haares, ihrer hochhackigen modischen Clogs, ihrer in juckenden, hauchdünnen Nylonstrümpfen gefangenen Beine bewußt. Sehnsüchtig dachte sie an die Waldlichtung mit den Schmetterlingen, an ihre nackten Füße ... Nein, nein, sagte sie sich. Ich bin hier in der Stadt und muß damit fertigwerden. Sie hier dagegen scheinen anderswo zu sein.

Das Mädchen lächelte sanft zu Diana hoch und schenkte ihr eine Blume. Diana hätte schwören mögen, daß sie kurz zuvor noch keine Blumen gehabt hatte. Das Mädchen flüsterte: »Du weißt Bescheid, nicht wahr? Tu, was du glaubst tun zu müssen, solange du noch kannst, wenn du es für richtig hältst. Es wird nun nicht mehr lange dauern.« In den Augen der anderen spiegelte sich ein fremder Himmel, und Diana hörte das Schlagen einer fernen Brandung und Möwenschreie von – woher? Jessies Strand? Sie murmelte: »Ich weiß, wo *du* bist.«

Die Brandung verstummte. »O nein«, entgegnete das Mädchen traurig. »Aber du weißt wo *wir* sein sollten. Doch es wird nicht mehr lange dauern. Sie versuchen alles zu betonieren, das Ganze zu einem ungeheuren Parkplatz zu machen. Aber es wird nicht funktionieren. Selbst wenn sie den gesamten Planeten mit Beton überzögen, würde es eines Tages einfach *geschehen*. Der große Gott Pan würde von seiner Statue im Central Park steigen – der *wirkliche* Pan – und mit dem Huf durch den Beton stampfen, und dann – dann würden überall im toten Land Veilchen sprießen …«

Sie verstummte, lächelte und ging fort. Ihre nackten Sohlen schritten über das schmutzige Pflaster, als sprössen die angekündigten Veilchen bereits. Diana wollte ihr nachlaufen, sie an den Ort begleiten, wo sie in den letzten Tagen so viel ihrer Zeit verbrachte; sie zwang ihre Füße jedoch in die entgegengesetzte Richtung, um ihre Besorgungen zu erledigen, sie und das Mädchen befanden sich in unterschiedlichen Zeitschichten, nur durch eine seltsame Magie waren sie in Hörweite gekommen, Schiffen gleich, die in Rufweite im Nebel aneinander vorbeitreiben, oder wie Blätter von verschiedenen Bäumen, die sich im Fallen flüchtig streifen.

Diana sah die Straße durch einen Tränenschleier, und zum ersten Mal wollte sie mit voller Absicht diese andere Welt betreten, die manchmal so unvorhersehbar in diese einbrach, doch nie, wenn man es sich wünschte …

Selbst als sie sich noch als richtiger Stadtmensch gefühlt hatte, konnte sie die Wall Street nicht leiden. Um die Mittagsstunde tobt dort das Chaos. Die Menschen eilen robotergleich dahin, und das Ganze gleicht einem menschlichen Ameisenhaufen, belebt von fast identisch aussehenden Gestalten in Anzügen mit Krawatten von so gleichförmiger Machart, daß man glauben konnte, sie wären an ihnen gewachsen. Die allgemeine Hast und der Lärm schmerzten sie körperlich, so daß sie abrupt stehenblieb und der Strom der Insekten – das konnten doch keine Menschen sein! – sich um sie teilen mußte, als wäre sie ein Fels im Flußbett.

Häßlichkeit! Überall Lärm! Horror! Zornig dachte sie: Diese Welt ist ein gewaltiger kosmischer Fehler, ein planetarer böser Jungenstreich. Wenn jeder, der Bescheid wußte, jeder, der die *wirkliche* Welt gesehen hat, ganz einfach NEIN zu all dem hier sagte; wenn sie sich zusammentäten und riefen: *Das ist zuviel! Wir sind dagegen! Wir wollen nicht mehr! Wir halten es hier nicht mehr aus!* Vielleicht würden diese häßlichen Wolkenkratzer dann verschwinden, und Veilchen wachsen …

O hört doch! flehte sie. Ihr Körper, ihr Geist, all ihre Sinne hungerten. *Hört doch!* Wenn sie nur stehenbleiben und all dies hier sehen würden, wie es *wirklich* ist; wenn sie sehen würden, was aus den Leuten wird, die es für wirklich halten und glauben, sie müßten hier leben.

Zeit und Raum sind nur deshalb so, weil wir sie so gemacht haben, und wir haben alles falsch gemacht. Fangen wir noch mal von vorne an und machen es diesmal richtig!

Sie wußte nicht, wie lange sie so dastand, denn für sie standen Raum und Zeit still. Sie wußte nur, daß alles, was sie jetzt war und was sie je gewesen war, sich zu einem verzweifelten, leidenschaftlichen Flehen geformt hatte: *Hört doch!* Da erst wurde ihr bewußt, daß ihre Stimme nur eine einzelne in einem gewaltigen anschwellenden Chor war. Als ihre überlasteten Sinne wieder wahrnehmen konnten, sah sie zunächst eine, dann eine zweite der gleichförmig gekleideten Gestalten, und dann weitere und immer mehr, die Regenschirme und Aktentaschen von sich warfen und sich öffneten wie Insekten, die aus ihren Chitinhüllen schlüpfen und wieder zu Menschen werden. Der Schleier der Täuschung riß von oben bis unten. Wolkenkratzer wurden durchscheinend, schmolzen und verschwanden, und die mächtigen hohen *wirklichen* Bäume waren durch ihre verschwimmenden Umrisse zu sehen. Durch den leblosen, aufplatzenden Beton spitzte vorsichtig ein Grashalm, wankte leicht, dann rief er seine Brüder, und rasch bedeckte saftiges Grün den Boden.

Üppige Wiesen breiteten sich von Horizont zu Horizont aus, während der Himmel in einem reinen, klaren Blau auf die Erde herabschaute. Friedliche Stille herrschte, von Vogelgesang durchzogen. Eine einsame Taxihupe schrillte verwirrt und fragend, ehe auch sie für immer verstummte. In den Schluchten von Manhattan, wo das *wirkliche* Manhattan durchbrach, tanzten Männer und Frauen nackt im Gras, mit Blumen in den Händen und Blütenkränzen im Haar, und die Schmetterlinge flatterten schimmernd im Sonnenschein.

Vor Freude schluchzend rannte Diana in die Menge. Sie wußte, daß Peter hier irgendwo war, genau wie Jessie und das zierliche Blumenmädchen, und Kinder waren hier, und Strafgefangene, und alle, für die der Schleier der Täuschung sich aufgelöst hatte. Sie rannte weiter, und Schmetterlinge umschmeichelten sie, und sie fragte sich ein letztes Mal, ob die andere Welt, jene, die nicht wirklich war, für andere noch da war. Aber es interessierte sie eigentlich nicht – für sie gab es sie nicht mehr. Und Peter wartete hier auf sie. Sie wußte, daß sie ihn finden würde – und natürlich fand sie ihn.

Dreizehn Uhr

I

Peter Packer verstellte aufgeregt den Rechenschieber und beobachtete durch eine Lupe, wie zwei der haarfeinen Linien zusammenfielen. Er stand auf und klopfte sich den Staub von den scharfen Bügelfalten seiner Serge-Hose.

Kein Zweifel – das Haus besaß eine geheime Bodenkammer. Peter verstand nicht viel von Schiebepaneelen und verborgenen Türmechanismen; er löste das Problem so direkt wie möglich, indem er die mitgebrachte Axt hob und sie mit Schwung gegen die Wand donnern ließ.

Beim dritten Schlag brach er durch. Der Luftschwall, der ihm aus dem Dunkel entgegenströmte, war frisch und kühl. Ein heller Kopf, sein Großvater, dachte Peter. Lüftungsanlagen im ganzen Haus – sogar in einer Geheimkammer. Er hieb kräftig drauflos, und die Schläge dröhnten hohl durch den leeren Speicher und das Stiegenhaus.

Er hätte aufrecht eintreten können, als er die Axt beiseitelegte. Statt dessen leuchtete er die Kammer vorsichtig mit einer Taschenlampe aus. Der Strahl war unsichtbar; der Staub hatte sich längst abgesetzt. Peter murmelte Unverständliches. Der Fußboden sah nicht morsch aus. Er erprobte ihn mit einem Fuß, halb in, halb außerhalb der Geheimkammer stehend. Die Bretter hielten.

Der junge Mann trat lässig ein und ließ den Lichtkegel über Wände und Boden gleiten. Der Raum war klein und vollgestopft mit allem möglichen Zeug – Truhen, Möbeln, Krimskrams und Gerümpel. Peter öffnete eine Truhe. In seinem Hinterkopf geisterten Geschichten von Piratengold. Aber er fand kein Gold. Das Ding war bis an den Rand gefüllt mit Chiffonstoffen in den zartesten Farben. Ein schwüler Hauch hing in der Luft – die Nachwirkung längst entfernter Duftkissen.

Absonderliche Schätze, dachte Peter. Aber Großvater Packer war ein absonderlicher Mann gewesen: er hatte sich ein Haus nach eigenen und nicht mal schlechten Plänen bauen lassen und war ständig an den Braintree-Docks herumgelungert, um zu gucken, welch seltene Fracht die Klipper aus China und Indien an Bord hatten. Seidenstoffe! Peter wühlte einen Moment lang in der Kiste herum und machte den Deckel wieder zu. Es gab noch mehr zu sehen.

Er richtete den Lichtstrahl auf eine Regalwand. Gefäße – gediegene alte Handwerkskunst –, vermutlich Gewürze und Eingemachtes. Und eine Uhr. Peter starrte das Ding an. Es war etwa zwei Fuß breit und drei Fuß lang – ungewöhnlich groß und plump. Eine schmucklose Uhr mit einem einfachen Holzgehäuse. Und doch hatte sie etwas an sich – er riß die Augen auf, als ihm zu Bewußtsein kam, was es war. Das Zifferblatt zeigte dreizehn Stunden!

Zwischen den matten Zahlen XII und I befand sich eine ebenfalls matte XIII. Der junge Mann wußte nicht, was das für eine Schrulle sein sollte. Vage gingen ihm Dinge wie Gebetsstunde, Eierkochen und sonstige praktische Anwendungen eines Chronometers durch den Kopf. Aber nichts in seinem reichbestückten Gedächtnis wollte so recht zu diesem Einfall passen. Er stellte die Taschenlampe in ein Regalfach und hob die Uhr hoch. Sie war nicht schwer.

Das mußte er sich genauer ansehen. Er steckte die Lampe ein und schleppte die Uhr die Treppe hinunter in sein Schlafzimmer im ersten Stock. Sie wirkte seltsam fremd zwischen den Linealen und Reißschienen seines Zeichentisches. Entschlossen näherte sich Peter mit einem Stemmeisen der Rückwand, doch da klappte sie ohne jede Gewalt von selbst auf. Der alte Zeitmesser war besser gebaut als er vermutet hatte. Die kleinen Scharniere wirkten solide und funktionierten tadellos. Er warf einen Blick in das Werk und schnippte mit dem Fingernagel gegen eine der Glocken. Sie hatte einen sanften, reinen Klang.

Der junge Mann holte eine Zange. Weiß der Himmel, wo der Schlüssel ist, dachte er, als er die Uhr aufzuziehen begann. Langsam setzte sie sich in Bewegung und fing laut zu ticken an. Das Ding war auf 12 Uhr 59 stehengeblieben. Bei jeder normalen Uhr wäre der Minutenzeiger nun auf die Eins zugewandert. Hier aber näherte er sich langsam der rätselhaften XIII.

Peter beobachtete eben das Schlagwerk, als ein schwaches Schnarren ertönte. Der Minutenzeiger erreichte die römische Ziffer, und mit einem Klicken setzte das Geläut ein – in einem unheimlichen, schrillen Mißklang. Peter dachte in plötzlicher Verwirrung, daß die Uhr doch nicht so in Ordnung war, wie er geglaubt hatte. Die Schläge wurden lauter, erfüllten das kleine Schlafzimmer mit ihrem Dröhnen.

Entsetzt legte der junge Mann beide Hände auf die Uhr, als könne er sie damit zum Schweigen bringen. Er schüttelte das alte Gehäuse, doch das Schlagen nahm zu, bis es in den Trommelfellen des Ingenieurs dröhnte, in seinem Schädel widerhallte und von den Wänden abprallte – bis die Zeichengeräte auf seinem Arbeitstisch vibrierten und klapperten. Peter wich zurück, die

Finger gegen die Ohren gepreßt. Übelkeit überkam ihn, die Augen schmerzten ihn, und alles flimmerte. Während die entsetzliche Uhr endlos weiterdröhnte, wankte er zur Tür. Der Raum kippte und drehte sich um ihn, und es gab keine Wirklichkeit mehr außer dem plötzlich leuchtenden Zifferblatt und dem Hämmern und Dröhnen des Schlagwerks.

Sobald er die Tür geöffnet hatte, herrschte Stille. Er schloß erleichtert die Augen, als die Übelkeit nachließ. Doch dann schaute er auf, und blankes Entsetzen erfaßte ihn. Es war Mittag, und doch strich ein kühler Nachtwind an seiner Stirn vorbei. Er stand auf dem Flur in Großvater Packers Haus, und doch ragten hohe Bäume ringsum auf. Sie erstreckten sich in die Ferne, so weit das Auge reichte.

Drei Stunden lang war Peter – wenn er dem Leuchtzifferblatt seiner Armbanduhr Glauben schenken konnte – ohne Ziel und von Grauen geschüttelt umhergeirrt und hatte auf den Morgen gewartet. Der Nimbus des Bizarren, der den Wald umgab, ließ sich ertragen; was ihn jedoch bis ins Mark erschütterte, war der nagende Verdacht, daß er den Verstand verloren hatte. Daß es sich bei den Bäumen nicht um normale Gewächse handelte, davon war er überzeugt. Denn er hatte unter einem der Waldriesen Platz genommen und sich mit dem Rücken gegen den Stamm gelehnt, um gleich darauf mit einem Entsetzensschrei hochzufahren. Er hatte unter der Rinde den langsamen, gleichmäßigen Puls des Baumes gefühlt. Danach wagte er nicht mehr, sich hinzusetzen, aber er war ein junger, völlig normal veranlagter Mensch. Und so blieb es nicht aus, daß er immer öfter aus schierer Erschöpfung über Steine und in Gräben stolperte. Schließlich blieb er einfach liegen und schlief ein.

Steif und zerschlagen erwachte Peter von seinem

Lager auf dem blanken Boden, aber danach fühlte er sich gestärkt. Die Sonne stand hoch am Himmel; er sah, daß es auf elf Uhr zuging. Bei dem Gedanken an sein nächtliches Entsetzen war er geneigt, sich selbst auszulachen. Er befand sich in einem Wald, und es gab sicher genügend logische Erklärungen dafür, wie er hierher gelangt war. Eine Erinnerungslücke von etwa zwölf Stunden – das konnte ein Grund sein. Und vermutlich gab es sogar noch harmlosere Gründe.

Die Landschaft hatte irgendwie Ähnlichkeit mit Maine. Der Himmel wußte, wie lange er mit dem Zug oder Bus gefahren war, seit er in seinem Schlafzimmer das Gedächtnis verloren hatte. Pfeifend schlenderte er durch den Wald. Im Licht des Tages sahen die Dinge gleich ganz anders aus.

Da vorne stand ein Schild! Er rannte los und blieb erst stehen, als er den Pfosten erreicht hatte. Das Ding wirkte sonderbar ausladend – eine riesige Holzplatte, die in drei Metern Höhe an einen abgestorbenen Baum genagelt war. Jemand hatte mit roten Buchstaben ELLIL darauf gemalt. Er drehte den Namen in Gedanken hin und her und kam zu dem Schluß, daß er ihn nicht kannte. Aber zumindest schien er sich in der Nähe einer Ortschaft oder eines Hauses zu befinden.

Vor ihm klang ein dumpfes Grollen auf.

Bären! schoß es ihm durch den Sinn. Bären waren die Gespenster seiner Kindheit gewesen, und er hatte seine Furcht vor ihnen nie ganz abgelegt. Aber was er sah, war kein Bär. Fast wünscht er nun, es wäre einer. Denn das Ding, das auf ihn losgerast kam, war eine gräßliche Kreuzung aus Dämonen und Monstern quer durch die Mythologie, mit bedrohlichen Säbelklauen und einem gierig aufgesperrten Rachen, aus dem Flammen züngelten. Mit dem geschulten Blick des Konstrukteurs erkannte Peter, daß dieses kaum mannshohe langbeinige Wesen ideal auf Vernichtung gestylt war.

Ohne lange Umstände hechtete er zu einem Baum, grub Zehen in die Borkenrillen und zog sich in die Höhe, wie er es als Kind getan hatte. Allerdings war an seinem Gebaren in diesem Moment ganz und gar nichts Kindliches. Buchstäblich angefeuert vom Flammenatem der Bestie, kletterte er wie ein Affe den Stamm nach oben und verschnaufte erst in der dritten Äste-Etage, die gut sieben Meter über dem Boden lag. Dort hing er schlapp und zitternd und warf einen Blick in die Tiefe.

Die Bestie umrundete mit grotesken Sprüngen das untere Ende des Stammes und funkelte ihn bösartig an. Die Hand des Mannes tastete nach einem besseren Halt; plötzlich brach etwas von dem Ast ab und blieb in seinen Fingern zurück. Er hatte eine Art Kokosnuß gepflückt – schwer, hart und mit scharfen Kanten. Peter hob den Blick. Warum nicht? Er berechnete die Bahn des Geschöpfes um den Stamm und wog die Frucht abschätzend in der Hand. Dann spuckte er in die Finger und packte das Geschoß fester. Bei einer so langen Fallstrecke, überlegte er, mußte man wohl die Ablenkung berücksichtigen.

Noch zweimal umkreiste das Monster den Stamm; dann trafen sein Haupt und die mörderische Frucht an einem Punkt mit hohem Tempo zusammen. Das Knirschen drang bis zu Peter herauf, und der Schädelinhalt der Bestie spritzte auf den Waldboden.

»Treffer!« sagte eine Stimme neben ihm auf dem Ast.

Er fuhr mit einem Aufschrei herum. Die Sprecherin war kaum zu sehen – der durchsichtige Schatten eines Mädchens, das seiner Schätzung nach höchstens achtzehn Jahre zählte. Ruhig fuhr sie fort: »Du mußt große magische Kräfte besitzen, wenn du so genau triffst. Hat er dich mit einem Extrasinn ausgestattet?« Das war locker hingesagt, aber er glaubte in den verschwommenen Zügen ein ärgerliches Stirnrunzeln zu erkennen.

In seiner Verwirrung wäre er beinahe vom Ast gerutscht. »Wer ist er?« erkundigte er sich dann so gelassen wie möglich. »Und was meinst du mit Extrasinn?«

»Keine Ahnung, was?« entgegnete sie kalt. »Ich könnte dich von diesem Ast schubsen, ohne Gewissensbisse zu kriegen. Aber sag mir zuerst, wo Almarish dein Modell her hat. Vielleicht mache ich mir selbst ein paar Abbilder davon. Bist du ein Doppelgänger oder ein Golem?«

»Weder noch!« fauchte er entsetzt und verwirrt zugleich. »Ich weiß nicht wovon du redest.«

»Komisch«, meinte das Mädchen. »Aus dir werde ich nicht schlau.« Sie kniff die schönen Augen zu schmalen Schlitzen zusammen, aus denen mit einem Mal harte, leuchtende Pfeile zu schießen schienen. Mit einem Seufzer nahm sie den Mann am Ellbogen. »Na, dann verschwinden wir erst mal von hier!« Sie ließ sich vom Ast fallen und zog ihn mit. Peter, der sich auf einen harten Aufprall gefaßt gemacht hatte, zuckte zusammen, als seine Sohlen den Boden leicht wie eine Feder berührten. Er versuchte sich dem Griff des Mädchens zu entwinden, aber er war hart wie Stahl.

»Keine Tricks!« warnte sie ihn. »Ich besitze nämlich einen Feuerfinger. Hat er dir das etwa verheimlicht?«

»Was ist ein Feuerfinger?« wollte der Ingenieur wissen.

»Also, nur damit du nicht auf dumme Gedanken kommst – guck!« Ihr Körper verdichtete sich, und sie deutete mit dem linken Zeigefinger auf einen mittelgroßen Baum. Peter bekam kaum mit, was geschah, so sehr schlug ihn das Wunder ihres Gesichts und ihrer Figur in den Bann. Der Baum wurde gespalten wie von einem mächtigen Blitz. Peter roch Ozon, während er von dem Baum auf den Finger des Mädchens und wieder zurück schaute.

»Okay«, meinte er.

»Keinen Quatsch mehr?« fragte sie. »Dann komm!«

Sie traten zwischen zwei Bäume, und das Panorama des Waldes begann zu flimmern und zerriß. Zum Vorschein kam eine Art Palast – ganz aus weißem Stein und Ahornhölzern. »Hier lebe ich«, erklärte das Mädchen.

II

»So!« Sie machte es sich in einem Sessel mit einer Lehne aus Rohrgeflecht bequem. Peter schaute sich um. Der Raum war behaglich eingerichtet, mit antiken Möbeln in bester neuenglischer Tradition. Sein Blick wanderte zu dem Mädchen. Schlank und in einen blassen Schimmer gehüllt saß sie da. Ein schwaches Lächeln umspielte ihre ebenmäßigen Züge.

»Würdest du mich jetzt bitte einmal zu Ende anhören, ohne mir ständig ins Wort zu fallen?« fragte er langsam.

»Eine Botschaft von Almarish? Na, dann schieß los!«

Die Antwort gab ihm den Rest. »Hör zu, du vorlaute Gans!« fauchte er. »Ich weiß nicht, wer du bist oder wo ich mich befinde, aber ich möchte dir sagen, daß dieses alberne Getue weder komisch noch mysteriös ist, sondern schlicht ungezogen. Habe ich mich klar genug ausgedrückt? Also – mein Name ist Peter Packer. Ich lebe in Braintree im Staate Massachusetts und verdiene meinen Lebensunterhalt als Konstruktionsingenieur und Industrieberater. Im Moment befinden wir uns offensichtlich nicht in Braintree, habe ich recht? Aber wo sind wir?«

»In Ellil«, antwortete das Mädchen ruhig.

»Das habe ich auf einem Schild gelesen«, erklärte Packer. »Aber es sagt mir nichts. Wo ist Ellil?«

Ihr Gesicht wurde mit einem Mal ernst. »Kann sein, daß du die Wahrheit sprichst«, meinte sie nachdenklich. »Ich bin aber noch nicht ganz sicher. Würdest du zulassen, daß ich dich prüfe?«

»Weshalb sollte ich?«

»Du vergißt meinen Feuerfinger.«

Packer zuckte zusammen. »Ein gutes Argument«, gab er zu. »Was sind das für Prüfungen?«

»Das Übliche«, lächelte sie. »Rosmarin und Knoblauch, ein Kruzifix und der verbotene Name Jehovas. Wenn du das überstehst ist alles in Ordnung.«

»Dann fang an!« meinte der Mann verwirrt.

»Nimm das hier!« Sie drückte ihm einen Blütenzweig und eine Knoblauchknolle in die Hand. »Gut so?« fragte er.

»Bis jetzt – ja. Nun nimm das Kreuz und lies den Namen da! Das Gemüse kannst du inzwischen weglegen.«

Er befolgte ihre Anweisungen, stolperte aber über das schwierige hebräische Wort. In eiskaltem Zorn schnellte das Mädchen hoch und richtete den linken Zeigefinger auf ihn. »Schlau eingefädelt!« zischte sie. »Aber damit kommst du mir nicht durch! Ich blase dir ein Loch in …«

»Moment!« unterbrach er sie. »Was habe ich denn jetzt wieder falsch gemacht?« Die Kleine sah zwar entzückend aus, schien aber nicht ganz zurechnungsfähig zu sein.

»Du stotterst!« klagte sie ihn an. »Weil du den Namen nicht richtig aussprechen kannst, ohne in Staub und Asche zu zerfallen!«

Er nahm sich das Papier noch einmal vor und las das Wort langsam und sorgfältig. »Besser?« erkundigte er sich.

Erschüttert nahm das Mädchen Platz. »Ja«, hauchte sie. »Tut mir leid, du scheinst in Ordnung zu sein. Ein echter Mensch! Und was willst du nun wissen?«

»Erst mal – wer bist du?«

»Ich heiße Melicent.« Sie lächelte verlegen. »Ich bin – eine Art Zauberin.«

»Das glaube ich dir aufs Wort«, knurrte der Mann. »Aber weshalb hältst du mich für einen Dämonen oder was immer?«

»Einen Doppelgänger«, verbesserte sie ihn. »Ich war ganz sicher, daß ... aber am besten fange ich wohl von vorn an.

Also, ich betätige mich noch nicht sehr lange als Zauberin – erst seit zwei Jahren. Meine Mutter war eine Hexe – eine echte Hexe und eine Spitzenkraft dazu. Es heißt, daß sie den wirksamsten Zaubertrunk von ganz Ellil braute. Alles was ich kann, lernte ich von ihr – richtigen Unterricht hatte ich nie. Du mußt verstehen, meine Mutter starb keines natürlichen Todes. Almarish hat sie auf dem Gewissen.«

»Wer ist Almarish?«

Sie zog verächtlich die Mundwinkel herab. »Dieser hinterhältige Verbrecher!« fauchte sie. »Er und seine Bande von Halbblut-Dämonen sind darauf aus, Ellil zu beherrschen. Meine Mutter wollte das nicht zulassen – und sie ließ es ihm auch ausrichten, durch mehrfache Alptraum-Erscheinungen. Von dem Moment an verfolgte er sie – ohne Gnade. Glaub mir, es gibt verdammt wenige Hexen, die so etwas lange durchstehen, aber Mutter bot ihm fünfzehn Jahre lang die Stirn. Meinen Vater – er war nicht besonders gut – erwischten sie kurz nach meiner Geburt. Vampire. Meine Mutter geriet im Wald in einen Hinterhalt, als sie weder ihre Salben noch den Zauberstab zur Hand hatte. Eine ganze Horde von Golems und Scheinmenschen drangen auf sie ein.«

Das Mädchen erschauerte. »Einige davon ... nun, meine Mutter erledigte etwa die Hälfte, ehe die übrigen sie überwältigten und ihr einen Myrthenstab ins Herz stießen. Das war ihr Ende: Sie verlor ihre Zauberkraft, und Almarish schickte eine ganz gewöhnliche Ameisenplage gegen sie aus. So eine Kränkung!« Tränen des Zorns standen in ihren Augen.

»Und was macht dieser Almarish jetzt?« fragte Peter fasziniert.

Melicent zuckte mit den Schultern. »Er ist hinter mir her«, stellte sie ruhig fest. »Der Bandur, den du umgebracht hast, war einer meiner Wachhunde. Ich dachte, du kämst von Almarish. Tut mir leid.«

»Schon gut«, murmelte der Mann langsam. »Über welche Kräfte verfügt er?«

»Das Übliche, denke ich. Aber er setzt sie völlig gewissenlos ein. Und er hat seine Bande, während ich mir keine echten Gefolgsleute leisten kann. Natürlich umgebe ich mich mit ein paar Phantomen, wann immer ich einen Empfang oder so etwas abhalte. Aber das ist nichts als Schein – mit ein paar Lumpen drumherum. Sie können nicht kämpfen.«

Peter schob den Unterkiefer vor. »Du scheinst ganz schön in der Klemme zu sitzen«, stellte er schüchtern fest.

Das Mädchen schaute ihn mit großen Augen an, und ihre Lippen zitterten. »Und ob!« würgte sie hervor, und dann öffneten sich die Schleusen, und sie schluchzte herzzerreißend. Der Mann erstarrte. Wie konnte man eine verzweifelte Hexe trösten? »Na, na!« meinte er schließlich zaghaft.

Sie rieb sich die Augen trocken. »Tut mir leid«, schniefte sie. »Aber wenn man zum ersten Mal seit Jahren ein einigermaßen freundliches Gesicht sieht ... mich besuchen sonst nur Lepreachauns und so Zeugs. Du kannst dir nicht vorstellen, wie ich lebe!«

»Ich frage mich, wie es dir in Braintree gefiele«, meinte Peter.

»Keine Ahnung«, entgegnete sie weise. »Aber wie käme ich da hin?«

»Es muß irgendeinen Weg geben«, grübelte der Mann.

»Aber warum – he, was war das?« stieß das Mädchen hervor und riß den Zauberstab an sich.

»Es hat geklopft«, entgegnete Peter. »Soll ich nachsehen?«

»Bitte.« Melicent hob nervös den dünnen Stab. Der Mann trat neben die Tür und riß sie weit auf. Herein spazierte eine absonderliche Person mit rotweiß gesprenkelten Kleidern. Ein Auge war klein und blau, das andere groß und feuerrot. Sein Gebiß wirkte ganz normal – bis auf die vier Eckzähne, die etwa fünf Zentimeter lang waren und ein Stück vorstanden. Er humpelte beim Gehen; ein Schuh wirkte seltsam klein. Und in der Hose, die er unter dem steifen Cut trug, war eine Art Knick.

»Gestattet Ihr, daß ich mich vorstelle?« Der Fremde nahm den glänzenden schwarzen Hut ab. »Mein Name ist Balthazar Pike. Ihr seid sicher Miß Melicent? Und dieser – äh – Scheintyp?« Er deutete mit einem fiesen Blinzeln auf Peter.

»Mister Packer, Mister Pike«, sagte das Mädchen.

»Sehr erfreut«, murmelte der Besucher, während Peter nur stumm und entsetzt dreinschaute.

Melicent richtete sich stolz auf. »Und das ist wohl das Ende, was?« fragte sie.

»Das steht zu befürchten, Miß Melicent«, meinte das Geschöpf bedauernd. »Ich habe meine Befehle. Euer Haus ist von Elitetruppen umstellt. Jeder Versuch, den Feuerfinger oder sonst einen Zauber einzusetzen, wird als bewaffneter Widerstand gewertet. Nach den Kriegsgesetzen sind wir ermächtigt, Euch in Asche zu verwandeln, falls Ihr Euch zur Wehr setzt. Ich erwarte Eure Antwort.«

Das Mädchen musterte ihn hochmütig. Dann schien sie mit einer blitzschnellen Drehung des Zauberstabs das Licht aus dem Zimmer zu verdrängen. Peter hörte sie erregt wispern: »Wir sind von einem Tarnschirm umgeben. Aber ich kann ihn nicht lange aufrechterhalten. Hör zu! Der Stinker kommt von Almarish – einer seiner besten Leute. Hat wohl nicht damit gerechnet, daß ich Schwierigkeiten mache. Er wird den Schirm durchbrechen und mich gefangennehmen. Willst du mir helfen?«

»Was sonst?« schrie er entrüstet.

»Gut. Dann such die dritte Eiche vom Eingang links auf und umrunde sie dreimal verkehrt ...«

»Verkehrt?« stammelte Peter.

»Entgegen dem Uhrzeigersinn! Mann, bist du schwer von Begriff!«

Dann wurde es wieder hell, und im Zimmer wimmelte es von Geschöpfen, die halb Menschen und halb Dämonen waren. Mit einem Ausdruck gekränkter Würde fragte der formell gekleidete Balthazar Pike: »Seid Ihr nun bereit, Miß Melicent? Können wir gehen?«

»Bitte, General!« erklärte das Mädchen kühl. Zwei der Geschöpfe nahmen sie in die Mitte und führten sie ins Freie. Sobald sie die Schwelle überschritten hatten, verschwanden alle drei.

Der letzte, der sich zum Gehen wandte, war Pike. An der Tür drehte er sich noch einmal um. »Ich muß Euch darauf aufmerksam machen, Mister – äh – ah – daß Ihr Euch unbefugt auf einem Privatgrundstück aufhaltet. Dieses Gebiet gehört ab sofort zur *Almarish Grund und Boden AG.* Eindringlinge haben mit der vollen Härte des Gesetzes zu rechnen. Lebt wohl, Mister – äh – ah ...« Damit trat auch er über die Schwelle und verschwand.

Hastig folgte ihm Peter, aber er verschwand nicht sondern stand mutterseelenallein vor dem Palast. Wofür er im Grunde recht dankbar war. »Dritte Eiche von links«, murmelte er. Nicht schwer zu finden. Obwohl er sich albern vorkam, umrundete er den Stamm dreimal entgegen dem Uhrzeigersinn und blieb dann in Erwartung großer Dinge stehen.

Was für ein süßes, tapferes Mädchen! Er hoffte nur, daß ihr nichts Schlimmes zustieß – ehe er sie befreite!

Etwas zerrte an seiner Serge-Hose, und er trat erschrocken einen Schritt zurück. »Was gibt es?« kreischte ein Stimmchen. Peter schaute nach unten und zuckte zusammen. Das schmuddeligste, abgerissenste Kerlchen, das ihm je begegnet war, spähte aus winzigen scharfen Augen zu ihm auf. Und es gab noch mehr von seiner Sorte. Sie hockten auf Kieselsteinen und Pilzhüten.

»Miß Melicent schickt mich. Ihr sollt mir erklären, was ich zu tun habe«, meinte Peter. Als der kleine Anführer des Trupps ihn wütend anstarrte, fügte er hastig hinzu: »Bitte!«

»Könnte die Wahrheit sein!« fiepte der Winzling. »Was springt für uns dabei heraus?«

»Weiß ich nicht«, entgegnete der Mann verwirrt. »Woran hattet ihr denn gedacht?«

»An grünes Tuch«, erklärte das Geschöpf ohne Umschweife. »Eine Menge grünes Tuch. Und falls du kleine Messingknöpfe besitzt – die auch.«

Peter machte hastig Inventur. »Tut mir leid«, sagte er zögernd. »Ich trage überhaupt nichts Grünes am Leibe. Wie wäre es mit Blau? Meine Weste könnte ich entbehren.« Er senkte das Kleidungsstück vorsichtig in die Tiefe.

»Sieht nicht schlecht aus«, meinte der Anführer. »Jake!« Eines der Wesen trat vor und befingerte die Weste. »Hmm«, meinte es, »feiner Stoff!« Dann steckten sie die Köpfe zusammen und berieten wispernd. Nach einer Weile rief der Anführer Peter zu: »Geh nach Osten zum Wasser! Du kannst den Weg nicht verfehlen.«

»He!« Peter riß die Augen auf, aber sie waren bereits verschwunden. Und obwohl er in der nächsten halben Stunde immer wieder den Baum umrundete, verkehrt natürlich, und sogar ein paar Zaubersprüche murmelte, die er noch aus seiner Kindheit kannte, kamen weder die kleinen Geschöpfe noch seine Weste zum Vorschein.

Also wandte er der sinkenden Sonne den Rücken zu und wanderte nach Osten zum Wasser.

III

Auf dem Schild stand: ›Stadt Mahoora‹. Peter kratzte sich am Kopf und überquerte die unsichtbare Grenze. Ein paar Meilen zuvor war er beim Verlassen des Waldes auf das Straßenstück gestoßen, das geradewegs zu einer Ortschaft zu führen schien. Am Horizont breitete sich ein Schimmer aus, der unvermittelt zu einem grellen Glanz wurde.

»Heiland!« keuchte der Mann. »Häuser – Wolkenkratzer!« Vor ihm ragte eine überdimensionale Wall Street auf, durchsetzt mit den eindrucksvollsten Bauwerken des Rockefeller Center. So urplötzlich wie alles, was sich hier in Ellil abspielte, bog er um eine unübersichtliche Kurve und stand mittendrin.

Ein Taxi brauste dicht an ihm vorüber; mit einem leisen Fluch sprang er zur Seite. Die Menschen, die sich auf den Gehsteigen drängten, beachteten ihn überhaupt nicht. Es mochte gegen sechs sein; vermutlich eilten sie aus ihren Büros nach Hause. Alles war vertreten – Frauen und Mädchen, hübsch und häßlich, Männer und Jungen, schlank und dick, gesund und verludert. Und mit hoheitsvoller Gleichgültigkeit schob sich ein Polizist durch das Gewühl.

»Entschuldigung«, sagte Peter, nachdem er sich mit den Ellbogen einen Weg bis zum Hüter von Mahooras Recht und Ordnung gebahnt hatte. »Könnten Sie mir sagen, wo ich hier Wasser finde?« Das war, wie er selbst erkannte, keine besonders intelligente Frage. Aber der

Verkehr und die Fußgängermassen verwirrten ihn hoffnungslos.

Der Polizist musterte ihn mit kühlem Blick. »Wie hätten Sie's denn gern – vom Hahn, aus'm Graben, mit Kirsch – oder gar Kölnisch?« Der Mann zögerte. Die Elfen, oder was immer sie gewesen waren, hatten ihm nichts Näheres verraten. Schlau wie ein Fuchs schlug er sich mit der Hand an die Stirn und murmelte: »Oh – da fällt mir etwas ein ... eine Verabredung ... ausgerechnet heute! Hätt ich glatt vergessen ...« Er trat den Rückzug an, doch da legte sich eine Hand auf seinen Arm.

»Wie war das mit dem Wasser?« knurrte der Polizist und musterte Peter aus nächster Nähe.

»Das Wasser, das ich finden muß, um Almarish aus dem Weg zu räumen!« stieß der Mann verzweifelt hervor. Am Ende konnte der Bulle ihm gar helfen?

»Was?« brüllte PHW. No. 2435957607 los: »Und das mir – einem treuen Anhänger der Friedens- und Fortschritts-Reformpartei von Bürgermeister Almarish!« Er runzelte die Stirn. »Sie machen mir einen höchst subversiven Eindruck – kommen Sie mit!« Er winkte freundlich mit seinem Gummiknüppel, und Peter folgte ihm brav.

»Warum sind Sie eingebuchtet?« fragte Peters Zellengefährte.

Peter musterte ihn. Der Mann war klein und dunkel, hatte aber verwirrend helle Augen. »Weil ich einem Polizisten verdächtig vorkam«, meinte Peter ausweichend. »Und Sie?«

»Angeblich, weil ich ohne Lizenz Magie betreibe. In Wirklichkeit weil ich versucht hatte, Sand in das Getriebe der Almarish-Maschinerie zu werfen. Sie wissen, was ich meine.«

»Leider nicht«, entgegnete Peter. »Ich bin hier fremd.«

»Tatsächlich? Na – dann hören Sie mal zu. Vor ein paar Jahren war Mahoora ein nettes kleines Kaff. Die größte Kleinstadt in diesem Teil von Ellil, ehrlich. Ein paar kleinere Unternehmen – Zauberkelche, Siebenmeilen-Sandalen, Tarnumhänge, unbesiegbare Waffen und so fort.«

»Hmm«, machte Peter.

»Ich zum Beispiel hatte eine Fabrik – bescheidenes kleines Chemiewerk. Wir stellten einen Liebestrank nach meinem Hausrezept her. Hübscher Trick dabei – wir brauchten kein *balneum mariae* und sparten auf diese Weise die Trockenzeit. Aber vielleicht sind Sie mit dem neuesten Stand der Technik nicht so vertraut?«

»Nein, leider nicht.«

»Na ja, egal. Jedenfalls tauchten eines Tages diese Gangster von Almarish auf. Fliegende Schlägerkommandos, die gegen Geld Fabriken und Läden aufmischten, Spione unter den Angestellten, Aufwiegler, all das. Bald hatten sie sämtliche Geschäftsleute von hier vertrieben und sich ihre Läden und Fabriken angeeignet. Als nächstes stiegen sie in die Politik ein. Zwar gab es einen kleinen Skandal, weil sie Stimmen mit Feengold gekauft hatten – die Leute tobten, als es sich in Asche verwandelte. Aber sie glätteten die Wogen, sobald sie an die Macht kamen.

Und dann ging es los! Bestechung links und rechts, Protektion, Arbeitslosigkeit, Skandale mit verdorbener Nahrung, Korruption, Unfähigkeit – die ganze Litanei! Inzwischen sind sie bereits die fünfte Wahlperiode an der Macht. Wie gefällt Ihnen das?«

»Mann!« stöhnte Peter entsetzt. »Aber wie schaffen sie das?«

»Oh«, grinste sein neuer Freund. »Anfangs verblendeten sie die Leute mit ein paar imposanten öffentlichen Projekten – Hochhäuser, Brücken, Straßen und Monumente. Dann ließen sie durchsickern, daß die

Dinger aus Halbzeug bestehen. Sie wissen, was das ist?«

»Nein«, gestand Peter. »Was denn?«

»Also, es läßt sich schwer beschreiben. Es ist nicht richtig da und doch wieder da. Man kann darauf gehen und es anfassen und so, aber ... also, es läßt sich wirklich schwer beschreiben. Der Trick dabei ist der: Halbzeug existiert nur so lange, wie die Leute, die das Zeug entwickelt haben, die Formel laufen lassen. Wenn wir also diese Schmarotzer abwählen, stoppen sie ganz einfach die Formel. All das Halbzeug verschwindet, und sämtliche Gebäude, Brücken, Straßen und Monumente stürzen ein – mit Mordskrach und Schaden. Was sagen Sie dazu?«

»Klingt nach hohem Wirkungsgrad«, meinte Peter. »Wo hält sich dieser Almarish eigentlich auf?«

»Der Bürgermeister?« fragte sein Zellennachbar säuerlich. »Sie glauben doch nicht, daß sich der in der Stadt blicken läßt? Es wäre immerhin möglich, daß ihm ein verstimmter Bürger einen Schwarm Vampire an die Kehle hetzt. Er wurde in Abwesenheit gewählt. Angeblich lebt er draußen in Mal-Tava.«

»Wo liegt das?« erkundigte sich Peter eifrig.

»Mann, Sie sind wirklich grün! Eine hübsch häßliche Ecke von Ellil – eigentlich die häßlichste, die wir haben. Mit Vulkanen und Lavanymphen – echt wüsten Weibern! Außerdem gab es in der Gegend eine Drachenzucht. Als der Besitzer eines Tages leichtsinnig wurde und verschwand, brachen die Biester aus und treiben sich seitdem frei herum. Eine höllische Brut kann ich Ihnen flüstern! Sonst noch was?«

»Nein«, meinte Peter mit schwerem Herzen. »Ich glaube, das reicht.«

»Gut. Ich habe nämlich das Gefühl, daß es jetzt ernst wird.«

Ein Wärter öffnete die Zellentür und blieb mit erhobenem Knüppel stehen. »Ihr sollt vor dem ehrenwerten Richter Balthazar Pike erscheinen!« erklärte er. Peter stöhnte.

Der Halbblut-Dämon, der seinen feinen Gehrock mit einer schwarzseidenen Robe vertauscht hatte, lächelte den beiden Gefangenen grimmig zu. »Mister Morden …« Er deutete auf den Ex-Fabrikanten. »… und Mister – äh – ah …?«

»Packer!« fauchte der Mann. »Was machen Sie denn hier?«

»Ha!« lachte der Richter. »Das nämliche wollte ich Euch fragen. Aber zunächst verhandeln wir in Sachen Morden. Entschuldigt mich noch einen Moment! Schreiber, die Anklage!«

Ein verhuschtes Männlein nahm eine Karteikarte vom Stapel und las vor: »Aufgrund der Tatsache, daß Mister Percival Morden, wohnhaft in Mahoora, bei der Ausübung von Zauberei ertappt wurde, ohne sich im Besitze einer gültigen Lizenz zu befinden, ergeht die Anordnung an den ehrenwerten Obersten Richter Balthazar Pike, den Angeklagten wegen unerlaubter Zauberei schuldig zu sprechen. Unterzeichnet Bürgermeister Almarish: Wählen Sie die Friedens- und Fortschrittspartei zum Wohle einer korruptionsfreien und reibungslos funktionierenden Verwaltung!« Er machte eine kleine Pause und warf einen ängstlichen Blick auf den Richter, der seine Krallen säuberte. »Das war alles, Euer Ehren.«

»Oh – vielen Dank. Nun, Morden –, schuldig oder nicht schuldig?«

»Spielt das eine Rolle?« meinte der Unternehmer grimmig. »Nicht schuldig, wenn Sie mich schon fragen.«

»Vielen Dank.« Der Richter holte eine Münze aus der Tasche. »Kopf oder Adler?« fragte er.

»Adler«, erklärte Morden und wisperte Peter zu: »Natürlich steckt ein Zauber dahinter. Er gewinnt immer.« Der Halbblut-Dämon wirbelte die Münze geschickt über den Richtertisch; sie kreiselte, kippte und fiel klirrend um. Der Richter warf einen Blick darauf. »Tut mir leid, mein Bester«, meinte er mitfühlend. »Ihr scheint doch schuldig zu sein. Lebenslänglich Kerker in einer Eiche! Wenn mich nicht alles täuscht, wird Euch Merlin de Bleys Gesellschaft leisten. Ein angenehmer Mann. Der nächste Fall!« rief er scharf, während Morden durch eine Falltür im Boden verschwand.

Peter trat vor die Schranken der Gerechtigkeit. »Können wir die Sache nicht in aller Ruhe erörtern?« fragte er erregt. »Ich meine, ich bin fremd hier, und wenn ich irgendwas falsch gemacht habe, tut es mir leid ...«

»Au!« schrie der Dämon. Er hatte sich die Nagelhaut der linken Zeigefingerkralle eingerissen, und sie fing zu bluten an. Er tupfte die grüne Flüssigkeit mit einem Taschentuch ab und schaute auf den Mann herab. »Irgendwas falsch gemacht?« fragte er sanft. »Ach, du liebe Güte, nein! Nur ein paar Kleinigkeiten wie verbrecherische Behinderung eines Ordnungshüters in der Ausübung seines Amtes, ungebührliches Betragen, staatsgefährdende Reden, Hochverrat und unerlaubter Besitz von Heeres- und Marine-Geheimnissen. Irgendwas falsch gemacht – aber ich bitte Euch!« Vorwurfsvoll ruhten seine ungleichen Augen auf dem Mann.

Peter spürte etwas Hauchdünnes in der Hand. Verstohlen senkte er den Blick und entdeckte einen Fetzen blaues Papier, auf den mit grüner Tinte gekritzelt stand: »Das ist Hugo, mein zweiter Wachhund. Gib ihm einmal täglich Gemüse! Tabak mag er keinen. In Eile, Melicent.«

Man hörte einen Tumult im Hintergrund des Gerichtssaals. Als Peter sich umdrehte, sah er eines der feuerspeienden Monster, mit denen er im Wald Bekanntschaft geschlossen hatte, durch den Mittelgang jagen. Mit einem einzigen Flammenstoß seines schrecklichen Atems verwandelte es einen Trupp von Sicherheitsbeamten in ein Häuflein Asche. Balthazar Pike ging hinter seinem Richtertisch in Deckung und flehte nach Polizeiverstärkung.

»Sie haben einen Anklagepunkt vergessen!« schrie Peter. »Besitz eines Bandurs ohne Lizenz! Faß, Hugo!« Das Monster warf ihm einen beinahe zärtlichen Blick zu und fuhr damit fort im Gerichtssaal aufzuräumen. Der Mann sprang beiseite, als die Falltür unter ihm aufklappte, und warf sich auf einen Polizisten, der ihn anzugreifen versuchte. Mit einer raschen Links-Rechts-Kombination setzte er ihn außer Gefecht und eilte nach hinten, wo Hugo einer Abteilung Feuerwehrmänner standhielt, die seinen Atem zu löschen versuchten. Peter entriß einem von ihnen die Axt und begann kräftig auszuschwingen. Der Widerstand schmolz im Nu, und als Peter sich eine Strähne aus dem Gesicht schob, sah er, daß sie sich allein im Gerichtssaal befanden.

»Na, dann komm, mein Freund!« Fröhlich pfeifend verließ er das Gebäude, den immer noch schwach qualmenden Banduren an seiner Seite. Peter packte einen Polizisten am Kragen – den gleichen, der ihn verhaftet hatte. »Also«, fauchte er, »wo finde ich Wasser?«

Die Augen des Ordnungshüters quollen über, als er den Wachhund sah, und er stammelte: »Der ... der Hafen liegt zwei Straßen weiter unten, wenn Sie das meinen ...«

»Was ich meine, geht dich einen Dreck an!« knurrte Peter, der seine neue Macht auskostete. Er schritt kampflustig von dannen, gefolgt von Hugo.

»Verzeihung – suchen Sie nach Wasser?« fragte ein hochgewachsener, dunkler Mann über Peters Schulter hinweg. Hugo knurrte und schnippte eine Flammenzunge vor die Füße des Fremden. »Ruhig, Hugo!« sagte Peter. Dann wandte er sich dem Fremden zu. »In der Tat. Woher …?«

»Das kleine Volk, Sie verstehen«, erklärte der Fremde. »Es berichtete mir von Ihnen.«

»Ach so«, meinte Peter. »Und was muß ich tun?«

»Nehmen Sie die Untergrundbahn!« riet ihm der Fremde. »Sie wurde nach den Plänen des besten Modells aus der Zeit des Sezessionskrieges gebaut. Sauber, schnell und rationell. Dabei nur halb so teuer wie die normalen Beförderungsmittel! Oder hatten Sie etwa die Absicht, einen Fliegenden Teppich zu benutzen?«

»Nein!« versicherte Peter hastig. »Die Dinger meide ich …«

»Das ist gut.« Der Fremde wirbelte seinen langen schwarzen Umhang elegant herum. »Was diese Teppich-Leute treiben, nenne ich unlauteren Wettbewerb. Geben Flüsterparolen aus, daß unsere Bahn nicht genug Sicherheit bietet! Was sagen Sie dazu?«

»Ein starkes Stück!« entrüstete sich Peter. »Wetten, daß die heilfroh wären, wenn ihre Teppiche nur halb so viel Sicherheit bieten würden wie die Bahn?«

»Hm …« Der Fremde überlegte. »Halb so viel …« Er schien gewillt, bei dem Thema zu verweilen. Deshalb fragte Peter: »Wie komme ich denn in den Untergrund?«

»Die Station liegt ein Stück weiter im Osten«, erklärte der Fremde. Er sah sich mißtrauisch um. »Es ist besser, wenn man uns hier nicht zusammen sieht«, raunte er. »Wir treffen uns drüben am Uhrenturm – dann zeige ich Ihnen den Weg.«

»In Ordnung«, sagte Peter. »Aber was soll die Geheimniskrämerei?«

»Wir arbeiten wirklich im Untergrund«, entgegnete der Fremde und verschwand.

Peter erreichte die Ecke des Uhrenturms. Mit gespielter Lässigkeit schritt der Fremde voran. Bald waren sie wieder im Wald, der Mahoora von allen Seiten zu umgeben schien. Als sie die Stadtgrenze hinter sich gelassen hatten, drehte sich der Fremde um und lächelte erleichtert.

»Jetzt kann uns kaum noch etwas zustoßen«, erklärte er. »Sie könnten versuchen, uns zu überfallen und zurückzuschleppen, aber Ihr Bandur schreckt sie vermutlich ab. So – da wären wir!«

Er preßte eine Hand gegen den Stamm eines großen Baumes, und die Rinde schwang lautlos nach innen wie eine Tür. Peter erspähte Stufen, die in die Tiefe führten.

»Ziemlich gruselig«, stellte er fest.

»Ganz und gar nicht! Ich lasse die Strecke einmal im Jahr nach Geistern absuchen.« Der Fremde ging voraus und holte eine Art fünfarmigen Leuchter hervor, der einen unheimlichen blauen Schein verbreitete. »Was ist das?« erkundigte sich Peter fasziniert.

»Eine Glorienhand«, erwiderte der Fremde beiläufig. Peter schaute genauer hin und schluckte. Er hatte ja nichts gegen Magie, aber bei Leichenfledderei hörte der Spaß auf.

Sie gelangten in eine sauber gefliestе Bahnstation. Peter sah zu seiner Verblüffung, daß die Züge winzig waren. Die Wagen, die auf den Gleisen bereitstanden, reichten ihm kaum bis ans Kinn.

»Ich brauche Sie natürlich als Heizer«, erklärte der Fremde.

»Was?« fragte Peter entrüstet.

»Das gehört zu den Beförderungskonditionen. Kommen Sie nun oder nicht?«

»Natürlich – aber komisch finde ich das schon«, beschwerte sich Peter, als er auf die Lok kletterte. Hugo sprang auf den Tender und stieß eine kurze Qualmwolke aus. Der Fremde warf einen mißtrauischen Blick auf das Brennmaterial.

»Was transportieren Sie sonst noch?« erkundigte sich Peter.

»Fracht. Das hier ist der Eilzug nach Mal-Tava – die sogenannte Kanonenkugel. Ich habe eine Sonderlieferung für Almarish. Bücher, Möbel, ein paar Kisten Schnaps – Sie verstehen.«

»Ja. Keine Passagiere?«

»Nicht diesen Monat. Sie machen nicht viel Mühe. Meist sind es Ritter und dergleichen, die sich einbilden, sie müßten Zauberer wie Almarish besiegen. Sie nehmen ihre Pferde mit oder schicken sie per Teppich voraus. Haben Sie auch vor, Almarish zu töten?«

Peter schluckte. »Ja«, sagte er schließlich. »Aber was geht Sie das an?«

»Nichts. Ich kassiere und halte da an, wo Sie aussteigen möchten. Ein Geschäftsmann kann sich keine eigene Meinung leisten. Sorgen wir jetzt für Dampf, ja?«

Ungeschickt schaufelte Peter Kohle in die kleine Feueranlage, während der Fremde mit dem schwarzen Frack an Dampfventilen und Hebeln herumspielte. »Keine Sorge!« rief er Peter zu. »Das lernen Sie im Nu!« Dann warf er einen Blick auf die Uhr. »Es geht los!« Er riß an einem Seil. Ein schriller Pfiff ertönte.

Der Zug tauchte in einen Tunnel und glitt nahezu lautlos dahin. Das einzige Geräusch verursachten die Schubstangen. »Warum spürt man keine Schienenstöße?« fragte Peter.

»Levitation. Ist Ihnen das nicht aufgefallen? Wir schweben ein paar Zentimeter über den Schienen. Im Grunde ganz einfach.«

»Wozu brauchen wir dann die Schienen?« erkundigte sich Peter.

Der Fremde lächelte. »Ohne Schienen …« Er brach unvermittelt ab, und sein Blick verriet angestrengtes Nachdenken und Verwirrung. Sein Satz blieb unvollendet.

»Aufwachen!« schrie der Fremde und stieß Peter an. »Wir befinden uns mitten im Kriegsgebiet.«

»Wie?« Peter blinzelte. Er war nach stundenlanger eintöniger Fahrt eingenickt. »Kriegsgebiet?«

»Die Trolle – Sie wissen schon …«

»Eben nicht!« fauchte Peter. »Auf welcher Seite stehen wir?«

»Kommt darauf an, wer uns anhält«, meinte der Fremde und legte Dampf zu. Sie hatten den Tunnel verlassen und jagten ein paar Zentimeter über dem Gleis durch eine riesige, schwach erleuchtete Höhle. Der glitzernde Strang verlor sich in der Ferne.

»Oh, oh!« murmelte der dunkel gekleidete Fremde. »Das gibt Ärger.« Peter erspähte weiter vorn ein vages Gewimmel. »Sind das die Trolle?« wollte er wissen.

»Genau«, entgegnete der Lokführer resigniert und bremste den Zug ab. »Was wollt ihr?« fragte er einen kräftigen kleinen Kerl in zerlumpter Uniform. »So rasch wie möglich fort von hier«, entgegnete der Anführer der Schar. Peter schätzte, daß er kaum einen Meter groß war. »Was ist geschehen?« fragte er.

»Diese verdammten Aufständischen haben uns besiegt«, erzählte der Troll. »Können wir mitfahren, ehe sie uns in Stücke hacken?«

»Erstens«, erklärte der Lokführer pedantisch, »habe ich keinen Platz. Zweitens lege ich mich nicht gern mit der Partei an, die an der Macht ist. Drittens wißt ihr genau, daß ihr nicht umkommt.«

»Und wenn schon – was nützt uns die Unsterblichkeit?« fragte der Troll aufgeregt. »Würde es dir vielleicht Spaß machen, bis in alle Ewigkeit in Fetzen zerstreut zu leben?«

»Zweitens«, mischte sich Peter spontan ein, »fahren wir jetzt mit Volldampf los!« Er hatte sich an den Lokführer gewandt. »Und erstens können Sie die gesamte Fracht für Almarish hier rauskippen, um Platz zu schaffen. Er braucht sie ohnehin nicht mehr, wenn ich mit ihm fertig bin.«

»Stimmt das?« fragte der Troll.

»Ganz und gar nicht!« brüllte der Lokführer. »Nun hol deine Leute von den Schienen, ehe ich sie flachwalze!«

»Hugo!« wisperte Peter. Mit einem trägen Knurren versengte der Bandur die Nackenhaare des Lokführers.

»Schön«, erklärte der Mann, »schön! Ich beuge mich der Gewalt.« Er wandte sich an den Obertroll: »Sag deinen Männern, sie können die Fracht abladen und es sich bequem machen!«

»Moment!« warf Peter ein. »Ich habe euch aus der Patsche geholfen, nicht wahr? Wie wär's, wenn ihr mir zum Dank in einer Ehrensache gegen Almarish beistehen würdet?«

»Jederzeit!« versicherte der Troll. »Für einen von droben bist du gar nicht so übel.« Damit drehte er sich um und gab die gute Nachricht an sein Heer weiter.

Später, als sie gemeinsam in der Lok fuhren und sich beim Schaufeln abwechselten, stellte sich der Troll als General Skaldberg vom Dritten Loyalisten-Heer vor.

Sie fuhren mit Volldampf, und das Ende der Höhle war bereits in Sicht, als ein zweiter Schwarm von Trollen den Weg blockierte.

»Mittendurch!« befahl Peter eiskalt.

»Haben Sie denn keine Spur von Mitleid?« empörte sich der Fremde. »Wenn die mir die Konzession abnehmen ...«

»Das ist dein Problem!« meinte der General. »Mach das mit den Aufständischen aus! Die Konzession hast du ohnehin von uns – sie haben kein Recht, dich aufzuhalten.«

»Wenn man es so betrachtet ...«, murmelte der Lokführer. Er schloß die Augen, als sie mit Volldampf durch die Meute der Trolle fuhren. Als alles vorüber war und sie sich wieder im Tunnel befanden, schaute er auf. »Wie viele?« fragte er gebrochen.

»Nur drei«, meinte der General bedauernd. »Wäre da nicht mehr drin gewesen?«

»Warum hast du deinen Leuten nicht befohlen, aus den Packwagen zu schießen?« entgegnete der Lokführer kühl.

»Zu schade, daß mir das nicht einfiel! Aber wenn wir umkehren und einen Überraschungsangriff landen ...«

Statt einer Antwort stieß der Lokführer nur einen heftigen Fluch aus. Und während der nächsten halben Stunde brabbelte er verwirrt vor sich hin und stöhnte immer wieder ein Wort: »Konzession!«

»Ist es noch weit bis Mal-Tava?« fragte Peter verdrießlich.

»Bestimmt nicht«, versicherte der Troll. »Ich war schon mal da. Sehr zerklüftetes Gelände: gut geeignet für Guerillakriege.«

»Kannst du mir einen Tip geben, wie ich diesem Almarish beikomme?«

Der General kratzte sich am Kopf. »Wenn ich mich recht erinnere«, meinte er langsam, »ist das kein Fall für Strategen wie Clausewitz. Ein ungewöhnliches taktisches Problem: praktisch keinerlei Befestigungen im Innern der Zitadelle, alles in einer Stahlmauer zusammengefaßt. Natürlich hat Almarish persönlich was los. Verfügt garantiert über den einen oder anderen starken Zauber. Und da stehe ich mit meinen Leuten auf verlorenem Posten. Wir Trolle haben es nicht so mit den

Feinheiten der Thaumaturgie. Uns liegt mehr der direkte militärische Weg.«

»Das heißt, daß ich ihm allein gegenübertreten muß?«

»Mehr oder weniger«, bestätigte der General. »Ich habe zwei Experten, die an der Technischen Hochschule von Ellil Vorlesungen über die Wahrsagekunst für den militärischen Bereich belegt hatten. Sie können dir vermutlich einen genauen Lageplan der Zitadelle zeichnen, aber sie übernehmen keine Garantie für Trugbilder und Illusionen, die Almarish womöglich vorspiegelt. Mein persönlicher Rat: Sei skeptisch!«

»Ja?« fragte Peter elend.

»Ja!« bekräftigte Skaldberg. »Das wahre Problem beim Kampf gegen die Kriegskunst der Magier liegt darin zu erkennen, was echt ist und was nicht. Kannst du nicht irgendwie einen Verbündeten einschleusen? Keinen richtigen Spion – wir Strategen halten wenig von Nachrichtendiensten –, sondern eine Art Helfer ...«

»Ist bereits an Ort und Stelle«, meinte Peter ohne große Überzeugung. »Eine Zauberin. Ich glaube zwar nicht, daß sie besonders gut ist, aber sie hat einen Feuerfinger.«

»Sehr gut«, nickte Skaldberg. »Ausgezeichnet sogar. Ha, die hätten wir gegen die Aufständischen brauchen können! Die Schufte hatten uns auf einer Art Halbinsel festgesetzt; es gab nur noch eine unsichere Nachschub- und Nachrichtenlinie zwischen uns und dem Hauptheer, und ich verteidigte einen Hügel gegen eine breitgefächerte Kette von Fliegenden Teppichen, die Blitze auf unser Munitionslager schleuderten! Zum Glück zielten sie schlecht und erwischten nur einige unserer Scharfschützen. Gott was hätte uns ein Feuerfinger gegen diese verdammten Teppiche geholfen!«

Der Lokführer horchte zum ersten Mal auf. »Genau!« fauchte er. »Putzt sie weg – eine Gefahr für Leib und

Leben! Ich habe eine Petition bei der Konferenz für Verkehrswesen in Groß-Ellil eingebracht – könntet Ihr mich dabei nicht unterstützen?«

»Nein«, knurrte der General. Der Lokführer wirbelte seinen langen schwarzen Umhang, kehrte an seine Dampfventile zurück und murmelte etwas über gerichtliche Verfügungen und das Einhalten gewisser Spielregeln.

V

»Und los!« wisperte der General.

»Zu Befehl, Herr General!« entgegnete der Troll. Er schien in tiefe Gedanken versunken, während seine Hand wie von selbst Striche und Symbole auf ein Blatt Papier malte. Peter hatte noch nie einen Experten für militärische Wahrsagekunst bei der Arbeit erlebt und beobachtete ihn fasziniert.

»Fertig!« Der Troll entspannte sich. Er warf einen verwunderten Blick auf das Papier und unterschrieb es dann mit: ›Hptm. Borgenssen‹.

»Nun?« fragte General Skaldberg aufgeregt. »Was gibt es zu berichten?«

Der Hauptmann stöhnte. »Sie müßten sich das selbst ansehen, General!« meinte er verzagt. »Ihre Luftwaffe besteht aus Flugdrachen, und ihre Infanterie ist eine Art Kraken-Kommando. Was die Biester außerhalb ihrer Tümpel suchen, weiß ich nicht.«

»In Ordnung«, meinte der General. Er studierte die Skizze. »Wie steht es mit ihrer Mobilität?«

»Sie haben keine, aber sie brauchen auch keine«, jammerte der Wahrsager. »Sitzen einfach im Kreis und warten! Zur Luftwaffe gehören zwei Rok-Vögel, die im Notfall die Kraken durch die Lüfte tragen und hinter den Angreifern absetzen. Auf diese Weise nehmen sie jeden Feind in die Zange – sehr ungünstig!«

»Dieses Urteil überlassen Sie gefälligst mir!« brüllte ihn der General an. »Sie können gehen!« Der Hauptmann salutierte und stolperte aus der kleinen Höhle, die der General zu seiner Kommandozentrale erwählt hatte. Seine Leute waren draußen auf dem blanken Felsboden ›kaserniert‹. Vulkane rumpelten und spuckten in der Ferne. Dann ertönte ein langanhaltendes Grollen, das Peter die Haare zu Berge stehen ließ.

»Richtet sich das gegen uns?« fragte er nervös.

»Nein – ich habe diesen Ort absichtlich gewählt, weil hier die Wahrscheinlichkeit eines Lavastroms äußerst gering ist. An der einzigen Schwachstelle errichtet eine Hundertschaft meiner Leute eine Barriere. Wir sind hier einigermaßen sicher.« Er betrachtete wieder mit gerunzelter Stirn die Karte. »Das da bereitet mir mehr Kopfzerbrechen: Die Zitadelle ist praktisch uneinnehmbar. Wenn wir den Gegner zum Angriff reizen könnten ... aber die Roks machen all meine Pläne kaputt. Wir wären abgeschnitten wie eine Rosenknospe. Und bei unserer knappen Munition können wir es uns nicht leisten, entdeckt und umzingelt zu werden. Bah! Eine scheußliche Klemme für einen tüchtigen Soldaten!«

In diesem Moment ertönte eine heisere weibliche Stimme: »Na, Kleiner, haben wir Kummer?« Der General wirbelte wutschnaubend herum. Peter starrte entsetzt und verwirrt das schlampige Frauenzimmer an, das die Höhle unbemerkt betreten hatte – vermutlich mit irgendeinem Zaubertrick. Mit ihrem knallrot gefärbten Haar und einem Satinrock, der eine Handbreit über dem Knie endete, wirkte sie alles andere als züchtig. Sie hatte flammendes Rouge, Lippenstift und sogar Lidschatten aufgetragen.

»He!« beschwerte sie sich schrill zwischen zwei Zügen an einer roten Zigarette. »Was steht ihr Kerls da und glotzt? Noch nie 'ne Dame gesehn, was?«

»Madam!« begann der General empört.

»Geschenkt!« winkte sie ab. »Ich schätze, daß euch der Hintern auf Grundeis geht. Und ich will euch aus der Patsche helfen.« Sie nahm auf einem Felsvorsprung Platz und rutschte ihren Rock zurecht – nach oben.

»Ich gebe zu, daß Frauen ihre Aufgaben beim Militär haben«, stammelte der General. »Aber das hat wenig beziehungsweise gar nichts mit der Strategie zu tun. Ich verlange daher, daß Sie sich ausweisen! Woher kommen Sie?«

»Tja, woher wohl?« spottete sie. »Das möchtest du gern wissen, was? Guck mal!« Sie deutete mit einem ihrer grell lackierten Fingernägel auf den Felsboden der Höhle. Gleich darauf verflüssigte er sich und glomm kirschrot. Sie blinzelte den beiden zu und spuckte aus. Im nächsten Moment erstarrte das Gestein.

»Geht dir jetzt 'n Licht auf?« fragte sie.

Der General starrte den Boden an. »Sie sind sicher eine Vulkannymphe.«

»Gut geraten, Kleiner«, grinste sie. »Ich vertrete die Mädels von Höhle dreiunddreißig. Um es kurz zu machen – wir stellen folgende Forderungen: Erstens, ihr verschwindet aus unserem Vereinslokal, aber pronto! Zweitens, ihr bleibt in Reichweite, falls wir euch für unsere Zwecke benötigen. Dafür wollen wir – das sind die Mädels und ich – euch gegen Almarish beistehen. Der Dreckfink gibt seinen Leuten kaum noch frei. Man kommt sich vor wie in einer Wüste, obwohl es Männer in Hülle und Fülle gibt. Kapiert?«

»Auf welche Zwecke spielen Sie in Punkt Zwei an?« begann der General zögernd.

Sie kniff die Augen zusammen und lächelte geil. »Na, sagen wir mal als Geleitschutz! Deinen Soldaten passiert schon nix, Häuptling! Vielleicht fallen sie uns nach ein, zwei Monaten auf den Nerv; dann kriegst du sie unversehrt wieder! Ihr Trolle seid doch putzig!«

Der General war so sprachlos vor Entsetzen, daß er nicht einmal gegen den ›Häuptling‹ protestierte.

»Nun?« fragte die Nymphe.

»Nun – ja«, sagte der General.

»Alles klar, Kleiner.« Sie drückte die Zigarette in ihrer Handfläche aus. »Die Mädels sind im Morgengrauen angriffsbereit. Ich will mal versuchen, sie von deinen Kriegern fernzuhalten, solange die Schlacht tobt. Bis später!« Sie versank im Boden und ließ einen Hauch von Eau-de-Canaille zurück.

»Gott!« wisperte General Skaldberg. »Was ich alles für das Heer tue!«

Die Trolle rückten in loser Formation an, dicht gefolgt vom kreischenden Mob der Vulkannymphen.

»Wie sieht es aus, General?« fragte Peter. Er stand neben dem alten Haudegen auf einem Hügel und überblickte das Getümmel. Die scheußlichen Oktopus-Bestien, die unter dem Befehl von Almarish standen, wälzten sich mit saugenden Tentakeln auf die Trolle zu.

»Es muß jetzt jede Minute losgehen – jede Sekunde«, erklärte Skaldberg. »Da!« Der erste der anstürmenden Trolle war auf einen Kraken gestoßen. Das Geschöpf schwenkte seine acht Arme wild umher; Peter sah, daß die Tentakel mit nägelgespickten Reifen und ähnlichen Mordwerkzeugen ausgerüstet waren. Der Troll wich geschickt aus und schwang ein unbezwingbares Schwert gegen die Bestie. Der Kampf verlagerte sich hinter einen Felsvorsprung. Nach kurzer Zeit tauchte der Troll unversehrt auf, während der Krake aus einer Reihe von Wunden Flüssigkeit verströmte und sich nur noch schwach bewegte.

»Die Drachen kommen!« Peter deutete nach oben. In V-Formation landeten die Ungeheuer am äußersten Rand des Schlachtfelds und drangen mit scharrenden Laufschritten vorwärts.

»Wenn sie schneller sind als die Nymphen...«, hauchte der General. Dann seufzte er erleichtert. Sie waren es nicht. Und der Kampf, der sich nun abspielte, wirkte beinahe grotesk. Die Nymphen ließen die Echsen auf Dampfsäulen in der Luft zappeln und spritzten ihnen geschmolzenes Gestein in die Augen. Kreischend erhoben sich die Drachen in die Lüfte und drehten nach Süden ab.

»Dort liegt das Meer«, grinste der General. »Die suchen sich vermutlich an fernen Küsten eine neue Heimat.«

In unglaublich kurzer Zeit war das Schlachtfeld übersät von den zuckenden Tentakeln, die Skaldbergs Soldaten den Kraken abgehackt hatten. Die Tiere lebten zwar noch, aber sie waren machtlos. Der General schüttelte Peter herzlich die Hand. »Von jetzt an sind Sie auf sich gestellt. Viel Glück, mein Junge! Für einen Zivilisten haben Sie einiges drauf!« Er schritt von dannen.

Düster betrachtete Peter die gigantische Festung des Magiers. Er schlenderte unentschlossen zum Tor, einem riesigen Gebilde aus Silber und Bronze, und zog an der Seidenschnur, die seitlich herabbaumelte. Ein Gong ertönte, und die Flügel schwangen auf. Peter betrat ohne großes Vertrauen eine Art Audienzsaal. »Also?« dröhnte eine mächtige Stimme.

»Also was?« fragte Peter unterwürfig. Auf einem hohen Thron saß eine imposante Gestalt. »Sind Sie Almarish?« erkundigte er sich.

»Ja. Und wer bist du?«

»Das spielt keine Rolle. Peter Packer aus Braintree in Massachusetts. Ich erwarte nicht, daß Sie mir glauben.« Der Thron senkte sich langsam und ruckartig, als arbeitete er hydraulisch. Der Magier erhob sich und kam auf Peter zu. Er war ein Mann um die Vierzig, mit einem dichten braunen Bart, der ihm fast bis an den Gürtel reichte.

»Weshalb dringst du mit Waffengewalt hier ein?« fragte er.

»Anders ging es leider nicht«, entgegnete Peter. »Erstens: meinen herzlichen Glückwunsch zu Ihrem gutgeölten Regierungsapparat! Nicht mal wir in den Staaten besitzen so was an Korruption bis hinauf in die höchsten Ämter. Zweitens bewundere ich, mit welchem Scharfblick Sie Ihre engsten Mitarbeiter auswählen. Dieser Mister Pike ist ein Juwel von einem Henker. Drittens: Rücken Sie Miß Melicent freiwillig heraus oder ich sehe mich gezwungen, grob zu werden.«

»Tatsächlich?« knurrte Almarish. »So ein Grünschnabel! Aber bitte! Was hältst du von einem Ringkampf? Wer als erster zwei von drei Niederwürfen schafft, ist Sieger. Oder traust du dich nicht?«

Peter zog sein blaues Serge-Jackett aus. »Ich habe bis jetzt noch jede Herausforderung angenommen«, meinte er. »Was halten Sie von einer Matte?«

»Die brauchen aber nur Schwächlinge«, spöttelte der Zauberer.

Peter hatte seinen Oberkörper freigemacht. »Also los!« sagte er. Langsam kam Almarish näher und suchte nach einem günstigen Griff. Peter ließ es zu, daß der Magier seinen Unterarm umklammerte, und verlagerte dann sein Gewicht, um den Gegner über die Schulter zu werfen. Einen Augenblick später befand er sich auf dem Boden – in Unterlage.

»Hah!« Almarish erhob sich. »Immer noch wild entschlossen?« fragte er und stemmte sich ein. »Klar!« knurrte Peter. Sein Angriff begann drei Meter von dem Zauberer entfernt und endete mit einem eisenharten Klammergriff oberhalb der Knie. Peter drückte seinen Körper gegen den Rumpf von Almarish und setzte einen Zwiegriff an. Der Zauberer stieß einen Schmerzensschrei aus und berührte mit beiden Schultern den

Boden. Peter stand grinsend auf. »Eins beide«, verkündete er fröhlich.

Almarish versuchte erneut anzugreifen; Peter wich geschickt aus. Der Magier warf sich mit einer wuchtigen Körperblockade gegen ihn, die den jungen Mann von den Beinen fegte, und ließ sich auf ihn fallen. Instinktiv ging Peter in die Brücke. Almarish knurrte wütend, packte seinen Arm und drehte ihn langsam, als würde er eine Uhr aufziehen. Peter nutzte den Rumpf des Gegners als Hebel und schnellte herum. Plötzlich spürte er eine Zehe unter den Fingern und drückte mit aller Kraft zu. Der Zauberer stieß einen Schrei aus und kippte nach vorn aufs Gesicht. Peter rammte ihm ein Knie zwischen die Schultern und drückte mit aller Kraft nach unten. Er spürte, wie sich die Knochen dehnten.

»Genug!« keuchte der Magier. Peter ließ los.

»Du hast es geschafft!« gab Almarish zu. »Zwei von drei Niederwürfen ...«

Peter studierte aufmerksam sein Gesicht. Wenn man den Bart abnahm ...

»Du sagst es, Großvater«, grinste er.

Almarish ächzte. »Ein kluges Kind, das seinen Vater kennt – in diesem Fall sogar seinen Großvater«, sagte er. »Wie bist du mir auf die Schliche gekommen?«

»Plötzlich paßte alles zusammen«, erklärte Peter schlicht. »Dein Verschwinden – diese Uhr – amerikanische Methoden in Ellil – und dann rasierte ich dich im Geist und die Sache bekam die richtige Form. Einfach, was?«

»Sicher. Und wie findest du meinen Aufstieg hier?«

»Schändlich! Deine Methoden sind absolut zu verwerfen. So etwas nennt man heutzutage Gangstertum. Du wirst sofort damit Schluß machen, Opa!«

»Gangstertum – nun reicht es aber!« beschwerte sich

der Zauberer. »Das ist Geschäftssinn. Geschäftssinn und gesunder Menschenverstand.«

»Geschäftssinn vielleicht – aber ganz bestimmt kein gesunder Menschenverstand. Meine Jungs haben deine Wachen überrumpelt, und ich hätte dich weggeputzt, wenn ich größere magische Kräfte besäße als du!«

Großvater Packer gluckste boshaft. »Magische Kräfte? Na, dann erzähle ich dir die Geschichte mal von Anfang an. Als ich im Jahre 63 an dieser verdammten Uhr spielte, landete ich unversehens in Ellil, und zwar auf dem Kopf eines Meuchelmörders, der gerade einen echten Magier umzulegen versuchte. Als mir dämmerte, worum es ging, hielt ich den Kerl mit einem Nelson fest und der Zauberer gab ihm den Rest. Danach zeigte sich der Gute erkenntlich, erklärte, er wolle sich ohnehin aus seinem Beruf zurückziehen, und schenkte mir eine Art Zauber: Ich hatte drei Wünsche frei.

Nun, ich bedankte mich herzlich und wünschte mir einen Palast nebst ein paar tüchtigen Gefolgsleuten. Mir war die Idee gekommen, Ellil nach den Gesichtspunkten der freien Marktwirtschaft neu zu organisieren, und das tat ich so, wie ich es gelernt hatte: mit den Ellbogen. Und von da an mußte ich keinen einzigen Wunsch mehr verplempern. Das ist der ganze Zauber, den ich besitze.«

»Verdammich!« wisperte Peter.

»Und weißt du, was ich mit den beiden restlichen Wünschen tun werde? Dich und mich zurück in die guten alten Staaten versetzen!«

»Reicht die Magie nur für zwei Leute?«

»Soviel ich weiß, ja.«

»Dann wirst du ein großes Opfer bringen müssen, Großvater Packer«, begann Peter ernst. »Außerdem ist es deine Pflicht, den Schaden, den du angerichtet hast, wiedergutzumachen.«

»Ach so.« Almarish runzelte die Brauen. »Die Kleine? Na schön ...«

»Es macht dir nichts aus?« fragte Peter ungläubig.

»Wie könnte ich mich der jungen Liebe in den Weg stellen?« knurrte der Zauberer säuerlich. »Sie ist droben.«

Peter trat schüchtern ein. Das Mädchen beschäftigte sich abwechselnd mit einer Nummer des *Braintree-Tagblatts* und einem Foto von Peter. »Liebste!« rief Peter.

»Mein Schatz!« Melicent lernte schnell.

Kurze Zeit später fragte Peter: »Dürfte ich dich um einen einzigen Gefallen bitten, Liebes – auch wenn es schmerzt?« Er hielt ein kleines, scharfes Taschenmesser hoch.

Einen Monat lang war Peter Packers wunderschöne junge Frau das Tagesgespräch in Braintree – und manche Leute zerrissen sich die Mäuler darüber, daß sie nur neun Finger hatte.

Die Nummer mit dem Verschwinden

Dieser Krieg war weder der letzte noch jener legendäre Krieg, der das Ende aller Kriege auf Erden einleiten sollte. Man nannte ihn den Krieg für den Amerikanischen Traum. General Carpenter war selbst auf diesen Namen gekommen und verbreitete ihn ständig.

Es gibt Generäle der kämpfenden Truppe (lebenswichtig für eine Armee), politische Generäle (lebenswichtig für eine Verwaltung), und Public-Relations-Generäle (lebenswichtig für einen Krieg). General Carpenter war ein Meister der Public Relations. Geradeheraus und rechtschaffen, hatte er Ideale, die ebenso hehr und unantastbar wie eindeutig waren wie die Sinnsprüche auf Banknoten und Münzen. Im Bewußtsein Amerikas verkörperte er die Armee und die Regierung, war er Schild und Schwert und kraftvoller rechter Arm der Nation. Sein Ideal war der Amerikanische Traum.

»Wir kämpften nicht um Geld, um Macht oder um Weltherrschaft«, verkündete General Carpenter beim Festbankett des Zeitungsverlegerverbandes.

»Wir kämpfen einzig und allein für den Amerikanischen Traum«, erklärte er vor dem 137. Kongreß.

»Unser Ziel ist nicht Aggression oder die Unterjochung anderer Nationen«, verkündete er beim Jahresessen der Militärakademie West Point.

»Wir kämpfen für das Wesen der Zivilisation«, sagte er vor der Handelskammer von San Francisco.

»Wir kämpften für die Ideale der Zivilisation; für Kultur, für Dichtung, für die einzigen Dinge, die zu erhalten sich lohnt«, erklärte er anläßlich eines Festakts der Weizenbörse von Chicago.

»Dies ist ein Krieg um unser Überleben«, sagte er. »Wir kämpfen nicht für uns selbst, sondern für unsere Träume; für die besseren und schöneren Dinge im Leben, die nicht vom Angesicht der Erde verschwinden dürfen.«

Amerika kämpfte. General Carpenter verlangte zehn Millionen Wehrpflichtige. Die Armee erhielt zehn Millionen Wehrpflichtige. General Carpenter verlangte den Einsatz der zehntausend vorrätigen Nuklearwaffen. Die zehntausend Nuklearwaffen wurden abgefeuert und abgeworfen. Der Feind antwortete mit einem Vergeltungsschlag von zehntausend Nuklearwaffen und zerstörte Amerikas Städte.

»Wir müssen uns eingraben, um gegen die Horden der Barbarei zu bestehen«, sagte General Carpenter. »Gebt mir tausend Tiefbauingenieure.«

Tausend Tiefbauingenieure wurden bereitgestellt, und unter dem Schutt und den Trümmern wurden hundert Städte gegraben und ausgehöhlt.

»Gebt mir fünfhundert Abwasserexperten, dreihundert Verkehrsspezialisten, zweihundert Belüftungsfachleute, hundert Verwaltungsexperten, tausend Nachrichtentechniker, siebenhundert Spezialisten für Menschenführung ...«

General Carpenters Anforderungsliste für technische Experten war endlos. Amerika war nicht imstande, sie zu liefern.

»Wir müssen eine Nation von Experten werden«, informierte General Carpenter den Nationalen Verband Amerikanischer Universitäten. »Jeder Mann und jede Frau muß ein spezifisches Werkzeug für eine spezifische Aufgabe sein, gehärtet und geschärft von ihrer

Ausbildung und Erziehung, damit wir den Kampf für den Amerikanischen Traum gewinnen können.«

»Unser Traum«, sagte General Carpenter anläßlich einer neu aufgelegten Staatsanleihe bei einem Frühstück mit den Bankiers der Wall Street, »steht im Einklang mit den Idealen der bewunderungswürdigen Griechen von Athen und der vornehmen Römer von … äh … Rom. Es ist der Traum von den guten und schönen Dingen im Leben. Von Musik und Kunst und Poesie und Kultur. Geld ist nur eine Waffe, die im Kampf für diesen Traum verwendet werden muß. Ehrgeiz ist nur eine Leiter zum Erreichen dieses Traums. Tüchtigkeit ist nur ein Werkzeug, das diesem Traum Gestalt verleiht.«

Die Herren der Wall Street applaudierten. General Carpenter verlangte hundertfünfzig Milliarden Dollar, fünfzehnhundert ehrenamtliche Mitstreiter, dreitausend tüchtige Fachleute für Mineralogie, Geologie, Petrochemie, Massenproduktion, chemische Kriegführung und Nahrungsmittelproduktion. Sie wurden zur Verfügung gestellt. Das Land lief auf Hochtouren. General Carpenter brauchte bloß einen Knopf zu drücken, und ein Experte wurde geliefert.

Im März des Jahres 2112 erreichte der Krieg seinen Höhepunkt, und der Amerikanische Traum wurde entschieden, nicht an einer der sieben Fronten, wo Millionen Männer in erbittertem Kampf standen, nicht in einem der Hauptquartiere des Generalstabs oder einer der Hauptstädte der beteiligten Nationen, nicht in den unterirdischen Produktionszentren, die Waffen und Versorgungsgüter ausspuckten, sondern in der Abteilung T des einhundert Meter unter dem Schutt der Stadt St. Albans im Staate New York vergrabenen US-Militärkrankenhauses.

Die Abteilung T galt in St. Albans als eine Art Geheimnis. Wie jedes Lazarett oder Militärkrankenhaus, war auch St. Albans so organisiert, daß bestimmte Abteilungen bestimmten Arten von Verletzungen vorbehalten waren. Alle Armamputierten lagen in einer Abteilung, alle Beinamputierten in einer anderen. Strahlungsverbrennungen, Kopfverletzungen, Bauchverletzungen, sekundäre Gammavergiftungen und so weiter hatten ihren bestimmten Platz in der Krankenhausorganisation. Es gab neunzehn klassifizierte Gruppen von Kriegsverletzungen, die alle denkbaren Gehirn- und Gewebeschäden mit einschlossen. Für diese Gruppen gab es die Abteilungen A-S.

Aber was war in Abteilung T?

Niemand wußte es. Die Türen waren verschlossen und doppelt gesichert. Besucher hatten keinen Zutritt. Patienten durften die Abteilung nicht verlassen. Man sah Ärzte kommen und gehen, und ihre hilflosen und verblüfften Mienen waren Anlaß zu wilden Spekulationen, verrieten jedoch nichts. Die Krankenschwestern, die der Abteilung T zugeordnet waren, wurden eifrig befragt, doch auch sie waren verschlossen.

Dann und wann sickerten Bruchstücke von Informationen durch, die unbefriedigend und oft widersprüchlich waren. Eine Putzfrau behauptete, daß sie in der Abteilung saubergemacht und niemanden angetroffen habe. Keine Seele. Sie habe nur zwei Dutzend leere Betten gesehen, und sonst nichts. Hatten die Betten ausgesehen, als hätte jemand darin geschlafen? Ja, in einigen war das Bettzeug zerwühlt. Gab es Anzeichen dafür, daß die Abteilung in Betrieb war? O ja, auf den Tischen lagen persönliche Habseligkeiten und so weiter. Aber alles sah irgendwie staubig aus, als ob es seit langem nicht mehr gebraucht worden sei.

Die öffentliche Meinung kam zu dem Schluß, daß es eine Geisterstation sei. Nur für Gespenster.

Aber eine Nachtschwester, die an der verschlossenen Abteilung vorbeiging, hörte Singen aus dem Innern.

Was für ein Gesang? Es klang nach einer fremden Sprache. Welcher Fremdsprache? Die Nachtschwester konnte es nicht sagen.

Gerüchte kamen auf, die wissen wollten, daß es eine Krankenstation für ausländische Spione sei.

Findige Leute versicherten sich der Hilfe des Küchenpersonals und überprüften die Essensportionen. Dreimal täglich wurden vierundzwanzig Portionen in die Abteilung T gebracht. Vierundzwanzig kamen wieder heraus. Gelegentlich waren die unterteilten Teller geleert, doch meistens blieben die Mahlzeiten unberührt.

Nun erzählte man sich, daß Abteilung T ein Schwindel sei. Es handle sich in Wirklichkeit um eine Tarnadresse für Stabsoffiziere und andere Drückeberger, die pro forma Krankenhausbetten belegten, um dem Fronteinsatz zu entgehen.

Was Gerüchte und Klatschgeschichten angeht, so kann ein Krankenhaus es leicht mit den diversen Kaffeekränzchen einer Kleinstadt aufnehmen, und kranke Menschen lassen sich von Trivialitäten leicht zu leidenschaftlichen Reaktionen verleiten. Innerhalb von drei Monaten verwandelte sich die müßige Spekulation in unverhohlenen Zorn.

Im Januar des Jahres 2112 war das Militärkrankenhaus St. Albans eine gesunde, gut geführte Institution. Im März desselben Jahres befand es sich in gärender Unruhe, und die Nachricht davon fand ihren Weg in offizielle Berichte. Der Prozentsatz der Genesungen sank, und die Zahl der Simulanten mehrte sich. Übertretungen und Delikte nahmen zu, und wiederholt kam es zu Ausbrüchen von Unzufriedenheit, die fast den Charakter von Meutereien hatten. Ein Teil des Personals wurde ausgewechselt. Es half nicht. Abteilung T nährte alle möglichen Gerüchte und verleitete die Patienten anderer Abteilungen zu aufrührerischen Tumulten. Es gab weitere Veränderungen beim Personal, aber die Unruhen dauerten an.

Schließlich erreichte die Nachricht auf dem Dienstweg General Carpenters Schreibtisch.

»In unserem gemeinsamen Kampf um den Amerikanischen Traum«, erklärte er, »dürfen wir nicht jene vergessen, die bereits ihre Gesundheit gegeben haben. Lassen Sie einen Experten für Krankenhausorganisation kommen.«

Der Experte kam. Er konnte in St. Albans keine Gesundung der Verhältnisse erreichen. General Carpenter las die Berichte und entließ ihn.

»Lassen Sie den Militärarzt kommen«, sagte General Carpenter verdrießlich, »der in St. Albans für diese Abteilung T zuständig ist.«

St. Albans schickte einen Arzt im Hauptmannsrang, Dr. Edsel Dimmock. Er war ein jüngerer, kräftiger und bereits kahlköpfiger Mann, der erst seit fünf Jahren im Krankenhausdienst arbeitete, sich in dieser Zeit aber schon einen Namen als Psychotherapeut gemacht hatte. General Carpenter schätzte Experten, und so gefiel ihm auch Dimmock. Dimmock seinerseits verehrte den General als den Fürsprecher einer Kultur, von der er selbst wegen seiner allzu spezialisierten Ausbildung nicht viel wußte, die er aber nach dem Endsieg zu genießen hoffte.

»Nun hören Sie mal zu, Dimmock«, begann General Carpenter. »Wir alle sind Werkzeuge – gehärtet und geschärft, um eine bestimmte Arbeit zu tun. Sie kennen unser Motto: Arbeit für alle, und alle an die Arbeit. In Ihrer Abteilung T ist jemand nicht an der Arbeit, und wir müssen den Betreffenden hinauswerfen. Nun erzählen Sie mir zunächst einmal, was zum Teufel diese Abteilung T darstellt?«

Dimmock stotterte und zögerte. Endlich erklärte er, daß es eine Sonderabteilung für bestimmte Fälle sei, die als Schockpatienten von der Front eingeliefert würden.

»Dann *haben* Sie also Patienten in der Abteilung?«

»Jawohl, Sir. Zehn Frauen und vierzehn Männer.«

Carpenter nahm eine dickleibige Akte vom Schreibtisch und schwenkte sie vor Dimmocks Gesicht. »In diesen Berichten steht, Patienten und Pfleger von St. Albans hätten beobachtet, daß die Abteilung leer sei.«

Dimmock war schockiert. Er versicherte dem General, daß dies nicht den Tatsachen entspreche.

»In Ordnung, Dimmock. Sie haben also Ihre vierundzwanzig Knallköpfe, deren Arbeit es ist, gesund zu werden. Und Sie, Dimmock, haben die Aufgabe, sie zu heilen. Warum zum Henker dann die ganze Aufregung?«

»Nun, Sir ... vielleicht liegt es daran, daß wir die Patienten unter Verschluß halten.«

»Sie halten die Abteilung vom übrigen Krankenhaus abgeschlossen?«

»Jawohl, Sir.«

»Warum?«

»Um die Patienten am Verlassen der Abteilung zu hindern, Sir.«

»Was meinen Sie damit? Versuchen die Leute hinauszukommen? Sind sie gewalttätig oder was?«

»Nein, Sir. Nicht gewalttätig.«

»Dimmock, Ihre Haltung gefällt mir nicht. Sie weichen aus und lassen es an der nötigen Offenheit fehlen. Und ich werde Ihnen noch was sagen, was mir nicht gefällt. Diese T-Einstufung. Ich habe mit Organisationsexperten aus dem Krankenhauswesen gesprochen, und alle bestätigten, daß es keine T-Einstufung gibt. Was zum Teufel machen Sie in der Abteilung?«

»Äh – also ... wir haben die T-Einstufung erfunden, Sir. Es ist ... Diese Leute sind ziemlich besondere Fälle, Sir. Wir wissen nicht, wie wir sie behandeln und was wir mit ihnen anfangen sollen. Wir haben versucht, nichts davon an die Öffentlichkeit dringen zu lassen, bis wir einen modus operandi ausgearbeitet hätten, aber es scheint sich um eine völlig neue Sache zu handeln, Sir. Ein noch nie dagewesenes Phänomen!« Der Fachmann in Dimmock triumphierte momentan über die Disziplin. »Es ist sensationell. Ein neues Kapitel in der Geschichte der Medizin, bei Gott! So was hat es noch nicht gegeben.«

»Was ist es, Dimmock? Kommen Sie endlich zur Sache, Mann.«

»Also, Sir, es sind Schockpatienten. Völlig weg. Beinahe katatonisch. Schwache Atmung, langsamer Puls, keine Reaktion auf äußere Eindrücke.«

Carpenter grunzte. »Ich habe Tausende von derartigen Schockfällen gesehen«, sagte er. »Was ist daran so ungewöhnlich?«

»Jawohl, Sir. Ich weiß, es hört sich nach der Standard-Klassifikation Q oder R an. Aber hier liegt etwas Ungewöhnliches vor. Sie essen nicht, und sie schlafen nicht.«

»Niemals?«

»Manche von ihnen nie.«

»Warum sterben sie dann nicht?«

»Wir wissen es nicht. Der Stoffwechselkreislauf ist unterbrochen, aber nur auf der Anabolismusseite. Der Katabolismus geht weiter. Mit anderen Worten, Sir, sie bauen Abfallprodukte ab, aber sie nehmen nichts zu sich. Ebenso bauen sie Müdigkeitsgifte ab und ersetzen verletztes Gewebe, doch geschieht das ohne Schlaf. Der Himmel weiß, wie das vor sich geht. Es ist unglaublich.«

»Und deswegen haben Sie sie eingesperrt? Ich meine, haben Sie die Leute im Verdacht, Nahrungsmittel zu stehlen und anderswo zu schlafen?«

»N-nein, Sir.« Dimmock blickte verlegen auf seine Schuhspitzen. »Ich weiß nicht, wie ich Ihnen das sagen soll, General Carpenter. Ich … wir sperren sie aus einem anderen Grund ein. Das ist das eigentliche Geheimnis, müssen Sie wissen. Diese Patienten, sie – nun, sie verschwinden.«

»Sie tun was?«

»Sie verschwinden, Sir. Sind auf einmal nicht mehr da. Vor unseren Augen.«

»Was Sie nicht sagen!«

»Es ist mein Ernst, Sir. Sie sitzen auf einem Bett oder stehen herum, und auf einmal sieht man sie nicht mehr.

Manchmal ist die Abteilung voll belegt, manchmal ist nicht ein einziger Patient da. Sie verschwinden und erscheinen ohne erkennbaren Grund. Darum halten wir die Abteilung verschlossen, Sir. In der gesamten Geschichte der Medizin hat es niemals einen solchen Fall gegeben. Wir wissen nicht, wie wir damit fertigwerden sollen.«

»Bringen Sie mir drei dieser Patienten«, sagte General Carpenter.

Nathan Riley aß Toast mit Butter und ein weiches Ei. Dazu konsumierte er einen halben Liter dunkles Bier, rauchte anschließend eine Zigarre, rülpste hinter vorgehaltener Hand und erhob sich vom Frühstückstisch. Er nickte Gentleman Jim Corbett wortlos zu, der sein Gespräch mit Diamond Jim Brady abbrach, um ihn auf dem Weg zum Ausgang abzufangen.

»Wem würdest du in diesem Jahr die Meisterschaft zutrauen, Nat?« fragte Gentleman Jim.

»Den Dodgers«, antwortete Nathan Riley.

»Die haben doch keinen Wurf.«

»Sie haben Snider und Furillo und Campanella. Mit diesem Trio werden sie heuer die Meisterschaft erringen, Jim. Und ich wette, daß sie eher als alle Mannschaften vor ihnen Meister sein werden. Bis zum

13. September. Notier dir das Datum und sieh nach, ob ich recht habe.«

»Du hast immer recht, Nat«, sagte Corbett.

Riley lächelte, schlenderte auf die Straße hinaus und nahm eine Pferdedroschke zum Madison Square Garden. An der Ecke 50. Straße und Eighth Avenue stieg er aus und ging in ein Buchmacherbüro, das im ersten Stock über einer Werkstatt für Radioreparaturen angesiedelt war. Der Buchmacher warf ihm einen Blick zu, brachte einen Umschlag zum Vorschein und zählte fünfzehntausend Dollar auf den Tisch.

»Rocky Marciano in der elften Runde Sieger durch technischen K.o. über Roland La Starza«, sagte er. »Wie zum Teufel können Sie die Ergebnisse so genau voraussagen, Nat?«

»Ich lebe davon«, sagte Riley und lächelte wieder. »Nehmen Sie auch Wetten auf die Präsidentschaftswahlen an?«

Der Buchmacher nickte. »Eisenhower zwölf zu fünf. Stevenson ...«

»Adlai braucht uns nicht zu interessieren.« Riley legte zwanzigtausend Dollar auf den Tisch. »Ich setze auf Ike. Schreiben Sie auf.«

Er verließ das Buchmacherbüro und ging zu Fuß zum Waldorf Astoria, wo ein großgewachsener, magerer junger Mann besorgt auf ihn wartete.

»Ach ja«, sagte Nathan Riley. »Sie sind Ford, nicht wahr? Harald Ford?«

»Henry Ford, Mr. Riley.«

»Und Sie suchen einen Kapitalgeber für diese Maschine in Ihrer Fahrradwerkstatt. Wie nennen Sie das Ding?«

»Ich wollte es Ipsimobil nennen, Mr. Riley.«

»Hmm. Kann nicht sagen, daß mir dieser Name gefällt. Warum nennen Sie es nicht Automobil?«

»Das ist eine großartige Idee, Mr. Riley. Ich bin Ihnen

sehr dankbar. Natürlich werde ich diesen Vorschlag annehmen.«

»Sie gefallen mir, Henry. Sie sind jung, strebsam, anpassungsfähig. Ich glaube an Ihre Zukunft und an die Ihres Automobils. Ich werde zweihunderttausend Dollar in Ihr Projekt investieren.«

Riley schrieb einen Scheck aus und geleitete Henry Ford zur Tür. Nach einem Blick auf die Uhr wandte er sich um und ging zurück durch seine Hotelsuite, betrat sein Schlafzimmer, kleidete sich aus und zog ein graues Hemd und graue Hosen an. Die Brusttasche des Hemdes trug die großen blauen Buchstaben U.S.A.H.

Er schloß die Schlafzimmertür ab und verschwand.

Er erschien in der Abteilung T des Militärkrankenhauses St. Albans, genau neben seinem Bett, das mit dreiundzwanzig anderen in einem großen unterirdischen Saal stand. Bevor er den nächsten Atemzug tun konnte, wurde er von derben Händen gepackt. Einen Augenblick später fällte ihn eine Injektion von eineinhalb ccm Natriumthiomorphat.

»Wir haben einen«, sagte jemand.

»Lauft nicht weg«, antwortete ein anderer. »General Carpenter will drei.«

Nachdem Marcus Junius Brutus ihr Bett verlassen hatte, klatschte Lola Machan in die Hände. Ihre Sklavinnen betraten den Schlafraum und machten sich an die Bereitung des Bades. Sie badete, ließ sich ankleiden und mit Duftwasser bespritzen und nahm ein Frühstück aus Smyrnafeigen und Zuckergebäck zu sich. Dann rauchte sie eine Zigarette und ließ ihre Sänfte bringen.

Wie üblich umdrängten Verehrer aus den Reihen der zwanzigsten Legion das Tor ihres Hauses. Zwei Centurionen schickten die Sänftenträger fort und nahmen die Tragestangen der Sänfte selbst auf ihre kräftigen Schultern. Lola Machan lächelte. Ein junger Mann in saphirblauer Toga drängte sich durch die Menge und eilte auf sie zu. Ein Dolch blitzte in seiner Hand. Lola richtete sich stolz auf, dem Tod tapfer zu begegnen.

»Herrin!« rief er. »Lola, meine Herrin!«

Er stieß sich den Dolch in den linken Arm und ließ sein Blut auf ihre Gewänder spritzen.

»Dieses Blut ist das geringste, was ich Euch zu geben habe«, rief er aus.

Lola berührte sanft seine Stirn.

»Dummer Junge«, murmelte sie. »Warum?«

»Aus Liebe zu Euch, meine Herrin.«

»Heute abend um neun sollst du eingelassen werden«, wisperte Lola. Er starrte sie aus großen Augen an, bis sie lachte. »Ich verspreche es dir. Wie ist dein Name, hübscher Junge?«

»Ben Hur.«

»Heute abend um neun, Ben Hur.«

Die Sänfte bewegte sich weiter. Vor dem Forum stand Julius Caesar in hitzigem Streitgespräch mit Marcus Antonius. Als er die Sänfte erblickte, gab er den Centurionen ein Zeichen, und sie blieben stehen. Caesar trat näher, schob die seidenen Vorhänge auseinander und starrte Lola an, die ihn hochmütig betrachtete. Sein Gesicht zuckte.

»Warum?« fragte er mit heiserer Stimme. »Ich habe gebettelt, bestochen, geweint, und nichts hat mir Vergebung gebracht. Warum, Lola? Warum?«

»Erinnert Ihr Euch an Boadicea?« murmelte Lola.

»Boadicea? Die Königin der Briten? Beim Jupiter, Lola, was kann sie für unsere Liebe bedeuten? Ich liebe Boadicea nicht. Ich besiegte sie lediglich im Kampf.«

»Und Ihr habt sie getötet, Caesar.«

»Sie vergiftete sich selbst, Lola.«

»Sie war meine Mutter, Caesar!« Lola hob den Arm und zeigte mit dem Finger auf Caesar. »Mörder! Ihr werdet bestraft werden. Hütet Euch, Caesar, hütet Euch vor den Iden des März!«

Caesar wankte entsetzt zurück. Die Menge der Bewunderer, die sich um Lolas Sänfte gesammelt hatte, ließ ein vielstimmiges Beifallsgeschrei hören. In einem Regen von Rosenblüten und Veilchen setzte sie ihren Weg durch das Forum zum Tempel der Vestalinnen fort, wo sie das Gefolge ihrer Freier verließ und in das Allerheiligste eintrat.

Vor dem Altar kniete sie nieder, stimmte ein Gebet an, warf Räucherwerk in die heilige Flamme und entkleidete sich. Sie betrachtete das Spiegelbild ihres schönen Körpers in einem silbernen Spiegel, dann überkam sie eine momentane Regung von Heimweh. Sie zog eine graue Bluse und graue Hosen an. Die Brusttasche der Bluse trug die Buchstaben U.S.A.H.

Nach einem letzten Blick zum Altar verschwand sie.

Sie erschien in Abteilung T des Militärkrankenhauses, wo sie augenblicklich überwältigt und mit einer Injektion von eineinhalb ccm Natriumthiomorphat eingeschläfert wurde.

»Das ist Nummer zwei«, sagte jemand.

»Jetzt brauchen wir nur noch einen.«

George Hammer hielt mit dramatischer Gebärde inne und blickte in die Runde ... zu den Bänken der Opposition, zum Sprecher und zu den Mitgliedern seiner eigenen Fraktion. Das gesamte Parlament, hypnotisiert von Hammers feuriger Ansprache, wartete atemlos, daß er fortführe.

»Ich kann und will nicht mehr sagen«, sagte Hammer schließlich. Seine Stimme war vom Überschwang der Emotionen halb erstickt, sein Gesicht blaß und grimmig. »Ich werde für dieses Gesetz kämpfen. Ich werde in die Städte und Dörfer und auf die Felder gehen. Ich werde bis zum Tod für dieses Gesetz kämpfen, und wenn Gott es will, werde ich noch nach meinem Tod dafür kämpfen. Ob dies eine Herausforderung oder ein Gebet ist, mag das Gewissen der ehrenwerten Gentlemen entscheiden; aber in einem Punkt kenne ich nur Entschlossenheit und Gewißheit: England muß den Suez-Kanal besitzen.«

Hammer setzte sich. Das Unterhaus explodierte förmlich. Durch die Hochrufe und den Applaus ging er hinaus ins Foyer, wo Gladstone, Canning und Peel auf ihn zutraten, um ihm die Hand zu drücken. Lord Palmerston beäugte ihn kalt, wurde jedoch von Disraeli beiseite geschoben, der eilig herangehinkt kam, ganz Begeisterung und Bewunderung.

»Wir werden beim Tattersall einen Imbiß nehmen«, sagte Dizzy. »Mein Wagen wartet draußen.«

Lady Beaconfield saß vor dem Parlamentsgebäude im Rolls Royce. Sie steckte Dizzy eine Primel ins Knopfloch und tätschelte Hammer zärtlich die Wange.

»Der Schuljunge, der Dizzy zu ärgern pflegte, hat einen weiten Weg hinter sich gebracht, Georgie«, sagte sie.

Hammer lachte. Dizzy sang: »Gaudeamus igitur …« und Hammer fiel in das alte Studentenlied ein, bis sie beim Tattersall ankamen. Dort bestellte Dizzy Steaks vom Grill und Guinness, während Hammer in den Club hinaufging, um seine Kleidung zu wechseln.

Ohne jeden triftigen Grund folgte er einer zufälligen Anwandlung, die ihm sagte, er solle zurückkehren und einen letzten Blick in jene andere Welt werfen. Vielleicht fiel es ihm schwer, völlig mit seiner Vergangenheit zu brechen. Er legte seinen Gehrock und die gestreifte Hose ab, entledigte sich der Weste aus gelber Nankingseide und zog Hemd und Unterwäsche aus. Nachdem er ein graues Hemd und graue Hosen angezogen hatte, verschwand er. Er kam in Abteilung T des Militärkrankenhauses St. Albans wieder zum Vorschein, wo er mit einer Dosis von eineinhalb ccm Natriumthio-morphat schlafengelegt wurde.

»Das ist Nummer drei«, sagte jemand.

»Bringt sie zu Carpenter.«

So saßen sie denn in General Carpenters Büro, Schütze Nathan Riley, Feldwebel Lola Machan und Gefrei-ter George Hammer. Sie trugen die graue Einheitsklei-dung der Patienten. Das Natriumthiomorphat hatte sie stumpf und apathisch gemacht.

Im rückwärtigen Teil des weitläufigen Büros waren Stühle aufgestellt worden, und Carpenter hatte zusätz-liche Lampen aufbauen lassen.

Auf den Stühlen saßen Spezialisten der Sicherheits-behörden und Geheimdienste. Als Hauptmann Edsel Dimmock die eisernen und unbarmherzigen Mienen dieser Männer sah, die ihn und seine Patienten erwar-teten, erschrak er. General Carpenter lächelte grimmig.

»Der Gedanke, daß wir Ihnen die Nummer mit dem Verschwinden nicht abkaufen könnten, ist Ihnen wohl nicht gekommen, wie, Dimmock?«

»W-wie meinen Sie, Sir?«

»Ich bin auch ein Experte, Dimmock. Ich will es Ihnen erklären. Die Kriegsereignisse haben eine Wen-dung zum Schlechteren genommen. Es sieht nicht gut aus. Es hat Geheimnisverrat gegeben. Die ungewöhn-lichen Vorgänge in St. Albans legen den Verdacht nahe, daß das Leck bei Ihnen zu suchen ist.«

»Aber ... aber sie verschwinden wirklich, Sir. Ich ...«

»Meine Fachleute möchten mit Ihnen und Ihren Pa-tienten über diese Nummer mit dem Verschwinden reden, Dimmock. Sie werden mit Ihnen anfangen.«

Die Experten bearbeiteten Dimmock mit allen psy-chologischen und pharmakologischen Mitteln. Sie ver-suchten es mit jeder bekannten Wahrheitsdroge und allen Formen physischen und psychischen Drucks. Sie brachten den unglücklichen Dimmock dreimal an den Rand des absoluten Zusammenbruchs, aber es trug ihnen nichts ein.

»Lassen Sie ihn einstweilen schmoren«, sagte Carpenter grimmig. »Nehmen Sie sich die Patienten vor.«

Die Experten hatten Hemmungen, die kranken Männer und die Frau unter Druck zu setzen.

»Um Himmels willen, seien Sie nicht so weichlich!« wütete Carpenter. »Wir kämpfen einen Krieg für den Fortbestand der Zivilisation. Wir müssen unsere Ideale um jeden Preis beschützen. Gehen Sie an die Arbeit!«

Die Experten der Spionage-, Sicherheits- und Nachrichtendienste machten sich an die Arbeit. Der Schütze Nathan Riley, der Feldwebel Lola Machan und der Gefreite George Hammer erloschen wie drei Kerzen und verschwanden. Eben saßen sie noch auf Stühlen, umringt von Drohung und Gewalt, und im nächsten Augenblick waren sie nicht mehr da.

Die Experten waren sprachlos. General Carpenter zeigte sich auch dieser Situation gewachsen. »Hauptmann Dimmock, ich bitte um Entschuldigung. Oberst Dimmock, Sie verdanken Ihre Beförderung einer bedeutsamen Entdeckung, für die Ihnen Anerkennung gebührt. Aber was zum Teufel hat es zu bedeuten? Zunächst müssen wir uns selbst überprüfen.« Er schaltete die Sprechanlage ein. »Holen Sie einen Experten für Schockzustände und einen Psychiater.«

Die beiden Experten kamen und wurden eingeweiht. Sie befragten die Zeugen. Sie dachten nach.

»Sie alle leiden unter einem leichten Schock«, sagte der Experte für Schockzustände. »Frontkoller.«

»Wollen Sie damit sagen, wir hätten diese drei nicht verschwinden sehen?«

Der Schockexperte schüttelte den Kopf und blickte zum Psychiater, der ebenfalls den Kopf schüttelte.

»Massenhalluzination«, sagte der Psychiater.

In diesem Augenblick kehrten Schütze Riley, Feldwebel Machan und Gefreiter Hammer zurück. Eben waren sie noch eine Massenhalluzination gewesen, im nächsten Augenblick saßen sie wieder auf ihren Stühlen, umgeben von Verwirrung und aufgeregten Stimmen.

»Geben Sie ihnen noch eine Spritze, Dimmock!« rief Carpenter. »Geben Sie ihnen die doppelte und dreifache Dosis!« Er riß das Mikrofon der Sprechanlage an sich. »Ich möchte jeden Experten, den wir haben. Die Sondersitzung findet sofort in meinem Büro statt.«

Siebenunddreißig Experten, allesamt gehärtete und geschärfte Werkzeuge, untersuchten die bewußtlosen Schockpatienten und diskutierten drei Stunden lang über sie. Bestimmte Tatsachen waren offensichtlich: Dies mußte ein neues und fantastisches Syndrom sein, hervorgerufen durch die neuen und fantastischen Schrecken des Krieges. Mit der Entwicklung neuer Kampftechniken müssen auch die Opfer dieser Techniken neue Wege suchen. Für jede Aktion gibt es eine entsprechende Reaktion. Darin war man sich einig.

Dieses neue Syndrom mußte psychokinetische Aspekte beinhalten ... die Macht des Geistes über Materie und Raum. Wie es schien, entwickelte der vom Schock betroffene Geist, während er gewisse bekannte Fähigkeiten verlor, andere latente Fähigkeiten, die bisher unbekannt gewesen waren. Auch darin war man sich einig.

Offensichtlich mußten die Patienten jeweils zu ihrem Ausgangspunkt zurückkehren, da sie andernfalls nicht in Abteilung T auftauchen würden noch in General Carpenters Büro erschienen wären. Ferner mußten sie in der Lage sein, sich während ihrer Abwesenheit mit Nahrung und Schlaf zu versorgen, da sie beides in Abteilung T nicht benötigten.

»Ich möchte hier noch etwas anfügen«, sagte Oberst Dimmock. »Sie scheinen nun weniger oft zur Abteilung T zurückzukehren. Am Anfang kamen und gingen sie fast jeden Tag. Jetzt bleiben die meisten von ihnen wochenlang aus und kommen kaum jemals zurück.«

»Das braucht uns jetzt nicht zu interessieren«, sagte Carpenter. »Wohin gehen sie?«

»Transportieren sie sich durch Psychokinese hinter die feindlichen Linien?« fragte jemand. »Das würde diese Fälle von Geheimnisverrat erklären.«

»Stellen Sie fest«, sagte Carpenter zu seinen Geheimdienstexperten, »ob der Feind ähnliche Schwierigkeiten mit Kriegsgefangenen oder eigenen Leuten hat, die aus ihren Lagern und Lazaretten verschwinden und wieder erscheinen. Mich interessiert besonders die Situation in ihren Gefangenenlagern, denn dort könnten unsere Leute aus Abteilung T auftauchen.«

»Es könnte sein, daß sie einfach nach Haus gehen«, meinte Oberst Dimmock.

»Auch das muß überprüft werden«, befahl Carpenter. »Beobachten Sie die Heimatadressen, Verwandten und Freunde dieser vierundzwanzig Verschwinder. Doch nun zu unseren Operationen in Abteilung T. Oberst Dimmock hat da einen Plan.«

»Wir werden in Abteilung T sechs zusätzliche Betten aufstellen«, erklärte Dr. Dimmock. »Sechs Experten werden in diesen Betten liegen und Beobachtungen machen. Wir müssen versuchen, auf indirektem Wege Informationen zu erhalten. Die Patienten sind katatonisch und reaktionslos, wenn sie bei Bewußtsein sind, und unfähig, Fragen zu beantworten, wenn sie unter Drogeneinfluß stehen.«

»Meine Herren«, resümierte Carpenter, »dies ist die größte potentielle Waffe in der Geschichte der Kriegführung. Ich brauche Ihnen nicht zu sagen, was es für uns bedeuten könnte, mittels Psychokinese eine ganze Armee hinter die feindlichen Linien zu bringen. Wir können den Krieg für den Amerikanischen Traum in einem Tag gewinnen, wenn es uns gelingt, das Geheimnis zu entdecken, welches in diesen gestörten Gehirnen verborgen ist. Wir müssen siegen!«

Die Experten machten sich an die Arbeit, die Geheimdienste überprüften, sondierten und beobachteten. Sechs gehärtete und geschärfte Werkzeuge hielten in Abteilung T Einzug und wurden allmählich mit den verschwindenden Patienten bekannt, die immer seltener zurückkehrten. Die Spannung nahm zu.

Der Sicherheitsdienst meldete, daß in den Vereinigten Staaten während des vergangenen Jahres nicht ein einziger Fall von unerwarteter Materialisation bekanntgeworden sei. Der Geheimdienst wußte zu berichten, daß der Feind mit eigenen Schockpatienten oder Kriegsgefangenen keine vergleichbaren Schwierigkeiten zu haben schien.

Carpenter war ratlos. »Dies alles ist völlig neu. Wir haben keine Spezialisten, die damit fertigwerden könnten. Wir müssen neue Werkzeuge entwickeln.« Er schaltete die Sprechanlage ein. »Verbinden Sie mich mit einer Universität«, sagte er.

Er bekam eine Verbindung mit Yale.

»Ich brauche Experten für Parapsychologie und Psychokinese. Entwickeln Sie welche«, befahl Carpenter. Yale führte daraufhin Studiengänge in Parapsychologie, außersinnlicher Wahrnehmung und Psychokinese ein.

Der erste Lichtblick zeigte sich, als einer der Experten in Abteilung T die Hilfe eines anderen Experten erbat. Er wollte einen Steinschneider.

»Wozu braucht er einen Steinschneider, zum Teufel?« wollte Carpenter wissen.

»Er hat einen Hinweis auf eine Gemme aufgefangen«, erläuterte Dr. Dimmock. »Er kann ihn jedoch mit nichts in Zusammenhang bringen, weil er ein Personalspezialist ist.«

»Dann ist es auch nicht sein Bier«, sagte Carpenter zustimmend. »Arbeit für alle, und alle an die Arbeit.« Er schaltete die Sprechanlage ein. »Besorgen Sie mir einen Steinschneider.«

Ein Steinschneider und Experte für Diamantenschleiferei wurde geholt und ersucht, einen Typ von Diamant zu identifizieren, der ›Jim Brady‹ genannt wurde. Er konnte es nicht.

»Wir werden es anders versuchen«, sagte Carpenter. »Besorgen Sie mir einen Semantiker.«

Der Semantiker verließ seinen Schreibtisch in der Abteilung für Kriegspropaganda, konnte aber mit den Worten ›Jim Brady‹ nichts anfangen. Für ihn war es ein Name und nicht mehr. Er empfahl die Beiziehung eines Genealogen.

Ein Genealoge bekam einen Tag Urlaub von seinem Posten beim Untersuchungsausschuß für unamerikanische Vorfahren, wußte zu dem Namen ›Brady‹ jedoch nur zu sagen, daß er in Amerika seit fünfhundert Jahren recht häufig vorkomme. Er regte die Beiziehung eines Archäologen an.

Ein Archäologe wurde von der kartographischen Abteilung beim Generalstab beurlaubt und identifizierte augenblicklich den Namen ›Diamond Jim Brady‹. Es war eine historische Persönlichkeit, die im alten New York berühmt gewesen war, irgendwann in der Zeit zwischen Gouverneur Peter Stuyvesant und Fiorello La Guardia.

»Mein Gott!« sagte Carpenter bewundernd. »Das liegt Jahrhunderte zurück! Wo zum Teufel hat Nathan Riley diesen Namen her? Sie sollten sich den Experten in Abteilung T zugesellen und dieser Sache nachgehen.«

Der Archäologe empfahl die Hinzuziehung eines Historikers, der in Abteilung T übersiedelte, allen Hinweisen der Patienten nachging und einen Bericht verfaßte.

Carpenter las ihn und war verblüfft. Er berief augenblicklich eine Sondersitzung seines Expertenstabs ein.

»Meine Herren«, verkündete er, »Abteilung T ist etwas Bedeutenderes als Psychokinese. Diese Schockpatienten machen etwas viel Unglublicheres und Bedeutsameres. Sie reisen durch die Zeit.«

Die Mitglieder des Stabs scharrten mit den Füßen und räusperten sich irritiert. Carpenter nickte nachdrücklich.

»Jawohl, meine Herren. Das Problem des Zeitreisens scheint gelöst. Die Lösung kam aus einer anderen Richtung als wir erwarteten, nämlich als eine Art Seuche oder Infektion oder Kriegsverletzung, und nicht als das Forschungsergebnis qualifizierter Spezialisten. Ehe ich fortfahre, sollten Sie sich zur Dokumentation diese Berichte ansehen.«

Die Mitglieder seines Stabs überflogen die vervielfältigten Blätter des Berichts. Schütze Nathan Riley: verschwand in das New York des frühen zwanzigsten Jahrhunderts; Feldwebel Lola Machan: besuchte das erste vorchristliche Jahrhundert im Römischen Reich; Gefreiter George Hammer: reiste in das England des neunzehnten Jahrhunderts. Und genauso hielten es die übrigen einundzwanzig Patienten; sie alle waren den Schrecken des modernen Krieges im zweiundzwanzigsten Jahrhundert entflohen und hatten im Venedig der Dogen, auf dem Jamaika der Bukanier, im China der Han-Dynastie, im Nordwegen Eriks des Roten und an anderen Orten in anderen Zeitaltern Zuflucht gesucht.

»Ich brauche die ungeheure Bedeutung dieser Entdeckung nicht eigens hervorzuheben«, sagte General Carpenter. »Stellen Sie sich vor, was es für den Ausgang des Krieges bedeuten würde, wenn wir eine Armee einen Monat oder ein Jahr durch die Zeit zurückschicken könnten. Wir könnten den Krieg gewinnen, *bevor er anfing!* Wir könnten unseren Traum – Poesie und Schönheit und die verfeinerte Kultur Amerikas – vor der Barbarei schützen, *ohne sie auch nur in Gefahr zu bringen!*«

Die Mitglieder des Stabs versuchten mit dem vertrackten Problem zurechtzukommen, wie man Schlachten gewann, bevor sie anfingen.

»Die Situation wird durch die Tatsache, daß diese Männer und Frauen in der Abteilung T nicht bei gesundem Menschenverstand sind, zusätzlich kompliziert. Vielleicht wissen sie, was sie tun, vielleicht wissen sie es nicht, aber in jedem Fall sind sie unfähig, mit den Experten zu kommunizieren, die dieses Wunder zur Methode machen könnten. Es ist an uns, den Schlüssel zu finden. Die Betroffenen können uns nicht helfen.«

Die gehärteten und geschärften Spezialisten blickten verunsichert umher.

»Wir werden Experten brauchen«, sagte General Carpenter.

Die Mitglieder seines Stabs entspannten sich. Sie waren wieder auf vertrautem Boden.

»Wir werden einen Neurologen, einen Kybernetiker, einen Psychiater, einen Anatomen und einen erstklassigen Historiker benötigen. Diese Spezialisten werden in Abteilung T einziehen und erst wieder zum Vorschein kommen, wenn ihre Arbeit getan ist. Sie müssen die Technik des Zeitreisens ausforschen.«

Die vier ersteren Experten waren leicht zu beschaffen; sie brauchten nur aus anderen Unterabteilungen des Kriegsministeriums abgezogen zu werden. Ganz Amerika war ein Werkzeugkasten voller gehärteter und geschärfter Spezialisten. Aber es gab Schwierigkeiten, einen erstklassigen Historiker ausfindig zu machen, bis die Bundesgefängnisverwaltung sich der Armee gegenüber kooperationswillig zeigte und Dr. Bradley Scrim freiließ, der eine Strafe von zwanzig Jahren Zwangsarbeit verbüßte. Dr. Scrim war ein verbitterter und eigenwilliger Mann. Er hatte an einer Universität an der Westküste Philosophiegeschichte gelehrt, bis er über den Krieg für den Amerikanischen Traum unverblümt seine Meinung geäußert hatte. Das hatte ihm die zwanzig Jahre eingetragen.

Scrim war noch immer unversöhnlich, wurde aber dazu bewegt, sich mit dem Problem von Abteilung T zu beschäftigen.

»Ich bin kein Experte«, schnauzte er. »In dieser umnachteten Nation von Experten bin ich der letzte zirpende Grashüpfer im Ameisenhaufen.«

Carpenter schaltete die Sprechanlage ein. »Schaffen Sie mir einen Entomologen herbei«, sagte er.

»Ersparen Sie sich die Mühe«, erwiderte Scrim. »Ich werde es Ihnen erklären. Sie schaffen einen Ameisenhaufen … nur Arbeit und Plackerei und Spezialistentum. Wozu?«

»Um den Amerikanischen Traum zu erhalten«, erwiderte Carpenter hitzig. »Wir kämpfen für Poesie und Kultur und Erziehung und die guten und schönen Dinge im Leben.«

»Dann kämpfen Sie, um mich zu erhalten«, sagte Scrim. »Denn diesen Dingen habe ich mein Leben gewidmet. Und was machen Sie mit mir? Sie vernichten mich in einem Arbeitslager.«

»Sie wurden überführt, ein Sympathisant und politischer Mitläufer des Feindes zu sein«, sagte Carpenter.

»Ich wurde überführt, einen eigenen Kopf mit eigenen Gedanken zu haben«, versetzte Scrim.

Auch in Abteilung T blieb Scrim ein schwieriger Mann. Er verbrachte einen Tag und eine Nacht in der Abteilung, verzehrte drei gute Mahlzeiten, las die Berichte, warf sie auf den Boden und begann zu lärmen, daß man ihn hinauslassen solle.

»Es gibt Arbeit für jeden, und jeder muß seine Arbeit

164

tun«, sagte ihm Oberst Dimmock. »Sie kommen erst heraus, wenn Sie das Geheimnis des Zeitreisens aufgedeckt haben.«

»Es gibt kein Geheimnis, das ich aufdecken könnte«, sagte Scrim.

»Reisen die Patienten in der Zeit?«

»Ja und nein.«

»Die Antwort kann nur das eine oder das andere sein, nicht aber beides zugleich. Sie weichen dem Problem ...«

»Hören Sie«, unterbrach ihn Scrim in überdrüssigem Ton. »Auf welchem Gebiet sind Sie Experte?«

»Psychotherapie.«

»Wie zum Teufel wollen Sie dann verstehen, wovon ich rede? Es handelt sich um ein philosophisches Konzept. Ich sage Ihnen, hier gibt es kein Geheimnis, das die Armee verwenden könnte. Es gibt kein Geheimnis, das für irgendeine Gruppe von Nutzen wäre. Es ist ein Geheimnis nur für Einzelpersonen.«

»Ich verstehe Sie nicht.«

»Das dachte ich mir. Bringen Sie mich zu Carpenter.«

Man brachte Scrim in Carpenters Büro, wo er den General boshaft angrinste, ein rothaariger, unterernährter Teufel.

»Hören Sie gut zu«, sagte Scrim. »Was ich Ihnen zu erklären versuche, ist so gewaltig, so seltsam und neu, daß ein sehr hartes und scharfes Werkzeug nötig sein wird, um da hineinzuschneiden.«

Carpenter machte ein erwartungsvolles Gesicht.

»Nathan Riley geht in das frühe zwanzigste Jahrhundert zurück. Dort führt er das Leben seiner Wunschträume. Er ist ein großer Spieler, der Freund von Diamond Jim Brady und anderen. Er gewinnt sein Geld, indem er Wetten auf künftige Ereignisse abschließt. Natürlich gewinnt er die Wetten, weil er den Ausgang immer im voraus weiß. Er wettete, daß Eisenhower als

Sieger aus einer Wahl hervorgehen würde, und gewann Geld damit. Er wettete, daß ein Preisboxer namens Rocky Marciano einen anderen namens Roland La Starza schlagen würde, und verdiente damit einen riesigen Batzen Geld. Ein weiteres gutes Geschäft machte er, als er Henry Ford half, eine Automobilfabrik zu errichten. In dieser Aufzählung sind wichtige Hinweise enthalten. Können Sie etwas damit anfangen?«

»Nicht ohne eine historisch-soziologische Analyse durch Spezialisten«, antwortete Carpenter. Er griff zum Knopf der Sprechanlage.

»Lassen Sie das. Ich werde es Ihnen erklären. Nehmen wir weitere Hinweise. Lola Machan, zum Beispiel. Sie flüchtet sich ins Römische Reich, wo sie das Leben ihrer Träume als *femme fatale* führt. Alle Männer lieben sie. Julius Caesar, Brutus, die gesamte zwanzigste Legion, ferner ein Mann namens Ben Hur. Sehen Sie den Irrtum?«

»Nein.«

»Sie raucht auch Zigaretten.«

»Nun?« fragte Carpenter nach einer Pause.

»Ich fahre fort«, sagte Scrim und seufzte. »George Hammer bevorzugt das England des neunzehnten Jahrhunderts, wo er ein Unterhausmitglied und mit Gladstone, Canning und Disraeli befreundet ist, der ihn in seinem Rolls Royce mitnimmt. Wissen Sie, was ein Rolls Royce ist?«

»Nein.«

»Es war der Name eines Automobils.«

»Und?«

»Sie verstehen noch immer nicht?«

»Nein.«

Scrim begann erregt auf und ab zu gehen. »Carpenter, diese Entdeckung ist größer als Psychokinese oder Zeitreisen. Dies könnte die Rettung der Menschheit sein. Diese zwei Dutzend Schockpatienten in Abteilung T wurden durch die Schrecken des Krieges in etwas so Gigantisches gestoßen, daß es kein Wunder ist, wenn Ihre Spezialisten und Experten es nicht verstehen können.«

»Was zum Teufel ist größer als Zeitreisen, Scrim?«

»Passen Sie auf, Carpenter. Eisenhower kandidierte erst in der Mitte des zwanzigsten Jahrhunderts für ein politisches Amt. Nathan Riley konnte nicht ein Freund von Diamond Jim Brady gewesen sein und auf Eisenhower als Wahlsieger gesetzt haben – jedenfalls nicht gleichzeitig.

Brady war schon fünfundzwanzig Jahre tot, als Eisenhower zum Präsidenten gewählt wurde.

Marciano besiegte La Starza fünfzig Jahre, nachdem Henry Ford seine Autofabrik gründete. Nathan Rileys Zeitreise ist voll von solchen Anachronismen.«

Carpenter schaute verdutzt drein.

»Lola Machan konnte Ben Hur nicht als Liebhaber gehabt haben. Ben Hur existierte nicht im Römischen Reich. Er existierte überhaupt nicht. Er ist eine Figur aus einem zu Recht vergessenen Roman.

Sie konnte auch nicht geraucht haben. Tabak war damals in der alten Welt unbekannt. Sehen Sie? Weitere Anachronismen. Disraeli konnte George Hammer niemals in einem Rolls Royce mitgenommen haben, weil Automobile erst lange nach Disraelis Tod erfunden wurden.«

»Was Sie nicht sagen!« rief Carpenter. »Sie meinen, diese Leute lügen alle?«

»Nein. Vergessen Sie nicht, die Patienten benötigen keinen Schlaf. Sie essen nicht. Sie haben nicht gelogen; sie gehen tatsächlich in der Zeit zurück. Sie essen und schlafen dort.«

»Aber Sie sagten eben, diese Geschichten wären falsch, steckten voller Anachronismen.«

»Weil sie in eine Zeit zurückgehen, die ihrer *eigenen*

Einbildung entstammt. Nathan Riley hat seine *eigenen* Vorstellungen davon, wie Amerika im frühen zwanzigsten Jahrhundert aussah. Sie ergeben ein fehlerhaftes und anachronistisches Bild, weil er kein Gelehrter ist; aber für ihn *ist* dieses Bild Wirklichkeit. Er kann dort leben. Das gleiche gilt für die anderen.«

Carpenter glotzte.

»Das Konzept geht beinahe über unser Verstehen hinaus. Diese Leute haben entdeckt, wie man Träume in Wirklichkeit verwandeln kann. Sie wissen, wie sie in ihre Traumwirklichkeiten hineinkommen können. Sie können dort verweilen und vielleicht für immer dort leben. Mein Gott, Carpenter, dies ist Ihr Amerikanischer Traum! Es ist das Wirken von Wundern, es ist Unsterblichkeit, gottähnliche Schöpfung, Sieg des Geistes über die Materie … Es muß erforscht werden. Es muß studiert und der Welt gegeben werden.«

»Können Sie das machen, Scrim?«

»Nein, ich kann es nicht. Ich bin Historiker. Ich bin kein schöpferischer Mensch, darum liegt es außerhalb meiner Fähigkeiten. Was Sie brauchen, ist ein Poet, ein Künstler … ein Mensch, der die Erschaffung von Träumen versteht. Zwischen der Erschaffung von Träumen auf Papier oder Leinwand und der Erschaffung von Träumen in der Wirklichkeit sollte kein unüberbrückbares Hindernis bestehen. Ein Poet müßte diesen Schritt ohne allzu große Schwierigkeit tun können.«

»Ein Poet? Ist das Ihr Ernst?«

»Gewiß ist es mein Ernst. Wissen Sie nicht, was ein Poet ist? Seit fünf Jahren erzählen Sie uns, daß dieser Krieg geführt werde, um die Poeten zu retten.«

»Werden Sie nicht witzig, Scrim, oder …«

»Schicken Sie einen Poeten in Abteilung T. Er wird herausbringen, wie sie es machen. Er ist der einzige, der es kann. Ein Poet ist ohnedies ständig im Begriff, das gleiche zu tun. Sobald er es in Erfahrung gebracht haben wird, kann er Ihre Psychologen und Psychiater darüber belehren, und diese können es dann weitervermitteln; aber der Poet ist der einzige, der zwischen diesen Schockpatienten und Ihren Experten vermitteln kann.«

»Ich glaube, Sie haben recht, Scrim.«

»Dann zögern Sie nicht, Carpenter. Jene Patienten kehren immer seltener in diese Welt zurück. Wir müssen an das Geheimnis herankommen, ehe sie für immer verschwinden. Schicken Sie einen Poeten in Abteilung T.«

Carpenter schaltete seine Sprechanlage ein. »Lassen Sie einen Poeten kommen«, sagte er.

Er wartete und wartete... und wartete... während Amerika fieberhaft seine zweihundertneunzig Millionen gehärteter und geschärfter Experten sortierte, seine spezialisierten Werkzeuge zur Verteidigung des Amerikanischen Traums von Schönheit und Poesie und den guten und schönen Dingen im Leben. Er wartete ungeduldig, daß sie einen Poeten fänden, und konnte die endlose Verzögerung, die fruchtlose Suche nicht verstehen; und er konnte nicht verstehen, warum Bradley Scrim angesichts dieses letzten und fatalen Verschwindens lachte und lachte und nicht mehr aufhören wollte zu lachen.

Das Kinderzimmer

»George, ich möchte gern, daß du dir mal das Kinderzimmer ansiehst.«

»Stimmt etwas nicht damit?«

»Ich weiß nicht.«

»Na also.«

»Ich möchte nur, daß du es dir einmal ansiehst, das
ist alles – oder einen Psychologen zuziehst, damit er es
prüft.«

»Was sollte wohl ein Psychologe mit einem Kinderzimmer anfangen?«

»Du weißt sehr gut, daß er etwas tun kann.« Seine
Frau blieb in der Mitte der Küche stehen und blickte
zum Herd hinüber, der geschäftig summend selbsttätig
das Abendessen für vier Personen zubereitete.

»Ich meine nur, das Kinderzimmer ist jetzt einfach
ganz anders als früher.«

»Also gut, laß uns einen Blick hineinwerfen.«

Sie gingen den Korridor ihres schalldichten ›Lebens-
glück-Hauses‹ hinunter, das sie, fertig eingerichtet,
dreißigtausend Dollar gekostet hatte, dieses Haus, das
sie ankleidete und fütterte, sie in den Schlaf wiegte und
sang und gut zu ihnen war. Ihre Annäherung ließ irgendwo einen Kontakt ansprechen, und das Licht im
Kinderzimmer ging an, als sie noch etwa drei Meter
davor waren. Auf ähnliche Weise hatte während ihres
Ganges durch die Korridore eine lautlose Automatik

die Lampen vor und hinter ihnen an- und ausgeschaltet.

»Nun«, sagte George Hadley.

Sie standen auf dem mit Strohmatten ausgelegten Fußboden des Kinderzimmers. Es war etwa zwölf mal zwölf Meter groß und neun Meter hoch; es hatte noch einmal halb so viel gekostet wie das ganze übrige Haus. Aber »nichts ist zu gut für unsere Kinder«, hatte George gesagt.

Das Kinderzimmer war stumm. Es war leer wie eine Lichtung im Dschungel an einem heißen Mittag. Die Wände waren massiv und zweidimensional. Doch jetzt, während George und Lydia Hadley in der Mitte des Raumes standen, begannen die Wände zu surren und sich scheinbar in kristallklare Weite aufzulösen, und langsam erschien vor ihren Augen eine afrikanische Steppe, dreidimensional nach allen Seiten, farbig und vollkommen natürlich bis zum letzten Kieselstein und Grashalm. Die Decke über ihnen wurde zu einem unendlichen Himmel mit einer heißen gelben Sonne.

George Hadley fühlte den Schweiß auf seiner Stirn ausbrechen.

»Laß uns wieder hinausgehen«, sagte er. »Diese Sonne ist mir etwas zu wirklich. Aber sonst finde ich nichts daran auszusetzen.«

»Bleib noch einen Augenblick, du wirst's schon sehen«, erwiderte seine Frau.

Die verborgenen Odorophone begannen jetzt den beiden in der Mitte der ausgedörrten Steppe stehenden Menschen Gerüche entgegenzublasen: den heißen, strohigen Geruch trockenen Grases, den Duft nach kühlem Grün von dem versteckten Wasserloch, die strenge, harte Ausdünstung von Tieren – und der Geruch nach Staub, wie von rotem Paprika, hing in der hitzeflimmernden Luft. Und dann die Geräusche: das dumpfe Dröhnen von Antilopenhufen in der Ferne, das papierartige Rauschen von Geierschwingen. Ein Schatten zog durch den Himmel. Der Schatten strich über George Hadleys nach oben gerichtetes, schweißbedecktes Gesicht.

»Scheußliche Tiere«, hörte er seine Frau sagen.

»Aasgeier.«

»Siehst du, dort sind die Löwen, weit hinten, dort drüben. Sie gehen gerade zum Wasserloch hinüber. Sie haben eben gefressen«, sagte Lydia. »Ich weiß nur nicht, was.«

»Irgendein Tier.« George Hadley hob die Hand, um seine zusammengekniffenen Augen gegen das beißende Licht zu beschirmen. »Ein Zebra vielleicht oder eine junge Giraffe.«

»Bist du sicher?« Die Stimme seiner Frau klang merkwürdig gespannt.

»Nein, um es genau sagen zu können, ist es ein bißchen zu spät«, antwortete er amüsiert. »Nichts mehr zu sehen als abgenagte Knochen und Aasgeier, die sich auf die Reste stürzen.«

»Hast du den Schrei gehört?« fragte sie.

»Nein.«

»Vor ungefähr ein paar Minuten?«

»Tut mir leid, nein.«

Die Löwen kamen auf sie zu. Und wieder verspürte George Hadley grenzenlose Bewunderung für das Genie des Mannes, der dieses Zimmer erdacht hatte. Ein Wunder an physikalisch-technischen Funktionen für einen lächerlich geringen Preis. Jede Familie sollte so ein Zimmer besitzen. Nun ja, eigentlich erschreckte es einen mit seiner klinischen Genauigkeit, ängstigte einen und ließ die Haare zu Berge stehen, doch die meiste Zeit bot es einen gewaltigen Spaß – nicht nur für den Sohn und die Tochter, sondern auch für einen selbst, wenn man das Bedürfnis nach einem Tapetenwechsel verspürte, einer kleinen Spritztour in ein fremdes Land. Bitte sehr, hier war es!

Und hier waren jetzt die Löwen, etwa fünf Meter entfernt und so wirklich, so beängstigend und erstaunlich wirklich, daß man ihr Fell an den Händen prickeln zu spüren glaubte und die Kehle von dem staubigen Raubtiergeruch ihrer erhitzten Pelze wie verstopft war. Ihr leuchtendes Gelbbraun hatte die Farbe feiner französischer Wandteppiche, das Gelbbraun von Löwen und Steppengras, und das knurrende Atmen der Tiere klang wie gedämpftes Gezeitenrollen durch den stillen Mittag, während der Geruch rohen Fleisches aus ihren hechelnden, geifernden Rachen zu ihnen herüberwehte.

Die Löwen standen da und starrten George und Lydia Hadley aus furchterregenden grüngelben Augen an.

»Paß auf!« schrie Lydia.

Die Löwen kamen auf sie zugelaufen.

Lydia fuhr herum und rannte. George sprang instinktiv hinter ihr her. Draußen im Korridor, als sie die Tür hinter sich zugeschlagen hatten, stand sie weinend und er lachend da, und beide waren entsetzt über die Reaktion des anderen.

»George!«

»Lydia! Oh, meine liebe, arme, süße Lydia!«

»Sie haben uns beinahe erwischt!«

»Schemen, Lydia, vergiß das nicht; nichts als Schemen. Nun ja, ich muß zugeben, daß sie sehr echt aussehen – Afrika in der eigenen Wohnung –, aber das sind alles nur dimensionale Superreaktionen, höchstempfindlicher Farbfilm und auf Band aufgezeichnete geistige Vorstellungen hinter Glasscheiben. Odorophone und Geräuschkulissen, Lydia. Hier, nimm mein Taschentuch.«

»Ich habe Angst.« Sie trat zu ihm, preßte sich gegen seinen Körper und weinte unablässig. »Hast du's nicht gesehen? Hast du's nicht *gefühlt?* Es ist einfach zu echt.«

»Bitte, Lydia ...«

»Du mußt Wendy und Peter sagen, daß sie nichts mehr über Afrika lesen dürfen.«

»Selbstverständlich – selbstverständlich.« Er streichelte sie beruhigend.

»Versprichst du's mir?«

»Gewiß doch.«

»Und du mußt das Kinderzimmer für ein paar Tage abschließen, bis meine Nerven sich wieder beruhigt haben.«

»Du weißt, wie widerspenstig Peter in dieser Sache ist. Als ich ihn vor einem Monat damit bestrafte, das Kinderzimmer nur für ein paar Stunden abzuschließen – wie er sich da aufgeführt hat! Und Wendy auch. Das Kinderzimmer ist ihr ein und alles.«

»Es muß abgeschlossen werden, etwas anderes kommt nicht in Frage.«

»Also gut.« Widerwillig schloß er die mächtige Tür ab. »Du hast zu viel gearbeitet. Du brauchst Erholung.«

»Ich weiß nicht – ich weiß nicht«, erwiderte sie, schneuzte sich die Nase und setzte sich in einen Stuhl, der sofort zu schaukeln und sie zu beruhigen begann. »Vielleicht habe ich einfach nicht genug zu tun. Vielleicht habe ich zuviel Zeit zum Nachdenken. Warum schließen wir nicht das ganze Haus ein paar Tage ab und machen Ferien?«

»Du meinst, du möchtest für mich das Essen kochen?«

»Ja.« Sie nickte.

»Und meine Socken stopfen?«

»Ja.« Ungestüm nickend, sah sie ihn aus tränenden Augen an.

»Und das Haus saubermachen?«

»Ja, ja – o ja!«

»Aber ich denke doch, wir haben dieses Haus gerade

deshalb gekauft, damit wir nichts selbst zu tun brauchen?«

»Das ist es eben. Ich komme mir vor, als ob ich nicht hierher gehöre. Das Haus ist jetzt Hausfrau, Mutter und Kindermädchen. Kann ich mit einer afrikanischen Steppe konkurrieren? Kann ich die Kinder so gründlich und schnell baden und abschrubben, wie es unser automatisches Bad tut? Ich kann es nicht. Und mir geht es nicht allein so. Auch dir. Du bist in letzter Zeit schrecklich nervös.«

»Ich nehme an, ich habe zuviel geraucht.«

»Du siehst aus, als ob du auch nicht wüßtest, was du mit dir in diesem Haus anfangen sollst. Jeden Vormittag rauchst du etwas mehr, jeden Nachmittag trinkst du etwas mehr, und jeden Abend brauchst du etwas mehr Schlafmittel. Du beginnst auch, dich überflüssig zu fühlen.«

»Tu ich das?« Er machte eine Pause und versuchte in sich hineinzuschauen, um zu erkennen, was wirklich in ihm vorging.

»Oh, George!« Sie blickte an ihm vorbei auf die Tür des Kinderzimmers. »Diese Löwen können doch nicht dort heraus, nicht wahr?«

Er wandte den Kopf und sah die Tür erzittern, als ob irgend etwas von der anderen Seite dagegenspränge.

»Natürlich nicht«, erwiderte er.

Beim Abendessen blieben sie allein, denn Wendy und Peter besuchten eine plastische Sonderschau im Vergnügungspark am anderen Ende der Stadt und hatten über das Fernsehtelephon Bescheid gesagt, sie würden später kommen und die Eltern sollten ruhig schon zu essen beginnen. So saß George Hadley grübelnd am Eßzimmertisch und sah zu, wie aus dessen Eingeweiden Teller mit warmen Gerichten an der Oberfläche erschienen.

»Wir haben das Ketchup vergessen«, sagte er.

»Verzeihung«, antwortete eine dünne Stimme aus dem Tisch, und eine Flasche mit Ketchup tauchte auf.

Den Kindern, dachte George Hadley, würde es nicht schaden, wenn man sie eine Zeitlang aus dem Kinderzimmer ausschloß. Zuviel von ein und demselben tat niemandem gut. Und alles deutete klar darauf hin, daß die Kinder sich ein wenig zuviel mit Afrika beschäftigt hatten. Diese *Sonne.* Er fühlte sie immer noch in seinem Nacken, wie eine heiße Pranke. Und die *Löwen.* Und der Blutgeruch. Fabelhaft, wie das Kinderzimmer die telepathischen Gedankenströme der Kinder auffing und Leben schuf, um alle ihre Wünsche zu erfüllen. Die Kinder dachten Löwen, und da waren Löwen. Die Kinder dachten Zebras, und da waren Zebras. Sonne – Sonne. Giraffen – Giraffen. Tod – und Tod.

Diese letzte Vorstellung! Er kaute, ohne es zu schmecken, auf dem Fleisch herum, das der Tisch ihm geschnitten und vorgesetzt hatte. Todesgedanken. Sie waren reichlich jung für Todesgedanken, Wendy und Peter. Oder – nein, man war nie dafür zu jung, eigentlich. Lange bevor man wußte, was Tod bedeutete, wünschte man ihn jemand anderem.

Aber dies – die weite, heiße afrikanische Steppe – der furchtbare Tod im Rachen eines Löwen. Und die ständige Wiederholung.

»Wohin gehst du?«

Er gab Lydia keine Antwort. Gedankenverloren merkte er nicht, wie die Lampen lautlos vor ihm aufleuchteten und hinter ihm wieder verlöschten, während er auf die Kinderzimmertür zuschritt. Lauschend legte er das Ohr dagegen. Weit entfernt brüllte ein Löwe.

Er schloß die Tür auf und öffnete sie. Gerade als er eintreten wollte, hörte er einen entfernten Schrei. Und darauf ein weiteres Löwengebrüll, das jedoch rasch verstummte.

Er trat ein und war in Afrika. Wie oft hatte er im vergangenen Jahr die Türen geöffnet und sich im Wunderland befunden, mit Alice und der Falschen Schildkröte, oder hatte Aladin mit seiner Wunderlampe gesehen, oder Jack Pumpkinhead aus Oz, oder Doktor Doolittle, oder die Kuh, die über einen äußerst echt aussehenden Mond sprang – all die köstlichen Erfindungen einer Scheinwelt. Wie oft hatte er Pegasus durch den Himmel an der Decke fliegen sehen, oder bunte Feuerwerksfontänen, oder Engelsstimmen singen hören. Aber jetzt, dieses gelblodernde Afrika, dieser Backofen mit Mord unter der sengenden Sonne! Vielleicht hatte Lydia recht. Vielleicht benötigten sie einen kleinen Urlaub von ihrer Phantasie, die für zehnjährige Kinder ein wenig zu wirklichkeitsnah zu werden begann. Es war in Ordnung, daß sie ihren Geist mit Phantasiegymnastik übten; aber wenn der lebhafte kindliche Geist sich auf *eine* Schablone festlegte …? Es schien ihm, als hätte er schon seit einem Monat von ferne Löwengebrüll gehört und den strengen Raubtiergeruch bis in sein Arbeitszimmer hinein wahrgenommen. Doch da er sehr beschäftigt gewesen war, hatte er sich nicht weiter darum gekümmert.

George Hadley stand allein inmitten einer afrikanischen Steppe. Die Löwen blickten von ihrem Fraß auf und beobachteten ihn. Der einzige Bruch in der vollkommenen Illusion war die offene Tür, durch die er seine Frau sehen konnte, die weit hinter dem dunklen Korridor, wie ein gerahmtes Bild, geistesabwesend in ihrem Abendessen herumstocherte.

»Verschwindet«, sagte er zu den Löwen.

Sie verschwanden nicht.

Er kannte das Arbeitsprinzip des Zimmers genau. Man sandte seine Gedanken aus, und was auch immer man dachte, nahm Gestalt an.

»Aladin und die Wunderlampe sollen erscheinen«, rief er ärgerlich.

Die Steppe blieb; die Löwen blieben.

»Komm schon, Zimmer! Ich will Aladin!« befahl er.

Nichts geschah. Die Löwen in ihren hitzeflimmernden Fellen fraßen weiter.

»Aladin!« Er ging zum Abendessen zurück. »Das dumme Zimmer ist nicht in Ordnung«, sagte er. »Es will nicht mehr reagieren.«

»Oder ...«

»Oder was?«

»Oder es *kann* nicht reagieren«, sagte Lydia, »weil die Kinder so viele Tage an Afrika und Löwen und Töten gedacht haben, daß das Zimmer jetzt ganz auf dieses eine Schema festgelegt ist.«

»Kann sein.«

»Oder Peter hat es fest darauf eingestellt.«

»*Eingestellt?*«

»Er ist vielleicht in den Mechanismus eingedrungen und hat irgend etwas blockiert.«

»Peter versteht nichts von dem Mechanismus.«

»Er ist sehr klug für zehn Jahre. Sein Intelligenzquotient ...«

»Trotzdem ...«

»Hallo, Mami. Hallo, Papi.«

Die Hadleys drehten sich um. Wendy und Peter kamen durch die Vordertür herein, mit roten Wangen und strahlenden Augen wie blaue Achatmurmeln; von ihrem kurzen Flug mit dem Helikopter hing noch ein leichter Ozongeruch in ihren Pullovern.

»Ihr kommt gerade noch zum Abendessen zurecht«, sagten beide Eltern wie aus einem Munde.

»Wir sind ganz voll Erdbeereis und heißer Würstchen«, erwiderten die Kinder, die sich bei den Händen hielten. »Aber wir wollen uns gern zu euch setzen und zusehen.«

»Ja, kommt her und erzählt uns von dem Kinderzimmer«, sagte George Hadley.

Bruder und Schwester sahen erst ihn, dann einander erstaunt an. »Kinderzimmer?«

»Nun, über Afrika und all das«, sagte der Vater mit vorgetäuschter Heiterkeit.

»Ich versteh dich nicht«, erwiderte Peter.

»Deine Mutter und ich sind gerade von einer Reise mit Kamera und Büchse quer durch Afrika zurückgekehrt; Tom Swift und sein Elektrischer Löwe«, sagte George Hadley.

»Im Kinderzimmer ist kein Afrika«, sagte Peter einfach.

»Na, komm schon, Peter; gib's zu. Wir wissen es besser.«

»Ich kann mich an kein Afrika erinnern«, beharrte Peter. »Du vielleicht, Wendy?«

»Nein.«

»Lauf nachsehen und komm uns erzählen.«

Sie lief los.

»Wendy, komm sofort zurück!« rief George Hadley, aber sie war schon fort. Das Aufleuchten der Lampen folgte ihr wie eine Schar Glühwürmchen. Zu spät kam es ihm in den Sinn, daß er nach seiner letzten Inspektion vergessen hatte, die Tür des Kinderzimmers abzuschließen.

»Wendy wird nachsehen und uns dann berichten«, sagte Peter.

»Sie braucht *mir* nichts zu berichten. Ich habe es selbst gesehen.«

»Bestimmt hast du dich getäuscht, Vater.«

»Ich habe mich nicht getäuscht, Peter. Komm jetzt mit.«

Aber Wendy war schon zurück. »Da ist kein Afrika«, sagte sie atemlos.

»Wir werden ja sehen«, sagte George Hadley, und alle

zusammen gingen sie den Korridor hinunter; er öffnete die Kinderzimmertür.

Ein herrlicher grüner Wald empfing sie, ein Flüßchen plätscherte, ein purpurner Berg ragte vor ihnen auf, helle Stimmen sangen, und Rima, lieblich und geheimnisvoll, bunte Schmetterlingsschwärme wie lebendige Blumengebinde in ihrem langen Haar, stahl sich durch die Bäume. Die afrikanische Steppe war verschwunden. Die Löwen waren verschwunden. Nur Rima war jetzt hier und sang ein so wunderschönes Lied, daß es einen zu Tränen rührte.

George Hadley blickte in die veränderte Szene. »Geht ins Bett«, sagte er zu den Kindern.

Sie öffneten ihre Münder.

»Ihr habt gehört, was ich gesagt habe.«

Sie traten in die Luftschleuse, wo sie wie braune Blätter den Windfang hinauf zu ihren Schlafzimmern gesogen wurden.

George Hadley ging durch die gesangerfüllte Waldlichtung und hob etwas auf, das in der Ecke nahe der Stelle lag, wo sich die Löwen aufgehalten hatten. Langsam schritt er zurück zu seiner Frau.

»Was hast du da?« fragte sie.

»Eine alte Brieftasche von mir«, antwortete er.

Er zeigte sie ihr. Der Duft heißen Grases, vermischt mit dem scharfen Geruch von Löwen, hing noch daran. Sie war zerbissen, und Speicheltropfen und Blut klebten auf beiden Seiten.

Er zog die Tür des Kinderzimmers von außen zu und schloß sie fest ab.

Noch um Mitternacht lag er wach und wußte, daß auch seine Frau nicht einschlafen konnte. »Glaubst du, daß Wendy den Wechsel bewirkt hat?« fragte sie schließlich durch die Dunkelheit.

»Natürlich.«

»Daß sie die Steppe in einen Wald verwandelt und Rima an Stelle der Löwen gesetzt hat?«

»Warum?«

»Ich weiß nicht. Aber das Zimmer bleibt abgeschlossen, bis ich es herausgefunden habe.«

»Wie ist deine Brieftasche dort hingekommen?«

»Ich weiß überhaupt nichts«, sagte er, »außer daß ich den Kauf dieses Zimmers für die Kinder zu bedauern beginne. Wenn Kinder neurotisch veranlagt sind, kann ein solches Zimmer …«

»Es soll ihnen aber doch gerade helfen, ihre Neurosen auf gesunde Art loszuwerden.«

»Ich fange an, mir darüber Gedanken zu machen.« Er starrte zur Decke hoch.

»Wir haben den Kindern alles gegeben, was sie sich nur wünschten. Ist das unser Lohn – Geheimnistuerei, Ungehorsam?«

»Irgend jemand hat einmal gesagt, ›Kinder sind wie Teppiche – man sollte gelegentlich auf sie treten‹. Wir haben nie die Hand gegen sie erhoben. Sie sind unerträglich – wollen wir's doch zugeben. Sie kommen und gehen, wie es ihnen gefällt; sie behandeln uns, als seien wir die Kinder. Sie sind verdorben, und wir sind verdorben.«

»Seit du ihnen vor ein paar Monaten verboten hast, mit der Rakete nach New York zu fliegen, benehmen sie sich ganz komisch.«

»Ich habe ihnen erklärt, daß sie noch zu jung sind, um so eine Reise allein zu machen.«

»Jedenfalls habe ich festgestellt, daß sie sich seit diesem Zeitpunkt entschieden kühl gegen uns verhalten.«

»Ich glaube, ich werde David McClean morgen vormittag zu uns bitten, damit er sich dieses Afrika einmal ansieht.«

»Aber es ist doch nicht mehr Afrika, sondern der Märchenwald von Rima.«

»Ich habe so ein Gefühl, daß bis dahin wieder Afrika da sein wird.«

Einen Augenblick später hörten sie die Schreie.

Zwei Schreie. Die Schreie von zwei Menschen im Erdgeschoß. Und dann Löwengebrüll.

»Wendy und Peter sind nicht in ihren Zimmern«, sagte seine Frau.

Er lag mit klopfendem Herzen in seinem Bett. »Nein«, erwiderte er. »Sie sind in das Kinderzimmer eingebrochen.«

»Diese Schreie – sie kommen mir so bekannt vor.«

»Wirklich?«

»Ja, schrecklich bekannt.«

Und obgleich ihre Betten sich alle Mühe gaben, die beiden Erwachsenen in Schlaf zu schaukeln, brauchten sie dazu noch eine gute Stunde. Raubtiergeruch hing in der Nachtluft.

»Vater?« sagte Peter.

»Ja.«

Peter blickte auf seine Schuhspitzen. Er sah seinen Eltern überhaupt nicht mehr ins Gesicht. »Du willst doch das Kinderzimmer nicht für immer abschließen, nicht wahr?«

»Das kommt ganz darauf an.«

»Worauf?« verlangte Peter ungeduldig zu wissen.

»Auf dich und deine Schwester. Wenn ihr zwischen eure Afrikabesuche ein wenig Abwechslung legt – sagen wir, Schweden vielleicht, oder Dänemark oder China …«

»Ich dachte, wir dürften spielen, was wir wollten.«

»Das dürft ihr auch, aber innerhalb vernünftiger Grenzen.«

»Was gefällt dir denn nicht an Afrika, Vater?«

»Ach, du gibst also jetzt zu, daß ihr Afrika hergezaubert habt, wie?«

»Ich will nicht, daß du das Kinderzimmer abschließt«, sagte Peter kalt. »Niemals.«

»Wir denken sogar daran, das ganze Haus für etwa einen Monat abzuschließen und irgendwo auf dem Lande zu leben, wo wir wieder alles selbst machen können.«

»Das hört sich ja schrecklich an! Muß ich dann meine Schnürsenkel selbst binden, anstatt das den Schuhanzieher machen zu lassen? Und mir selbst die Zähne putzen und die Haare kämmen und mich in der Badewanne abschrubben?«

»Zur Abwechslung würde das auch einmal Spaß machen, meinst du nicht?«

»Nein, das wäre schrecklich. Ich fand es schon schrecklich, daß du im letzten Monat den Bildermaler wegnahmst.«

»Das tat ich nur, damit ihr lernen sollt, selbst Bilder zu malen, mein Sohn.«

»Ich möchte aber nichts anderes als zuhören, zuschauen und riechen; was sollte ich denn sonst tun?«

»Na schön, geh und spiel in Afrika.«

»Willst du unser Haus wirklich bald abschließen?«

»Wir überlegen es uns noch.«

»Es wäre besser, wenn ihr nicht länger daran dächtet, Vater.«

»Ich dulde keine Drohungen von meinem Sohn!«

»Wie du willst.« Und Peter trollte ab ins Kinderzimmer.

»Komme ich zur rechten Zeit?« fragte David McClean.

»Frühstück?« entgegnete George Hadley.

»Danke, hab schon gefrühstückt. Wo fehlt's denn?«

»David, du bist doch Psychologe.«

»Ich hoffe es wenigstens.«

»Du mußt dir einmal unser Kinderzimmer ansehen. Du hast schon vor einem Jahr einen Blick hineingewor-

fen, als du uns besuchtest. Ist dir damals etwas Ungewöhnliches aufgefallen?«

»Das kann ich nicht sagen; die üblichen Gewalttätig-
keiten, ein leichter Hang zur Paranoia hier und da, wie
es bei Kindern üblich ist, weil sie sich ständig von ihren
Eltern verfolgt fühlen, aber sonst eigentlich nichts Be-
unruhigendes.«

Sie gingen den Korridor hinunter. »Ich hatte das Kinderzimmer gestern abgeschlossen«, erklärte der Vater,
»und die Kinder brachen in der Nacht dort ein. Ich ließ
sie gewähren, damit du dir heute ihr Werk ansehen
kannst.«

Ein furchtbares Schreien ertönte aus dem Kinderzimmer.

»Da sind wir«, sagte George Hadley. »Jetzt sieh zu,
was dir daran auffällt.«

Sie gingen zu den Kindern hinein, ohne anzuklop-
fen.

Die Schreie waren endlich verstummt. Die Löwen
fraßen.

»Lauft einen Augenblick hinaus, Kinder«, sagte
George Hadley. »Nein, ändert nicht die Mentalkombi-
nation. Laßt alles, wie es ist. Hinaus!«

Als die Kinder gegangen waren, standen die beiden
Männer und beobachteten die sich in der Ferne zusam-
mendrängenden Löwen, die sich sichtlich ihre Beute
schmecken ließen, was es auch sein mochte.

»Ich möchte zu gern wissen, was sie da fressen«,
sagte George Hadley. »Manchmal kann ich es fast erkennen. Glaubst du, wenn ich ein starkes Fernglas
holte, könnte ich ...«

David McClean lachte trocken. »Kaum«, meinte er. Er
drehte sich um und studierte eingehend alle vier
Wände. »Wie lange geht das nun schon so?«

»Etwas über einen Monat.«

»Jedenfalls spüre ich bestimmt nichts Gutes.«

»Tatsachen möchte ich, keine Gefühle.«

»Mein lieber George, ein Psychologe hat noch nie in seinem Leben eine Tatsache gesehen. Er erfährt nur von Gefühlen, unbestimmten Empfindungen. Und dies ist kein gutes Gefühl, sage ich dir. Du kannst meinem Instinkt und meinen Ahnungen vertrauen. Das hier ist sehr schlimm. Ich kann dir nur raten, das ganze verdammte Zimmer herausreißen zu lassen und mir deine Kinder das ganze nächste Jahr lang jeden Tag zur Behandlung zu schicken.«

»Ist es so schlimm?«

»Ich fürchte, ja. Ursprünglich waren diese Kinderzimmer dazu bestimmt, daß wir die Gedankenmuster des kindlichen Geistes an den Wänden studieren konnten, in Muße studieren und dem Kinde helfen konnten. In diesem Falle ist das Zimmer jedoch zu einem Verstärkerkanal für – zerstörerische Gedanken geworden, anstatt die Kinder davon zu befreien.«

»Hast du damals noch nichts davon gemerkt?«

»Ich spürte lediglich, daß ihr eure Kinder mehr als die meisten Eltern verdorben hattet. Und jetzt hast du sie auf irgendeine Weise schwer zurückgesetzt und enttäuscht. Wodurch?«

»Ich ließ sie nicht nach New York fliegen.«

»Was noch?«

»Ich habe ein paar Automaten aus dem Haus entfernt, und vor einem Monat drohte ich ihnen, das Kinderzimmer ganz zu schließen, wenn sie nicht ihre Schularbeiten machten. Für ein paar Tage habe ich es dann auch abgeschlossen, um ihnen zu zeigen, daß ich es ernst meinte.«

»Aha!«

»Hat das etwas zu bedeuten?«

»Alles. Während sie früher einen Weihnachtsmann hatten, haben sie nun einen Scrooge. Kinder ziehen Weihnachtsmänner vor. Du hast dieses Zimmer und dieses Haus deine Stelle und die deiner Frau in der Zuneigung eurer Kinder einnehmen lassen. Dieses Zimmer ist für sie Mutter und Vater, viel wichtiger für ihr Leben als ihre richtigen Eltern. Und nun kommst du daher und willst es abschließen. Kein Wunder, daß hier Haß in der Luft liegt. Man fühlt ihn förmlich aus dem Himmel herabfallen. Spürst du diese Sonne! George, ihr müßt euer Leben ändern. Wie so viele andere, habt ihr es nur auf materielle Annehmlichkeiten gegründet. Ihr müßtet verhungern, wenn etwas in eurer Küche nicht mehr funktionierte. Ihr wüßtet vielleicht nicht einmal mehr, wie man ein Ei aufschlägt. Eben darum müßt ihr einmal alle diese Apparate abschalten. Fangt neu an. Es wird einige Zeit brauchen. Aber in einem Jahr werden wir gute Kinder aus schlechten gemacht haben, wart es nur ab.«

»Aber wird der Schock für die Kinder nicht zu groß sein, wenn wir das Kinderzimmer so plötzlich für immer abstellen?«

»Ich möchte auf keinen Fall, daß sie sich noch eingehender mit dieser Geschichte befassen.«

Die Löwen hatten ihr blutiges Mahl beendet. Sie standen am Rand ihres Futterplatzes und beobachteten die beiden Männer.

»Jetzt fühle ich mich verfolgt«, sagte McClean. »Laß uns hinausgehen. Ich habe diese verdammten Zimmer nie besonders gern gemocht. Machen mich nervös.«

»Die Löwen sehen sehr echt aus, nicht wahr?« meinte George Hadley. »Ich will doch nicht hoffen, daß sie irgendwie ...«

»Daß sie was?«

»Daß sie irgendwie *wirkliche* Gestalt annehmen können?«

»Nicht daß ich wüßte.«

»Irgendeine Fehlschaltung im Mechanismus, vielleicht weil die Kinder daran herumgespielt haben?«

»Nein.«

Sie gingen zur Tür.

»Ich glaube, das Zimmer wird sich nicht gern abschalten lassen«, sagte der Vater.

»Nichts stirbt gern – nicht einmal ein Zimmer.«

»Ob es mich wohl haßt, weil ich es abschalten will?«

»Die Paranoia hängt heute hier ziemlich dick in der Luft«, erklärte David McClean.»Man kann ihr folgen wie auf einer Spur. – Hallo!« Er bückte sich und hob ein blutiges Halstuch auf. »Ist das deins?«

»Nein.« George Hadleys Gesicht wurde hart. »Es gehört Lydia.«

Sie gingen zusammen zum Sicherungskasten und warfen den Hebel herum, der das Zimmer sterben ließ.

Die beiden Kinder bekamen hysterische Anfälle. Sie schrien und bäumten sich auf und warfen Gegenstände herum. Sie heulten und schluchzten und fluchten und sprangen auf die Möbel.

»Ihr dürft das nicht mit dem Zimmer machen, ihr dürft das nicht!«

»Nehmt euch zusammen, Kinder.«

Die Kinder warfen sich weinend auf eine Couch.

»George«, sagte Lydia Hadley, »schalte das Kinderzimmer wieder ein, nur für ein paar Minuten. Du kannst ihnen das nicht so plötzlich zumuten.«

»Nein!«

»Du kannst nicht so grausam sein.«

»Lydia, es ist abgeschaltet, und es bleibt abgeschaltet. Und das ganze übrige verdammte Haus soll ebenfalls augenblicklich ausgelöscht werden. Je mehr ich die Patsche erkenne, in die wir da freiwillig hineingeraten sind, um so übler wird mir davon. Wir haben schon viel zu lange unseren automatisierten, elektronischen Nabel betrachtet. Mein Gott, wie sehr wir doch einen Atemzug frische Luft brauchen!«

Und er marschierte durch das Haus, schaltete die sprechenden Uhren ab, die Herde, die Thermostaten, die Schuhputzmaschinen, die Schnürsenkelbinder, die Bade-, Bürste- und Massageapparate und alle anderen Maschinen, die er erreichen konnte.

Das Haus schien voller Leichen zu sein. Man kam sich vor wie auf einem Maschinenfriedhof. So still war es. Kein Summen mehr von verhaltener Energie, die auf Knopfdruck den Dienst verborgener Mechanismen auslöste.

»Laßt ihn das nicht tun!« heulte Peter anklagend gegen die Decke, als riefe er das Haus, das Kinderzimmer an. »Laßt Vater nicht alles zerstören!« Er wandte sich an seinen Vater: »Oh, ich hasse dich!«

»Deine Frechheiten werden dir auch nicht weiterhelfen!«

»Ich wünschte, du wärest tot!«

»Wir waren es, eine lange Zeit. Aber jetzt wollen wir beginnen, wirklich zu leben. Anstatt uns von den Maschinen beherrschen und dirigieren zu lassen, wollen wir jetzt wirklich leben.«

Wendy weinte immer noch, und Peter leistete ihr erneut Gesellschaft. »Nur ein Mal noch, nur ein Mal noch, nur ein einziges Mal noch das Kinderzimmer«, jammerten sie.

»O George«, sagte seine Frau, »es kann doch nichts schaden.«

»Na schön – sie sollen ihren Willen haben, wenn sie dann nur ruhig sind. Aber nur einen Augenblick, verstanden, und dann aus und vorbei für immer.«

»Vati, Vati, Vati!« sangen die Kinder, mit glücklich lächelnden, nassen Gesichtern.

»Und dann fahren wir in die Ferien. David McClean kommt in einer halben Stunde und hilft uns, mit unseren Sachen zum Flugplatz zu kommen. Ich gehe mich jetzt umziehen. Du, Lydia, kannst das Kinderzimmer für ein paar Minuten wieder anschalten, aber nur für ein paar Minuten, denk dran.«

Plappernd zogen die drei los, während er sich durch die Luftschleuse nach oben saugen ließ und begann, sich umzukleiden.

Einen Augenblick später erschien auch Lydia.

»Wie werde ich froh sein, wenn wir abreisen!« seufzte sie.

»Hast du sie im Kinderzimmer allein gelassen?«

»Ich wollte mich schließlich auch umziehen. Oh, dieses entsetzliche Afrika! Was sie nur daran finden mögen?«

»Na, in fünf Minuten sind wir unterwegs nach Iowa. Herrgott, wie sind wir bloß zu diesem Haus gekommen? Was hat uns nur dazu getrieben, einen Alpdruck zu kaufen?«

»Falscher Stolz, Geld und Dummheit.«

»Ich glaube, wir gehen lieber nach unten, bevor die Kinder sich wieder ganz mit diesen verdammten Bestien beschäftigen.«

In diesem Augenblick hörten sie die Kinder rufen: »Vati, Mami, kommt schnell – schnell!«

Sie sausten durch die Luftschleuse nach unten und rannten durch den Korridor. Die Kinder waren nirgends zu sehen. »Wendy, Peter?«.

Sie liefen in das Kinderzimmer. Die Steppe war leer bis auf die Löwen, die wartend zu ihnen herblickten. »Peter, Wendy?«

Die Tür schlug zu.

»Wendy, Peter!«

George Hadley und seine Frau wirbelten herum und liefen zur Tür zurück.

»Macht auf!« schrie George Hadley und versuchte den Türknopf zu drehen. »Ha, sie haben von außen abgeschlossen! Peter!« Er schlug gegen die Tür. »Aufmachen!«

Draußen vor der Tür hörte er Peters Stimme.

»Laßt sie nicht das Kinderzimmer und das ganze Haus abstellen!« sagte er.

Mr. und Mrs. George Hadley trommelten gegen die Tür. »Kommt schon, macht euch nicht lächerlich, Kinder. Wir müssen gleich fort. Mr. McClean wird in einer Minute da sein, und ...«

In diesem Augenblick hörten sie die Geräusche.

Die Löwen hatten sie von drei Seiten eingeschlossen und strichen jetzt brüllend und tief in den Kehlen grollend durch das trocken raschelnde, gelbe Steppengras um sie herum.

Die Löwen.

George Hadley blickte seine Frau an, und dann drehten sie sich beide um und sahen, wie die Bestien geduckt und mit steifen Schwänzen langsam auf sie zuschlichen.

George und Lydia Hadley schrien.

Und plötzlich erkannten sie, warum jene anderen Schreie ihnen so vertraut vorgekommen waren.

»Also, da bin ich«, sagte David McClean in der Tür zum Kinderzimmer. »Oh, hallo!« Er blickte erstaunt auf die beiden Kinder herab, die mitten in der ebenen Landschaft saßen und ein kleines Picknick verzehrten. Hinter ihnen war das Wasserloch und die gelbe Steppe; über ihnen hing die heiße Sonne. Er begann zu schwitzen. »Wo sind euer Vater und eure Mutter?«

Die Kinder blickten auf und lächelten. »Oh, sie müssen jeden Augenblick kommen.«

»Gut, wir müssen uns beeilen.« In einiger Entfernung sah Mr. McClean die Löwen um ihr blutiges Mahl kämpfen, bald aber beruhigten sie sich und fraßen schweigend unter den schattigen Bäumen.

Er hielt die Hand über die Augen und blickte angestrengt zu den Tieren hinüber.

Die Löwen hatten ihren Fraß beendet. Sie gingen an das Wasserloch, um zu trinken.

Ein Schatten strich über Mr. McCleans heißes Gesicht. Viele Schatten flatterten durch die Luft. Die Aasgeier fielen aus dem sengenden Himmel.

»Eine Tasse Tee?« brach Wendy das Schweigen.

Das
Allerwirklichste

*Es gibt Dinge, die sind wirklicher als die platte Wirklichkeit.
Gute Anekdoten gehören dazu, auch der eine oder andere
Witz und vor allem jene modernen Legenden, die man immer
als authentische Ereignisse erzählt bekommt – und alle, die es
einem erzählen, haben es selbst erlebt oder kennen zumindest
den, der es erlebt hat. Manche kursieren sogar als juristische
oder wissenschaftliche Fallbeispiele, etwa die Geschichte von
der Frau, die den Hersteller ihrer Mikrowelle verklagte, nachdem sie versucht hatte, ihre Katze darin zu trocknen. (Ich
habe diese Geschichte rund zwei Dutzend Male gehört, und
alle stimmten überein, die Katze sei tot gewesen, aber keiner
wußte, ob sie denn nun eigentlich* trocken *war ...) Im
Grunde spielt es überhaupt keine Rolle, ob diese Dinge wirklich passiert sind, denn jeder sieht sofort, daß sie ohne weiteres passieren konnten, ja eigentlich sogar passiert sein
müssen; wenn sie sich in Wirklichkeit dann doch nicht zu-
getragen haben, dann hat die Wirklichkeit etwas versäumt.*

*Eine von diesen modernen Legenden wird als psycholo-
gisches Fallbeispiel gehandelt. Ich habe sie in den achtziger
Jahren zum ersten Mal gehört, sie dürfte ursprünglich aus den
USA stammen, und es geht darin um die Wahrnehmung der
Realität. Alsdann: Ein Mann verbringt seine ganze freie Zeit
mit Fernsehen, und die Fernbedienung hat er immer in der
Brusttasche seines Hemdes parat. Eines Tages wird er auf der
Straße überfallen, und wie das Polizeiprotokoll (oder die Fall-
geschichte in der Ambulanz?) später registriert, wehrt er*

sich, indem er in seine Brusttasche greift und versucht, das Programm zu wechseln.

Der Mann, denke ich, war nicht verrückt, sondern nur eine Spur zu konsequent. Die meisten von uns können zwischen einer Fernsehsendung und dem eigenen Alltag durchaus noch unterscheiden, wichtiger und recht eigentlich wirklicher ist für viele aber die Realität, die von Millionen wahrgenommen wird, also die im Fernsehen gezeigte, zur Not noch die in der Zeitung berichtete und allmählich auch die im Internet gespeicherte. Die Helden einer Daily Soap (nein, dafür brauchen wir wirklich kein deutsches Wort) oder die unglaublichen Banalitäten aus einem Blechcontainer sind dann wichtiger als das eigene Leben, und womöglich wird die Persönlichkeit tatsächlich von ihnen stärker geprägt. Der Mensch ist anpassungsfähig, er sieht gerade Linien auch da, wo sein Auge eigentlich wie ein Weitwinkelobjektiv krumme sehen müßte, und er kann die bewegten bunten Bildchen aus einem Möbelstück wirklich als Realität wahrnehmen, ganz ohne Elektroden im Hirn, Datenbrillen und dergleichen. Er braucht dazu nicht einmal die Zimmer mit den Fernsehwänden ringsum, wie sie die Leute in Bradburys Roman Fahrenheit 451 hatten, um inmitten einer virtuellen Familie zu leben. (Fahrenheit 451 ist inzwischen ein halbes Jahrhundert alt.)

Die drei Geschichten in der folgenden Abteilung handeln von der Wirklichkeit, die das Fernsehen nicht abbildet, sondern im Grunde erzeugt. Ray Bradbury war lange Zeit als Gegner des Fernsehens – genauer gesagt, der davon begünstigten Lebensweise – bekannt; besonders große Sympathien für diese Art von Realität wird man bei den nun folgenden drei Autoren kaum feststellen.

Carl Amery (geb. 1922 in München) ist, obwohl kein SF-Spezialist, dennoch einer der wichtigsten deutschen Science-Fiction-Autoren. Eines seiner neuesten Werke ist der Essay Hitler als Vorläufer (1998); zu seiner SF gehören unter anderem der Zeitreise-Roman Das Königsprojekt (1974) sowie *die Romane* An den Feuern der Leyermark *(1979, über einen alternativen Geschichtsverlauf nach 1866) und* Das Geheimnis der Krypta *(1990, über eine ökologische Verschwörung).*

Alan Dean Foster *(geb. 1946 in New York) ist Politik- und Filmwissenschaftler. Seit den siebziger Jahren publiziert er Science Fiction und Fantasy, er hat zahlreiche Romane geschrieben (u. a. den Zyklus aus dem »Homanx-Commonwealth« und Bücher nach bekannten SF-Filmen und -Fernsehserien), aber auch Erzählungsbände wie* Der Metrognom *(The Metrognome, 1990, deutsch 1998).*

James Graham Ballard *(geb. 1930 in Schanghai) begann Mitte der fünfziger Jahre Science Fiction zu publizieren und wurde in den Sechzigern und Siebzigern zu einem der prominentesten britischen SF-Autoren, neben Brian Aldiss der führende Kopf der New Wave, die herkömmliche SF-Motive zu den Innenwelten der Psyche in Beziehung setzte. Zu seinen bekanntesten SF-Werken gehören der Roman* Kristallwelt *(The Crystal World, 1966, deutsch 1969) und Erzählungsbände wie* Die tausend Träume von Stellavista *(Vermilion Sands, 1971, deutsch 1972); am erfolgreichsten war jedoch* Das Reich der Sonne *(Empire of the Sun, 1984, deutsch 1985), keine SF, sondern ein Roman, der auf den Erlebnissen des Autors in einem japanischen Internierungslager während des Zweiten Weltkriegs beruht und von Steven Spielberg verfilmt wurde.*

Nur einen Sommer gönnt ihr Gewaltigen

1

Die GroSchuZ (Große Schutz-Zentrale) liegt geometrisch und weit und hell mitten im Park von Citygrad. Ihre Gänge werden von Warm-Warmtonröhren erhellt, ihre Türen sind graurosa gestrichen, ihre Techniker in hellblauen Mänteln arbeiten an schwarzsilbernen Geräten und königsblauen Speichern. Nur einen dunklen Punkt gibt es, ein dunkles Viereck vielmehr, zwischen den Zimmern 0014 und 0015 – es ist rauhverputzt, ein Schacht mit offen verlegten Kabelstrecken an der Decke und an den Seiten, fünfzehn rissige Betonstufen dann, dürftig von einer Drahtglasleuchte erhellt, eine stählerne Schottentür, an der abgesprungener grauer Lack durch rote Mennigeflecken ersetzt wurde. Von Hand, ohne Schablone, steht auf den Lack gepinselt:

AUSDRUCK & AUSWERTUNG II.

AUS ZWEI, wie es im Hause heißt, ist das Improvisierte, die schmutzige Unterbrechung des Systems, die verachtete und beneidete, ist, auf Gedeih und Verderb, die Nagelprobe der GroSchuZ.

OSchuR Manfred Hegedüs paßt dazu. Er ist zu jung für sein Gesicht, das jede Bewegung in Falten und Stränge zersplittern läßt, und er ist zu alt für den unbedingten Glauben, der den Heroldismus zur Säule der Gesellschaft macht. Jeden Morgen genau 7,45 Uhr steigt der Oberschutzrat die Betonstufen hinab, preßt den rechten Daumen in die Sensormuschel am Türrahmen, die seinen Fingerabdruck identifiziert und die stählerne Pforte öffnet. Er wird das noch lange tun, denkt er. So schnell wird AUS ZWEI nicht ins Licht ziehen, so schnell nicht.

Hinter der Schottentür brennt eine Tischlampe mit einer Glühbirne aus sparsamer fiskalischer Vergangenheit. Im Lichtkegel liegen die Hände von SchuR Wanda Shaughnessy. Sie hat jede zweite Woche Nachtdienst. Nie hat sie der OSchuR anders als adrett vorgefunden mit ihrem Sonnenhaar und dem Jeanskostüm; nur ihre Augen sind schmal und verraten Schlafmangel. Heute liegen die Hände auf einem Schweinslederband, einer alten Enzyklopädie, die, wie Hegedüs von der Seite liest, beim Buchstaben K geöffnet ist.

»Morgen«, sagt Hegedüs, »falls dir das entgangen sein sollte.« Er knipst die Deckenbleuchtung an, er kneift die Augen zusammen bei dem grellen Licht, aber auch aus Widerwillen gegen den üppigen, gefalzten Stoß der Ausdrucke, die vor dem Spei-Schlitz der Maschine liegen. »Was neues in der Reuse?« – »Drei Befa Eins«, antwortet Wanda sanft. Sie ist Karrieristin, immer beherrscht und stolz darauf. »Drei Befa Eins –, und ein beginnender Cluster, wenn ich mich nicht irre.«

»Tust du selten. Ein Cluster, du heiliger Herold.« Der OSchuR läßt den Daumen über die geriffelten Falzen des Endlos-Bogens schnurren, er hat das rote C schon, das die Shaugnessy auf Sektion 13 gemalt hat, »Helder. Nikol Helder. Lassen wir schnurren, was wir im Kasten haben – den NC-Schnalzer. Hast du doch im Kasten, oder?«

Überflüssiges Vorgesetzetngeschwätz, sagt Wandas Lächeln. Völlig überflüssig. »Springtown«, sagt sie und drückt den RECALL-Knopf, die magentafarbenen Zeilen marschieren über den Schirm des Terminals. »Vor vier Tagen.«

vorgang 250699
HELDER; NIKOL
*081075 springlown 3 heinziusstraße 65cxv
programmbeobachter
stadtplanung springtown
ADRESSE ausleihe stadtbibliothek
ORDER p. a. kropotkin – l'anarchie, sa philosophie, son idéal 1896 UND/ODER mutual aid, a factor of evolution UND/ODER modern science and anarchism 1903 UND/ODER ethics, origin and development 1912 ODER gesammelte werke/
ZWECK berufliche weiterbildung
OVER

Während die Zeilen laufen, nimmt Wanda die nächste Frage vorweg und tippt auf den Artikel in der Enzyklopädie: »Fürst Pjotr Alexejewitsch Kropotkin, Geograph, Cheftheoretiker des Anarchismus.«

»Anarchismus und berufliche Weiterbildung! Das haut natürlich den stärksten Befa-Schalter um.« Der OSchuR setzt sich auf die Kante des Schreibtisches. »Und wo beginnt, deiner geschulten Meinung nach, der Cluster?«

Wortlos drückt Wanda den RECALL-Knopf zum zweiten Mal.

BEFA EINS BEFA EINS NH 081075
ORT meshdo-narodny magazin springtown ZEIT 290699-2122 TAT
einkauf 11 kilo puderzucker marke coop chrystal
AUTO SWITCH TO BEFA III –
WIEDERHOLE BEFA DREI OVER

»Teufel teufel.« Der OSchuR lächelt fast verklärt. »Prüfungsfrage, Schura: warum Übersprung von Eins nach Drei? Wo brennt es da so mächtig?«

Zum ersten Mal an diesem Morgen ist sie nicht sofort antwortbereit, zuckt schwach mit der Achsel: »Übergang von Theorie zur Praxis?«

Hegedüs lacht, sein Gesicht zersplittert. »Nenenee, das wäre normal, das wäre ordentliches Fortschreiten, von Eins zu Zwei. Nenenee. Der Grund ist, daß er das Herbizid, das dazugehört, NICHT gekauft hat, verstehst du? Es muß angenommen werden, daß dieser Kauf außerhalb der Überwachungsmöglichkeiten stattfindet – oder daß er längst stattgefunden hat, längst vor Befa Eins.« Er rutscht von der Kante, er beginnt durch den grelldunklen Raum zu tippeln, den Kopf gesenkt, die Hände auf dem Rücken verschränkt und mit den freien Fingern der Rechten nervös wedelnd: Ein Mann mit beruflichem Lustgewinn, höchst rar in dieser Epoche. »Das ist kein Schlauberger, unser Nikol, das ist ein Ober-Schlauberger. Weißt du was? Nirgends wird er das Zeug kaufen, nirgends wird er Sprengstoff mixen. Wozu? Völlig überflüssig, unökonomisch. Durch Unterlassung kommt er weiter, wirkt er gefährlicher. Minimale Aktion, maximaler Effekt. Wir haben den ökonomischsten Kanalspringer, den wir bisher in der Reuse hatten.«

»Kanalspringer …? Du bist überzeugt?«

»Ober-Schirmspringer – oder Schirm-Oberspringer, wie du willst. Der Oberschlaueste. Heiliger Herold! Perfekter Theorie/Praxis-Cluster, perfekt angelegt. Ich mag diesen Helder, verdammt noch mal. Paß auf, Schura-Mädchen!« Er fährt herum, erzwingt mit spitzem Finger ihre Aufmerksamkeit. »Wetten wir mal, was er als nächstes macht. Wie er den Cluster ausbaut. Na?«

»Du siehst das sehr sportlich«, erwidert Wanda nach einer Pause. »Sehr sportlich, wenn man bedenkt …«

»Was? WAS? Bin vielleicht ICH der Springer? ICH der Verrückte? Bleiben wir auf dem Teppich, bleiben wir professionell. Also?«

»Flugblätter vielleicht«, spekuliert die SchuR und sieht ihn dabei nicht an. »Fotokopien irgendwo in einer öffentlichen Bibliothek, auf einem Privatgerät: WACHT AUF VERDAMMTE DIESER ERDE oder so ähnlich ...«

»Nix, Grünauge, nix!« Hegedüs fuchtelt, intolerant vor Begeisterung. »So vertrottelt ist er nicht. Wäre viel zu geradlinig, ginge viel zu schnell. Würde zu unauffälliger Sicherstellung führen, du, und dann ins ordentliche Gerichtsverfahren. Nein nein, vorläufig nix mehr Polit – und nix Kriminelles. Irgendwas Psychologisch-Psychotisches. Etwas das erst unter Befa Zwei oder Drei seinen Sinn bekommt ... Ich kenn' ihn, unseren Nikol Helder, und wie ich ihn kenne!«

»Aufgrund von zwei Vorgängen?«

»Ökonomie, eben! Puderzucker im Meshnarod und KEIN Herbizid! Einfach Klasse! Wetten wir: Flugblatt gegen Psycho?«

»Und der Einsatz?« fragt sie sarkastisch, und: »Ein Abendessen zu zweit – oder nicht«, sagt er. Shaugnessy winkt ab mit ihrer kräftigen weißen Hand: »Lächerlicher steinzeitlicher Macho«, sagt sie gelangweilt. Aber ihre Mundwinkel sind amüsiert.

2

Der OSchuR geht durch einen großen Bürosaal, wo die überbezahlten und verschleierten Arbeitslosen der Gro-SchuZ Tätigkeiten vortäuschen, geht in sein durch Riffelglasscheiben abgeteiltes Büro und von dort (durch einen Aktenschrank) in einen alten Abstellraum. Er wäre heute noch nichts anderes und enthielte nichts anderes als ein paar rissige, splittertrockene, schiefe Regale, wenn nicht die Elektronik wäre: ein Manhattan aus schwarzsilbrigen, mattgrau glitzernden, bunt auf schwarz beschrifteten Blöcken und Türmen. Der neue Schreibtisch und der Stuhl sind dem angepaßt: funktional und kalt.

Hegedüs setzt sich auf dunkelbraunen Plastikbezug, zieht einen Tischgrill heran, drückt auf den ORAL ORDER-Knopf und bestellt:

»Order Eins: Personalakte Helder, Nikol, BEFA Drei, auf Terminal achtzwo Strich Zwo. – Order Zwo: Replay Telefonate Helder, Nikol, ab BEFA Drei. Over.«

Er lehnt sich zurück, und die Magenta-Zeilen auf dem Terminal-Schirm beginnen fast augenblicklich zu laufen: Jahrgang 75 wie schon bekannt; Poly-Gymnasium Springtown, an Universität Citygrad drei Jahre Komparative Linguistik und Mathematische Logik, M. A., hängengeblieben als Programmbeobachter A 8b bei der Stadtplanung in Springtown, also praktisch verschleierte Arbeitslosigkeit wie üblich. Überqualifikation – eine typische Voraussetzung. Single (also garantiert kein Hobby-Marmeladen-Macher), wechselnde Bindungen, zur Zeit zu einer Marusja Lipsky, 22, Cutterin bei der SüdTEL, der übliche wildentschlossene Typ aus den Espresso-Passagen. Und da ist auch schon das Rückspiel des einzigen Telephonats, laut Schirm von heute morgen 0820; zwitschernd kommt es aus dem Grill –

– Kolja? Hab' dich gestern auf Vierzehn gesehen, du. Du warst einfach herausragend aus dem Trubel …
– Womit denn ragend?
– Schlimmer du. War doch Human Deco auf vierzehn, Schlußverkauf und so. Volkstreiben. Fünfzehn Minuten im Meshdo Narodny …

Im Meshnarod, sieh mal an. Sie hatten also den Lokal-Kanal zugeschaltet, die TV-Knechte, in ihrer üblichen desperaten Suche nach Mitmenschlichkeit, »Human Deco« genannt. Pech für Nikol. Pech – wieso Pech? Wenn er aufs Schirmspringen hinaus will, aufs Kanal-Erobern, paßt es sogar sehr gut. Und die Mädchenstimme ist natürlich die Marusja, atemlos-atemholend hinter Visionen des Herausragens her, der Pro-minenz, und wenn es auch nur auf dem Umweg über ihren Bett-Typ geht –

... mindestens zehn Sekunden warst du da, auf Halbweite. Mir hat's den Atem verschlagen, du. Du warst so konzentriert, so ... COMMITTED ...
– Meshnarod? War ich doch gar nicht, Molli (Männliches Lachen, sanft nachsichtig.) So privilegiert sind wir nicht, weißt du, und wenn's nur zehn Sekunden wären. Zehn Sekunden in rauschender Wirklichkeit, haha. Aber ich muß jetzt weg, Mulli. Kisskiss.

Und das Klicken des Visiphon-Schalters.

Hegedüs hockt mit rundem Rücken an seinem funktionalen Schreibtisch, seine Gedanken marschieren kreuz und quer. Laterales Denken nennen es seine Vorgesetzten und   chätzen es an ihm (aber erst, seit sie es verdammt notwendig brauchen). Zehn Sekunden rauschende Wirklichkeit: Nikol hat's formuliert, das Springer-Problem, in einer Nußschale. Der OSchuR ächzt, als er sich aufrichtet, er tippt wieder ORAL ORDER ein: »Order Drei: Bereitstellen Stimme Telephonat NH BEFA Drei für Vergleichszwecke. Order Vier: Survey Treffpunkte Nähe Städtisches Planungsamt Springtown Quadrat L7. Order Fünf: Routine-Speicher genannter Treffpunkte überprüfen auf Stimme wie oben, wenn vorhanden herausfiltern, mit Gesprächspartner oder Partnern. Material auf Abruf bereithalten. Over.«

Es war nur eine bescheidene kleine Idee, aber in so einem Geschäft zählen gerade die.

Sie muß ein wenig warten, die Idee. Denn während im Speicher die Springtown L7-Treffpunkte durchsortiert werden, während ihre Routine-Disketten, das ganze alkoholisierte oder cannabisierte Geschwätz der Müßiggänger und Büro-Drückeberger, mit der Telephonstimme verglichen werden, springt eine Zeile auf dem Terminalschirm, und ein Alarm-Piepser ertönt: Anruf Stufe 000 vom OSchuDir, bitte aktivieren!

Vom OSchuDir. Da ist etwas mächtig angebrannt. »OSchuR Hegedüs«, murmelte er, während er das Visiphon aktiviert. Der OSchuDir wirkt undurchsichtig wie immer – man behauptet, daß er mangels Intelligenz nicht anders könne –, aber zwei, drei Schweißperlen auf der halbrunden Stirn sprechen ihre eigene Sprache. »Hegedüs!« ruft er freudig-angstvoll, als träfen sie sich, völlig unerwartet im letzten Dschungel von Zaire. »Gut, daß Sie da sind. Kommen Sie sofort rauf, die Türen sind sensibilisiert, Raum A-U.«

A-U: Absolut Undurchdringlich. Aua, da brennt's mächtig, übermächtig. Hegedüs steht gemessen auf, Eile wäre schlechte Taktik.

Er schlendert durch Riffelglas und Tischreihen zum Lift. Gleichmütig drückt er »P« für »Penthouse«, den Olymp der Götter.

P FREIGEGEBEN blinkt es über der Doppeltür, zwei Dutzend Augenpaare starren darauf.

Der A-U Raum ist der Geheimkonferenz-Raum, absolut ausspäh- und abhörsicher (angeblich). Er hat keine Fenster, aber Merkmale schwergewichtiger Eleganz. Hinter dem Sofa der Sitzgruppe dröhnt das Hinterglasbild des Primitiven Branko Vasić, darstellend Sankt Herold mit dem weiten Scharlachmantel, den er über Citygrad und seine Lande breitet. Der OSchuDir sitzt nicht allein am Perlmutt-Tisch; auf dem Sofa selber schlägt ein hochnäsiger Typ mit enger Augenstellung, in erdbeerfarbenem Kaftan mit Goldstickerei, die engbehosten Beine übereinander und zeigt Opanken mit Brokateinsatz. Der Typ raucht Papyrossi mit kreuz und quer gequetschtem Pappmundstück. Hegedüs haßt ihn sofort von Herzen.

»OSchuR«, sagt der Direktor mit der Stimme eines mittelfeierlichen Bestattungsunternehmers. »Ich darf Sie mit Koordinator Bunzewicz von der SüdTEL bekanntmachen. Die SüdTEL beliefert, das wissen Sie ja, die meisten Regionalkanäle. Herr Bunzewicz will Sie unbedingt ...«

»Unbedingt!« Bunzewicz lacht näselnd wie die Aristokraten im historischen Schnulzenkanal. »Schon deshalb weil es mir scheint, daß mein Freund hier, der OSchuDir, Ihre Wichtigkeit etwas unterspielt. Aber der geübte Blick des Publizisten, wissen Sie, läßt sich nicht so leicht ablenken.«

Publizist, du heiliger Herold. Betriebswirtschaftler war er, wie alle wichtigen Leute bei den Systemen.

»Dem Koordinator geht es«, so webt der OSchuDir die Gesprächsgirlande weiter, »um den engeren und tieferen Ausbau der Beziehungen zwischen GroSchuZ und Medienmacht.« Daß er die Ellbogen-Konversation des Bunzewicz ohne Wimperzucken hinnimmt, zeigt, wie wichtig für ihn die Medienmacht ist – schließlich ist er gelernter Politiker.

Hegedüs stellt sich dumm, und das mit Wonne. »Fein. Das Wesentliche ist ja geregelt seit 1994, oder? Die Software wurde doch von der gemeinsamen Kommission des Innen- und des Kommunikationsministeriums erstellt. Der mehrstufige und differenzierte Transfer aus unseren Beboachtenden Fahndungs-Kanälen ins öffentliche System ist automatisiert und computerisiert. Die epochemachende Quantifizierung des ET-Werts ...«

Der Koordinator streckt die Papyrossi wie einen Dirigentenstab über ein ungebärdiges Orchester. »OSchuR, OSchuR! Wenn es nur um die Theorie ginge, um den von Ihnen erwähnten Emotional Threshold etwa, würde mir meine Rechtsabteilung genügen. Oder mein alter Freund hier.« Die Papyrossi weist auf den OSchuDir, einen dressierten Pudel. »Aber wie die praktische Existenz der Abteilung AUSDRUCK & AUSWERTUNG II zeigt, genügt die alte Theorie nicht mehr. Ich möchte ...«

»Ich habe Herrn Bunzewicz bereits erklärt, daß AUS ZWEI eben dafür geschaffen worden ist, die empirischen Grundlagen für eine eventuell nötige Fortschreibung unserer Austausch- und Weitergabe-Software zu erweitern und zu verfeinern.« Der OSchuDir redet für seine Verhältnisse schnell und unhöflich, verheddert sich im eigenen Gerede, Bunzewicz kann und darf nachsichtig lachen. »Der OSchuR sieht mir nicht so aus, als gebe er sich mit einer solchen Windbeutel-Definition seiner Tätigkeit zufrieden. Aber stellen wir das vorläufig zurück, und gehen wir es von unserem Ende aus an.« Überraschend leert der Koordinator sein Cognacglas mit einem Ruck und schenkt sich selbst aus einer Flasche nach, deren schmuddeliges Etikett höchste Preisklasse verrät. »Ich frage Sie, OSchuR: Was für merkwürdige Kurzware bekommen wir von euch herüber in die öffentlichen Kanäle? Das Angebot wird trüber und trüber, reicht kaum mehr aus für Sondermeldungen und On-the-spot-coverage. Mal irgendeine Tante Anna auf Amoklauf mit dem Brotmesser, ein von Fans zerschlitzter S-Bahn-Zug – dergleichen Provinz-Zirkus ...«

»Die Schaltung in die öffentlichen Kanäle ist automatisch, wenn der ET-Wert erreicht ist.« Hegedüs leiert dümmlich und stolz, wie ein mittelmäßiger Schüler, der gut gelernt hat. »Wenn der ET-Wert verändert werden soll, muß das auf der politischen Ebene zwischen Innen- und K-Ministerium ausdiskutiert werden. Wenn er hinaufgesetzt wird, wird sich das Angebot rein zeit-quantitativ allerdings drastisch ...«

»OSchuR, ich gehe davon aus, daß ich Ihre Intelligenz nicht beleidigen will, und es wäre wohltuend, wenn dies auch Ihr Ausgangspunkt für unser Gespräch wäre.«

Der Koordinator lächelt machiavellistisch, der OSchuDir ist in diesem Augenblick nicht mehr vorhanden, ist ins Tiefkühlfach abgestellt. »Ich definiere nochmals das Problem von unserem Standpunkt aus und etwas genauer. Laut unseren ET-Experten hat sich in den letzten sechs Monaten ein nahezu debiles, ein kretinöses Element in Ihr Sensationsangebot eingeschlichen. Gewohnt, Zusammenhänge herzustellen, haben wir das Element der Gleichzeitigkeit herangezogen und festgestellt, daß ziemlich genau vor sechs Monaten diese Abteilung AUSDRUCK & AUSWERTUNG II geschaffen wurde, die so gut wie keine Publicity hat und deren Arbeitsbereich, gelinde gesagt, nebelhaft ist – ganz abgesehen davon, daß keine Abteilung AUS-DRUCK & AUSWERTUNG I existiert.« Die Papyrossi wird kunstvoll in einem Turmalin-Ascher zerquetscht, eine neue wird kunstvoll kreuz und quer gekniffen, hinter einem Wall des Schweigens, der wirkungsvoll-bedrohlich sein soll. Bunzewicz sieht Hegedüs an, der OSchuR sieht seinen Feind im Kaftan an, dann sagt er trocken: »Reden Sie weiter. Es scheint Ihnen gutzutun.«

Ätzende Feindschaft hängt jetzt im A-U-Raum. Der Koordinator sieht den OSchuDir an, der hat nun den schwarzen Peter, und Hegedüs fährt sanft fort: »Entschuldigen Sie, Koordinator, aber Sie wissen das besser. Das alles gehört nicht auf meine Ebene. Ich befolge Weisungen, das ist alles. – Ich darf mich wohl, es wartet bedeutendes Material auf meine Auswertung ...«

Er steht auf.

Bunzewicz ebenfalls. Er richtet seine Zigarette auf die Stirn des OSchuR, redet aber mit dem OSchuDir, ein kalter Geiselnehmer, alles andere als lächerlich. »Unser Gesellschaftssystem beruht auf dem Bündnis von Medienmacht und moderner polizeilicher Präventivmacht. Ein derartiges Bündnis verlangt uneingeschränktes Vertrauen. Sie haben Gelegenheit, es zu untermauern. Zudem haben die Medien ein Recht darauf, die Mechanismen der Exekutive zu kennen, sie fürs Publikum zu analysieren – Teil des demokratischen Prozesses. – Ich mache folgenden Vorschlag: Hier steht ein Terminal. OSchuR Hegedüs, dessen Intelligenz und Integrität ich während unseres kurzen Gesprächs schätzen gelernt habe, läßt sein Material hierher abrufen. Während er sichtet und auswertet, erklärt er uns anhand dieses Materials die Gesamt-Aufgabe von AUSDRUCK & AUSWERTUNG II. Ich garantiere Ihnen, daß die SüdTEL und alle anderen Medien dieser Abteilung breitesten publizistischen Raum und, wenn möglich, breite Unterstützung gewähren werden. – Na?!«

»Gern«, sagt Hegedüs gleichmütig. Er ist aus dem Schneider. »Gern, wenn der OSchuDir Weisung erteilt.«

Der OSchuDir steht nun auch, starr, von übermenschlicher Macht an höchste Weisung gefesselt, während vor seinen vortretenden Augen Dutzende von politischen Fellen den Strom hinabschwimmen – hinab auf immer. »Das«, sagt er unhörbar, »übersteigt meine Kompetenz.«

»Ich verstehe.« Der Koordinator lächelt, mörderisch und abstrakt. »Nun, wir werden handeln müssen – im Sinne unserer demokratischen Pflicht für öffentliche Transparenz. Und im Sinne des erwähnten Bündnisses. Ich verabschiede mich. Bitte bemühen Sie sich nicht, ich finde mich zurecht.« Die Opanken gleiten über den Kaschmir-Teppich, die Sicherheitstür seufzt wehleidig.

OSchuDir und OSchuR warten, bis die letzte schalldichte Falz geschlossen ist. Dann läßt sich der Direktor auf das Sofa fallen, er leert sein Cognacglas, das er bisher nicht angerührt hat. Er stöhnt pein- und lustvoll, die Etikette ist aufgehoben. »Jetzt haben wir den Salat.«

»Den Bündnis-Logik-Salat.« Hegedüs greift sich den nachgeschenkten Cognac des Bunzewicz: unterhalb des Penthouse-Niveaus ist die Marke nicht zu haben. »Dieses Bündnis – präventive Polizeihygiene und Medienmacht – richtet den Salat selber an. Wir beide können nichts dafür. Sie nicht, ich auch nicht.«

»Philosophie!« brummt der OSchuDir. »Die Vermeidung der nächstliegenden Fragen. Und die nächste, die allernächste, läßt sich zwanglos so formulieren: wie kommen wir aus der Scheiße heraus?« Er richtet rotgeäderte Augen auf Hegedüs. »Dieser Faschingstyp wird jetzt loslegen. Er wird uns seine Hunde auf die Pelle hetzen. Er wird …«

»Philosophie«, unterbricht Hegedüs, »hätte schon was genützt, wenn wir sie rechtzeitig angewendet hätten.«

Er haut das leere Glas auf den Tisch, er beginnt über den Kaschmir zu tippeln, den Kopf gesenkt, die Hände hinterm Rücken verschränkt. »Präventive Polizei und Medienmacht, was heißt das? Das heißt Zwang zu möglichst viel Konformismus – und gleichzeitig Zwang zu möglichst viel Sensation. Das ist Knallgas, Millionen in der Höhle Platos …«

»Platow? Der russische Spezialist?« Der OSchuDir erinnert sich dunkel, den Namen in einem morgendlichen Pressespiegel gelesen zu haben.

»Den weniger«, antwortet Hegedüs trocken. »Ich meine Igor Athenowitsch Plato, den bekannten griechischen Kommunikationswissenschaftler, zirka 400 vor unserer Zeitrechnung. Er meint, daß die Menschheit in einer Höhle sitzt und von der Wirklichkeit nur die

Schatten wahrnimmt, die der Feuerschein an die Wand wirft. Nun, genau das liefert die Medienmacht – auf fünfzig Kanälen. Sie liefert Drama, sie liefert Schnulze, sie liefert mehr oder weniger intelligentes Geschwätz – und sie liefert das, was wir ihr automatisch überstellen, wenn der ET-Wert stimmt: Amokläufer, Geiselnehmer, Gentleman-Einbrecher, Terroristen. Frei Haus. Das Abkommen von 1994 hat das logischerweise automatisiert. Und Millionen, Milliarden Augen hocken in der Höhle und glotzen. Weggetreten, weggehängt. Logische Folge: der intelligentere oder der vitalere Teil der Bevölkerung stülpt den Handschuh um. Er merkt, daß er von der Wirklichkeit ferngehalten wird – mehr oder weniger systematisch. Er geht davon aus, daß es nicht Wirklichkeit ist zu sehen, sondern gesehen zu werden.«

Er fährt herum, er springt auf den Tisch zu, stützt sich auf die Knöchel, die Haut um seine Augen, mit denen er den OSchuDir anstarrt, ist weiß. »Hunderttausende sind schon auf der Schwelle, Chef. Hunderttausende. Sie sollten sich mal die ganzen überwachten Telefonate anhören, die wir auf Disketten haben, in der Dokumentation: Schatz, toll warst du gestern, hab dich gesehen bei dem Picknick im Landschaftskanal, hab dich erkannt beim Gruppenschmus im Soft-Porno-Kanal 43 oder im Sommerschlußverkauf im Meschnarod, Kanal 14. Das ist die rauschende Wirklichkeit für die Leute, verstehen Sie? Leben der Kanäle, der Rinnsale, der Stromschnellen, der großen Zentralbetten, gleichviel. Und dann – dann kommt einer von hundert drauf, daß er selbst daran drehen könnte, und einer von tausend kommt auf den Trichter mit den automatischen Zuschaltungen, und das sind unsere Kanalspringer, Chef, unsere Schirm-Springer, sie boxen sich in die Medienlandschaft hinein, je verrückter, desto besser. Und je klüger, desto gefährlicher. Ich habe jetzt einen Fall ...«

»Er wird früh genug raufkommen.« Der OSchuDir will's nicht genau wissen, er will Befehlsempfänger bleiben, das ist bequemer. »Tja ...« (die Falten um den Mund von Hegedüs knistern) »gegenzeichnen müssen Sie schon. Das nimmt Ihnen AUS II nicht ab. Wir sind die Abortgrube, aber den Spülknopf müssen Sie schon drücken.« Er richtet sich auf, geht zur Tür. Die öffnet sich nicht sofort, der Daumen des OSchuDir nähert sich nur langsam der Sensor-Muschel. »Wann wird's ein Ende haben?« fragt er erstickt.

»Im Gegenteil, es wird schlimmer«, sagt Hegedüs über die Schulter. »Positives Feedback. Es werden mehr und mehr. Trotz unserer Runterspiel-Politik.«

»Wir müssen eine neue Lösung finden.«

»Im Bündnis mit der Medienmacht? Na Mahlzeit.«

4

Im Abstellraum meldet das Terminal:

ORDER DREI/VIER/FÜNF AUSGEFÜHRT.

»Tüchtig, tüchtig«, grunzt er, während er weiterliest:

stimme NH BEFA III in beni's bajazzo identifiziert. ZEIT 030699/1531–1536. PARTNER genannt ›lájos‹ identifiziert als LAJOS LEDERER hardwareelektroniker z zt arbeitslos springtown weinbergerstraße 145/VIII. OVER.

»Na dann los«, sagt Hegedüs und drückt auf den ORAL RECALL-Knopf. Die eine Stimme ist kultiviert, fast zu kultiviert, die andere nuschelig-angeberisch, aber ichschwach – der Hardware-Lájos. Beide sind mäßig alkoholisiert. Lájos ein bißchen mehr. Die Filterqualität ist nicht die beste; die beiden standen vermutlich vor einem Sportskanal an jenem 3. Juni, die meisten Drückeberger-Bars bleiben in den Sportskanälen, Europokal Sindelfingen gegen Plovdiv, oder was immer da läuft

– *Schau dir das an, Sondermeldung ... dämliche Holzerei, is alles. Karottenköpfe. Paar blut'je Nasen, ist alles ... Sensasjon, Sensasjon. Mensch Kolja, dafür blenden die Sport aus. Alles kommt runter. Das ... Ssistehm. Affenschande. – Noch ein', Beni ...*

– *... könnten das besser, was Lájos? Wir zwei ... hätten mehr zu bieten ...*

– *Hätte jeder. Und da hab ich mitge ... mitgemischt. Affenschande. Schäme mich Kolja ... doch ...*

– *... wußte gar nicht ... hast du nie gesagt, daß du beim Fernsehen ... in einer Redaktion?*

– *Fernsehen? Ich? (Müdes Lachen) Redaxjon, ich, Mensch ... Ich bin doch Hardware, Kolja, Hardware ... hab mich selber wegrassjonalisiert ... Schaltungen eingebaut, die Au-tomatik ...*

– *Mensch Lájos, erstarre in Ehrfurcht. Hardware ...*

– *Mann! Was ist mit dieser Automatik ... Da die Dings, die Sondermeldungen, die werden doch von den Redaktionen in den Lokal- und Zentralkanälen ...*

– *Eiwei eiwei. Echt hinterm Mond Kolja, nix für ungut, aber ... echt hinnern Mond. Reporter-Nostalgiefilme, wa. James Cagney oder ... Bogart. Strohhut im Genick. Fixe Jungs. Schnüffeln auf ... Revieren rum ... heiße Tips von den Bullen, rasen los mit Blaulicht und Kamera ... Mensch Kolja, keine Spur mehr, keine Spur. Der ganze ... die gansen Sens-sasjoonen komm' direkt von den GroSchuZ Kanälen. Au-tomatsch, strengt sich keiner mehr ... keiner.*

– *Aber ... was tun die dann ...*

– *Die hocken auf ihren Bee-Vier-Ärschen und glotzen, genau wie wir, Kolja, genau wie wir. Alles schon parat auf den*

Bullen-Kanälen parat. Nimm die Schläger da zum Beispiel.
Die … Carrotheads. Sind doch längst unter Befa Eins oder
Zwo. Mensch, GroSchuZ kennt doch jeden Nasenpopel von
den' … Befa Eins, Befa Zwo, drei, … einsweidrei im Sause-
schritt, Onkel Herold stolpert mit …
– Aber das geht doch … ich meine technisch nicht … für so-
viel Beobachtende Fahndung, das ist doch Befa …
– Klar.
– …brauchst du doch Millionen, ach was … Milliarden
Bullen, rein finanziell schon nicht, abgeseh'n von …
– Wadenn wadenn, du verstehs' Prinßip überhaups nich …
Prinßip der totalen präfentiefen Hüchjehne … sind die
DATEN, Mensch! Die Datennetze! Die Daten selber sin'
da … jede Menge, ganz einfach. Zehntausende auf BEFA
Eins, wird einfach präfentief auf EDV … Dollpunkte, ver-
stehste. Abweichung. NC, Non-kon-for-mität. Karottenkopf,
oder du has' was mit einer Pudelhündin, oder du liest Zeit-
schriften … Automatische Dollpunkte …
– Ah. Automatische Schildwachen, sozusagen. Schibbo-
leths … leuchtet ein …
– Schibbo … was isndas … Noch ein' Beni.
– Parolen, die man richtig aussprechen muß. Wie bei be-
wachten Objekten …
– Richt'ch. Po-tenzjell subversief, kriminell, nur potenz …
Du darfst alles, verstehste? Sind eine tolerante … vielleicht
die toleranteste Gesellschaft überhaupt, nix Grobes, keine
Grobheiten auf Verdacht … und dann die … Klasterchen …
– Die was?? Beni, mir auch noch mal dasselbe bitte …
– Cluster, Sto-cha-stische Cluster. Kennste doch … Statistik.
Weitere Non-Konformit-täten, Punktpunktpunkt, läppert
sich … wird Kurve. Einsweidrei im Befaschritt bis Drei, ab
da wirds in-di-vi-duell. Und wenn das Dings, der ET-Wert,
also … das ist … so'ne Gefühlsschwelle … wenn die kippt,
wupps, biste überstellt in den Sensasjons-Kanal, fliegst ins
traute Bildschirm-Heim … (Trällert:) Auf den Flügeln –
bunter Träu-häume …

– So ist das. So ist das also. Rein theoretisch … ich meine,
wenn man sich das ausknobelt, wenn man rechtzeitig auf die
richtgen Auslöser …
– Kannste einschweben. Kannste Kanäle … Aber schau dir
nur an, was durchkommt, Mensch, den Dreck da, die Halb-
starken-Keilerei … Und dafür hab ich …
(leise) Die Seele, der im Leben ihr göttlich Recht …
– Wassn das …
– Bestell Sekt, Lájos. Sekt. Sofort.

Das war's und es ist eindeutig. Was ihn, Hegedüs betrifft: man könnte hier abhaken und den Vorgang zum
OSchuDir raufschicken, mit der entsprechenden Emp-
fehlung. OK – und Exekutive. Aber das wäre nicht korrekt, und der OSchuR ist korrekt. Es ist korrekt, den
nächsten NC-Punkt abzuwarten und zu sehen, ob er
den Cluster vollendet, die Richtung eindeutig be-
schreibt. Und man fragt sich nur, wie alles weitergehen soll – ganz abgesehen von diesem Fall Helder …
»Abortgrube«, brummt der OSchuR und zieht ein paar
Falten schmerzhaft nach oben.

Dem Lájos verordnet er noch Befa Zwo. Sozusagen
der Ordnung halber. So ein desperater Schwätzer.

5

Der Cluster vollendet sich zwei Tage später – einige Minuten vor achtzehn Uhr. Die SchuR Shaughnessy, die
jetzt Tagesdienst macht, ruft ihn von AUS ZWEI an,
über die Geheimnummer in seinem Abstellraum. »Ich
glaube, bei NH ist es so weit – möglicherweise. Wenn
du Interesse hast …«

Interesse … Er läßt alles liegen und stehen (drei neue
BEFA-I-Fälle), rennt durch Riffelglas und Schreibtische
und Verwunderung zum Lift (wem in der schönen

neuen Arbeitswelt eilt es noch?) und den Gang entlang und die Betonstufen hinab. Die Schottentür ist schon von innen aktiviert.

Gesammelt sitzt die SchuR am Konsolentisch, die weißen kräftigen Hände verschränkt, und sieht auf den Bildschirm wie eine gute Schülerin aufs Lernprogramm. Auf dem Bildschirm bewegt sich nichts, und er ist sehr dunkel. Die Wiedergabe ist nicht gut, schließlich helfen die besten Penetrationslinsen nichts, auch wenn sie durch Wände gehen, gegen allzu schlechte Innenbeleuchtung. Dann unterscheidet der OSchuR einige kleine Flammen – sechs, acht, ein Dutzend, und einigen verschnörkelten mattgoldenen Widerschein. »Die Kirche vom heiligen Nikolaus«, erklärt sie. »Platz vom 5. September. Irgendeine orthodoxe Kirche. Autozephal, rumänisch oder bulgarisch ...«

»Und wo – ah!« Seine Augen gewöhnen sich an das Dunkel, er hat Helder gesehen. Der liegt platt ausgestreckt, schräg über drei Stufen hinauf, vor dem Zarentor der Ikonostase, der Bilderwand. Der Adler ist nicht größer als eine Wachtel und schimmert gemütlich. »Wie lang ...«

»Vor zehn Minuten ist er gekommen. Er hat am Eingang, an dem kleinen Kerzen- und Schriftenstand, zwölf von den schlanken Kerzen gekauft, nicht die billigsten. Er hat sie aufgesteckt und angezündet – siehst du? – vor der Ikone des heiligen Georg. Dann hat er sich da hingelegt. Hör mal zu.«

Ein gleichmäßiges, manchmal gekräuseltes, stockendes dennoch harmonisches Geräusch, monoton-musikalisch. »Ich spiele den Ton zur Analyse hinauf«, fügt sie hinzu. »Wir sollten bald Bescheid bekommen.«

»Ich gewinne«, entscheidet Hegedüs grob. »Pathologisch. Und hundsgemein geschickt. Wäre außerhalb von Befa Drei überhaupt nicht zu registrieren ...«

»Du gewinnst nicht«, antwortet sie ohne Erregung.

»Was er da tut, taten Millionen ein paar tausend Jahre lang, und das war normal. Völlig normal.«

»In der verrückten menschlichen Vorgeschichte! Nichts da. Ich mache Sie dazu aufmerksam, SchuR Shaughnessy, daß ich von dem Geschäft ein bißchen mehr verstehe als Sie.«

»Haben wir Religionsfreiheit oder nicht?«

»Albern. Darf man sich Kropotkin ausleihen oder nicht? Darf man elf Kilo Puderzucker kaufen oder nicht? Wir sind bekanntlich die liberalste …« Das Telephon piepst kurz, der SchuR drückt auf den Receiverknopf, sie läßt dabei nicht die Augen von der hingestreckten Gestalt vor dem Zarentor: »Aus Zwei.« – Eine mechanische Stimme sagt: »Der Text ist altslawisch. Gebete für einen Toten.«

»Aha. Für ihn selber.«

»Wer sagt das? Ich habe das Dossier gesehen, seine Großeltern mütterlicherseits stammen aus Dobrudscha, er war dort jahrelang in Ferien.«

»Altslawisch. Heiliger Herold, er muß ein Gedächtnis haben wie ein EDV-Speicher.« Beide schauen stumm auf den Bildschirm, auf dem nur die Kerzenflammen unmerklich beben. Dann steht sie abrupt auf. »Es ist achtzehn Uhr«, verkündet sie und zieht Handschuhe über. »Dienstschluß für Wanda.«

»Mangel an beruflichem Interesse«, sagt Hegedüs wütend. »Das ist doch nicht dein Ernst, jetzt, wo der Fall kippt.«

»Das tut er eben nicht. Nicht für mich.«

»Du hast Angst um ihn, stimmts? Angst um einen hundsgefährlichen potentiellen Kanalspringer.«

»Guten Abend. OSchuR.«

»Ich werde eine Eintragung in Ihre Personalakte veranlassen, SchuR Shaughnessy. Das ist mein voller Ernst.«

»Der letzte Satz war überflüssig.« Sie wirft eine Stola

um und verläßt den Raum. Er fletscht die Zähne zwischen weißen Lippen, er wirft ihr einen Blick nach – und versäumt fast zu sehen, daß Nikol Helder aufsteht.

Helder verneigt sich tief vor dem Zarentor, er schlägt das orthodoxe Kreuz von der rechten zur linken Schulter, er tritt an die Ikone des heiligen Georg und küßt sie. Den Heiligen ...? Eben nicht den Heiligen. Er küßt den Drachen. »Gospodi pomiluj«, sagt er vernehmbar und küßt ihn wieder, den Herrn der Unterwelt, den Widersacher. Hegedüs lacht laut und wild. »Völlig normal, was? Total konform. Na warte.« Er haut auf den Telephonknopf: »Mit dem OSchuDir verbinden«, befiehlt er. Eine abgewürgte Silbe, ein knackendes Relais, und dann: »Ober-Schutzdirektor Frisé!« meldet sich die politische Stimme. »Hegedüs? Sie haben Glück, daß ich noch da bin.«

»Weiß nicht, ob Sie Glück haben«, erwidert er. »Der Fall NH ist gekippt. Ich lasse Ihnen die letzten Meter hinaufspielen, BEFA Drei.«

Das Seufzen am anderen Ende ist gerade noch hörbar; es bedeutet eine gestörte Verabredung zum Golf oder zum Beischlaf. Hegedüs steht nun auch auf, er rammt die Hände in die Jackentasche. »Immerhin, Nikol. Verdammter Schlauberger. Sauberes Gesamtkunstwerk. Und ein Sonderangebot für den OSchuR: verpfuschte Beziehungskiste. Merci, du Schweinehund.«

6

Manfred Hegedüs betrinkt sich und schläft deshalb schlecht in dieser Nacht. Er ist ziemlich kaputt, als er um 7.45 Uhr in der GroSchuZ aufkreuzt. Er ist gemein zu dem kleinen SchAssi, der den Nachtdienst in AUS ZWEI abgibt (vier Befa I, zwei mögliche Cluster). Er fährt hinauf in sein Büro, setzt einen Topf Kaffee auf, den er in den Abstellraum mitnimmt. Er sitzt zwischen seinen technischen Türmen, pflegt seinen zusammenge-schraubten Kopf und brütet. »Trotzdem immer mehr. Gospodi Pomiluj«, krächzt er und lacht mit schmerz-verzogenen Falten.

Gegen 8.30 Uhr blinkt das Terminal:

anruf crash ooo please activate.

Es wird die Exekutivmeldung sein, überlegt er. Spring-town, da werden sie Sawatzki angesetzt haben oder Termeulen. Herzversagen also, das ist deren Hand-schrift. Aber es ist nicht die Exekutive. Es ist Koordi-nator Bunzewicz persönlich, morgenfrisch, in einem lindgrünen Kaftan diesmal. »Guten Morgen, OSchuR«, lächelt er eng und intelligent. »Ich meine das als Wunsch – und als Glückwunsch. Ein eleganter Gegen-zug, muß ich sagen.«

»Danke für gar nichts«, antwortet er. »Wer hat Sie eigentlich durchgestellt?«

»Medienmacht, mon cher. Wir waren eben nicht untätig seit neulich. Und Sie offenbar auch nicht. Die Geschichte hat höchsten ET-Wert, also vorläufig Patt.«

»Ich weiß immer noch nicht, wovon Sie reden. Viel-leicht hätten Sie die Güte …«

»Seit Morgengrauen im Dienst, ich verstehe.« Das Lä-cheln wird komplizenhaft. »Sie konnten sich noch nicht um die große Attraktion auf Kanal Zwei kümmern. Wir werden also …«

»Koordinator, Ihr Mißtrauen ist kränkend für uns alle. Für den OSchuDir mehr als für mich.«

»Mißtrauen?« Leises Lachen, eine Papyrossi wird zurechtgekniffen. »Die Geschichte ist interessant, das ist alles. Sie läßt die wahre Bedeutung – oder jedenfalls einen Aspekt ihrer Bedeutung – zum ersten Mal etwas plastischer hervortreten. Ansätze zu intensiverer und –

erlauben Sie – sinnvollerer Zusammenarbeit sollten sich daraus ...«

»Das sind schon Avancen, Koordinator, die Sie nicht mir, sondern dem OSchuDir machen müssen. Ich muß jetzt ...«

»OSchuDir? Ich fürchte, Hegedüs, ich fürchte ganz im Vertrauen, daß er – nun, nicht ganz das Format hat, das wir für die nächste Phase benötigen. Ich bin froh, daß wir uns kennengelernt haben, OSchuR.« Und plötzlich ist er weg, der Haifisch, er hat selbst die Verbindung unterbrochen.

Hegedüs fühlt sich überholt, das macht ihn nervös. Er stellt zum Zwischenarchiv durch und befiehlt barsch: »Spielen Sie mir den Quatsch ein von heute morgen, diese Sensation vom Kanal Zwo.«

»Das U-Bahn-Drama? Natürlich.« Die Stimme der Archivarin ist gänzlich undienstlich. »Auf achtzwo Strich zwo, ja?«

»Logisch. Ich muß das analysieren.«

»Zehn Sekunden, OSchuR.«

Es werden keine zehn, sondern nur acht. Der Schirm zeigt eine Standard-U-Bahn-Haltestelle mit leicht gekrümmtem Bahnsteig, zeigt die fahlen Gesichter des Berufsverkehrs, drei, vier Reihen dicht, darüber ein Zuganzeiger mit Normaluhr, die Plastiktäfelchen flippen und kommen zur Ruhe: U3 CITY. Die Linse fährt langsam auf eine Gruppe von sechs, sieben Köpfen zu, BEFA-Drei-Service, Nikol Helder ist dabei und, logisch, etwas hinter ihm Termeulen, unauffällig wie immer, man sieht gerade noch die Aluminiumkante des üblichen Aktenkoffers in seiner Rechten, die Linke hat er in der Jackentasche. (Er ist Linkshänder.) »Eine aufwühlende Sensation ereignete sich heute morgen um sieben Uhr fünfzig im Berufsverkehr, an der Haltestelle Heinziusstraße der U Drei in Springtown«, verkündet eine künstlich aufgeregte Berufssprecher-Stimme. »Bei der Einfahrt des City-Zuges ...« Hegedüs knipst den Ton weg, er braucht keine Interpretation dessen, was er sieht, er macht seine eigene. Er konzentriert sich auf das Bild – der Zug gleitet aus dem Schacht, am Spalier der wartenden Leiber vorbei. Die Türen öffnen sich – kaum Aussteiger, die Spalierfront formiert sich zu Trauben. Helder ist fast schon drinnen. Termeulen ist ihm näher-gekommen, man sieht seine Hände nicht mehr. Aber sein verwischter Kopf tut einen kleinen Ruck, und dann scheint er kleiner zu werden im Gedränge, scheint zu versinken. Die ganze Traube seufzt ein wenig unwillig, Termeulens Kopf ist weg. Die Doppeltür schließt sich nicht, etwas klemmt, etwas blockiert. Die Traube wird von unverständlichen Rufen zerkrümelt, weicht ausein-ander in einen Dreiviertelkreis. »Was is, was is los, bitte zurücktreten ...« Den Bruchteil einer Sekunde sieht er Helders Gesicht, das sich in der Tür zurückgewendet hat, aber dann zieht die Kameraeinstellung hoch, rich-tet sich von schräg oben auf die Platten des Bahnsteigs, auf die Figur, die da liegt, friedlich, mit geschlossenen Augen, es ist Termeulen, die anderen Köpfe drängen sich wieder zusammen, aber dann scheint ein Befehl zu ergehen, der Dreiviertelkreis wird wieder weiter, und da kniet eine junge Frau neben Termeulen. Es ist die Shaughnessy.

Wahrhaftig und beim heiligen Herold, es ist SchuR Wanda Shaughnessy, sie hebt ihr weißes Gesicht in dem roten Sonnenkranz ihres Haars, sie sagt etwas, er knipst sofort den Ton an: »... Arzt«, hört er. »Fast kein Puls mehr.«

Die Shaugnessy, wie kommt die ... Aber da ist Hel-der. Helder ist vollends aus dem Zug gesprungen, er beugt sich vor, die Kamera steht fast über seinem Hin-terkopf und späht an ihm vorbei und sieht (wie er, wie er) den länglichen dunklen Gegenstand in der Linken des Ohnmächtigen, und Helder bückt sich, greift nach unten … »Sie sehen jetzt«, so der Berufssprecher. »Sie sehen jetzt den entscheidenden Augenblick, der Gegenstand, den der Mann ergriffen hat, der Mann heißt Nikol Helder, das ist in Sekundenschnelle … der Gegenstand, den er ergriffen hat, ist eine Nadelpistole, jawohl, und er hat sich fast gleichzeitig nach links gebeugt und ist über den Ohnmächtigen gesprungen und hat den Arm der jungen Frau ergriffen, er reißt sie hoch, sehen Sie …« Der Sprecherton blendet weg, man hört das originale hohle Seufzen der überraschten Menge auf dem Bahnsteig und die klare Stimme, die Stimme Nikol Helders: »Zurücktreten. Sofort. Bitte freimachen, den Platz. Den Weg zur Treppe. Ich verlasse diese Station. Ich verlasse sie mit dieser Dame. Ich rate Ihnen, mir zu folgen.« Und er geht auf die Rolltreppe zu, ein absurder Liebhaber, die Linke um Wandas Taille gelegt. Eine andere Kamera erfaßt ihn jetzt von vorn, man sieht in Großaufnahme die Nadelpistole, die sich gegen Wandas schwarzgoldene Stola preßt, und der Sprecher säuselt leise-beherrscht: »Klassische Geiselnahme, es bleibt abzuwarten, worum es geht, worum es diesem Verbrecher geht, vorläufig wird nichts zu machen sein, aber unsere SchuPo wird rasch hier sein …« Die Kamera retiriert in einem großartigen Zug schräg über die Rolltreppe hinauf, es ist schon erstaunlich, was die neue Hardware automatisch fertigbringt. »Die junge Frau, ihr Name, wie wir eben erfahren, ist Wanda Shaughnessy, ist unglaublich kaltblütig, wie sie da neben dem wahnsinnigen Entführer die Rolltreppe hinaufgleitet, und jetzt …«

Rascher Schnitt der Kameras, die beiden stehen glitzernd am oberen Ende der Rolltreppe, schräg von unten aufgenommen. Helder ist stehengeblieben, er fährt herum, sein linker Unterarm liegt um Wandas Hals: »Hört zu!« ruft er jubilierend. »Hört zu, ihr Völker! Ich grüße Kanal Eins Zwo Drei! Ich grüße euch, ich hab's ge-

schafft, geschafft, geschafft! Einmal – einmal lebt' ich …«
Eine blitzschnelle, verwischte Bewegung, die Hegedüs
als Judo-Nahkampfgriff erkennt, die beiden Figuren
trennen sich, ein winziges schwarzes Ding wirbelt hoch
und um sich selbst und klirrt auf die Aluminiumschräge
zwischen den Handlaufbändern und stirrt im Zickzack
zum Bahnhof herab, und Helder selbst schreit ganz kurz
und hoch und kommt über Wandas Schulter auf die
gleiche Schräge, Kopf voraus. Nikol Helders Auftritt
geht zu Ende. Vierzig, fünfzig Menschen geraten zwischen die Kamera und den Verrückten, ein Schrei der
Erleichterung gellt durch den Schacht und wird zu
einem Schrei nach Blut und Menschenfleisch. Einige
Schatten in Polizeigrün flitzen jetzt vom anderen Ende
des Bahntunnels heran, aber sie kommen zu spät, um
die drei vier heulenden Schreie zu verhindern, die …

»Zum Kotzen«, stöhnt Hegedüs und schaltet ab. Er
bleibt ein paar Sekunden sitzen. Er müßte das natürlich
noch zwei-, dreimal ablaufen lassen, um es wirklich
zu analysieren. Er müßte feststellen, wo und wie die
Shaughnessy schon in den ersten Einstellungen plaziert
ist. Er will es nicht, und er braucht es auch nicht. »Alles
Karrieristen«, knurrt er.

7

Wanda Shaugnessy kommt gegen Mittag in die Gro-
SchuZ zurück, die Heldin des Tages, der Woche – hundertfach interviewt, hundertfach gefeiert. Champagner-
korken knallen. »Ganz zufällig«, sagt sie bescheiden.
»Verwandte in Springtown besucht, dort übernachtet,
und da …« Der OSchuR geht nicht hinaus ins Haupt-
büro, in die hellblaue Siegesfeier mit Sekt. Er bleibt hinter seiner Riffelglastür stehen, einsam zwischen seinen
Trümmern.

Der OSchuDir hat natürlich auch angerufen: »Zunächst DER Schock, können Sie sich denken … aber im Grunde genau das, was wir im Augenblick brauchen … diese Ratten von der SüdTEL sind vorläufig blockiert. Wir haben sofort analysieren lassen, enormer ET-Wert, enorm, da können die Burschen da drüben …«

Der OSchuR hat nur pflichtschuldigst genickt. Er hat den Esel reden lassen, der nicht nur seinen eigenen Ruin nicht begreift, sondern den Ruin des Programms, des Unternehmens AUS ZWEI, der Klärgrube. Helder und die Shaughnessy haben den Deich gesprengt, den Deich zwischen den Millionen in der Höhle und den Wassern der Wirklichkeit. Seine Botschaft hat Tausende von den Hunderttausend erreicht: ich hab's geschafft, ihr könnt es auch schaffen, ein bißchen Intelligenz, ein bißchen Phantasie, und ihr seid auf den Schirmen, dem Tüchtigen jede Chance. Seit sechs Monaten hat AUS ZWEI gegen den wachsenden Druck gekämpft, hat die GroSchuZ nur mehr dummes und trübes Zeug hinübergelassen, Prügeleien, Vandalismus, ein paar unterbelichtete Bankeinbrüche, um den Reiz aus der Schirmspringerei zu nehmen. Ab heute, ab Springtown, ab Helder-Shaughnessy ist's damit vorbei.

Draußen im Büro steht sie noch immer, die Stola über den Schultern, das Sektglas in der Hand: eine Filmdame aus den Schnulzen der Dreißiger Jahre. Sie lächelt und lacht, sie nickt, die jungen Laffen drängen sich und lecken ihren Ruhm auf. Hegedüs greift sich ein Mikro, hält es an die Lippen und brüllt: »SchuR Shaugehnessy zum Rapport beim Chef!« Die Lautsprecher dröhnen. Die Shaughnessy zieht eine Schnute, die jungen Herren lachen und geben sie frei, und einer, o du unsterbliches Wien, küßt ihr doch tatsächlich die Hand. Sie stellt das Sektglas ab, räkelt die Stola zurecht und kommt aufs Büro zu. So dämlich, dabei mit den Hüften zu wiegen, ist sie nicht.

Sie tritt durch die Riffelglastür, schließt sie, bleibt stehen und blickt ihn fest an: »Er sollte seine Chance haben.«

Er trotzt ihrem Blick, er kann ihn nicht besiegen. »Du hast das Programm ruiniert, das ist dir klar.«

»Welches Programm? Das Killer-Programm?« Sie reißt hastig die Stola von den Schultern, wirft sie auf den Schreibtisch. »Dieses miese Dreigroschenprogramm, diese Rückzugs-Hilfe? Wieviel Kippfälle wollt ihr denn noch hinüberbefördern, OSchuR? Ungefährer Überblick, na? In den ersten Monaten fünfundfünfzig, demnächst ...«

Fünfundfünfzig Psychopathen. Fünfundfünfzig mögliche Amokläufer, Paranoiker, Massenmörder. Er geht ihr in den Abstellraum voraus, sie folgt ihm ruhig, er dreht sich plötzlich um und schlägt ihr ins Gesicht. Sie zuckt nicht zusammen.

»Du wirst Karriere machen, Schura. Gratuliere.«

»Trottel. Lächerlicher steinzeitlicher Trottel. Er ...«, sie ruckt mit dem Kopf, »er hatte wenigstens eine Vision. Er wollte leben – einmal. Willkommen dann, du Stille der Schattenwelt ... Er war normal. Wir sind verrückt. Wir alle. Du, ich, Termeulen, die ganze Gro-SchuZ. Normalität und Sensation: absolut verrückt. Kannst du mir sagen, wie das weitergehen soll?« Sie legt eine schlanke kleine Pistole unters Terminal. »Nicht Termeulens, meine. Er hatte finale Ladung, ich nur Lähmung. Er ist jetzt schon wieder soweit in Ordnung.«

»Er wird durchhalten, wenn er schlau ist«, murmelt Hegedüs. »Er wird den Mund halten. Alles andere wäre schlecht für seine Akte.«

Er sieht sie noch an, aber er sieht sie nicht mehr. Hinter seinen Falten denkt es, dann lacht er plötzlich. »Vorläufig sind wir noch in der Schwebe. Vorläufig. Aber natürlich wird sich da einiges ändern müssen. Wir werden aus der Abortgrube steigen, Schura, ans Licht des

Tages. Mit offenen Karten spielen. Wir haben nicht die schlechtesten Trümpfe dabei, es sind schließlich die Medien selber, die sich kaputtmachen, wenn's so weitergeht. Das wird personelle Folgen haben – bedeutende. Es wäre deiner Karriere sicher förderlich, wenn dich der neue OSchuDir zum Abendessen einladen würde.«

»Du bist der Karrierist, nicht ich«, sagt sie achselzuckend und dreht sich um. »Ich kündige.«

»Das geht nicht, du weißt das.«

»Na und?« Ihre Augen leuchten, und sie sagt feierlich: »Einmal lebt' ich wie Götter, und mehr bedarf's nicht.«

Was treibt das einfache Volk?

Es war einmal ein Kasten, der barg tausend Welten und brachte wie verrückt immer neue hervor.

Diese bestimmte Welt, die sich gerade in einem besonderen Kasten abspielt, ist seit langem in Gebrauch und daher vertraut. Eine Anzahl Männer in blauen Uniformen ist damit beschäftigt, eine Konstruktion aus rohbehauenen Baumstämmen, wie sie allgemein als ›Fort‹ bekannt ist, zu verteidigen. Sie kämpfen mit furchteinflößendem Grimm gegen eine große Gruppe heranstürmender Eingeborener.

Was jedoch als nächstes geschieht, ist das Ergebnis der weiterentwickelten Kastenwelt. Die Eingeborenen und die Soldaten werden durch eine hübsche blonde junge Frau ersetzt, bei der die äußeren Zeichen ihrer offensichtlichen Zugehörigkeit zur Gattung der Säugetiere vermutlich weiter entwickelt sind als irgend etwas sonst an ihr. Eine Anzahl bunter Grafiken und Fotos erscheinen an der Wand hinter ihr. Auf die bezieht sie sich, als sie sagt:

»Guten Abend, Tri-Vee-Zuschauer! Es ist wieder soweit. Sie, unser treues Publikum, können nun entscheiden, wie die heutige Episode von ›Der Komantsche‹ ausgehen wird.

Wie Sie sehen konnten, haben die zahllosen Vertragsverletzungen und Landnahmen der goldsuchenden Bergleute die Komantschen unter Red Hawk, ihrem mutigen und enorm männlichen Häuptling, dazu getrieben, Fort Resolution anzugreifen. Alternativ dazu könnten Red Hawk und seine teuflischen Wilden auch einen grundlosen, grausamen Überraschungsangriff auf das Fort und seine unschuldigen, entschlossenen Insassen durchführen.

Es liegt an Ihnen zu entscheiden, wie es weitergeht! Werden der Häuptling und seine mutigen Krieger die Blauröcke besiegen? Oder werden Colonel Jepson und seine Verbündeten den barbarischen Überfall erfolgreich zurückschlagen? Wer soll die Oberhand gewinnen?«

Obwohl sich das in ähnlicher Form hunderte Male in einer Saison wiederholt, klebt die Aufmerksamkeit einer Gruppe gutgekleideter Geschäftsmänner, die an einem langen Tisch sitzen, so fest am Geschehen wie ein Blutegel. Der Tisch besteht aus handgeschnitztem Mahagoni mit Intarsien und wurde im sechzehnten Jahrhundert von einem unbekannten französischen Künstler hergestellt.

An einem Ende des Tisches sitzt ein junger Mann, der irgendwie nicht in diese Gruppe paßt. Nicht nur sein vergleichsweise junges Aussehen macht ihn zur Ausnahmeerscheinung, er findet darüber hinaus auch wenig Gefallen an dem Drama in der Kastenwelt. Vielmehr widmet er sich der genauen Betrachtung seiner eigenen Hände.

Irgendwo in der Kastenwelt hat eine Glocke geläutet. Die berühmte junge Dame, die in ein Notebook vertieft war, sieht nun auf.

»Ich fürchte, unsere Zeit ist um. Haben Sie alle Ihre Entscheidungen getroffen? Gut! Wer Red Hawk favorisiert, kann nun auf die rote Taste ihres Kinovoters drücken; das ist Taste Nummer eins. Wer aber für Colonel Jepson ist, drückt bitte Taste zwei, die grüne Taste. Wenn Sie das noch nicht getan haben, dann drücken Sie bitte jetzt.«

Das edle Gesicht des Komantschenhäuptlings erscheint auf der Bildfläche, dann sieht man die Hand der Frau im Bild, die über den Arm eines Sessels gleitet und auf eine rote Taste drückt. Nun folgen das Bild des edlen Colonels Jepson und das Drücken der grünen Taste. Die Tasten leuchten in ihren Farben auf.

»Erinnern Sie sich, Taste eins für Red Hawk und sein Gefolge, Taste zwei für den Colonel und seine Kavallerie.«

Der junge Mann sieht kurz auf den Schirm des Tri-Vee. Sein Name ist David Texas. Der große Glatzkopf, der zu seiner Rechten sitzt und eine fette Zigarre, aus der narkotisierende Schwaden aufsteigen, zwischen den Lippen hält, heißt Don Texas. Er ist Davids Onkel. Wenn David gekonnt hätte; hätte er das vermutlich geändert, aber in dieser Angelegenheit hatte er nichts zu sagen.

Don lehnt sich zu ihm und flüstert ihm ins Ohr:

»Die Indianer werden gewinnen. Normalerweise ist das nicht so eindeutig, aber diesmal sind Frauen und Kinder in dem Fort. Für mich ist das keine Frage.«

Eine Landkarte der Nordamerikanischen Union ist auf dem Bildschirm aufgetaucht. Rot und grün glühende Figuren tauchen in jeder Provinz und jedem Staat auf.

»Und da kommt sie, meine Damen und Herren!« berichtet die Blonde ganz außer Atem. »Ihre Stimme, *Ihre* Entscheidung, mit blitzartiger Geschwindigkeit durch die neuste Generation der CBC-Computer ermittelt! Das Endergebnis wird nun jede Minute feststehen ... jetzt ...!«

Zwei Zahlen leuchten auf dem Schirm auf. Die erste ist rot und heißt: INDIANER: 32 657 894. Die zweite ist grün: KAVALLERIE: 19 543 255.

»Und hier sind die Ergebnisse, verehrte Zuschauer, ermöglicht durch CBC und Frosty-O, die Cornflakes, in denen alle Vitamine, Mineralstoffe und Tranquilizer stecken, die jeder normale, gesunde Erwachsene täglich braucht. Nun, das aufregende Ende der heutigen Episode ist von Ihnen, dem Publikum, entschieden worden.«

Als wäre nichts geschehen, kehrt die Kastenwelt einfach zu ihrem eingefrorenen Kriegszustand zurück. Aber irgend etwas muß passiert sein, denn die Wilden haben plötzlich Verstärkung durch einen anderen Stamm bekommen, der von Red Hawks Cousine, Little Sparrow, angeführt wird. Die Kavallerie ist diesem zweiten Ansturm nicht gewachsen. Sie ist zu geschwächt, das Tor wird aufgebrochen, und aus dem Kampf wird ein sehr realistisches Abschlachten der Einwohner des Forts, bei dem die Kamera liebevoll verweilt. Das wird eine ganze Weile fortgesetzt. Beliebt und häufig angewendet werden augenblickliche Wiederholungen, Nahaufnahmen und Zeitlupe. Schließlich und unvermeidlich blitzen die Namen der Mitwirkenden auf, untermalt von dem Leitmotiv der Serie, einer aufwühlenden Melodie aus dem alten Westen.

Die Atmosphäre um den reichverzierten Tisch entspannt sich. Die Kastenwelt beginnt die Abenteuer von Rock Steel, einem interstellaren Scout, aufzulisten, aber der verschwindet rasch aus dem strahlend hell erleuchteten Büro. Rock Steel ist ein Paria. Seine Serie ist kein Produkt von CBC, und keiner der Anwesenden sieht sie sich an.

Am Kopf des Tisches erhebt sich ein schmaler, älterer Herr. Der Blick seiner freundlichen blauen Augen wandert den Tisch entlang und erheischt sowohl von seinen Verbündeten als auch von seinen heimlichen Feinden Aufmerksamkeit. Er hat ein paar Falten und volles weißes Haar, das wie geschlagene Sahne an seinem Kopf klebt. Er hat die Gestalt eines Heiligen und das Gemüt einer Puffotter.

»Meine Herren, ich denke, wir haben einen Hit an der Hand.«

Die Versammlung murmelt Zustimmung.

»Das war die Aufzeichnung der Episode von ›Wahre Geschichten aus dem Wilden Westen‹, die in der vergangenen Woche gesendet wurde. Zum dritten Mal in Folge hat die Zahl der wählenden Zuschauer die Fünfzigmillionengrenze erreicht. Wie finden Sie das?«

»Da gibt es keinen Zweifel, R.L.«, stößt der Comptroller hervor. »Das Publikum ist ganz verrückt danach. Und, wenn das so weitergeht, werden unsere Quoten noch weiter in die Höhe schnellen.«

»Dem stimme ich zu, Sam. Frosty-O denkt genauso, und sie haben verlauten lassen, daß sie an einem Dreijahresvertrag interessiert sind. Was meinen Sie dazu, Will?«

»Trotz aller Ausgaben, R.L., scheinen sich die Einnahmen leicht über dem Produktionsetat eingependelt zu haben.«

»Ausgezeichnet, Will. Marple?«

»Eine hervorragende Produktion, R.L.! Bei aller Bescheidenheit denke ich, daß jeder, der mit der Sendung zu tun hat, unser uneingeschränktes Lob für die ausgezeichnete Umsetzung der Idee verdient.«

»Eine drollige Wortwahl, Marple«, sagt David. »Wenn ich mich recht erinnere, dann sind Sie doch der Mann, der direkt dafür verantwortlich ist, daß ›Wahre Geschichten aus dem Wilden Westen‹ auf unseren Produktionsplan kam?«

»Nun ja, ich habe die Ehre«, antwortet Marple bescheiden.

»Und es stört Sie nicht, daß Dutzende Schauspieler und Schauspielerinnen verstümmelt und bestialisch ermordet werden, um Ihren Sinn für künstlerisches Bemühen sowie die Werbeabteilung eines aufgeblasenen Cornflakesherstellers zu befriedigen?«

Marple ist dieses Argument noch niemals zuvor untergekommen, und daher ist er derart von dessen Einzigartigkeit überrannt, daß er nur noch »W-wa-ass?« stottern kann.

David steht abrupt auf und blickt über den Tisch hinweg auf den überraschten Programmgestalter. »Ich habe Sie gefragt, ob Sie keine Reue empfinden, weil Sie jedes Jahr Hunderte von Darstellern kaltblütig ermorden lassen?«

»*Wirklich*, R.L.«, sagte Marple. »Da muß ich protestieren. Ich … ich …« Würdevoll wendet er den Kopf, um David anzusehen. »Sie müssen wissen, Mr. Texas, daß ich persönlich mit jedem Darsteller rede, der in ›Wahre Geschichten aus dem Wilden Westen‹ auftritt. Sie wissen, was sie erwartet. Wir halten uns strikt an die Regeln. CBC hat, wie ich hinzufügen möchte, die besten Autotechs und Restaurateure der Branche. Natürlich kommt in seltenen Fällen mal jemand mit einer kleinen Narbe oder Kerbe aus der Show, aber das ist nun mal Berufsrisiko.«

»Und was ist mit den psychischen Narben, Marple? Sicher, niemand wird bleibend verletzt. Aber sie *spüren* die Kugeln und Pfeile, die sich in ihr Fleisch bohren, sie fühlen die Wunde und den Schmerz, das …«

»Nun ist es aber genug, Mr. Texas«, schnauzte R.L. »Wir leben nicht im zwanzigsten Jahrhundert, wie Sie wissen. Ein bißchen Schmerz gehört eben dazu. Schließlich wird niemand gezwungen, Schauspieler zu werden. Und für das Honorar, das wir ihnen bezahlen, können sie wohl mal ab und an eine kleine Verstümmelung verkraften. Haben Sie sich jemals ›Claudius von Rom‹ angesehen? Also, *das* ist eine Sendung, die man sich nur mit einem starken Magen ansehen kann! Ich denke, Sie sollten sich bei Marple entschuldigen.«

Der Würdenträger sitzt da wie der erste Märtyrer.

»Es tut mir schrecklich leid, meine Herren«, sagt

David und schiebt seinen Stuhl zur Seite, »aber ich fühle mich etwas … elend.« Er schenkt der Tischrunde ein gräßliches Lächeln. »Wenn Sie mich bitte entschuldigen wollen.«

Er dreht sich um und geht auf den Ausgang zu, ohne nur im geringsten Notiz von den vierzig Pupillen zu nehmen, die sich in seinen Hinterkopf bohren.

Don Texas springt auf. »Bitte entschuldigen Sie den kleinen Ausbruch meines Neffen, meine Herren, R.L. Er hat es in letzter Zeit nicht gerade leicht. Sie wissen schon, Produktionsprobleme und so.« Er lächelt verständnisvoll. »Ah, und dann natürlich die Probleme der Jugend!«

Die Direktoren, und sogar R.L., scheinen sich ein wenig zu entspannen.

»Schon gut, Don. Aber Sie müssen mit dem Jungen reden, hmm?«

»Sicher, R.L., das werde ich sofort.«

Der Flur ist breit und wird von fluoreszierenden Röhren indirekt beleuchtet. Emsige Menschen beschleunigen Dollars und Cents. David betritt einen der zehn Fahrstühle und spricht in die Luft.

»Fünfundneunzig, bitte.«

»Fünfundneunzig, Sir«, tönt es aus dem Lautsprechergitter des Fahrstuhls zurück.

Er verläßt den Lift und geht eine Reihe von Korridoren entlang, wobei er geistesabwesend einigen Bekannten und einem seiner seltenen Freunde zunickt.

Davids Büro ist ganz in Edelstahl und Plastik gehalten. Echte Weinranken und Kletterpflanzen hängen hoffnungsvoll an durchsichtigen Skulpturen. Unmöglich, in diesem Büro eine anheimelnde Atmosphäre zu schaffen. Der Blechdschungel wird von ein paar Schränken, einem niedrigen Schreibtisch, einem Sofa und dem unvermeidlichen Computerannex ergänzt.

David flegelt sich unzufrieden hinter den leeren Tisch, auf dem sich nicht einmal das kleinste bißchen persönlicher Nippes befindet, der für Schreibtischausstattungen üblich ist. Nach ein paar Momenten seufzt er und drückt auf eine Taste. Daraufhin erscheint ein Bündel Papier, in dem er zu lesen beginnt.

Eine weitere Taste produziert ein kleines Gitternetz.

»Miss Lee, kann ich Sie mal für eine Minute sprechen, bitte.«

Als die Sekretärin hereinkommt, verschwindet das Gitternetz wieder im Tisch.

»Sir?«

»Bitte sagen Sie alle Termine ab, die ich für heute ausgemacht habe.«

»Sehr wohl, Sir.«

Sie wendet sich ab, um zu gehen, zögert aber.

»Äh … Mr. Texas …«

David sieht nicht einmal auf. »Hmmm?«

»Derselbe Herr, Mr … äh … Mr. Slappy Williams, war heute schon wieder hier.«

»Er schon wieder? Nein, keine Besucher, wer auch immer, Miss Lee.«

Sie sieht aus, als wollte sie noch etwas sagen, aber David hat sich bereits wieder in seine Unterlagen vertieft. Die pneumatische Tür schließt sich leise hinter ihr.

Er streckt die Hand aus und drückt auf eine weitere seiner allgegenwärtigen Tasten. Ein kleines Mikro springt aus dem Tisch, dreht sich und richtet sich auf David aus. Die Worte kommen aus dem Papier.

»Gemäß der Entwicklung der neuen Serie ›Die Erschaffung eines Präsidenten‹, lassen Sie mich zunächst feststellen, daß die Kongreßkampagne vom vierten Juni es nicht ratsam erscheinen läßt, zur gegenwärtigen Zeit mit unserer Auswertung fortzufahren, wie der Artikel sieben Strich neun und …«

Die Tür gleitet zurück und eine rundliche, ungepflegte Gestalt platzt in den Raum. Der Mann atmet schwer. Sein Gehabe ist das eines entschlossenen, aber auch verzweifelten Menschen, obwohl sein rundliches, unrasiertes Gesicht eher das Gegenteil vermuten läßt.

David legt den Papierstapel nieder, dreht sich herum und betrachtet den Eindringling.

»Speisen Sie mich nicht so ab, David. Ich versuche seit Wochen mit Ihnen zu reden!«

Eine verwirrte Miss Lee bleibt in der Tür stehen. »Tut mir leid, Mr. Texas! Er wollte nicht auf mich hören und hat einfach die Tür geöffnet!«

»Machen Sie sich keine Sorgen, Miss Lee. Würden Sie bitte den Sicherheitsdienst rufen und ihn bitten, ein paar Männer hochzuschicken?«

Sie nickt und wirft einen schnellen, unfreundlichen Blick auf Williams, bevor sie sich wieder ins Vorzimmer zurückzieht.

»Nun, Slappy. Sieht aus, als hätten Sie ein paar Minuten Zeit.«

Der Komiker geht auf den Tisch zu und legt beide Hände auf die glänzende Tischplatte.

»Dave, ich möchte, daß Sie meinen Vertrag kündigen!«

»Ist das alles?« Er lehnt sich in seinem Sessel zurück, der sich sofort an seine neue Haltung anpaßt. »Sie wissen doch, daß ich dazu nicht die Macht habe, Slappy. Dazu braucht man eine Mehrheit im Aufsichtsrat. Die nächste Vertragssitzung findet in drei Wochen statt.«

»Sehen Sie mich doch an, Dave. Sehen Sie mich genau an.«

Er geht ein paar Schritte zurück und vollführt einen komödiantischen Clowntanz.

»Happy Slappy Williams! Fällt Ihnen irgendeine Unstimmigkeit in meinem Image auf, Dave? Wenn der Gestank von Scotch über den Tri-Vee ginge, wäre mir schon vor Monaten gekündigt worden. Wollen Sie wissen, weshalb ich so aussehe? Ein klein wenig anders als der junge, vielversprechende Komiker, mit dem Sie vor acht Monaten den Vertrag abgeschlossen haben? Gott, bloß acht Monate!«

David beobachtet ihn eingehend.

»Wissen Sie, wie die Quoten meiner Sendung waren?« murmelte er nervös. »Haben Sie die bundesweiten Quoten gesehen? Sie sind niedrig, Dave, so niedrig, daß man ein Mikroskop braucht, um sie zu sehen! Aber das ist nicht der Punkt, o nein! Die Sendung wurde ja *überarbeitet*.«

Er hält inne und beugt sich wieder über den Tisch. Seine schwitzigen Hände lassen die Politur stumpf werden.

»Überarbeitet, niedrige Quoten. Haben Sie eine Idee, auf wessen Mist das gewachsen ist?«

Er imitiert einen bestens bekannten Regisseur.

»›Wir finden, daß Ihre Sendung großes *Potential* hat, aber da ist noch ein klitzekleiner Fehler … und der …‹« Seine Stimme geht in Schluchzen über. »Ich sage Ihnen, ich kann das nicht mehr ertragen, Dave! Sie sind schon schlimm genug, diese üblen Knallfrösche, diese groben Streiche! Manche Jungs können diese Dinge ja ertragen, diese nachwachsenden Arme und Beine, aber ich kann diesen Schmerz nicht mehr aushalten, Dave. Um Himmels willen, Dave, wenn die mich aus der Serie streichen, werden die mich nach allen Regeln der Kunst malträtieren. Die werden mit mir machen können, was sie wollen, denn ich muß dann ja nicht mehr in der nächsten Woche dabei sein. Das halte ich nicht aus! Lassen Sie nicht zu …«

»Ich weiß, was Sie meinen, verdammt noch mal!« explodiert David. »Glauben Sie, mir gefällt das? Aber Sie wußten, was auf Sie zukommt, als Sie den Vertrag unterschrieben haben! Was, zum Teufel, erwarten Sie von *mir*, Mann! Wenn ich irgend etwas tun könnte, glauben

Sie nicht, daß ich es dann schon vor Wochen getan hätte, als es mit Ihnen bergab ging? Glauben Sie, ich hätte es nicht *versucht?*«

Völlig außer Atem bricht er ab. Williams Lippen fangen an zu zittern, und er weicht einen Schritt zurück.

Zwei bärenstarke junge Männer kommen herein und stellen sich neben Williams. Jeder der beiden greift ihm sanft unter einen Arm.

»Guten Tag, Mr. Williams. Möchten Sie nicht mit uns kommen? Wir werden Ihnen nicht weh tun.«

»Sie müssen etwas unternehmen, Dave!« schreit er gequält auf. »Ich werde das nicht überleben, ich weiß, daß ich das nicht kann! Ich kann diesen Schmerz nicht ertragen! Um Gottes willen, Dave!«

Es ist nur Einbildung – das Büro ist nämlich absolut schallisoliert –, aber selbst als sich die gepolsterte Tür schon längst geschlossen hat, kommt es David so vor, als hörte er immer noch die Klagen des Komikers. Er stößt einen tiefen Seufzer aus, ordnet seine Unterlagen und legt sie an ihren Platz zurück, bevor er das Büro verläßt.

Miss Lee blickt auf, als er an ihr vorbeigeht.

»Wo gehen Sie hin, Sir?«

Er bleibt stehen. »Ich gehe, Miss Lee, um über den Sinn des Lebens nachzudenken, über die Sinnlosigkeit der Existenz, über die Beziehung meines jämmerlichen Selbst zu dem großen, unermeßlich weiten Universum, von dem ich das Pech habe, ein Teil zu sein. Kurz, ich gehe in irgendeine Spelunke und lasse mich vollaufen. Bitte notieren Sie das und geben Sie es ein.«

Sie starrt ihm verständnislos nach.

SKIT-SKAT CLUB.

Die harten Konsonanten üben eine seltsame Anziehungskraft aus. Er geht hinein.

Wolken aus parfümiertem und narkotisierendem Qualm

haben das meiste der atembaren Luft zwar schon verdrängt, aber instinktiv findet er den Weg zur Theke. Gebieterisch winkt er den Wirt herbei.

Der erscheint geheimnisvoll wie ein Djinn, und sein Gesicht vermittelt den Eindruck, als hätte sich seine Miene in den letzten sechstausend Jahren nicht ein einziges Mal bewegt.

»Scotch-Soda, mein guter Brutus. Aber ohne Soda.«

Er hat an der Lampe gerieben. Der Djinn verschwindet, kommt aber unmittelbar darauf mit einem Glas voller flüssigem Schimmer wieder. David nimmt es entgegen und dreht sich wie ein alter Wetterhahn, um die Menschenmenge zu überschauen.

Die meisten haben sich um einen großen Tri-Vee-Würfel versammelt, der von der Decke herabhängt. Gerade läuft ein vierstündiger Historienfilm über den Zweiten Weltkrieg. Die Kamera schwelgt im Tod, genau wie der echte Krieg.

David, der sich gerade etwas erleichtert gefühlt hat, wird wieder mürrisch. Der Wirt verwandelt Geld in Alkohol, voilà. David nippt schwermütig an seinem Scotch.

Bei einer besonders blutrünstigen Explosion stöhnt jemand aus dem Publikum auf. Benommene Rufe schallen aus der Menge.

Über alle Maßen entsetzt, dreht sich David zu der Gruppe aus Trinkern um.

»Ts, ts, ts! He, ihr Tiere!«

Durch diesen befremdlichen Ausbruch in ihrer Mitte schockiert, richten sie ihre Aufmerksamkeit auf ihn.

»Ein inspirierendes Schauspiel, meine lieben Mitprolos, nicht wahr?« plappert er los: »Trinken wir einen auf menschliches Blut, möge es immer rot sein, und möge es immer reichlich davon geben!« Er trinkt.

»Der Tod war immer schon sehr unterhaltsam, aber wir haben ihn fabelhaft kommerzialisiert, nicht wahr? Ein paar gewalttätige Momente, mit denen ihr eure ansonsten fade Existenz würzen könnt. Verstümmelung massiert das Herz!« Und dann dreht er sich plötzlich wieder weg.

Ein Kerl von beträchtlichem Umfang und karger Intelligenz läßt es dabei aber nicht bewenden. Er baut sich vor David auf.

»Wen nennst du Tier, Klugscheißer?«

David kichert. »Selektives Hören! Und ich dachte, Alkohol wirke hemmend. Heutzutage sind alle Menschen Tiere, mein fetter, einfältiger Compadre. Wir tanzen alle zu dem selben Rhythmus der Zerstörung.«

Der Mann weist mit dem Daumen auf das Tri-Vee.

»Das ist meine Lieblingssendung, die du da madig machst Junge.«

David reagiert mit einem Ausbruch gespielter Überraschung. »Deine Lieblingssendung! Himmel, wie unhöflich von mir. Und ich schulde dir auch noch eine richtige Antwort! *Attiens!* Ich werde improvisieren.«

Er holt aus und wirft sein Glas in den Würfel. Für einen Büromenschen hat er gut gezielt. Der Bildschirm ist zersprungen. Der Mann kommt einen Schritt weiter auf David zu und hebt die Fäuste.

»Das war aber nicht nett.«

»Was? Eine Aufforderung zum Kampf? Ein Affe gegen den anderen in einem Kampf um Leben und Tod. Nach fünf kleinen Flaschen vom Management zum Rampenlicht! Es lebe die Technik! Es lebe Frosty-O!« Er dreht sich halb um und salutiert vor dem zersprungenen Tri-Vee-Würfel. »Wir, die Todgeweihten, grüßen dich!«

Ein plötzlicher Dreh, und er schlägt dem kampflustigen Riesen aufs Maul. Dem Kerl gefällt das gar nicht, er richtet sich rasch wieder auf und wirft sich auf David. Für einen Moment sind sie ineinander verkeilt.

Die anderen Besucher der Kneipe bilden in Erwartung auf eine Unterhaltung, wie sie nur das wirkliche Leben liefern kann, einen Kreis um sie.

Der Wirt mischt sich ein. Er gibt zwei Herren, die sich im hinteren Teil des Raums befinden, ein Zeichen. Mit geübter Vorsicht reißen sie die beiden Kämpfer auseinander und halten sie fest.

»Werft den Dünnen vorne und den Großen hinten raus!«

David bekommt einen proteinunterstützten Abgang, schafft es aber irgendwie, auf den Beinen zu bleiben. Er dreht sich um und wirft dem Rausschmeißer einige erlesene Schimpfwörter an den Kopf. Der Schädel des Mannes ist allerdings völlig immun gegen solche Waffen. Sie prallen ab wie Regentropfen.

Und dann fließt auch mehr Flüssigkeit in Davids Mund hinein, als aus ihm herauskommt. Die Untersuchung ergibt, daß er aus einer tiefen Wunde an der Stirn blutet. Er nimmt ein Taschentuch heraus, preßt es gegen die Stirn und sieht sich um.

Mit Hilfe der rasch wirkenden Ernüchterungspille schafft er es, eine Televidzelle auszumachen. Bloß seine Credcard zu ziehen und sie in den Schlitz zu stecken, verursacht schon Schmerzen. Den Hörer preßt er gegen die Schulter, während er darauf wartet, daß die Maschine antwortet.

»Privatnummerncode vier-sechs-zwei. Welche Nummer, bitte?«

»767-44533.« Er greift sich mit der anderen Hand an den Kopf und wimmert. Der Videoschirm vor ihm wird klar und zeigt Onkel Don Texas, der in einem seidenen Morgenrock auf einem breiten Sofa sitzt und einen Martini in der Hand hält. Aus dem Hintergrund dringt Musik durch den Lautsprecher, untermalt vom Klang einer kichernden Frauenstimme. Das Bild zoomt abrupt auf eine Nahaufnahme.

»Ist aber eine schlechte Übertragung. Bist du das, David?«

»Ja, hör zu, Onkel Don. Ich komme bei dir vorbei. Ich muß mit dir reden.«

Zwei Hände mit langen roten Fingernägeln strecken sich ins Bild. Don schlägt sie weg, was wieder ein Kichern hervorruft.

»Jetzt? Bist du verrückt?« sagt sein Onkel.

»Es ist wichtig, Onkel Don. Ich … ich denke daran zu kündigen.«

»Was? – Du *bist* verrückt!« Er stiert in das Aufnahmegerät. »Sag mal, was ist denn mit deinem Gesicht passiert?«

David berührt das gerinnende Blut an seiner Wange.

»Das ist nichts. Nur ein Schaden, der während einer Diskussion über die Gepflogenheiten der derzeitigen Programmgestaltung entstand. So was passiert Kritikern ständig.«

Onkel Don grunzt mißmutig: »Sieht aus, als hättest du selbst bei einer Sendung mitgemacht. Also gut, komm vorbei. Aber sollte das irgendein Witz sein, dann kannst du was erleben!«

Als der Onkel auflegt, ist kein Klicken zu hören. David starrt eine Weile auf den leeren Bildschirm, dann verläßt er die Zelle.

Es ist zwei Uhr morgens und eine Kaltwetterfront zieht aus Osten von der Küste heran. David wird naß.

Der Flur in Onkel Dons Hochsicherheitsgebäude ist mit künstlichem Fell und knotigem Kiefernholz ausgestattet.

David geht grinsend auf seinen Onkel zu.

»Hi, Onkel.«

Don nimmt seinen Neffen in Augenschein.

»Ts! Bist du sicher, daß sie alle Teile wieder richtig zusammengesetzt haben? Na, dann komm rein.«

Dons Appartement ist groß und luxuriös. Er bietet David einen Platz an einem niedrigen Tisch an, auf dem drei Stahlkaraffen stehen.

»Setz dich hier hin und beruhige dich, während ich mal sehe, ob ich was finde, mit dem ich deinen Schädel flicken kann.«

Er verläßt den Raum, bleibt dann aber unter dem halbkreisförmigen Durchgang stehen.

David blickt ihn an. Nach einem Moment gießt er sich einen Schluck Brandy in ein Glas und nippt daran. Er sieht sich im Appartement um.

Es hat sich nichts verändert. Die schweren, erotisch rot und purpurfarbenen Möbel stehen immer noch in einem krassen Gegensatz zu dem frühamerikanischen Tisch in der gegenüberliegenden Ecke. Papierkram türmt sich darauf, und auf einer Kante steht ein Micro-kassettenspieler, der auf dünne Plastikstreifen imprägnierte dünne Gedanken von sich gibt.

Don kommt zurück. »Ich hab was gefunden.« Er hält Verbandszeug und eine Sprühdose hoch.

Während David sich vor Schmerzen krümmt, reinigt Don die Wunde und besprüht die verschiedenen Prellungen.

»Bevor du stirbst, würde ich es sehr zu schätzen wissen, wenn du mir noch sagen würdest, was so dringend war, daß du die Sitzung verlassen mußtest.«

»Welche ›Sitzung‹?« fragt er grinsend. Dann, wieder ernst: »Don, seit meine Eltern tot sind, warst du immer zur Hälfte ein Vater für mich und zur anderen Hälfte ...«

Don sieht verärgert aus,

»Oh, um Nielsens willen!« Er verfällt in eine hohe Fistelstimme: »Seit Mama und Papa gegangen sind, warst du *immer* wie ein ...«

Er blickt auf David herunter.

»Wenn du bloß hergekommen bist, um mich mit deinem betrunkenen Kram vollzusabbem, dann kannst du gleich wieder gehen, Neffe!«

David lächelt. »Ist schon gut, Don, nur ruhig.«

Er starrt in sein Glas.

»Wie ich schon sagte, ich möchte das Geschäft verlassen.«

Don sieht in eindringlich an. »Sag, das *ist* tatsächlich dein Ernst, oder? Ich dachte erst, es wäre bloß der Kater.«

Nun gießt er sich selbst einen Drink ein und setzt sich.

»Also gut. *Wieso* willst du kündigen? Ich vermute, dein unpassender Ausbruch heute morgen auf der Vorstandssitzung hat etwas damit zu tun, nicht? Es hat mich eine Menge Zeit gekostet, das alte Puddinggesicht und die anderen zu beruhigen.«

»Don, ist dir noch nie in den Sinn gekommen, daß es zu einem … na ja, einem Gewaltexzeß in unserem Tri-Vee gekommen ist?«

»Oh, also *das* ist es, was dich beschäftigt! David, hör zu! Alles, was wir machen, ist, den Menschen das zu liefern, was sie haben wollen. Ihre Kinovoters zeigen uns ihre Wünsche, und wir tun alles, was wir können, um die Art Sendung zu produzieren, die sie sehen wollen. Möchtest du, daß wir am Ende genauso mit einem kleinen ultrakonservativen Publikum dasitzen wie die Kinos? Heute geht kein Mensch mehr ins Kino. Weil die Filme nicht nur nicht live sind, es *passiert* auch nichts darin!

Und noch etwas. Warum ist wohl das moderne Tri-Vee so erfolgreich? Du weißt doch, daß es einmal eine Zeit gab, in der alles, was über den Sender ging, *aufgezeichnet* war. Kannst du dich daran erinnern?«

»Aber warum ist es nötig, Onkel Don, lebende Schauspieler und echte Munition zu verwenden?«

»Erstens«, beginnt Don sehr ernst, »weil die Menschen kultiviert genug sind, um den Unterschied zwischen Robotern und echten Menschen zu erkennen, David. Kein Roboter, wie gut er auch immer programmiert sein mag, kann sich so vor Schmerzen winden wie ein Mensch, oder so realistisch bluten, oder so schreien. Und wenn das Publikum für den Tod eines Menschen stimmt, dann muß er sterben, nicht wahr? Aber wir kriegen sie doch immer noch rechtzeitig in die Intensivstation. Die Todesrate ist wirklich erstaunlich niedrig, niedriger, als bei den Bauarbeitern. Es steht in jedem Vertrag. Oder willst du, daß uns die FCC an den Kragen geht, weil wir ein minderwertiges Produkt herstellen?«

Wie immer, wenn der Onkel seine Sichtweise darstellt, ist David verwirrt.

»Äh ... nein.«

»Natürlich nicht!« Don erhebt sich aus dem Sessel und beginnt hin und her zu laufen. »Die Menschen bekommen, was sie wollen. Oder besser gesagt, was sie brauchen. Weißt du überhaupt, daß es seit dem Start des weltweiten Tri-Vees nicht einmal mehr den kleinsten Krieg gegeben hat? Weil nämlich heute jeder in aller Sicherheit sein ganz normales und gesundes Bedürfnis nach Mord in aller Gemütlichkeit in der Privatsphäre seines eigenen Wohnzimmers durch das Tri-Vee ausleben kann. Würdest du das Tri-Vee gegen Krieg eintauschen? Kameras für Kanonen?«

»Nein«, seufzt David, und kippt den Rest seines Brandys hinunter. »Natürlich nicht.«

»Also gut.« Er gibt David die Hand und führt ihn zur Tür.

»Du gehst jetzt nach Hause, trinkst einen Quick-Nap oder ein anderes gutes Schlückchen, um warm zu werden, und morgen kannst du dann direkt mit diesen beiden neuen Serien, über die wir gesprochen haben, anfangen. Okay?«

»Ja, sicher.«

Sie stehen schon in der Tür, als Don noch etwas einfällt.

»Übrigens, hast du dir die ›Slappy Williams Stunde‹ heute nachmittag angesehen?«

»Nein. Wieso?«

»Wirklich großartig! Ein echter Hammer, der Kerl. Sie verabschiedeten ihn nach den Stimmen des Publikums. Er sollte mit den bloßen Händen einen ausgewachsenen Löwen erwürgen. Hysterisch! Der Lachindex schnellte auf fünfundachtzig hoch. Unglücklicherweise blieb von ihm nicht viel übrig, was wiederbelebt hätte werden können. Sein eigener Fehler. Er hat das nicht gut hingekriegt. Sie meinen, er hätte zu der Zeit unter Drogen gestanden. Schade.«

»Oh.«

Don schüttelt voller Bedauern den Kopf.

»Na ja, das ist eben das Showgeschäft. Bis morgen, Junge.«

Die Tür ist zu, aber David bleibt einige Minuten einfach davor stehen.

Davids Tisch hat einen dünnen Belag aus Papier erhalten. Er blickt auf, als ein Summen ertönt, dem das Erscheinen des Miniaturlautsprechers folgt. »Was gibt es denn, Miss Lee?«

»Ihr Onkel ist hier und möchte mit Ihnen sprechen, Mr. Texas. Er hat eine junge Dame dabei.«

»Schicken Sie sie herein.«

Er wendet sich wieder seinen Unterlagen zu.

»Tag, David.«

»Wo brennt es denn heute morgen, Onkel Don?« fragt er, sieht aber nicht von seinen Papieren auf.

»Ich denke, Junge, daß wir das richtige Mädchen für unsere neue Agentenserie gefunden haben. Sag Guten Tag zu Oriel Vanity.«

David sieht sie an.

Das Mädchen hat das Gesicht einer Madonna und den Körper einer Teufelin. Das unschuldige Gesicht wird von einem Bogen aus roten Haaren umrahmt. Er starrt sie lange an, bevor er irritiert aufspringt.

»Ich weiß, was du fühlst, mein Junge. Unser kleines Mädchen hat immer diese Wirkung auf Männer.«

»Wie geht es Ihnen, Mr. Texas«, sagt sie und streckt ihm die Hand entgegen. Er nimmt sie und dann fällt ihm ein, daß er sie auch schütteln sollte. Ihre Berührung reicht aus, um ihn vollends wachzurütteln.

»Danke, gut.«

Don hat die Szene mit sichtlichem Gefallen betrachtet.

»Dann laß ich euch beide jetzt mal allein. Aber halt sie nicht zu lange fest, David. Sie hat in dreißig Minuten eine Kameraprobe.«

David deutet in die Richtung seines verschwindenden Onkels.

»Möchten Sie sich nicht setzen?«

»Danke sehr.«

»Uh, weswegen genau hat mein Onkel Sie zu mir geschickt?«

Sie zündet sich ein pastellfarbenes Narkostäbchen an.

»Er sagte, Sie wären für die Besetzungsverträge für die Serie zuständig … Dave.«

»Das stimmt tatsächlich. In der Tat …« Er fängt an, in einer Schublade herumzuwühlen. Aber dann läßt sein Bemühen nach, und er sieht sie an.

»Und?« fragt sie.

»Sind Sie denn genau über alles informiert?«

Sie schüttelt den Kopf.

»Nein? Gut, dann werde ich mir etwas Zeit nehmen, um mit Ihnen darüber zu reden. Wie wäre es beim Abendessen?«

Sie beugt sich vor und lächelt kokett.

»Das hört sich gut an.«

»Sieben Uhr dreißig?«

»Toll. Ich bin sicher, es wird alles zu Ihrer Zufriedenheit sein.«

Wenn irgendeiner hätte sehen wollen, wie David sich vor der Sendung entspannt, hätte das Licht dazu gerade gereicht. Er liegt nackt auf seinem rahmgefüllten Wasserbett.

»Wie spät ist es?«

Zu seiner Linken gerät etwas in Bewegung, und eine Aphrodite mit flammenden Haaren rollt an seine Seite. Sie ist halbwach.

»Uuuu. Wen kümmert das?«

»Das ist wichtig.«

Sie grunzt beleidigt: »Nicht für mich.«

»Doch, wirklich. Wenn dein Vertrag nicht bis zwölf Uhr mittags ratifiziert und genehmigt ist, darf die Vereinigung eine andere Schauspielerin aussuchen, die sich an der Rolle versuchen kann.«

Er lächelt und wendet sich zu ihr. Er krault ihr Haar, blickt dabei aber über sie hinweg.

»Weißt du, ein Vertrag über eine Serie ist heutzutage ein unvorstellbar lebenswichtiges Dokument. Wie ein Ausbildungsvertrag für Dienstboten vor hundert Jahren.«

»Laß doch den Vertrag. Wie wäre es mit was anderem?«

Sie bringt ihn mit einem Kuß zum Schweigen und er erwidert ihn begeistert. Aber dann löst er sich aus der Umarmung und findet wieder irgend etwas Faszinierendes an der Zimmerdecke.

»Oriel, ich kann dich den Vertrag nicht unterschreiben lassen.«

»Also gut«, murmelt sie desinteressiert, »und warum nicht? Weißt du, du kannst mich ohnehin nicht daran hindern.«

Er blickt ihr ins Gesicht.

»Verdammt, Oriel«, ruft er ärgerlich, »du hast keine Vorstellung davon, wozu die dich zwingen können, wenn du erst den Vertrag unterschrieben hast! Da könntest du dich auch gleich an den Teufel verkaufen.«

»Nun hör mir mal zu!« sagt sie streng. »Ich bin mir absolut bewußt, was die von mir wollen. Ich weiß auch, daß es nur ein Dreijahresvertrag ist. Wenn ich den am Ende dieser Periode kündige, habe ich mehr Geld verdient, als ich für den Rest meines Lebens ausgeben kann. Ich habe keine Angst vor dem, was mich erwartet. So schlimm, wie du es hinstellst, kann es gar nicht sein.«

Er wendet sich enttäuscht ab. »Es wäre alles viel leichter für mich, wenn ich mich nicht in dich verliebt hätte.«

»Du bist süß.« Sie beugt sich über ihn und küßt ihn wieder. Einige mal wieder.

»Ich kann das nicht zulassen, Oriel. Ich kann nicht ...« Er rollt sich zur Seite und setzt sich auf. »Warte eine Sekunde. Warte nur eine einzige Sekunde!«

Er dreht sich um und fängt an, in der Schublade eines kleinen Nachttischchens zu wühlen. Er schiebt Papier und Filmrollen zur Seite, schließlich hat er ein dickes Dokument und einen Stift hervorgeholt. Er fängt hastig an zu schreiben.

Sie setzt sich ebenfalls auf. Ihr Blick wandert zwischen dem Papier zu Davids gespanntem Gesicht hin und her.

»Was hast du denn jetzt vor?«

Er schreibt weiter und nimmt sich gelegentlich ein neues Blatt. Eine letzte Zeile, dann hält er inne, sieht aber nicht auf.

»Hier. Es ist zwar noch nicht so ausgearbeitet wie ich möchte, aber das ist eine Kleinigkeit. Ich werde daraus einen speziellen, kurzfristigen Vertrag machen. Mit einer ›Fluchtklausel‹, sozusagen. Es ist nicht hieb- und stichfest, aber in dem Fall einer plötzlichen radikalen Änderung in einer unserer Sendungen wird es dich vor dem schützen, was sich der Regisseur oder der Drehbuchautor an extremen Dingen für dich ausdenken könnte.«

Er denkt noch mal nach und bringt noch eine letzte Korrektur an. Nach dieser letzten Durchsicht seiner Arbeit überreicht er sie ihr.

»Hier! Gib das morgen dem Vorstandsmenschen, wer immer das sein wird, beim symbolischen Händeschütteln. Wenn wir Glück haben, wird es keiner lesen, bis es unterschrieben ist. Keiner wird davon ausgehen, daß der Vertrag geändert wurde.«

Sie nimmt das Dokument und legt es zur Seite, ohne auch nur einen flüchtigen Blick darauf geworfen zu haben. Dann legt sie ihre Arme um seine Schultern.

»Oriel …«

»Ummmm?«

»Oriel?«

»Ummm?«

»Du redest zuviel.«

Der Raum ist voller Leute. Es herrscht Partystimmung, und einige der Kostüme, die die Frauen tragen, würden tatsächlich besser zu einer Abendgesellschaft passen. In Eleganz stehen ihnen die Männer kaum nach. Rauch bildet trotz aller Bemühungen der Klimaanlage fragezeichenartige Formen in der Luft.

Eine Frau überstrahlt alle Anwesenden.

Zwei Herren flankieren sie. Einer ist kahl und eindeutig zu fett. Es ist Onkel Don Texas. Der andere ist viel jünger, groß, mit einem Ziegenbart und melancholischen Zügen. Er spricht nicht, aber er lächelt viel. Oriel ist eine Pracht in Juwelen, Silberstaub und Pelz. Ihr koboldartiges Gesicht ist dasselbe, aber da ist noch etwas anderes, das nicht Ergebnis der Kosmetik ist. Sie ist ein Star.

David betritt den Raum durch die gegenüberliegende Tür und blickt sich um. Onkel Don sieht ihn als erster.

»David, mein Junge! Hier sind wir!«

Dave erkennt seinen Onkel am anderen Ende des Raumes.

»Hallo, Onkel Don. Johannsson.«

Oriel wird ein wenig nervös, als sie ihn sieht, hat sich aber schnell wieder unter Kontrolle.

»David, Schatz. Wie schön, dich hier zu sehen! Du hast gar nichts gesagt.«

»Ich bin erst vor ein paar Stunden aus Nizza zurück-gekommen. Man hat mir gesagt, du wärst hier.«

»Nun, und da bin ich«, sagt sie freundlich. »Lieber David, wie geht es dir?«

»Da bin ich mir jetzt nicht mehr so sicher.«

Er nimmt sie am Arm und zieht sie von den anderen fort. Don räuspert sich leise und Johansson lächelt.

»Das ist die erste Gelegenheit, dich seit jener Nacht zu sehen«, flüstert er. »Ist auf der Vertragssitzung alles gut gelaufen?«

»Vertragssitzung?«

»Erinnerst du dich nicht an den Vertrag, den ich für dich vorbereitet hatte? Den mußt du doch inzwischen unterschrieben haben. Du hast ihn doch mitgenom-men.«

Sie kichert. »Oh, *den!* David. Wie du gesagt hast, habe ich ihn mit zu der Sitzung genommen. Aber dein On-kel Don – der ist wirklich ein Schatz – und dieser nette Mr. Pelligrini haben mir einen viel besseren Vertrag ge-geben. Ob du es glaubst oder nicht, *viel* mehr Geld und dazu *Top*-Konditionen!«

»Oriel«, stöhnt er, und packt sie fest bei den Schul-tern.

»Weißt du überhaupt was du da getan hast? Du hast

für die Dauer des Vertrages dein Leben weggeworfen! Warum hast du nicht auf mich gehört, Oriel? Warum? *Warum?*«

»David, du tust mir weh!«

Don und der große junge Mann kommen auf die beiden zu.

»Sag mal, was soll denn das?« fragt Don. »Das sollte eigentlich ein fröhliches Wiedersehen sein! Und du, mein junger Neffe, du siehst aus, als wärst du auf einer Beerdigung.«

»Komm mal eine Minute mit, *Onkel.*« David nimmt den älteren Mann beiseite. »Wieso hast du sie einen anderen Vertrag unterzeichnen lassen, als den, den ich ihr mitgegeben hatte?« fragt er leise.

»Einen anderen …? Oh, du meinst diesen Wisch, den sie uns zur Unterschrift vorgelegt hat? Zur Hölle, David, du hättest wissen müssen, daß die Jungs in der Rechtsabteilung niemals so etwas Unklares durchgehen lassen würden. Besonders bei neuen Talenten nicht. Und ganz bestimmt nicht bei solchen hübschen Neulingen. Mir war es ja egal, aber Pelligrini und das alte Moosgesicht sind beinahe übergekocht. Nebenbei gesagt alles, was sie taten, war, ihr einen Standardvertrag zu geben. Was stört dich daran?«

David seufzt resigniert.

»Nichts, nichts. Du hast bloß getan, was du für richtig hieltest, Onkel Don. Und jeder und alles scheint mit dir einer Meinung zu sein. Ich bin bloß … oh, entschuldige!«

»David!«

»Vergiß es.« Er geht zu dem Tisch mit dem Punsch rüber.

»Hör zu, Oriel. Wir werden heute beim Abendessen darüber reden.«

»O David, tut *mir* leid! Aber ich habe dich nicht erwartet. Leif und ich gehen heute abend aus. Weißt du, er wird die männliche Hauptrolle in der Serie spielen. Das Studio schmeißt später eine große Publicity-party.«

Leif läßt sich herab, »Tschuldigung, alter Junge« zu sagen.

»Sind wir das nicht alle?« Er wendet sich ab und geht zur Tür.

»Außergewöhnlich«, sagt der Hauptdarsteller und nippt an seinem Punsch.

»O Liebling«, wispert Oriel, »glaubst du, er war wütend, als er ging? Ich wollte ihn nicht aufregen.«

Von mehr als nur einem Punsch beflügelt, bemerkt Don ernsthaft: »Nein, trotz unserer Auseinandersetzung ist er ganz munter.« Er lächelt, und das kostbare Mädchen vergißt ihre Bedenken.

»Noch einen Martini, Liebes?«

Auf Davids Tisch sind zwei Dinge hinzugekommen: ein kleiner Kalender und ein flacher Glasteller. In dem Teller befindet sich Wasser, ein Stein und eine Plastikpflanze, sowie eine grüne Schildkröte. Alles paßt zusammen. Der schöne Metalltisch schimmert in gedämpftem Licht. Im Panzer der Schildkröte erkennt man zahlreiche Schaltungen.

Das kleine Gitternetz, ein abstrakter Springteufel, kündigt sein Erscheinen an. Es summt.

»Ja, Miss Lee?«

»Hier ist eine junge Dame, die Sie sprechen möchte, Mr. Texas. Oriel Vanity.«

Er grinst traurig. »*Die* Oriel Vanity?«

»Ja, Sir.«

»Schicken Sie sie ...« Die Tür fliegt auf.

»Nun, Oriel. Wir haben uns seit Monaten nicht mehr gesehen. Was macht die Serie?«

Sie sieht ausgezehrt und abgespannt aus, ihr Haar ist schlecht frisiert. Die Schönheit scheint äußerlich unbeeinträchtigt. Aber der Krebs sitzt innen. Er weiß es. Er hat es längst bemerkt.

»David, du mußt mir helfen!«

»Ach?«

»Die Quoten schwanken seit Wochen wie verrückt! Einen Freitag sind sie unter den Top Fünf, und am nächsten nur noch knapp unter den ersten Fünfzig. Aber das ist es nicht, was mir Sorgen macht, David. Sie haben vergangene Woche einen neuen Co-Star ausgesucht. Ein Mädchen!«

»Ich kenne sie. Sehr attraktiv.«

»Ihr Talent sind ihre Titten. David, ich habe Angst, daß ... ich durch sie ersetzt werden könnte.«

Er blickt die Schildkröte an und denkt nach. Sollte das kleine amphibische Wesen irgendeinen Vorschlag haben, so behält es den für sich. Oriel schnieft. Die Hysterie wird gleich durchbrechen.

Er streckt sich über den Tisch und faßt ihre beiden Hände. »Ich werde alles tun, was ich kann, Oriel.«

Sie bricht in Tränen aus und sinkt ihm in die Arme. Sie umarmen sich, aber nicht so, wie früher, nein, nicht so.

Die Schildkröte blinzelt in die plötzliche Lichtveränderung.

Das Gebäude hat hundertsechzig Etagen und fünfzehn Untergeschosse, die Parketagen nicht mitgezählt. Die Entscheidungsträger besetzen einen großen Teil davon, die Machthaber etwas weniger. David redet mit den meisten von ihnen. Er fleht. Er argumentiert und lockt. Er droht und verspricht.

Er erntet viel Kopfschütteln.

Und dann betritt er ein Büro, das ihm vertrauter ist als die anderen. Er argumentiert leidenschaftslos, ohne Hoffnung. Das ist realistisch.

»Aber *wieso*, Don, wieso? Warum kannst du nichts

tun? Du weißt doch, was geschehen wird, wenn die Einschaltquoten nicht stabil werden.«

Don hört seinem Neffen mit bemerkenswerter Geduld zu. Er hat sich von David schon mehr gefallen lassen, als von jedem anderen. Er ist entgegenkommend, aber entschlossen.

»Kommt nicht in Frage, David. Es ist ja nicht nur, weil sie die Hauptrolle spielt. Man kann so einen Vertrag einfach nicht anfechten. Das würde das Fundament der gesamten Industrie erschüttern. Ein Präzedenzfall, verstehst du. Wenn ich etwas tun könnte, glaub mir, dann würd ich es tun. Aber ich bin noch nicht für den Märtyrerstuhl bereit.« Er hebt die Schultern.

»Du warst meine letzte Hoffnung?« seufzt David, und sackt in seinem Sessel zusammen.

»Sieh mal, so schlimm ist es doch gar nicht!« fängt sein Onkel in einem Ton an, der ihn aufrichten soll. »Sicher, sie haben ein neues Weib für diese Serie engagiert. Das machen sie doch immer. Wenn die Zuschauer sie in den nächsten Wochen lieber sehen wollen, was soll's?! Dann kann sich Oriel den Rest der Saison schön zu Hause ausruhen. Nimm es nicht so schwer und mach dir nicht so viele Sorgen. Jesus, Kind! Die Leute haben nun mal Appetit auf frisches Fleisch. Es gibt andere Dinge, über die man grübeln kann.«

Davids Wohnung ist angenehm eingerichtet, obwohl sie nicht zu seinem hohen Einkommen paßt. Das Wohnzimmer ist fast nur in natürlichem Holz möbliert und mit indirekt beleuchteten Holzplastiken geschmückt. Im Moment unterhält sich David mit einem jungen Mann seines Alters und einer Frau, die neben ihm sitzt. Sie ist halbwegs hübsch und Dave gegenüber ein bißchen schüchtern. Der Mann sieht auf seine Uhr, dann blickt er seine Frau an.

»Sag mal, wir sollten besser nach Hause gehen, Liebling. Die Kinder müßten schon längst im Bett sein. Und morgen müssen wir nach Madrid.« Er steht auf.

»Bleib, wo du bist, Nick. Ich hole sie.« Nick entspannt sich, während David aufsteht und in ein anderes Zimmer geht.

Das Schlafzimmer ist in demselben Stil mit warmen Farben wie das Wohnzimmer eingerichtet. Die Zwillinge, die sieben Jahre alten Jamie und Jodie, sehen Tri-Vee.

David bleibt stehen und blickt auf den großen Bildschirm. Eine beliebte Zeichentrickserie läuft in einem der kleineren Kanäle. Der gegenwärtige Superheld ist eifrig damit beschäftigt, die Armee des Bösen zu dezimieren. David geht zu ihnen und berührt sie an den Schultern.

»Zeit, zu gehen, Kinder.«

»Och, Onkel Davy!«

»Bitte, nur noch eine Minute, Onkel Davy!« fleht Jodie und wischt sich die Locken aus dem Gesicht. »Wir haben gerade gewählt!«

»Also gut«, sagt er und sieht auf die Uhr. »Aber nur noch eine Minute.«

Sie widmen sich wieder dem Tri-Vee.

Die Multiplankamera fährt über die blutbespritzten Ruinen des Schlosses, in dem das böse Alien haust. Der Superheld und sein treuer Hund, der an seiner Seite fliegt, steigen zu den heroischen Klängen des Chors, der aus dem Personal einer Cornflakesfabrik besteht, über dem Horizont auf. Dann beginnt der Abspann.

»Okay …«

»… Onkel Davy!«

Sie klettern vom Bett herunter und rennen ins Wohnzimmer. David folgt ihnen nachdenklich.

Nick und Willa warten am Eingang. Ihre Mäntel haben sie bereits an. Die Kinder schlüpfen in ihre Jacken.

»Gute Nacht, Nick«, sagt David, als die beiden sich die Hand geben. »Und gute Reise. Viel Glück in Madrid. Wenn ihr den Sportredakteur Hector Rodriguez trefft, grüßt ihn bitte von mir.«

»Das mache ich, Dave. Es war ein schöner Abend.«

»Ihr seid jederzeit willkommen. Du und Willa, ihr solltet öfter mal vorbeischauen.«

»Das werden wir, versprochen. Gute Nacht.«

»Gute Nacht, Dave.« Willa lächelt. Sie küssen sich.

»Nacht, Schwester.«

Er beugt sich hinab und küßt jedes der beiden Kinder. Sie gehen durchs Foyer, die Kinder winken und rufen Auf Wiedersehen.

Der Küchenautomat gibt ein Glas Bier aus und einige etwas ungewöhnlich belegte Brote, die er sorgfältig programmiert hatte. Er trägt sein Essen ins Schlafzimmer und stellt es auf den Nachttisch.

Er schaltet den Tri-Vee wieder an und beginnt sich auszuziehen. Als er im Bett liegt, nimmt er einen langen Schluck aus dem Glas und wechselt den Kanal.

Er versucht es immer wieder, stop, schaltet wieder zurück, bis das Set erscheint, an dem er gerade vorbeigezappt hatte. Ein umsichtretendes, schreiendes, halbnacktes Mädchen wird von zwei Männern eine nasse Steintreppe hinuntergezerrt. Die Herren sehen alles andere als geschniegelt aus. Das Mädchen ist Oriel.

Er stellt das Glas ab.

Sie wird in einem kellerähnlichen Raum, der mit mittelalterlichen Folterinstrumenten bestückt ist, auf einen langen Tisch gefesselt. Die Kamera fährt sanft über jedes Foltergerät, während einer der Männer die Zuschauer über deren Geschichte und Verwendungszweck informiert. Die Einstellung wechselt und zeigt einen muskelbepackten Kerl, der mit einem juwelenbesetzten Lendenschurz bekleidet ist. Er steht neben einem Becken voll glühender Kohlen und stochert mit einem Schürhaken in der Kohle herum. Oriels Wimmern und Jammern ist ergreifend.

Plötzlich erscheint eine hübsche Brünette auf der Szene.

»Nun, Tri-Vee-Zuschauer! Ist das nicht aufregend? Wie wir heute abend gesehen haben, hat es die Geheimagentin Jade Green abgelehnt, dem bösen Diktator Generalissimo Bohr den geheimen Ort der Zentrale der Widerstandskämpfer zu verraten. Nun liegt es an Ihnen, über ihr Schicksal zu entscheiden. Werden der Agent Mark Craig und die Guerillas noch rechtzeitig eintreffen, um die schöne Jade vor einem schrecklichen Schicksal zu bewahren?«

Eine Nahaufnahme von Oriels tränenüberströmtem Gesicht wird zur Entscheidungshilfe eingeblendet.

»Oder werden der böse Diktator und seine Männer ihr die Information brutal entreißen?«

»Wenn Sie möchten, daß die schöne Jade gerettet wird, drücken Sie bitte die erste Taste auf ihrem Kinovoter; das ist die Taste Eins, die rote. Wenn Sie aber möchten, daß Generalissimo Bohr und seine Männer ihr ruchloses Treiben erfolgreich fortsetzen, drücken Sie die grüne Taste, Nummer zwei. Die Wahl liegt bei Ihnen, Afficionados!« Sie vollführt eine dramatische Wende, um auf die Karte an der Wand zu blicken.

David starrt unbeweglich auf den Schirm. Das Licht aus dem Tri-Vee hüllt seine Gestalt in einen hellen Glanz. Der Ausdruck seines Gesichts ist unergründlich.

Seine Hand gleitet langsam zu einer Seite des Bettes. Direkt am Bettrahmen ist ein kleines rosafarbenes Kästchen angebracht. Außer zwei kleinen Tasten, einer roten und einer grünen, ist nichts Besonderes an dem Kasten zu erkennen.

Seine Hand fährt über die Tasten. Er hat noch jede Menge Zeit ...

Anleitung zum virtuellen Tod

Aus Gründen, die an anderer Stelle hinreichend dokumentiert wurden, starb das intelligente Leben auf der Erde in den letzten Stunden des 20. Jahrhunderts aus. Unter den Hinweisen, die uns bleiben, bietet das nachfolgende Fernsehprogramm, das am 23. Dezember 1999 in einer unbekannten Stadt der nördlichen Hemisphäre empfangen wurde, seinen ureigenen, faszinierenden Einblick in die Ursache der Katastrophe.

0:00 *Porno-Disco.* Wachen Sie auf mit Hardcore-Sexbildern für sie und ihn zu den Klängen von Disco-Musik.

0:05 *Wetterbericht.* Die für heute erwarteten Mikroklimata in den Hotelhallen, Einkaufspassagen und Bürogebäuden. Das Hotel Hilton International verspricht einen nachmittäglichen Schneeschauer als weihnachtliches Hors d'Œuvre.

7:15 *Nachrichtenüberblick.* Was unsere Nachrichtenschöpfer sich für unsere Zuschauer haben einfallen lassen. Vielleicht einen kleinen Krieg oder ein synthetisches Erdbeben; oder eine Hungerkatastrophe mit anschließendem Wohltätigkeitsbasar.

7:45 *Das Frühstücksmagazin.* Wir zeigen Ihnen Gourmet-Menüs, die Sie sich ansehen können, während Sie Ihre Diätzellulose essen.

8:30	*Pendler-Special.* Die Game-Show zur Hauptverkehrszeit. Wie viele Hintern können Sie kneifen, in wie viele Gesichter wollen Sie schlagen?
9:30	*Das Reise-Magazin.* Besuchen Sie die größten Flughäfen und Tiefgaragen der Welt.
10:30	*Hauswirtschaft gestern.* Nostalgische Szenen altmodischer Hausarbeit; Folge 7 – Der Staubsauger.
11:00	*Krieg im Büro.* Serien-Dauerbrenner über Bandenkriege im Bürogebäude.
12:00	*Nachrichten.* Die Programmacher versprechen entweder einen neuen Serienkiller oder ein tödliches Gift in Lebensmitteln.
13:00	*Live aus dem Parlament*, Folge 12 – Der Parlamentarier als Alkoholiker.
13:30	*Der Nasenbohrer.* Hygieneprogramm für die kleinen Zuschauer.
14:00	*Streichle mich sanft.* Soft-Porno für die Siesta-Stunde.
14:30	*Ihre Lieblings-Werbespots.* Zuschauer wünschen sich Wiederholungen von Golden Oldies der Fernsehwerbung.
15:00	*Das Hausfrauenjournal.* Vergewaltigung, und wie man sich psychologisch darauf vorbereitet.
16:00	*Count-down.* Game-Show, bei der die Mitspieler von einer Million an rückwärts zählen.
17:00	*Nachrichten.* Entweder ein Flugzeugabsturz oder ein Bankencrash. Die Zuschauer entscheiden.
18:00	*Der Hauptfilm.* Virtual Reality TV zeigt Ihnen: »Die Ermordung John F. Kennedys.« Der Datenhelm bringt Sie nach Dallas, Texas, am 22. November 1963. Zuerst feuern Sie das Gewehr des Attentäters aus dem Fenster der Buchhandlung ab, dann sitzen Sie zwischen Jackie und JFK, wenn die Kugel trifft. Nur für Abonnenten – spüren Sie, wie Ihnen die Hirnmasse des Präsi-

denten ins Gesicht spritzt, ODER wischen Sie sich Jackies Tränen mit Ihrem Taschentuch ab.

20:00 *Abendessen.* Weitere Gourmet-Menüs, die Sie sich ansehen können, während Sie Ihre Diätzellulose essen.

21:00 *Neues aus der Wissenschaft.* Gibt es ein Leben nach dem Tod? Mikroelektroden empfangen ultraschwache Impulse der Gehirne lange Verstorbener. Verwandte stellen den Dahingegangenen Fragen.

22:00 *True Crime.* Wird unsere kriminelle Fernsehgang heute nacht in Ihr Haus einbrechen?

23:00 *Der Hauptfilm.* Tele-Orgasmus. Virtual Reality TV lädt Sie ein zu einer Orgie. Machen Sie Sex mit den berühmtesten Filmstars der Welt. Heute: Marilyn Monroe und Madonna ODER Warren Beatty und Tom Cruise. Nur für Abonnenten – erleben Sie Transsexualität, Pädophilie, Syphilis im Endstadium, Bandenvergewaltigung und Sex mit Tieren (zur Auswahl: Deutscher Schäferhund und Golden Retriever).

1:00 *Nachrichten.* Das Überraschungs-Flugzeugunglück des Tages.

2:00 *Die Religiöse Stunde.* Stellen Sie sich vor, Sie wären tot. Priester und Neurochirurgen konstruieren eine naturgetreue Inszenierung Ihres eigenen Todes.

3:00 *Jäger der Nacht.* Wird unser TV-Vergewaltiger heute nacht in Ihr Schlafzimmer einsteigen?

4:15 *Sex für Schlaflose.* Soft-Porno, um Sie in den Schlaf zu wiegen.

5:00 *Die Wohlfahrts-Stunde.* Game-Show, bei der Kandidaten aus der Dritten Welt um Almosen betteln.

Jenseits,
gleich nebenan

Obwohl ihre Verfasser vor allem als SF-Autoren bekannt ge-
worden sind, kann man die drei Erzählungen in dieser Abtei-
lung eher der Fantasy zurechnen – kein Wunder, denn in
allen dreien geht es um eine Art alternative Welten, die viel
älter als die Science Fiction sind und auch heute noch kaum
darin vorkommen: um Himmel und Hölle.

Theodore Sturgeon *war das Pseudonym von Edmond*
Hamilton Waldo (1918–1985). Er wurde in New York gebo-
ren, legte in jungen Jahren eine – für viele SF-Autoren sei-
ner Generation nahezu typische – sehr wechselvolle berufli-
che Laufbahn hinter sich und widmete sich nach dem
Zweiten Weltkrieg ganz seiner Tätigkeit als SF-Autor und
als Rezensent für die New York Times. *Zu seinen bleiben-*
den Verdiensten um die Entwicklung der SF zählt man die
frühzeitige Entwicklung des Themenkanons weg vom tech-
nischen Abenteuer für Halbwüchsige und keimfreier, natur-
wissenschaftlich dominierter Spekulation sowie besondere
Aufmerksamkeit für literarischen Stil und Personencharak-
terisierung (wobei ihm andere Autoren wie Bradbury we-
nige Jahre später nachfolgten). Seine Kurzgeschichten zei-
gen Sturgeons spezielle Talente deutlicher als seine Romane;
sein Kollege Samuel R. Delany hat ihn als den größten
Kurzgeschichtenautor bezeichnet, den die SF hervorgebracht
hat. Zu seinen zahlreichen Erzählungsbänden gehört unter
anderem die Auswahl The Worlds of Theodore Sturgeon
(1972), deutsch 1974 in zwei Bänden als Das Geheimnis

von Xanadu *und* Tausend Schiffe am Himmel *erschienen.*

In seiner Erzählung »Gestern war Montag« kommen nicht nur Himmel und Hölle vor (übrigens eher im Hintergrund), sondern auch eine virtuelle Realität reinsten Wassers – und man braucht nicht einmal lange zu raten, welche das ist.

John Shirley *wurde 1954 in Portland, Oregon, geboren und war Sänger in Rock- bzw. Punkbands, und sowohl Rockmusik als auch eine typische Punk-Mentalität – aggressiver Widerstand gegen Reglementierungen in einer kaputten Gesellschaft – kommen häufig in seiner Science Fiction vor. Er ist denn auch folgerichtig zu den Hauptvertretern des Cyberpunk gezählt worden, vielleicht nicht der wichtigste, aber wohl der früheste und so ziemlich der punkigste, zudem mit einer ausgeprägten Neigung zum Horror. Zu seinen wichtigsten Romanen gehören die Trilogie* Ein Lied namens Jugend *(A Song Called Youth, 1985 – 1990, deutsch als »Eclipse«-Trilogie 1991) und* Es werde Licht *(Silicon Embrace, 1996, deutsch 1999).*

»Fahrkarte zum Himmel« ist eine der ganz wenigen Erzählungen, wo Himmel, Hölle und das Diesseits als gleichermaßen ganz reale Orte betrachtet werden, zwischen denen man mit typischen SF-Mitteln hin und her reisen kann.

Nelson Bond *wurde 1908 geboren, er war Öffentlichkeitsarbeiter und später berufsmäßiger Philatelist. Als Autor von Erzählungen war er hauptsächlich von den späten dreißiger Jahren bis in die fünfziger aktiv; seine zumeist humoristischen Geschichten kombinierten oft Elemente von Fantasy und SF. Viele sind durch ihren jeweiligen Haupthelden zu Serien verbunden, von denen die bekannteste in dem Band* Lancelot Biggs' wundersame Weltraumfahrten *(Lancelot Biggs, Spaceman, 1950, deutsch 1953) erschien. »Hader im Hades« ist eine jener Fantasy-Geschichten, wo neuzeitliche Modernisierungen im Himmel oder, wie in diesem Fall, in der Hölle zu komischen Verwicklungen führen.*

Gestern war Montag

Wright wälzte sich herum und sagte etwas, das man vielleicht folgendermaßen schreiben würde: »Bsssg-hhha-aw«. Er kaute an einem Mundvoll trockener Luft und spuckte sie aus. Dann machte er ein Auge auf, um festzustellen, ob es sich wirklich öffnen ließ, daraufhin tat er das gleiche mit dem zweiten, schloß das erste und danach das zweite. Er schwang seine Beine auf den Boden und öffnete beide Augen. So machte er es jeden Tag, das einzig Erstaunliche daran war, daß er es an einem Mittwoch Morgen tat und ...

Gestern war Montag.

Oh, er wußte natürlich, daß heute Mittwoch war, genauso wie er wußte, daß gestern Montag gewesen war. Und zwischen Montag und heute war eine Lücke, die der Dienstag gewesen sein mußte. Wenn man einschläft und die ganze Nacht traumlos schläft, weiß man beim Aufwachen, daß Zeit vergangen ist. Es gibt nichts, woran man sich erinnern kann, man beschäftigt sich mit keinen besonderen Überlegungen, hat keine Möglichkeit, die Zeit abzuschätzen, und trotzdem weiß man eben, daß mehrere Stunden vergangen sind. So ging es auch Harry Wright. Der Dienstag war genauso verschwunden wie die vergangenen sechs Stunden Schlaf.

Aber er hatte den Dienstag nicht verschlafen. O nein. Tatsächlich schlief er nie länger als sechs Stunden hintereinander, und es gab auch keinen besonderen Grund für ihn, es jetzt zu tun. Montag war der Tag, der vor gestern kam. Er war wie üblich ins Bett gegangen, hatte seine üblichen Stunden geschlafen, und als er erwachte, war es Mittwoch.

Es war ein Gefühl wie Mittwoch. Jedenfalls hing etwas Mittwöchliches in der Luft.

Harry zog seine Socken an. Ihn legte man nicht herein! Er wußte, welcher Tag es war. »Was ist mit gestern passiert?« brummte er. »Oh, gestern war Montag.« Damit gab er sich zufrieden, bis er aus seinem Schlafanzug geschlüpft war. »Montag«, murmelte er überlegend, während er nach seiner Unterwäsche tastete, »liegt aber doch schon länger zurück.« Wäre er vom Typ gewesen, der sich wirklich Sorgen macht, dann hätte er gleich hier und jetzt etwas unternommen. Aber er war es nicht. Er war von der Art, die das Leben leicht nimmt und im einmal eingefahrenen Gleis bleibt bis etwas ihn hinausschiebt. Darum war er auch ein Automechaniker mit dreiundzwanzig Dollar die Woche, seit acht Jahren schon, und er würde es auch weiter bleiben, wenn er nur den Dienstag finden und zur Arbeit zurückkehren könnte.

Von seinen Reflexen geleitet, ohne jegliche geistige Anstrengung, auch das war wie üblich, wusch er sich, kleidete sich an und machte sein Bett. Sein Wecker, der nie auf Wecken gestellt war, auch aufgrund seiner immer gleichen Routine, zeigte sechs Uhr zweiundzwanzig an, als er beim Verlassen des Zimmers noch einmal zurückschaute. Irgend etwas war an dem Raum, das sogar einen phlegmatischen Charakter aufrüttelte.

Er wirkte unfertig.

Das Bett war da, das Bild von Joe Louis, da waren auch die zwei Stühle, die miteinander sieben Beine hatten; der Tisch mit der gespaltenen Platte war da, das weißemaillierte Bett, die beige Tapete mit dem Schwanenpaar, das sich immer und immer wiederholte. Aber nichts wirkte fertig. Nicht, daß irgend etwas ein Loch gehabt hätte, auch die ursprüngliche Farbe war noch vorhanden, aber es roch nach lagerndem Holz wie in einer Zimmerei, und überhaupt hing ein Hauch von Neubau über dem Ganzen. Es war unerklärlich, aber zweifellos da, und Harry Wright stand davor und wunderte sich. Er starrte mißtrauisch um sich, doch es gab nichts zu sehen, das ihm Grund zum Argwohn gäbe. Kopfschüttelnd schloß er die Tür und trat hinaus auf den Korridor.

Auf der Treppe stand ein kleiner Bursche, kaum einen Meter groß, und kratzte mit einem rasiermesserscharfen Meißel eine neue Kerbe in das Holz der dritten Stufe von oben. Er schaute hoch, als Harry näherkam, und richtete sich schnell auf.

»Hi«, sagte Harry und nahm mit einem Blick den Lederanzug, die Schirmmütze und das runzlige Gesicht mit den scharfen Augen des Kleinen auf. »Was machen Sie denn da?«

»Herrichten«, piepste der Zwerg. »Der Schauspieler im zweiten Stock links hat einen Nagel in seinem rechten Absatz. Er kam spät Dienstag nacht heim und kratzte das Holz hier auf. Ich muß es für den Mittwoch vorbereiten.«

»Aber heute ist Mittwoch.«

»Natürlich. Das war es immer und wird es immer sein.«

Harry überhörte es geflissentlich und stieg die Treppe hinunter.

Er hatte seine erstaunliche Ungerührtheit gerade dadurch gewonnen, daß er alles ignorierte, was er nicht verstehen konnte. Doch eines gab ihm doch zu denken …

Er blickte über die Schulter zurück. »Haben Sie wirklich gesagt, der Mieter von der linken Wohnung im zweiten Stock ist ein Schauspieler?«

»Ja. Sie alle sind Schauspieler, wissen Sie?«

»Sie sind verrückt Freundchen«, brummte Harry, ohne sich Zwang anzutun. »Der Kerl arbeitet im Hafen.«

»O ja – das ist seine Rolle. Die spielt er.«

»Tatsächlich? Und was macht er, wenn er nicht schauspielert?«

»Aber er … Das ist alles, was er tut! Das ist alles, was alle Schauspieler tun!«

»Na so was! Und ich hab' mir eingebildet, er ist ein ganz normaler Bursche. Ein Schauspieler also! Was es nicht alles gibt!«

»Entschuldigen Sie mich jetzt bitte«, sagte der Kleine. »Aber ich muß mich wieder an die Arbeit machen. Wir dürfen nichts übersehen, wissen Sie? Es dauert nicht mehr lange, dann sind sie mit dem Dienstag durch, dann muß alles für sie bereit sein.«

Der Kerl ist plemplem, dachte Harry. Er lächelte gezwungen und ging weiter die Treppe hinunter. Am nächsten Absatz blieb er kurz stehen und schaute zu dem Zwerg zurück. Der Kerl machte tatsächlich einen Kratzer in das Holz, der aussah, als rührte er von einem Nagel im Schuh her. Harry schüttelte den Kopf. Ein verrückter Morgen! Er war froh, wenn er in die Werkstatt kam. Wenn er erst einmal über seiner Arbeit war, würde er diesen ganzen Unsinn vergessen. Das war alles, was für einen Mann wie ihn wichtig war: arbeiten, essen, schlafen, Zahltag. Warum sollte er an anderes überhaupt nur einen Gedanken verschwenden?

Auf der Straße war allerhand los, aber das war um diese Zeit ja immer so. Aber nicht ganz so! Pkws und Lkws und Busse waren hier in irrer Menge, aber kein einziges dieser Fahrzeuge bewegte sich. Und kein einziges war ganz, wie es sein sollte. Das war Harrys eigenes Fachgebiet. Wenn es wirklich etwas über Motorvehikel gab, über das er nicht Bescheid wußte, dann war es unmöglich etwas Wichtiges. Und aus diesem Grund konnte er sich auch schnell ein allgemeines Bild machen, über das, was vorging.

Ganze Schwärme kleiner Männer, die Zwillingsbrüder des Zwerges in seinem Treppenhaus sein mochten, drängten sich um die Wagen, auf den Bürgersteigen und an die Häuser. Alle arbeiteten wie verrückt mit allen nur vorstellbaren Werkzeugen. Manche fuhren mit Drahtbürsten über den Lackbezug und verursachten so ein Netzwerk aus mikroskopisch feinen Kratzern und Rissen. Andere schlugen mit verschiedenen Hämmern geschickt Dellen in die Kotflügel und Stoßdämpfer, verursachten winzige Sprünge in den Sicherheitsglasscheiben. Andere schossen mit Sandstrahlgebläsen auf den inneren Dachbezug, während wieder andere Staub in die Sitze bliesen oder das Armaturenbrett, die Gangschaltung und das Gaspedal mit Sandpapier abschliffen, um allem ein älteres Aussehen zu verleihen. Harry trat zur Seite, als ein halbes Dutzend der kleinen Männer mit einem Kotflügel die Straße hochgelaufen kamen, und ihn mit dem frischen Blut darauf an einem Sportwagen befestigten.

Da ihm diese ungewöhnliche Beschäftigung aufgefallen war, blieb Harry mit offenem Mund stehen, um festzustellen, was sich sonst noch tat. Er sah, daß der gleiche Arbeitsprozeß auch an den Häusern angewandt wurde. Schaufensterscheiben wurden mit einer Staub- und Schmutzschicht versehen. Holzverschalungen wurden auf alt behandelt, der Farbanstrich leicht abgeblättert, damit er wie verwittert aussah. Und Dutzende der Arbeiter in ihrer Lederkleidung fegten Staub und Schmutz in die Risse der Asphalt- und Steindecke von Straße und Bürgersteig. Eine ganze Reihe rannte den Bürgersteig entlang, sie kauten Kaugummi und spuckten ihn aus. Ihnen folgte eine weitere Kolonne, die den

Kaugummi nach einem Plan, den sie in der Hand hielten, plazierten und flachdrückten.

Harry biß die Zähne zusammen und bemühte sich, seinen verwirrten Geist wieder in die übliche Ruhestellung zu bekommen. So ein Tag ist mir noch nie untergekommen, und so verrückte Leute noch weniger, dachte er. Aber was geht es mich an? Ich habe meine Arbeit zu tun. Er ignorierte die geschäftigen kleinen Männer, so gut er konnte, und machte sich grimmig weiter auf seinen Weg.

Als er in die Werkstatt kam, fand er auch dort nur ganze Schwärme der stereotypen Männlein vor, die den Lack an den Wagen stumpf machten, Risse in den Zementboden schlugen und eben ihrer Arbeit allem ein gebrauchtes Aussehen zu geben, eifrig nachgingen. Er bemerkte, nur weil die Werkstatt ihm so vertraut war, daß sie tatsächlich all die Flecken, Kratzer, Risse und so weiter erst *machten*, die doch all die Jahre, solange er sich erinnern konnte, bereits dort gewesen waren. »Zum Teufel damit«, knirschte er, und hatte keinen anderen Wunsch, als sich in seiner eigenen Welt der Schraubenschlüssel und Ölkannen zu verlieren. »Ich hab' meinen Job, das hier geht mich nichts an.«

Er schaute sich um und überlegte, ob er die Eindringlinge aus der Werkstatt vertreiben sollte. Nein, das war nicht seine Sache. Er wurde dafür bezahlt, Autos zu reparieren, nicht, den Wächter zu spielen. Solange sie ihn nur in Ruhe ließen – ganz abgesehen davon sagte ihm seine Vorsicht auch, daß der Boß und seine Kollegen nicht hier waren, denn er kam immer als erster.

Er schlüpfte in seinen Coverall, nahm seinen Werkzeugkasten und begab sich zu der Limousine, die er gestern – das heißt am Montag – auf der Hebebühne hatte stehen lassen. Jetzt packte Harry Wright die Wut. Dieser Wagen war schließlich sein Job, und er mochte es gar nicht, wenn jemand sich in seine Arbeit mischte.

Als er also sah, daß die Limousine auf ihren Rädern über der hydraulischen Bühne stand, die wieder eingefahren war, platzte er fast. Er tauchte unter den Wagen und betastete mit sicheren Fingern die hintere Schraubenfeder. Trotz seines Grimmes über diese unerbetene Einmischung mußte er doch zugeben, daß er sie auch nicht hätte besser reparieren können.

Ein metallenes Klirren und eine Bewegung aus dem Augenwinkel erregten seine Aufmerksamkeit. Aufbrüllend packte er das Bein eines dieser allgegenwärtigen kleinen Männer, kroch unter dem Wagen hervor, faßte den Missetäter am Lederkragen und hob ihn in Armeslänge vom Boden.

»Was machst du an meinem Auto?« schrie Harry.

Der Kleine schob das Kinn in sein Hemd, um seiner Luftröhre eine Chance zu geben, und erwiderte: »Ich habe gerade an der Federung gearbeitet.«

»So, du hast gerade an der Federung gearbeitet!« Harry erstickte fast an seiner Wut. Und dann brüllte er mit höchster Lautstärke: »Wer hat dir erlaubt, diesen Wagen anzurühren?«

»Wer hat mir erlaubt ... Was wollen Sie ... Es mußte eben getan werden, das ist alles. Lassen Sie mich jetzt los. Ich muß noch die zwei Schrauben festziehen und ein bißchen Staub auf das Ganze geben.«

»*Wa-as* mußt du? Wenn du dem Wagen auch nur noch einen Schritt zu nahe kommst, dreh' ich dir den Hals mit einem Franzosen ab!«

»Aber es muß getan werden!«

»Du wirst jedenfalls gar nichts daran tun! Ich sollte dich ...«

»Bitte lassen Sie mich jetzt los! Wenn ich den Wagen nicht so herrichte, wie er Dienstag abend war ...«

»Wann war Dienstag abend?«

»Im letzten Akt, natürlich. Lassen Sie mich gehen, oder ich rufe den Bezirksaufseher.«

»Meinetwegen kannst du den Teufel persönlich rufen. Ich werf' dich jetzt zum Tor hinaus, und der Himmel sei dir gnädig, wenn ich dich noch einmal hier erwische!«

Der Kleine spannte seine Züge, seine Augen verengten sich, seine Füße schossen hoch. Sie schlugen mit aller Gewalt gegen Wrights Kinn. Harry ließ den Zwerg fallen und taumelte rückwärts. Der Kleine quiekte: »Aufseher! Aufseher! Hilfe!«

Harry knurrte und rannte dem Flüchtenden hinterher. Aber plötzlich erschien in der Luft zwischen ihm und dem kleinen Burschen eine weiße Hand. Die leere Luft wurde zurückgeschoben und offenbarte eine Öffnung von der Garage in ein Nichts. Aus diesem Nichts trat ein hochgewachsener Mann in einem losen Gewand, das von oben bis unten mit Taschen besetzt war: Die ungewöhnliche Öffnung schloß sich hinter dem Mann.

Harry duckte sich erschreckt vor ihm. Nie zuvor in seinem ganzen Leben hatte er je soviel Macht verratende, so entschlossene Züge gesehen, so breite Schultern und eine so gewaltige Brust. Der Mann drückte die Handflächen an die Hüften und starrte auf Harry hinab, als wäre er ein Staubkorn, das beim Ausfegen übersehen wurde.

»Das ist er!« schrillte der Kleine. »Er will mich davon abhalten, meine Arbeit zu tun!«

»Wer bist du?« fragte der Mann mit dem edlen Antlitz von oben herab.

»Ich – ich bin der Mechaniker, und für diesen Wagen verantwortlich. Und wer – wer sind Sie?«

»Iridel, der Aufseher des Bezirks Futura.«

»Wo, zur Hölle, sind Sie hergekommen?«

»Ich komme nicht aus der Hölle, ich komme vom Donnerstag.«

Harry preßte die Hände an den Kopf. »Was *ist* das

alles?« wimmerte er. »Weshalb ist heute Mittwoch? Wer sind all die verrückten Zwerge? Was ist mit Dienstag passiert?«

Iridel machte eine kaum merkliche Bewegung mit dem kleinen Finger, und schon huschte der Kleine unter den Wagen zurück. Harry ging es durch Mark und Bein, als er zuhören mußte, wie er die Schrauben anzog. Er setzte schon an, ebenfalls unter den Wagen zu tauchen, aber Iridel sagte: »Halt!« Und als Iridel »Halt« sagte, hielt Harry auch an.

»Das«, sagte Iridel ruhig, »ist ein erstaunlicher Vorfall.« Er musterte Harry mit kühlem Interesse. »Ein Schauspieler auf der Bühne, ehe das Szenenbild vorbereitet ist! Wirklich ungewöhnlich.«

»Welche Bühne?« fragte Harry. »Was machen Sie hier überhaupt? Und was haben all die kleinen Burschen hier verloren?«

»Du stellst ziemlich viele Fragen, Schauspieler«, sagte Iridel. »Ich werde sie beantworten, und dann habe ich dir ein paar zu stellen. Diese kleinen Männer sind Bühnenarbeiter – ich bin überrascht, daß du das nicht selbst erkannt hast. Sie stellen das Bühnenbild für Mittwoch auf. Dienstag? Das tut sich jetzt.«

»Pahh!« schnaubte Harry. »Wie kann sich jetzt Dienstag tun, wenn heute Mittwoch ist.«

»Heute ist nicht Mittwoch, Schauspieler.«

»Hah?«

»Heute ist Dienstag.«

Harry kratzte sich am Kopf. »Ich hab' heut' morgen einen Burschen auf der Treppe getroffen – einen Ihrer Bühnenarbeiter. Er hat gesagt, es ist Mittwoch.«

»Es ist Mittwoch. Heute ist Dienstag, Dienstag ist heute. ›Heute‹ ist lediglich der Name für das Bühnenbild, das in Benutzung ist. ›Gestern‹ ist das Bühnenbild, das gerade gebraucht wurde. ›Morgen‹ ist das, das benutzt wird, sobald die Schauspieler mit ›heute‹ fertig sind. Dies ist Mittwoch. Gestern war Montag: heute ist Dienstag. Verstehst du?«

»Nein«, sagte Harry.

Iridel warf die Hände hoch. »Ihr Schauspieler seid aber dumm. Hör mir jetzt genau zu. Dieser Akt ist Mittwoch, Szene 6:22. Das bedeutet, daß alles, was du hier um dich siehst für 6:22 Mittwoch vorbereitet wird. Mittwoch ist keine Zeit, sondern ein Ort. Die Schauspieler bewegen sich ihm jetzt entgegen. Ich sehe schon, du verstehst immer noch nicht. Wie kann ich ... Ah! Schau mal dort auf die Uhr. Welche Zeit zeigt sie an?«

Harry Wright blickte auf die große elektrische Wanduhr über dem Kompressor. Sie wurde stündlich auf ihre Genauigkeit überprüft und es war eigentlich so gut wie unmöglich, daß sie falsch ging. Harry starrte verdutzt darauf. »Sechs Uhr zwei ... Aber das gibt es doch nicht! Um die Zeit bin ich ja erst von zu Hause weggegangen. Ich bin den ganzen Weg zu Fuß marschiert und schon mindestens zehn Minuten hier!«

Iridel schüttelte den Kopf. »Du bist überhaupt noch keine Zeit hier, denn es gibt keine Zeit, solange die Schauspieler nicht auf die Bühne kommen.«

Harry ließ sich auf eine Schmieröltonne fallen und krümmte sein Gehirn in seiner Anstrengung, zu verstehen. »Wollen Sie damit sagen, daß die Zeit sich gar nicht immer vorwärts bewegt? Sondern daß sie eher wie eine – ja, wie eine Straße ist? Eine Straße geht auch nirgendwo hin, aber man selbst kommt darauf zu verschiedenen Orten. Ist es das?«

»In etwa. Es ist eigentlich wirklich ein gutes Beispiel. Angenommen, das ist eine Straße, eine Straße aus Pflastersteinen. Jeder Stein ist ein Tag. Die Schauspieler bewegen sich auf ihr entlang und erleben so Tag um Tag. Unsere Aufgabe hier – meine und die der Zwerge – ist ... Nun, sagen wir, die Straße zu pflastern. Das hier ist das Team, das den Einzelheiten den letzten Schliff gibt, damit alles für die Schauspieler bereit ist.«

Harry saß ganz still auf der Schmieröltonne, aber sein Gehirn überschlug sich unter der Nachwirkung dieser Information. Ihm war, als habe er einen Schlag über den Schädel bekommen, und der Schmerz zog sich endlos dahin. Das war doch wahrhaftig das Verrückteste, das ihm je untergekommen war! Aus keinem bestimmten Grund fiel ihm ein Gespräch mit einem betrunkenen Flugzeugmechaniker ein, der versucht hatte, ihm zu erklären, wie die Luftströmung über den Flugzeugflügeln die Maschine in die Luft hebt. Er hatte kein Wort von all den technischen Ausdrücken verstanden, mit denen der Bursche um sich geworfen hatte. Aber das spielte auch keine Rolle. Die Dinger flogen, ob er es verstand oder nicht, das wußte er, denn er hatte sie selbst fliegen gesehen. Die Lektion dieses Kerls Iridel war nicht viel anders. Wenn es nicht stimmte, was er behauptete, woher kämen dann all die Wichtelmänner, die hier arbeiteten? Weshalb zeigte die Uhr nicht die Zeit an? Wo war Dienstag?

Das zumindest wollte er ein für allemal klären. »Wo, genau, ist denn Dienstag?« erkundigte er sich.

»Dort drüben.« Iridel deutete. Harry zuckte zurück und fiel von der Tonne, denn als der Bursche die Hand ausstreckte, *verschwand sie!*

Harry stand vom Boden auf und sagte heiser: »Machen Sie das noch mal.«

»Was? Oh ... Auf Dienstag zeigen? Wenn du es möchtest.« Er streckte die Hand aus, sie verschwand erneut und kehrte wieder, als er den Arm zurückzog.

»Großer Gott!« murmelte Harry und setzte sich zurück auf das Schmierölfaß. Schweißperlen standen auf seiner Stirn. Er starrte den Aufseher des Bezirks Futura an. »Sie deuten, und Ihre Hand ist nicht mehr da. Welche Richtung ist denn das?«

»Eine Richtung wie jede andere auch«, versicherte ihm Iridel. »Du weißt doch, daß es vier gibt – geradeaus, seitwärts, nach oben und ...« Er deutete erneut und schon wieder verschwand seine Hand. »... dorthin!«

»Das haben sie uns in der Schule aber nicht beigebracht«, brummte Harry. »Sicher, ich war damals nur ein Kind, aber ...«

Iridel lachte. »Es ist die vierte Dimension – die *Dauer*. Die Schauspieler bewegen sich durch Länge, Breite und Höhe, wohin immer es ihnen innerhalb des Bühnenbilds beliebt. Aber es gibt noch eine Bewegung – eine, die sie nicht kontrollieren können – und das ist die Dauer.«

»Wie bald werden sie – eh – hier sein?« fragte Harry.

Iridel fummelte in einer seiner unzähligen Taschen und brachte eine Uhr zum Vorschein. »Es ist jetzt acht Uhr siebenunddreißig, Dienstag«, sagte er. »Sie werden hier sein, sobald der Akt zu Ende ist. Dann kommt die Mittwochszene, die inzwischen vorbereitet wird.«

Harry dachte eine Weile darüber nach, während Iridel geduldig und mit einem leichten Lächeln wartete. Schließlich blickte er zu dem Aufseher hoch und fragte: »He, diese Schauspielersache, worum geht's da eigentlich?«

»Oh – das. Nun, es ist ein Schauspiel, das ist alles. Wie jedes andere Stück auch, das zur Erbauung der Zuschauer aufgeführt wird.«

»Ich war einmal in einem Theater«, sagte Harry. »Wer sind die Zuschauer?«

Iridels Lächeln verschwand. »Nun, jene, die sich dafür interessieren«, sagte er ausweichend. »Und jetzt möchte ich dir ein paar Fragen stellen. Wie bist du hierhergekommen?«

»Du bist von Montag nach Mittwoch morgen zu *Fuß gegangen?*«

»Nei-ein ... Vom Haus hierher.«

»Ah … Aber wie hast du Mittwoch, sechs Uhr zweiundzwanzig erreicht?«

»Ich – verdammt! Ich bin eben aufgewacht und wie üblich zur Arbeit gegangen.«

»Das ist wahrhaftig ein sehr ungewöhnlicher Vorfall.« Iridel schüttelte erstaunt den Kopf. »Du mußt mit dem Produzenten sprechen.«

»Produzent? Wer ist er?«

»Du wirst es erfahren. Komm inzwischen mit mir. Ich kann dich nicht hierlassen. Du bist der Aufführung zu nahe. Ich muß ohnehin meine Runde machen.«

Iridel schritt zur Tür. Harry hatte gute Lust, dazubleiben und zu arbeiten, aber als Iridel über die Schulter zurückblickte und winkte, ihm zu folgen, tat er es. Es war ihm plötzlich unmöglich, etwas anderes zu tun.

Gerade als er den Aufseher eingeholt hatte, rannte einer der Kleinen herbei und nahm die Mütze ab.

»Iridel, Sir«, quiekte er. »Die Wettermacher haben .006 von einem Prozent zu wenig Feuchtigkeit in die Luft dieses Bühnenbilds gegeben. Und drei Siebtel einer Unze Benzin fehlen in den Lagertanks.«

»Wieviel ist denn in den Tanks?«

»Viertausendzweihundertunddreiundsiebzig Gallonen und einundzwanzig Vierunddreißigstel Unzen.«

Iridel brummte. »Lassen wir es diesmal hingehen, aber es ist jedenfalls eine sehr schlampige Arbeit. Der Zuständige kann mit seiner Versetzung in den Limbus rechnen.«

»Danke, Sir.« Der Kleine verneigte sich. »Hauptsache, Sie wissen, daß wir nicht dafür verantwortlich sind.« Er stülpte sich die Kappe wieder auf den Kopf, drehte sich um und rannte zu seiner Arbeit zurück.

»Die Wettermacher haben Glück, daß die Benzinmenge im Tank nicht im Mittwoch-Manuskript angegeben ist«, sagte Iridel. »Wenn irgend etwas mit dem Drehbuch in Konflikt gerät, ist der Teufel los. Die

Schauspieler haben nicht genügend Verstand, zu improvisieren, und dadurch kann es leichter zu einer ganzen Reihe von falschen Stichworten kommen. Dann fällt das Stück durch, und wir sind alle arbeitslos.«

»Oh …«, murmelte Harry. »He, Iridel – was soll denn dieser fleckige, unfertige Platz dort?«

Iridel folgte seinem Blick. Harry starrte auf einen Platz etwas abseits links von der Werkstatt. Er war stellenweise mit Bäumen bewachsen, zwischen die sich Unterholz und Unkraut drängten. Mit *stellenweise* war der Rand des Platzes gemeint und entlang eines Pfades, der quer hindurchlief. Aber dazwischen war ebener Grund. Weder Unkraut noch ein Grashalm wuchs dort. Der Boden war absolut kahl und völlig farblos.

»Oh, das«, sagte Iridel. »Im Mittwoch-Akt benutzen nur zwei Schauspieler den Weg. Deshalb ist er zu beiden Seiten bepflanzt, wie es sein soll. Der Rest des Platzes wird für diesen Akt nicht benötigt, also brauchen wir ihn auch nicht herzurichten.«

»Aber … Aber wenn jemand am Mittwoch den Weg verläßt und aufs Geratewohl abbiegt?«

»Na, da würde er sich auf eine Überraschung gefaßt machen müssen. Aber es kann kaum vorkommen. An solchen Orten setzen wir immer Sondersouffleure ein, um aufzupassen, daß die Schauspieler keinen falschen Schritt machen oder ein Stichwort überhören.«

»Wer sind sie – die Souffleure, meine ich.«

»Die Souffleure? SE – Schutzengel. So nennen die Drehbuchautoren sie.«

»Ich habe von ihnen gehört.« Harry nickte.

»Ja, sie haben ganz schön zu tun«, sagte der Aufseher. »Die Schauspieler vergessen ständig ihren Text, oder er fällt ihnen ausgerechnet dann ein, wenn dem Drehbuch nach eine Pause sein sollte. Hier scheint jedenfalls alles in Ordnung zu sein. Sehen wir uns mal Freitag an.«

»Freitag? Heißt das, daß Sie bereits am Freitag arbeiten?«

»Aber natürlich! Wir arbeiten Jahre im vorhinein. Wie, glaubst du, sollten sonst unsere Bäume wachsen, beispielsweise? Hier tritt ein!« Iridel streckte die Hand aus, griff in leere Luft, schob sie zur Seite, daß das gleiche absolute Nichts zu sehen war, aus dem er erschienen war, als der Kleine ihn rief. Er winkte Harry herbei.

»Ich – ich soll da hinein?« fragte Harry erschrocken.

»Natürlich. Also, beeil dich schon!«

Harry wurden die Knie immer weicher, als er in diesen Ausschnitt des Nichts starrte, aber er konnte nicht gegen diesen seltsamen Zwang des Aufsehers an. Er trat hinein.

Und es war gar nicht so schlimm. Da waren weder wirbelnde Lichter, noch hatte er das Gefühl zu fallen, schwindelig oder gar bewußtlos zu werden. Es war nicht viel anders, als von einem Zimmer ins nächste zu treten. Und genau das war es, was er getan hatte. Er fand sich in einem riesigen runden Raum wieder, dessen Rundungen irgendwie verschwommen wirkten. Das heißt, der Raum hatte eine gewölbte Rundumwand und ein Kuppeldach, aber da war noch etwas. Er schien sich in die Richtung zu dehnen, in die Iridel so erstaunlicherweise gedeutet hatte. Die Wände waren hinter Kontrollinstrumenten fast verborgen. Da gab es Hebel und Bildschirme, Anzeiger und Meßgeräte, Knöpfe und Schalter. Vor ihnen stand und bewegte sich eine Zahl von Männern, die genauso wie Iridel aussahen, nur daß ihre Kleidung keine Taschen aufwies. Harry riß die Augen weit auf beim Anblick dieser komplizierten Kontrollmechanismen und der Selbstverständlichkeit, mit der die Männer daran hantierten. Iridel tupfte ihn auf die Schulter. »Komm mit«, sagte er. »Der Produzent ist gerade in seinem Büro. Er wird uns sagen, was wir mit dir tun sollen.«

Sie begannen den Raum zu durchqueren. Harry kam gar nicht dazu abzuschätzen, wie lange sie dazu brauchen würden, denn kaum hatten sie etwa ein Dutzend Schritte gemacht, waren sie an der gegenüberliegenden Wand angelangt. Die üblichen Gesetze von Raum und Zeit schienen hier keine Geltung zu haben.

Vor einer Tür aus brünierter Bronze, die so stark poliert war, daß sie spiegelte, blieben sie stehen. Sie öffnete sich, und Iridel schob Harry hindurch. Hinter ihm schloß die Tür sich wieder. Panik erfaßte Harry bei dem Gedanken, daß er von dem einzigen getrennt werden sollte, der ihm auf dieser Welt bekannt war. Er warf sich gegen die mächtige Bronzetür und prallte kopfüber zurück. Er rollte sich herum und erhob sich auf Hände und Knie.

Er befand sich in einem winzigen Zimmer, das ein gewaltiger Schreibtisch fast zur Hälfte ausfüllte. Hinter diesem Möbelstück saß ein Mann, der ihm amüsiert entgegenblickte. »Wo kommst denn du hergeflogen?« fragte er mit einer Stimme, die wie ein heranbrausender Orkan klang.

»Sind Sie der Produzent?«

»Ich werd' verrückt«, sagte der Mann und lächelte. Sein Lächeln schien das ganze Zimmer zu erhellen. Er war ein großer Mann, bemerkte Harry, aber an diesem trügerischen Ort war es unmöglich, zu sagen, wie groß wirklich. »Ja, ich werd' verrückt! Ein Schauspieler! Ihr seid wahrhaftig ein hartnäckiges Pack! Baut Häuser für mich, in die ich so gut wie nie hineingehe. Schließt euch zusammen und schickt mir Gesuche um bessere Rollen. Hört mir gut zu, was ich sage, und ignoriert dann meinen Rat oder legt ihn falsch aus. Und immer, immer bittet ihr um eine neue Chance. Und bekommt ihr sie, macht ihr es doch nur wieder verkehrt. Und jetzt spaziert gar einer daher und reißt mir Tür und Tor ein. Was ist denn dein spezielles Problem?«

Es war irgend etwas an dem Produzenten, das Harry nachdenklich stimmte, aber er konnte den Finger nicht darauf legen, außer es war vielleicht die Tatsache, daß der Mann ihm Ehrfurcht einflößte, auch wenn er nicht wußte, weshalb. »Ich bin am Mittwoch aufgewacht«, stammelte er. »Und gestern war Dienstag. Ich meine, Montag. Ich meine …« Er räusperte sich verlegen und fing noch einmal von vorn an. »Ich habe mich am Montag abend schlafen gelegt und bin am Mittwoch aufgewacht und jetzt suche ich den Dienstag.«

»Und was möchtest du, daß ich in dieser Sache tue?«

»Kö-könnten Sie mir nicht vielleicht sagen, wie ich dorthin zurückkomme? Ich muß wieder an die Arbeit.«

»Oh, ich verstehe«, murmelte der Produzent. »Du möchtest einen Gefallen von mir. Weißt du, eines Tages kommt vielleicht noch einer von euch Burschen an und will mir etwas schenken, so ganz ohne Gegenleistung, dann falle ich aber tot um. Habe ich denn nicht schon genug um die Ohren mit dieser Show, ohne noch von meiner Zeit und meinem Raum opfern zu müssen, um deinesgleichen mit Gefälligkeiten bei Laune zu halten?« Er holte tief Luft dann lächelte er wieder. »Wie dem auch sei – ich habe immer versucht, gerecht zu sein, auch wenn das manchmal gar nicht leicht war. Geh hinaus und sag Iridel, er soll dir den Weg zurück zeigen. Ich glaub', ich weiß, wie es passiert ist. Als du den Abgang vom letzten Akt machtest, mußt du irgendwie zwischen den Kulissen hinter den falschen Vorhang geraten sein. Das wird einem Souffleur den Limbus einbringen. So, und jetzt hinaus, verschwinde!«

Harry öffnete den Mund, um noch etwas zu sagen, aber dann überlegte er es sich doch und rannte zur Tür, die sich von selbst vor ihm öffnete. Heftig atmend stand er wieder in der Kontrollkuppel.

Iridel kam auf ihn zu.

»Und?«

»Er hat gesagt Sie sollen mich zurückbringen.«

»Ist gut«, brummte Iridel. »Hier entlang.« Er führte Wright zu einer Tür mit Vorhang, ähnlich der, durch die sie hereingekommen waren. Daneben befanden sich zwei Wählscheiben. Mit einer konnte man die Tage, mit der anderen die Stunden und Minuten einstellen.

»Ist dir Montag nacht recht?« fragte Iridel.

»Großartig«, freute sich Harry.

Iridel stellte die Scheiben auf 21 Uhr 30, Montag. »Lebe wohl, Schauspieler«, verabschiedete er sich. »Vielleicht sehen wir uns einmal wieder.«

»Leben Sie wohl«, sagte auch Harry. Er drehte sich um und trat durch die Tür.

Er war wieder in der Werkstatt und hinter ihm befand sich keine mit einem Vorhang bedeckte Tür mehr. Er drehte sich um, um Iridel zu fragen, ob seine Rückkehr es ihm nun ermöglichen würde, ins Bett zu gehen und am Dienstag aufzuwachen, aber Iridel war verschwunden.

Grelles Licht erhellte die ganze Garage. Harry blickte zur Uhr hoch. Fünfzehn Sekunden nach einundzwanzig Uhr dreißig. Das war merkwürdig! Jetzt sollten doch bereits alle zu Hause sein, außer dem langen Jim, dem Nachtwächter, der bis vier Uhr Früh-Dienst tat und bei Bedarf auch den Tankwart machte. Ein schneller Blick genügte. Es mochte wohl Montag nacht sein, aber zweifellos ein Montag, wie er ihn nicht kannte.

Überall wimmelte es wieder von den kleinen Männern!

Harry setzte sich auf den Kotflügel eines Wagens und stöhnte.

»In welch Teufels Küche hab' ich mich jetzt hineingeritten?« brummte er.

Es bestand kein Zweifel, daß er sich an einem anderen Ort in der Zeit befand als dem, wo er Iridel getroffen hatte. Dort hatten die Männer mit einer Sorgfalt alles hergerichtet, daß es eigentlich ein Vergnügen gewesen war, ihnen zuzusehen. Aber hier ...

Schon allein die kleinen Männer waren anders. Sie wirkten müde, kränklich und bewegten sich langsam. Außerdem gab es Dutzende von Aufsehern, die allgegenwärtig schienen. Harry zuckte zusammen, als einer der Weißgekleideten seine Peitsche auf einen der Kleinen herabzischen ließ. Während das Mittwoch-Team eifrig und selbständig gearbeitet hatte, leistete das Montags-Team offensichtlich Frondienste. Und auch die Art ihrer Arbeit unterschied sich von der vom Mittwoch. Hier wurde nicht aufgebaut, hergerichtet, sondern alles niedergerissen und fortgebracht. Vor seinen Augen sah Harry, wie ganze Stücke des Bodens herausgehoben, pulverisiert und sackweise von erschöpften, geschlagenen Zwergen davongeschleppt wurden. Stützbalken wurden aufgestellt, um das Dach zu halten, während die Steine aus den Wänden gehämmert wurden. Auch auf dem Dach schufteten sie und nahmen es Stück für Stück ab. Wände und Dach der Werkstatt verschwanden, noch ehe Wright sich der ganzen Tragweite bewußt war, und er fand sich plötzlich allein auf dem kahlen Platz stehend, wo für Mittwoch der Weg und Platz hergerichtet worden waren.

Das war zuviel für seine strapazierten Nerven. Er rannte hinaus in die Nacht, bahnte sich einen Weg durch die vollbeladenen Sklaven und zwischen den wachsenden Schutthaufen hindurch. Und er schrie dabei mit höchster Lautstärke nach Iridel. Eine lange Zeit rannte er ziellos umher, bis er sich erschöpft auf einen Bretterhaufen setzte, wo einst eine Kirche gestanden hatte. Er hörte Schritte und versuchte, sich hinter dem Holz zu verstecken. Aber sie näherten sich, und einer der Aufseher kam um den Haufen herum. Er blickte auf den zusammengekauerten Harry hinab.

»Komm hervor!« befahl der Mann schneidend. Harry gehorchte.

»Bist du der Kerl, der nach Iridel gebrüllt hat?«

Harry nickte.

»Wie kommst du darauf, daß du Iridel im Limbus finden könntest?« höhnte der Weißgekleidete. »Wer bist du überhaupt?«

Harry hatte inzwischen gelernt. »Ich bin ein Schauspieler«, sagte er zitternd. »Ich bin versehentlich in den Mittwoch geraten und dann haben sie mich hierher geschickt.«

»Warum?«

»Wie? Ach so, ich glaube, es war ein Irrtum, nichts weiter.«

Der Mann trat näher heran und packte Harry am Kragen. Er war mindestens achtmal so stark wie der hydraulische Wagenheber. »Erzähl kein Blech, Bürschchen«, sagte der Mann drohend. »Niemand wird in den Limbus geschickt, der es nicht verdient hätte, und aus Versehen auch keiner. Also, heraus mit der Sprache!«

»Ich hab' nichts getan«, wimmerte Harry. »Ich hab' gebeten, daß man mich zurückbringt, und dann hat man mich zu einer Tür geführt, und ich bin durch diese Tür hindurch. Mehr weiß ich nicht. He, hören Sie auf! Sie erwürgen mich ja!«

Der Mann ließ ihn plötzlich fallen. »Hör zu, Bürschchen, du weißt wer ich bin? He?« Harry schüttelte den Kopf. »Oh – du weißt es nicht? Nun, ich bin Gurrah!«

»Ja?« sagte Harry, weil ihm nichts anderes einfiel.

Gurrahs Brustkasten schwoll sichtlich an. Offenbar wartete er auf mehr von Harry. Als sich nichts tat, neigte er den Kopf zu Harry und hauchte ihn an. »Hast wohl keine Angst, eh? Mutiger Bursche, was? Nie von Gurrah, dem Oberaufseher des Limbus, dem wildesten

Sohn des Teufels vom Urbeginn bis in die Ewigkeit gehört, hah?«

Harry war ein friedliebender Mann, aber wenn er etwas haßte, dann von einem Fremden mit fauligem Atem angehaucht zu werden. Ehe Gurrah überhaupt wußte, wie ihm geschah, lag er zwei Meter entfernt mit dem Rücken auf dem Boden. Und Harry stand allein und rieb sich die Knöchel seiner Linken.

Gurrah setzte sich auf und betastete sein Gesicht. »Du – du hast mich geschlagen!« brüllte er. Er stand auf und kam zu Harry zurück. »Du hast mich geschlagen«, wiederholte er, und seine Stimme klang nun leiser und hörbar erstaunt. Harry wünschte sich, ihm wäre die Faust nicht ausgerutscht und er läge zu Hause im Bett oder er befände sich in Futura, oder wäre tot oder irgendwas. Gurrah streckte die mächtige Pranke aus und – klopfte ihm auf die Schulter. »Heh!« sagte er plötzlich freundlich. »Du hast mir einen Kinnhaken versetzt! Ich werd' verrückt. Ist schon viele Montage her, daß jemand es auch nur versucht hat. Der letzte war ein Bursche namens Orton. Ich hab' ihm den Hals umgedreht.« Harrys Gesicht verlor die Farbe.

Gurrah lehnte sich an den Holzhaufen. »Verdammt, wenn mir das nicht imponiert hat! Ja. Ein Höllenjob ist das, den sie mir da aufgehalst haben. Aber was soll ich machen? Abreißen – nichts als abreißen? Kaum ist man mit seiner Arbeit fertig und hat die Burschen angetrieben, bis sie fast nicht mehr stehen können, kriegt man schon einen Anraunzer, weil der nächste Job noch nicht getan ist. Man sollte meinen, ich sei lange genug im Geschäft, um mich auszukennen, nach mehr als achthundertundzwanzig Millionen Akten, oder vielleicht nicht? Heh! Aber versuch mal, das *denen* beizubringen! Ich schicke eine Ladung Hundehütten zum Mittwoch hoch, schön vorsichtig hinter den Kulissen vorbei. Und dann rufen sie mich an: ›Was ist denn los mit dir, Gurrah? Die Hundehütten sind unbrauchbar. Wir haben dir vor zwei Akten eine Liste der auszurangierenden Sachen gesandt, dazu gehörten auch diese Hundehütten. Reiß dich am Riemen oder wir schicken jemanden hinunter, der lesen kann, und du wirst degradiert.‹ Und so geht es Akt ein, Akt aus. Es hilft mir auch nichts, wenn ich melde, daß mein Assistent die Liste bekommen hat, aber tot umgekippt ist, ehe er sie mir geben konnte. Nein, wirklich nicht. Sage ich was, höre ich von ihnen nur, daß ich meine Leute nicht zu Tode schinden soll. Treib ich sie aber nicht an, krieg' ich einen auf den Deckel, weil meine Lieferungen nicht schnell genug ankommen.«

Er machte eine Pause, um Atem zu holen. Harry dachte, wenn er den Kerl bei guter Laune hielt, konnte er nur davon profitieren. Also fragte er: »Was ist denn Ihr Job überhaupt?«

»Job!« heulte Gurrah. »Job nennst du das? Die Kulissen niederreißen; was noch brauchbar ist, für den übernächsten Akt weiterschicken und den Rest einstampfen.« Er schnaubte.

»Die Requisiten werden also immer wieder verwendet?«

»Richtig. Allerdings sehr lange sind sie nicht zu gebrauchen. Sechs bis acht Akte, vielleicht. Dann müssen sie neue bauen, sie künstlich verwittern und eben so herrichten, daß man nicht mehr erkennt, wie neu sie sind.«

Eine Weile herrschte Schweigen. Gurrah, der sich zum ersten Mal seit einer Ewigkeit seine Verbitterung von der Seele reden konnte, fühlte sich ein wenig besser. Harry war sich nicht sicher, wie er sich selbst fühlte. Schließlich brach er das Eis. »He, Gurrah ... Wie komm' ich jetzt wieder ins Stück zurück?«

»Was geht mich das an? Wie bist du denn ... O ja, das

stimmt, du bist aus dem Kontrollraum hierhergelangt, richtig, hah?«

Harry nickte.

»Und wie«, erkundigte sich Gurrah, »bist du überhaupt in den Kontrollraum gekommen?«

»Iridel nahm mich mit.«

»Und dann?«

»Bin ich zum Produzenten und ...«

»Zum *Produzenten!* Heiliger Birnbaum ... Heißt das, du bist einfach ...« Gurrah wischte sich über die Stirn. »Was hat er gesagt?«

»Na ja, er hat gesagt, er nimmt an, es sei nicht meine Schuld, daß ich am Mittwoch aufgewacht bin. Er hat gesagt, Iridel soll mich zurückbringen.«

»Und Iridel hat dich in den Montag befördert!« Gurrah warf seinen Kopf zurück und brüllte vor Lachen.

»Was ist da so komisch?« fragte Harry ein wenig verärgert.

»Iridel«, brummte Gurrah. »Ist dir klar, daß ich seit fünfzigtausend Akten versuche, dem eingebildeten Laffen eins am Zeug zu flicken. Und jetzt schickt er dich mir als willkommenes Angebinde. Kumpel, ich kann dir gar nicht genug danken! Er hätte dich ins Spiel zurücksenden sollen, statt dessen landest du im Gestern! Das werd' ich ihm bis ans Ende aller Zeit unter die Nase reiben.« Er wirbelte begeistert zu einer Gruppe mitgenommener Zwerge herum, die unter einem riesigen Eckstein, den sie zum Schutthaufen schleppten, schier zusammenbrachen. »Laßt euch Zeit Jungs!« rief er. »Ich hab' den schönen Iridel jetzt da, wo ich ihn haben möchte. Kein Schuften mehr bis zum Zusammenbrechen! Nie wieder unverschämte Anraunzer! Ha ha ha!«

Harry schüttelte ein wenig verwirrt den Kopf. Fast schüchtern fragte er. »He – Gurrah, was ist mit mir?«

Gurrah drehte sich um. »Mit dir? Oh. *Te-le-fon!*« Auf

sein Brüllen hin eilten zwei etwas weniger ramponiert aussehende Zwerge herbei. Einer hüpfte auf Gurrahs rechte Schulter hoch, der andere auf die linke. Letzterer beugte seinen Kopf ein wenig vor. Gurrah packte ihn am Hals und schrie in sein Ohr: »Gib mir Iridel!« Es dauerte nur einen Augenblick, dann antwortete der Zwerg auf Gurrahs rechter Schulter mit Iridels Stimme:

»Ja?«

»Hallo, Lackaffe!«

»Lack ... Wie bitte? Wer spricht da?«

»Gurrah, du Futuralist! Ich hab' dir was zu sagen.«

»Gurrah! Wie *kannst* du es wagen, so mit mir zu sprechen! Ich werde dich ...«

»Und man wird mir deinen Job geben, wenn ich mit allem herausrücke, was ich weiß!«

»Was soll das?«

»Was das soll? Du hattest die Anweisung vom Produzenten, was Bestimmtes zu tun, und du hast einen ganz schönen Mist gebaut. Da war doch ein Schauspieler bei dir, eh? Und er hat mit dem Boß gesprochen und dir dann gesagt, daß du ihn zurückbringen solltest, richtig? Und du hast ihn geradewegs zu mir befördert, statt ihn ins Spiel zurückzuschicken. Kapitaler Bock, Iridel! Du wirst alt! Und jetzt verschwinde aus der Leitung, ich will mit dem Boß sprechen.«

»Den Boß? Oh – tu das nicht, alter Freund. Wir wollen die Sache mal in Ruhe besprechen, ja? Ach, übrigens, was die dreibeinigen Hunde betrifft, die du mir schicken solltest – ich komme auch ohne sie aus. Gibt es irgend etwas, das ich für dich tun kann ...«

»Allerdings, eine Menge, was du von jetzt ab für mich tun wirst, Prinz Goldhaar.« Gurrah schlug die beiden Köpfe zusammen, so brach er die Verbindung und möglicherweise auch die Schädel. Dann drehte er sich grinsend zu Harry um. »Weißt du«, sagte er, »dieser Iridel-Bursche ist ja eigentlich ein verdammt guter Aufseher, aber auch ein schrecklicher Pedant. Er schickt die Männer für die lächerlichsten kleinen Fehler in den Limbus. Vergeben kennt er nicht und er vergißt nicht einmal den unbedeutendsten Ausrutscher. Er ist zu einem großen Teil an dem Elend hier schuld, mit seinen ständigen Eilaufträgen. Von jetzt an wird es leichter werden. Der Boß wollte Iridel schon lange eine Kostprobe seiner eigenen Medizin geben, aber bisher gab Irrie ihm nie einen Grund dazu.«

Geduldig sagte Harry. »Was meine Rückkehr betrifft ...«

»Mein Freund!« donnerte Gurrah. Seine Hand tauchte in eine tiefe Tasche und kam mit einer Uhr, ähnlich der Iridels, zum Vorschein. »Es ist jetzt elf Uhr vierzig, Dienstag. Wir schicken dich gleich zurück. Du mußt dir selbst eine Ausrede für dein Verschwinden einfallen lassen. Red lieber möglichst wenig über das, was du hier erlebt hast, wenn du nicht möchtest, daß eine Menge Leute deswegen leiden – und du am meisten. Fertig?«

Harry nickte. Gurrah streckte eine Hand aus und öffnete den Vorhang ins Nichts. »Du wirst dich nicht gerade dort wiederfinden, von wo du herkamst, denn du bist hier ganz schön herumgeirrt. So, geh schon!«

»Danke«, sagte Harry.

Gurrah lachte. »Du hast mir nichts zu danken, Freund. Den Dank hast du verdient! Heh – wenn du abgekratzt bist und es dir dort oben nicht besonders gut gefällt, dann laß dich zu mir herunterbefördern. Ich sichere dir eine prima Behandlung zu, darauf hast du mein Wort. Und jetzt ab mit dir! Viel Glück!«

Harry Wright hielt den Atem an und trat durch die Öffnung.

Er mußte dreißig Blocks bis zur Werkstatt gehen, und als er endlich ankam, wartete sein Boß auf ihn und empfing ihn mit nicht gerade freundlicher Miene.

»Wo waren Sie, Wright?«

»Ich – ich hatte mich verirrt.«

»Werden Sie nicht frech! Einfach blau zu machen! Schauen Sie, daß Sie endlich an die Arbeit kommen. Verdammt, jetzt werden Sie heute mit der Federung nicht mehr fertig.«

Harry blickte ihn fest an und sagte: »Hören Sie, sie wird bis heute abend repariert sein. Das weiß ich nämlich genau.« Grinsend holte er seinen Werkzeugkasten.

John Shirley

Fahrkarte zum Himmel

Ich wollte eigentlich nie in den Himmel. Aber ich wuß-
te, irgend jemand würde schon dafür sorgen. Es wurde
Druck auf mich ausgeübt, dorthin zu gehen. In den
Himmel. Angefangen mit dem Morgen, an dem ich
Putchek traf ...

»Barry!« sagte Gannick, als ich mich in sein Büro
schleppte. »Ich möchte dir Frank Putchek vorstellen,
Direktor des Eden Club.«

»Hey«, sagte ich, »wie geht's denn so?« Ich lächelte
hölzern, schüttelte mechanisch Putcheks Hand.

Sie müssen wissen, daß es drei Uhr dreißig war. Ich
war seit neun im Büro – keine von diesen luftigen Wir-
sind-alle-Freunde-Werbeagenturen, wo den Planern erlaubt wird, sich wie Primadonnen aufzuspielen – und
ich hatte den Morgen mit dem Nachdenken darüber
verbracht, wie man die Öffentlichkeit davon überzeugen könnte, daß sie den Hamburger-Geschmacksver-
stärker Marke *Triple M* braucht. (Aber es war natürlich
darauf hinausgelaufen, daß wir der Welt erklären würden, daß die drei Ms für *Mmm!* wie in *Mmm, gut!* stehen sollten. Jeder Dummkopf wäre zum gleichen Ergebnis gelangt, und *Triple M* hätte eine Menge Geld für
eine Werbeagentur sparen können. Aber Agenturen wie
die meine gedeihen dank der schlechten Angewohnhei-
ten der Industrie ...) Ich verbrachte den Lunch damit,
Jemmy Sorgenson von Maplethorpe & Sorgenson zu

umschmeicheln, in der Hoffnung, daß sie mir einen Job mit besserer Bezahlung und möglicherweise Extras anbieten würde. Und um drei, nach einem harten Tag der Konstruktion kunstvoller Lügen und des Kampfes gegen den Selbstekel, war ich ausgebrannt, sah die Welt mit glasigen Augen. Um drei Uhr fünfzehn war alles im Büro flach und zweidimensional und drohte, sich in die Eindimensionalität zurückzufalten. Um drei Uhr dreißig läßt ein mysteriöser Zeitzauber die Uhr anhalten, und die verrinnende Zeit wird zu einer buckligen alten Dame mit einem Spazierstock aus Aluminium. Und in diesem Moment rief Gannick mich hinein, damit ich Putchek kennenlernte.

Putchek war ein Mann mittleren Alters mit einem ziemlich kleinen Kopf, Hamsterbacken und einer scheinbar grenzenlosen Anzahl von Lachfalten um den Mund und die Augen. Er lächelte viel, meistens mit leicht geöffnetem Mund, was ihn bei seinem Überbiß vertrottelt aussehen ließ. Er war hochgewachsen, rundschultrig, hatte eine Brille mit schuppenbesprenkeltem Metallgestell. Aber er trug einen netten blauen und taubengrauen Pierre Hayakawa-Designeranzug und tadellose patentierte Lederschuhe.

All das bemerkte ich zunächst nicht. Nur seinen schwammigen Händedruck und eine Art von putchekförmigem Nebelfleck. Er hätte Teil des Mobiliars sein können.

Gannick, mein Boss saß hemdsärmlig hinter seinem Schreibtisch, auf seinem Spezialstuhl, damit er weniger zwergenhaft aussah, seine hohe Stirn war ein bißchen weniger gefurcht als gewöhnlich, seine kleinen Schultern beinahe entspannt, seine zuckenden Augen endlich einmal relativ stationär.

Gannick war über irgendwas glücklich. Putchek mußte einen saftigen Abschluß bedeuten.

Ich schraubte mein Lächeln zu etwas Mattem, aber

künstlich Warmem herunter und setzte mich Putchek gegenüber, von wo ich aus dem Fenster auf die bedrückenden, scharfen Spitzen des versteinerten Walds von Manhattan hinausblicken konnte. *Versteinert*, dachte ich. *Wie ich.*

»Kaffee, Barry?« fragte mich Gannick.

»Nein danke.«

»Er braucht keinen Kaffee«, sagte Gannick anbiedernd-vertrauensvoll zu Putchek. »Nicht einmal Kokain. Barry Thorpe macht's mit Adrenalin.« Er grinste, um den Sarkasmus abzuschwächen. Ich mußte hölzerner ausgesehen haben als ich dachte.

Putchek versuchte, hinter den Witz zu kommen, und blinzelte uns an. »Oh, ah-ha. Häh, häh.«

Gannick sagte: »Barry, die Paradise Vacations des Eden Club sind unser neuer Kunde – ich nehme an, Sie haben schon davon gehört« – was nicht der Fall war –, »und es dreht sich um etwas ein wenig, nun ja, Ungewöhnliches, und da Sie, Barry, ein wenig, nun ja, ungewöhnlich sind ...« Er machte eine Pause, damit wir kicherten, also taten wir es. »Ich dachte, Sie sollten sich darum kümmern.«

Er strahlte, und ich versuchte erfreut auszusehen. Es war, als wären die für meine Gesichtsmuskeln zuständigen Bänder überdehnt, abgenutzt, denn ich brachte nicht ganz den Ausdruck zustande, den ich wollte.

»Alles in Ordnung, Barry?« fragte Gannick

»Nur müde.« Ich bot ein wenig Konzentration auf, ein wenig Munterkeit. »Tja – haben wir einen Prospekt oder eine Pressemappe oder – Dias?«

»Dias von ...?« fragte Putchek.

»Den ... äh ... Urlaubsorten oder ...«

»Es gibt keine Urlaubsorte!« Putchek brachte seine Hände zusammen, als wollte er sie zusammenklatschen, aber dann rang er sie statt dessen freudig, rutschte auf seinem Stuhl und sagte fast schelmisch:

»Der Eden Club schickt seine Kunden zu keinem Ort auf diesem Planeten … äh … Barry.«

Jetzt war die Reihe an mir, verwirrt zu blinzeln. Ein weiterer Teil des Raums wurde plötzlich scharf. Sie hatten meine Aufmerksamkeit. Ich wandte mich an Gannick. »Verbessern Sie mich, wenn ich mich irre – ich weiß, ich bin manchmal nicht ganz auf dem laufenden –, aber habe ich irgendwo zwanzig oder dreißig Jahre verloren? Befinden wir uns auf einmal im einundzwanzigsten Jahrhundert? Das letzte, was ich weiß, da war es noch 1998; da bin ich mir sicher. Der interplanetare Raumflug ist immer noch unbemannt, korrekt?«

»Das ist eine Frage der Betrachtungsweise. Wir schicken die Leute nicht direkt zu anderen Planeten«, erklärte Putchek. »Wir schicken sie zu einem anderen … anderen existenziellen Brennpunkt. Auf eine andere Ebene, um den metaphysischen Ausdruck zu benutzen … Wir schicken sie in den *Himmel*.«

Ich sah Putchek an und dann Gannick. »Himmel. So eine Art von Sensurround-Lasershow, wie? 360-Grad-Bildschirme, Weihrauch?«

Gannick sagte langsam: »N-nein. Man wird in eine Maschine gesteckt und … man hat wirklich körperlich das Gefühl, irgendwohin gegangen zu sein. Eine Art von Gedankenreise, glaube ich, durch eine Art elektronischer Stimulierung des Gehirns oder …« Er warf Putchek einen höflich fragenden Blick zu.

Putchek räusperte sich, begann stockend zu sprechen. »Wenn … äh … wenn Sie so wollen. Man kann es … äh … so betrachten.« Er blickte zu mir auf. »Es wäre wirklich hilfreich, wenn Sie dorthin gingen. Selbst. Dann würden Sie … es akzeptierten.« Er wirkte verlegen, starrte sein Spiegelbild auf seinen Schuhen an, und sein Mund war geschlossen – so geschlossen, wie er sein konnte, mit seinem Überbiß – und plötzlich machte er mir angst.

Der nächste Tag war ein Sonntag. Aufgrund der Gesetze zur Arbeitsförderung mußte der Großteil der Bevölkerung am Sonntag arbeiten. Aber ich nicht, ich konnte mit einem Drink in der Hand in meinem Wochenendhaus herumtrödeln. Schwermütiger werden, während ich betrunkener wurde, die Fenster verdunkeln und das Licht schwächer stellen, die Düsternis genießen, die Dunkelheit des Hauses liebkosen. Über die Demonstration des Eden Club nachdenken, zu der ich am Montag gehen sollte.

Wir schicken Sie in den Himmel, hatte Putchek gesagt. Ein neurologischer Himmel, nahm ich an. Eine lustinduzierende Maschine vielleicht.

Der Himmel war, bei Putcheks Preisen, etwas, das sich nur wenige leisten konnten.

Ich zuckte die Achseln. War das denn etwas Neues?

Ich ging zu dem Bildfenster, drückte den Knopf, und das Fensterglas wurde allmählich transparent. Der Herbstnachmittag war verblüffend, fast geschmacklos grell nach dem künstlichen Dämmerlicht in meinem Haus.

Ich blinzelte in den unerwünschten Sonnenschein, und der Whisky ließ meinen Kopf schmerzen. Das Glas in der Hand, blickte ich auf eine der hübschesten Vorstädte von Hartford hinaus. Bäume säumten die Straße mit frisch geknospten Wolken sanften Grüns; da und dort waren die hellen Quasten blühender Obstbäume zu sehen. Mir wurde klar, daß ich keine Ahnung hatte, welcher Art die Bäume angehörten. Ich hatte fünf Jahre hier gelebt, und ich wußte nicht, was für Bäume an der Straße standen. Oder den Vornamen meines Nachbarn.

Aber ich wußte, daß mein Nachbar sicherheitsüberprüft war. Wir waren alle überprüft in Connecticut Village. Wenn man hineinfuhr, zeigte man den Wachen am Kontrollpunkt seinen Anliegerschein vor oder nannte eine Besuchernummer. Um einen Anliegerschein zu bekommen, um freigegeben zu werden, mußte man eine B-3-Kreditwürdigkeit haben und durfte natürlich nicht vorbestraft sein. Es war eine geschlossene Gesellschaft, aber intern nicht wirklich gesellig; die Zertrümmerung wahren Gemeinschaftsgefühls im späten zwanzigsten Jahrhundert erstreckte ihre Antiwurzeln selbst bis hier, wo alles gemütlich wirkte. Wir hatten Fernsehen; wir hatten interaktives Video und Einkaufen per Bildschirm. Wir hatten unseren Lifestyle. Wir hatten die Verantwortung, die das Zur-Kenntnis-Nehmen von Fremden mit sich bringt, abgeschüttelt. Weil ein Fremder zum nächsten führt und weil nicht weit hinter dem Kontrollpunkt die bröckelnde Grenze von Hartfords Barackenstadt lag, angeschwollen von Fremden, denen wir nicht begegnen wollten.

Ich war nicht immer der typische Einwohner von Connecticut Village. Ich hatte ein paar Sachen für *Der Reformer* geschrieben, bevor ich mich hatte einschüchtern lassen, dem Geld nachzujagen; bevor Gannick mich entdeckte. Was ich geschrieben hatte, war ganz schön selbstgerechtes, blödsinnig idealistisches Zeug ... Wie:

Jede Stadt hat ihre Slums, Barackensiedlungen, die aus den Rissen zwischen den gepflegten kleinen Hochsicherheitsbezirken emporgewachsen sind, in die sich die Städte verwandelt haben; die Zuflucht der Legionen von Heimatlosen, der Entrechteten aller Stände: derer, die in der Industrie oder bei der Ölförderung arbeiteten, bevor Handarbeit zu einem Überseeunternehmen und Öl zu einer überholten Energiequelle wurde; derer, die in der Bauindustrie beschäftigt waren, bevor die Unternehmer sich auf zu fünfundsiebzig Prozent vorgefertigte Bauteile und Roboter verlegten. Derer ohne eine Büroausbildung; oder derer, die dabei gescheitert waren, sich dem größten Arbeitgeber des Landes, der ›Dienstleistungs‹-Industrie einzufügen, diesem riesigen Mechanismus zur Versorgung der Konsumenten, der einer Hähnchenmastmaschine auf einer Geflügelfarm so ähnlich ist ...

Die Slums werden von Menschen bewohnt, die ein oder zwei Jahrzehnte zuvor den Überfluß aufgebaut haben, von dem die Privilegierten jetzt zehren. Arbeitslose Schwarze leben in den Slums, natürlich. Und die Alten. Seit den demographischen Veränderungen der 70er und 80er Jahre und dem Fortschritt der Geriatrie sind die Alten zu einer gewaltigen, schimmelnden Schicht auf dem Bevölkerungskuchen geworden. Und Millionen von ihnen wurden ausrangiert, vergessen, bekamen von der Postwohlfahrtsgesellschaft die kalte Schulter gezeigt: von der frischen neuen, yuppie-strahlenden Welt, in der Unternehmer Erlöser sind, in der diejenigen, die gescheitert sind, wo es ums Verdienen ging, in das äußere Dunkel abgedrängt werden, jenseits der Grenzen der Rentabilität ...

Solches Zeug. Dummes Zeug. Die Verallgemeinerung von College-Journalismus. Wie auch immer, warum damit weitermachen, wenn die Antwort immer die gleiche ist? Sie werden sagen: »Ja, und?«

Und wenn das Wohnkomitee wüßte, daß ich dieses Zeug für den *Reformer* geschrieben habe, hätte ich die Sicherheitsüberprüfung für Connecticut Village niemals überstanden.

Manchmal kam ich auf dem Freeway am Slum vorbei. Nur eine Art von qualmendem grauem Durcheinander von Hütten, flüchtig wahrgenommen durch den Hurrikanzaun. Aus einem mikrochipgesteuerten Wagen heraus, der sanft den Freeway entlangschnurrte, wurden die Armen zu einem verschwommenen Flekken reduziert, der Verlegenheit hervorrief. Die ganze Welt wurde bei einhundertzehn Meilen pro Stunde zu einem visuellen Achselzucken ...

Ich wußte, daß Bestechung mit im Spiel war. Ich wußte es, als Gannick sagte: »Die FDA* hat dem Eden Club seine volle Billigung ausgesprochen. Das Patentamt, alle, sie stehen Schlange, um ihren Segen zu geben.« Es war so, wie er es sagte. Schnell, mit einem Unterton, der mich warnte, nicht auf dem Thema herumzureiten. Deshalb fragte ich nicht, ob in den Zeitungen schon etwas darüber gestanden hatte. Offenbar hatten sie sich Mühe gegeben, den Mund zu halten, bis die offizielle Genehmigung eine beschlossene Sache war. Um zu verhindern, daß irgendein neugieriges Unterkomitee des Senats die Genehmigung hinauszögerte ...

Es war Montagnachmittag, und wir befanden uns im sogenannten Vorführraum des Eden Club. Ich und Gannick und Putchek und Putcheks Sekretärin, Buffy. Sie war eine Art menschlicher Smiley, der sich ohne ein äußeres Anzeichen von Scham ›Buffy‹ nennen ließ.

Der Vorführraum war einmal das vordere Büro einer Reiseagentur gewesen. Die Poster und Prospektständer und Schreibtische und die fetten Damen mittleren Alters mit der Schneckenfrisur waren entfernt worden, und jetzt war da nur noch die einem Haufen gefrorener Milch ähnliche Transportvorrichtung unter den Neonröhren in einer Ecke des Raums und ein paar farbebekleckste Zeitungen an den frischgetünchten Wänden.

Ich sah die Transportvorrichtung an und sagte mir: *Nimm's leicht; wahrscheinlich ist es harmlos.*

Die Vorrichtung sah harmlos aus. Sie sah aus wie einer dieser kleinen nachgemachten Rennwagensitze,

---

* Food and Drug Administration; Gesundheitsbehörde

die man in Spielhallen findet. Abgesehen davon, daß sie außen vollkommen gestylt war, eine plastische Träne aus imitiertem Perlmutt. Die kleine Tür war offen. Im Innern befanden sich ein Sessel und ein paar Schalter auf einem Armaturenbrett. Keine Anzeigen, nichts sonst. Ich fragte: »Kein Helm? Keine Leitungen ins Gehirn, um die Illusion hervorzurufen? Oder injizieren Sie ihnen einfach etwas und, äh...« Ich mußte husten; eine frische Schicht blauer Farbe erfüllte den verdunkelten Raum mit aufreizenden Dämpfen.

Putchek räusperte sich. »Nein. Es sind keine weiteren ... äh ... Vorrichtungen nötig. Es läuft größtenteils automatisch ab.«

Buffy war, wie zu erwarten, klein, munter, ein wenig pummelig, mit kastanienbraunem Haar und Wangengrübchen. Sie hatte silbern gefleckte chinablaue Augen und stummelartige, dickliche weiße Finger, die mit sieben Zentimeter langen angeklebten Fingernägeln unbeholfen verlängert waren; mit blauen Nägeln und weißem Flitter. Sie trug einen braunroten Overall, der ihre Version der Montur eines Testpiloten war.

»Ich bin soweit!« sagte sie zu Gannick, eine Spur zu eifrig. Ihre Stimme war säuselnd und aufreizend affektiert.

»Haben Sie das schon einmal gemacht, Buffy?« fragte ich.

»Oh, äh-ja, sicher!« tönte sie. »Mm-hmm, und wir hatten eine Art Testpiloten und davor Affen und Tauben.«

»Sie benutzen *immer noch* Tauben«, flüsterte mir Gannick zu, während sie sich umdrehte und in die Maschine stieg. Sie schloß hinter sich die Tür. Der Apparat begann zu summen.

Putchek legte seinen Kopf in den Nacken, als lauschte er einem Lieblingslied. Seine schmutzigen Brillengläser verblaßten im Licht. »Eines unserer Hauptverkaufsargumente«, sagte Putchek abwesend, »wird unsere Geld-zurück-Garantie sein.«

Gannicks Augenbrauen schossen nach oben. »Geldzurück-Garantie? Das bedeutet ein großes Risiko, Frank. Ich meine, alle, die ich kennengelernt habe, die es probiert haben, sind begeistert – aber dort draußen gibt es alle möglichen Arten von Leuten. Verschiedene Arten von Gehirnchemie, unterschiedliche Metabolismen – zweimal den gleichen Menschen gibt es nicht. Wenn die Erfahrung nur zwanzig Prozent nicht gefällt ...«

»Ich kann nicht in alle Einzelheiten gehen«, sagte Putchek langsam, sich wieder in seinen Schuhen ansehend, die Hände in den Taschen. »Aber lassen Sie mich folgendes sagen: Wir sind zu neunundneunzig Prozent sicher, daß es buchstäblich jeder mögen wird. Ein gewisses Risiko ist dabei. Aber das ist es wert.«

Das Summen des Apparats hatte an Höhe zugenommen – und ich zuckte zusammen, als es den hörbaren Bereich verließ. Ich fühlte einen Schauder durch mich hindurchgehen und eine Verengung in der Brust, ein Zwicken hinten in meiner Kehle. Für einen winzigen Moment hatte ich das merkwürdige Gefühl, daß Buffy mich von allen Seiten umgab. Es war widerlich, glauben Sie mir. Und dann war der Raum wieder wie vorher.

Putchek streifte den Apparat mit einem Blick. »Sie wird in ... oh ... fünf Minuten wieder draußen sein, dann sind die Ferien vorüber.«

Ich sah ihn an. »Was ist der Listenpreis dafür?«

»Wenn das Geschäft erst einmal läuft ... äh ... fünftausend Neudollar pro Trip. Wir werden die Geräte überhaupt nicht verkaufen, mindestens zehn Jahre lang nicht. Und sie sind präpariert, so daß jeder, der in eins davon einzudringen versucht, um zu sehen, wie es funktioniert, innen drin nur einen Haufen rauchender Asche vorfinden wird.«

»Fünftausend Neudollar …« Ich starrte ihn an. »Eintausend Lappen pro Minute?«

Ich fühlte, wie Gannick mich anstarrte. *Beleidige nicht den Kunden,* sagte mir das Starren.

Putchek blieb ungerührt. »Nur objektiv. Es kommt Ihnen nicht wie fünf Minuten vor. Sie glauben, es wären Monate. Hängt davon ab, wie subjektiv ihre Persönlichkeiten sind. Es wird sich anfühlen, als wäre mindestens ein Monat verstrichen. Manchen mag es wie eine Ewigkeit vorkommen. Eine Ewigkeit reinen, ununterbrochenen Glücks.« Er sah mich an, als wollte er sagen: *Was sagen Sie DAZU?* Sein Kopf fiel zurück; sein offener Mund zielte auf mich – wenn ich hingesehen hätte, hätte ich seine Mandeln betrachten können.

Einer von Putcheks Technikern kam herein. Er war ein blonder Halbstarker mit einer Samurai-Frisur; er trug einen orangefarbenen Overall, an jeder Schulter mit dem gestickten Namenszug EDEN CLUB geschmückt. Er sang gedämpft vor sich hin, zu etwas, das ich nur als Muschelgeräusch aus den Kopfhörern seines Walkman sickern hörte. Er trug eine kleine Schachtel voller Mikrochips zu dem Apparat, den Kopf zur Musik windend. Putchek blickte ihn verwirrt an. »Chucky, dieser Apparat braucht keine Steuerchips; es ist der andere.«

Aber Chucky hörte ihn nicht. Er öffnete die Tür der Vorrichtung.

Sie war leer.

Gannick stellte den Scotch vor mich hin und sagte: »Trinken Sie!« Wie die Anweisung eines Arztes.

Wir waren in Putcheks Büro, und ich saß in Putcheks Sessel. Er stand besorgt neben mir und vollführte mit seinen Händen eine Bewegung wie eine Fliege, die sich die Stirn putzt, und auf der anderen Seite des Schreibtisches blickte Gannick finster vor sich hin. Sein Gesichtsausdruck sagte: *Sie machen einen großartigen Eindruck auf den Kunden. Einfach großartig!*

Doch das Mädchen war verschwunden.

»Es geht schon wieder«, sagte ich. »Ich ... hab mich einfach einen Moment komisch gefühlt.« Ich sah Putchek an, und dann rollte ich den Sessel zurück, damit er mich nicht anatmete. »Eine Art von Zauberschrank?«

Er schüttelte den Kopf. »Sie ist verschwunden, projiziert. Schwebt zwischen den Ebenen. Wir hatten vor, die Leute eine Zeitlang glauben zu lassen, es geschehe ... alles im Kopf. Wir glaubten, andernfalls hätten sie zuviel Angst. Aber – glauben Sie mir – sie ...«

»Meine Ohren glühen!« verkündete Buffy kichernd, als sie ins Zimmer kam. Sie sah erhitzt aus, glücklich wie eine Dreijährige mit dem Mund voller Schokolade. »Ich bin OK!« sagte sie. »Ich war im Himmel.«

Manchmal, wenn ich allein zu Hause war, sah ich meine Freikarte an und versuchte mich zu einer Reise zum Himmel zu überreden. Gannick wollte, daß ich sie machte, der Inspiration wegen. Alle wollten, daß ich sie mache. Alle meine drei Exfrauen hatten angerufen und mich gebeten, ihnen Karten zu besorgen. Fahrkarten zum Himmel. Gerade so, als hätten sie mich nicht *unmenschlich, kaltblütig* und all die anderen Dinge genannt, an die ich mich nicht erinnern kann, ohne daß sich mein Magen verknotet. Betty und Tracy, mich umsäuselnd in der Rolle liebevoller kleiner Schwestern. Aber Celia sagte natürlich: »Das bist du mir schuldig, du Bastard, und noch mehr.«

Aber ich besuchte den Himmel nicht selbst. Für eine lange Zeit. Ich sagte mir, daß es wegen Winslow war. Aber nein: Winslow war nur eine Ausrede.

Er war eine Ausrede, denn Winslow ist ängstlich. Ich lernte ihn kennen, sechs Monate nachdem Buffy verschwunden und zurückgekehrt war. Es war an einem

Freitagabend; ich war in meinem Wochentagsapartment und packte gerade, um zu meinem Haus in Connecticut hinauszufahren. Es war die Zeit, in der ich Störungen am wenigsten dulde. Deshalb fauchte ich, als die Türklingel schellte und ich die Korridortür öffnete: »Yeah? *Was?*« Und dann ließ er das Holo aufblitzen. Er schlug seine Brieftasche auf, und der 3-D-Regierungsadler breitete in der Brieftasche seine Schwingen aus, und quer über seiner Brust war die Inschrift: *Jeffrey C. Winslow, Sonderbevollmächtigter, Food and Drug Administration.*

»Mr. Barry Thorpe?«

»Uh. Zwecklos, es abzustreiten, oder?«

Winslow lächelte nicht. Er trug einen schwarzen Anzug mit dem eleganten dreizüngigen Schlips der Beamten – und er war ein Albino. Eine Erscheinung. Der Geist des Alten Beamtentums, dachte ich. Mit einem Alumitech-Aktenkoffer anstelle einer Kugel an einer Kette.

Er sah mich mit einem Ausdruck an, so starr wie ein ›Durchgang verboten‹-Schild. »Ich führe eine Reihe von Gesprächen, Mr. Thorpe, im Zusammenhang mit unserer zeitweiligen Genehmigung des Eden Club. Darf ich eintreten?«

»Sie haben den falschen erwischt. Ich bin nur der Anreißer; das Karussell dreht jemand anders. Sie wollen mit Putchek sprechen. Mit Gannick vielleicht.«

»Ich habe mit ihnen gesprochen. Ich werde mich noch einmal mit ihnen unterhalten.« Er wartete. Die FDA ist für mehr verantwortlich als Nahrungsmittel und Medikamente; der Eden Club benutzte eine Maschine, die physische Auswirkungen auf Menschen hatte, deshalb fiel sie in ihren Verantwortungsbereich. Und deshalb in Winslows.

Resigniert sagte ich: »Kommen Sie schon rein.«

Er war voller Fragen. Keine Anschuldigungen. Und alle Fragen schienen Routine zu sein. »Wenn man einen zurückgekehrten Urlauber für einen Vermerk befragt, wird er dann für das Interview bezahlt?« Dinge, auf die er die Antwort bereits kannte. Bis er mir diesen Tiefschlag versetzte: »Besitzen Sie irgendwelche Kenntnis über Summen, die von Mr. Putchek oder Mr. Gannick oder deren Repräsentanten an Vertreter oder Funktionäre der FDA gezahlt wurden?«

Ich dachte: *Nein, sie erzählen es keinem, außer dem Typ, den sie bestechen.* Aber alles, was ich sagte, war: »Nein.«

»Haben Sie vielen Dank.« Er stand auf und schüttelte mir schlaff die Hand. »Für diesmal dürfte es reichen.« Und er ging.

Diesmal?

Ich ging hinaus zu einer Bar, fand ein Telefon und rief Gannick an.

»Es ist nichts«, teilte er mir mit. »Es gibt einen kleinen bürokratischen Machtkampf innerhalb der FDA. Und dieser Winslow arbeitet für die Leute, die den Coup zu landen versuchen. Sie wollen den Ressortleitern Fehlverhalten nachweisen, ihre Jobs übernehmen. Aber sie haben nichts in der Hand. Äh... hat er Sie nach dem ›Abschußrampen-Verkohlungseffekt‹ gefragt? Körperlichen Nebenwirkungen?«

»Nein. Was für Nebenwirkungen sind das? Gannick, ich muß wissen, was läuft, wenn ich...«

»Hey, wir verheimlichen Ihnen nichts. Nichts Wichtiges. Machen Sie sich keine Sorgen deswegen; ist alles kalter Kaffee. Hey, mir brennt ein Steak an, ich muß... Hören Sie, Barry, fahren Sie einfach nach Connecticut raus und vergessen Sie's!«

Ich kannte Gannicks Stell-keine-Fragen-wenn-dir-deine-Überweisung-lieb-ist-Tonfall. Deshalb legte ich auf und versuchte, Winslow zu vergessen.

Es hörte sich weiß Gott gut an, wenn die Leute davon erzählten.

Ich war in meinem Büro, mit Brainstorming zu einem Fünfzehn-Sekunden-Spot für den neuesten abendfüllenden Fernsehfilm der Federal Broadcasting Agency beschäftigt: *Yoshio Smith: Mörder im Auftrag der CIA.* Der Eden Club war der Hauptsponsor des Films.

Ich sah mir ein Video des Drehbuchautors Alejandro Buckner an, der von seinem ersten Urlaub im Eden Club erzählte. Er strahlte, noch ganz voller angenehmer Erinnerungen. Buckner hatte ein rundes Gesicht, und normalerweise sah er aus wie ein sadistischer Cupido; heute war er eindeutig engelhaft. »Der Himmel hat nichts speziell Christliches an sich; es ist dort kein biblischer Gott feststellbar, keine Engel im engeren Sinne, auch wenn die himmlischen Statthalter möglicherweise diesen Ansprüchen genügen mögen. Doch der Himmel wird den Christen zufriedenstellen, den Buddhisten oder den Hindu. Jeden.

Manche Leute haben behauptet, der Himmel sehe für jeden verschieden aus – aber in Wirklichkeit ist es nicht so. Er verfügt über eine Landschaft, bestimmte topographische Merkmale ... Es hängt nur davon ab, in welchen Teil man sich hineinprojizieren lassen will. Und das bestimmt die eigene Persönlichkeit. Manche Leute werden in den ländlichen Himmel projiziert, manche in den städtischen. Viele in denjenigen, der eine Art von idealisierter Vorstadt darstellt. Ich, ich bin ein unerschrockener Anhänger des städtischen Himmels – nur, daß er aus einer Anzahl von Dachgärten bestand; eine Art Manhattan-Penthouse-Version der Hängenden Gärten von Babylon. Aber im Himmel gibt es natürlich keine Taubenscheiße; dort gibt es keinen Smog, keinen Sauren Regen; es gibt keine dröhnenden Helikopter, kreischenden Düsenflugzeuge – obwohl man einige Luftgleiter von unglaublicher Anmut zu sehen bekommen mag; alles hat eine Art von Strahlenkranz, wie wenn man bestimmte Drogen eingenommen hat – doch wenn man genau hinschaut, erkennt man, daß es einfach der Abglanz der Vollkommenheit dieser Dinge ist, der natürliche Glanz ihrer Vortrefflichkeit; man ermüdet nicht im Himmel, aber manchmal schläft man, und irgendwie geschieht es einfach dann, wenn die Menschen um einen herum schlafen wollen; es gibt keine Mücken, keine giftigen Tiere, keine Maden, keine Verdauung, keinen Mundgeruch; es gibt Sex im Himmel, wie auch immer man sich ihn wünscht, aber es ist mehr wie Tanzen – irgendwie verliert er all seine irdische Plumpheit. Und er wird niemals exzessiv, obwohl die Orgasmen langsam, tief und nicht entkräftend sind. Nahrung tritt aus den Tischen hervor, wenn man sie braucht, doch man verfällt niemals der Gefräßigkeit. Man kann sich keine Knochen brechen; man kann nicht krank werden. Nichts stirbt. Alles ist leicht, aber nichts ist öde. Es gibt keine langweiligen Gespräche; keine Fauxpas oder peinliches Schweigen. Es gibt scharfe Gerüche und sanfte Gerüche, aber keine unangenehmen. Ich sage noch einmal, der Himmel ist in keiner Weise langweilig. Es gibt dort Stürme, und es gibt Schnee – doch nur, wenn alle in der Stimmung dazu sind. Es gibt dort Kontroversen, aber niemals Streit; alle Kontroversen sind glorreicher Sport, dort im Himmel.«

Es kann nicht so vollkommen sein, dachte ich. Ich wollte nicht, daß es so war. Perfektion ist verdächtig, ist unwahrscheinlich, und ich wollte, daß der Himmel etwas Reales war. Deshalb war ich erleichtert, als er sagte: »Man kann dort nicht einfach alles tun, was einem einfällt. Wenn man die anderen Wesen verhören will – sie sehen wie Menschen aus, im nächsten Moment schon wieder nicht; sie haben alle irgendwie verschwommene und schimmernde Umrisse – wie auch immer, wenn man ihnen peinliche Fragen über den Ort stellen will, dann hat man eine Menge ›unangebrachter Psychodynamik‹ mitgebracht, wie mir einer der Statthalter sagte.

Man hat ›neurotische Neigungen‹ mitgebracht. Völlig unpassend im Himmel. Deshalb strömen die Statthalter – sie sehen wie das Leuchten von Glühwürmchen aus, ohne die Glühwürmchen und viel größer – um einen zusammen und besänftigen einen gewissermaßen, und dann vergißt man all seine Aufdringlichkeit, seine gewalttätige Veranlagung ... und seine Fragen. Die Fragen, die man hat, werden nur mit einer Art von Eindruck beantwortet: daß dieser Ort tatsächlich etwas ist, das man im Grunde verdient hat. Dies ist ein ›höherer Zustand des Einsseins mit dem Universum‹. Und das sollte einem reichen ... Doch es ist noch etwas anderes komisch an diesem Ort ...«

Ich beugte mich jetzt etwas vor, bis aufs äußerste gespannt.

Buckner drückte sich allgemein aus: »Die Wesen, welche die ganze Zeit über anwesend sind, die dort heimisch sind, nun, sie betrachten einen wie ... ähem ... sie rümpfen nicht gerade die Nase über einen oder so; es gibt dort nichts Unfreundliches ... aber es gibt eine Art von mildem Erstaunen. Als spürten sie, daß man nicht dorthin gehört ...«

Das Band endete hier. Gannicks Interviewer hatte die Richtung nicht gefallen, die Buckner eingeschlagen hatte, und er hatte sowieso schon genug ›positives Feedback‹ von ihm. Das Band endete, und die reguläre Sendung erschien auf dem Fernsehbildschirm – ich wollte sie gerade abschalten, schaute aber weiter zu. Es war eine Nachrichtenmeldung.

Vier Wohnhäuser waren vor einer Stunde eingestürzt, in der Bronx. Man fürchtete, daß rund 270 Personen verletzt oder ums Leben gekommen waren. »Teile der Gebäude schienen sich einfach in Staub aufzulösen«, wurde der Wohnungsbeauftragte zitiert. »Etwas ähnliches passierte vor zwei Wochen in Chicago – ebenfalls in einem Gebiet mit Niedrigmieten – und wir glauben, daß es sich um eine Folge der Beschädigung dieser alten Gebäude durch Termiten oder Sauren Regen handelt.«

Insekten oder Saurer Regen oder beides. Eine Erklärung. Es tat gut, für so etwas eine Erklärung zu haben. Selbst wenn es eine war, die einem *falsch* vorkam, wenn man genauer darüber nachdachte. Also denk nicht drüber nach, sagte ich mir.

Das Telefon klingelte. Es war Winslow. Ich legte ihn nicht auf den Schirm um. Und ich wollte nicht das weiße Gesicht und den schwarzen Anzug sehen. »Mr. Thorpe«, sagte er, »ich möchte nur, daß Sie wissen, wenn Sie mir etwas mitteilen möchten, irgend etwas, dann werde ich dafür sorgen, daß Sie dadurch keine Schwierigkeiten bekommen. Im Hinblick auf strafrechtliche Verfolgung.«

»Sie sind von der FDA, nicht vom FBI, Winslow. Sie scheinen das zu verwechseln.«

»Sagen wir, diese Untersuchung ist ein wenig speziell. Wenn Sie mir etwas über den Bericht über körperliche Nebenwirkungen des Phänomens Eden Club sagen können ...«

»Ich weiß wirklich nicht, wovon Sie reden«, sagte ich aufrichtig.

»Wenn Sie dieses Spielchen spielen wollen – gut. Aber wir werden sehen, wer den kürzeren zieht.«

»FDA, Winslow. FDA. Das andere ist das Federal Bureau of ...«

Er legte auf.

Ich zuckte die Achseln. Aber dann dachte ich: *Entweder er ist ein Dummkopf oder wir sind in Schwierigkeiten und wissen nichts davon.*

Denk nicht drüber nach. Es ist Gannicks Problem.

Ich fuhr nach Hause.

Ich saß in meinem Kontursessel, mich in seine künstliche Umarmung schmiegend, die Fenster verdunkelt und die Beleuchtung gedämpft, mein Versteckspiel spielend, vorgebend, es sei Nacht und draußen dunkel; jedenfalls war es dunkel im Zimmer. Ich saß und nippte am Johnnie Walker und hörte dem Fernsehen zu, wo vom Urlaub im Himmel die Rede war, und ich dachte: *Dieses Leben gefällt mir nicht. Diese Welt gefällt mir nicht. Also warum gehe ich nicht?*

Die Moderatoren der Sondersendung sprachen vom ›Eden Club-Phänomen‹. Beschrieben die Depression und Langeweile, in die Rückkehrer des Eden Club verfielen, wenn die Nachwirkung nachgelassen hatte. Bemerkten, daß es keine eigentliche physische Abhängigkeit, jedoch Anzeichen von psychischer Sucht gäbe. »Wenn man über die Depression weg ist«, sagte ein Rückkehrer in die Kameras, »fällt man wieder in den Alltagstrott. Alles kommt einem irgendwie schäbig und schmutzig und abgenutzt und starr vor, eine Zeitlang jedenfalls – aber ziemlich bald beginnt man wieder Spaß am Leben zu bekommen und, wissen Sie, man hört auf, sich andauernd nach dem Himmel zu sehnen. Aber sobald man wieder das Geld beisammen hat, Mann, dann *unterschreibt man!*«

Gewisse Psychiater, von denen ich wußte, daß sie vom Eden Club bezahlt wurden, brachten großartige, schwammige, schlingernde Belege für den therapeutischen Nutzen eines Urlaubs im Eden Club vor. Einige Senatoren aus dem Süden äußerten sich dunkel zu den religiösen Implikationen. Der Eden Club hatte aufgehört, die Projektionsebene ›Himmel‹ zu nennen, aber genau dafür wurde sie von jedermann gehalten. Und so stampfte die Schweigende Mehrheit mit den Füßen und schmollte.

Senator Wexler forderte eine Untersuchung der Risiken und behauptete, es sei nur eine Frage der Zeit, bis die Transportapparate außer Kontrolle gerieten und jemanden in einen Berg oder ins Meer projizierten – oder

sogar in die Hölle. Und wenn es dazu nicht käme, be-
stünde die Gefahr, daß jemand Transportvorrichtungen
›schwarz‹ herstellte. Der Eden Club hatte sich gewei-
gert, Lizenzen zu erteilen. Er verteidigte sein Monopol
mit allen legalen Mitteln, die ihnen die 400 Millionen $,
die sie verdient hatten, verschaffen konnten. Das bedeutete eine Menge Macht.

Nach der Sondersendung trank ich meinen dritten
Scotch und hörte dem regulären Nachrichtensprecher
zu, der betrübt bekanntgab, ja, die Regierung habe
zugegeben, daß das Land auf eine ernste Rezession
zusteuere. Ja, da war eine ziemlich unerwartete Öl-
knappheit, eine allgemeine Energiekrise, sich seuchen-
artig ausweitende Probleme mit Kraftwerksanlagen im
ganzen Land; genaugenommen auf der ganzen Welt …
Und die Slums wuchsen.

Ich spulte die Kassette zurück, um mir noch einmal
Buckner anzuhören und mir Notizen zu machen.

Der Eden Club war ›heiß‹. Der Eden Club war ins Gerede gekommen. Es gab Verdächtigungen, öffentliche
Empörung, Untersuchungen. Doch der Eden Club
stand dies alles durch, und Gannick und ich taten unsere Arbeit.

*Glauben Sie nicht ans Paradies … solange Sie den Eden
Club nicht kennen.* Und: *Und Sie glauben, das* (ein Ko-
dachrome-Hochglanzfoto von der prächtigen südpazifi-
schen Küste: tiefblauer Himmel, kristallklares Wasser,
Palmen, perfekt wie Scherenschnitte) *sei das Paradies?
Dann haben Sie den Eden Club noch nicht ausprobiert.* Und:
Der Eden Club. Wer braucht noch Drogen?

Ich hatte mein Freiticket, zu Hause in meiner Schreib-
tischschublade. Gannick redete mir zu, es zu versuchen.
Putchek tat es von Zeit zu Zeit selbst. Es gab eine Be-
schränkung, wie oft man es tun und wie lange man
bleiben konnte, was mit der elektromagnetischen Bela-

stung des Körpers zu tun hatte, aber Putchek machte es so oft, wie die Sicherheitsbestimmungen es erlaubten.

Gannick machte es nicht. Er sagte, eine Runde Poker im Club zusammen mit einem netten Mädchen, das die trockenen Martinis brachte, wäre ihm Himmel genug.

»Aber ich möchte, daß *Sie* es versuchen«, sagte er. »Okay, Barry?«

Also saß ich an einem Samstagabend in meinem Apartment, ein Jahr nachdem Buffy verschwunden und zurückgekehrt war, und dachte daran, meine Freikarte zu benutzen. Ohne mir wegen Winslow Sorgen zu machen – er war nur noch einmal gekommen, und es war wie beim ersten Mal gewesen. Ich hatte ihn fast vergessen.

Die Slumbewohner konnten sich keine Fahrkarte zum Himmel leisten. Aber ich hatte eine. Warum benutzte ich sie dann nicht? Ich ging zu dem Safe, in dem ich die Freikarte verwahrte, und öffnete ihn. Ich sah mir die Karte an. Ich konnte mich nicht so recht …

In diesem Moment schellte die Türklingel, und irgendwie wußte ich, daß es Winslow sein würde. Er sah heute anders aus. Die Tünche war verschwunden. Ebenso das Abzeichen und der Alumitech-Aktenkoffer. Er trug einen billigen Druckanzug und eine dunkle Brille; und das linke Glas der dunklen Brille war gesprungen. Er roch nach Bier, und er lauschte nach rechts.

Ich sah hier einen anderen Winslow, und er gefiel mir besser. »Muß mit Ihnen sprechen«, sagte Winslow.

»Kommen Sie rein und nehmen Sie einen Drink«, sagte ich. »Sieht so aus, als brauchten Sie einen.«

Er griff in eine Tasche und holte eine Pistole heraus. Sie war klein, eine .25er, aber sie würde mich glatt durchlöchert haben, auf diese Entfernung. »Nein. Sie kommen raus. Wir fahren weg.«

Wir gingen eine mit Schlaglöchern übersäte Kiesstraße entlang, unter einem drohenden grauen Himmel. Die Wolken am Horizont röteten sich im Sonnenuntergang, und es begann daraus zu regnen; in der Rottönung sah es aus, als bluteten sie. Wir gingen zwischen den Baracken des Slums entlang, durch Gerüche hindurch, die mich wie ein Ziegelstein hätten anhalten lassen, wenn nicht die Pistole in Winslows Manteltasche gewesen wäre. Winslow redete, redete, redete, mit einer Art übertriebener Sorgfalt, die seine Trunkenheit nur unterstrich. »Mr. Danville – mein Vorgesetzter – und ich erhielten eine Art von anonymem Hinweis, eine Niederschrift einer Unterhaltung zwischen zwei Rechtsanwälten, der eine in Vertretung einer gewissen Janet Rivera, der andere vom Eden Club angestellt. Der Eden Club bot Janet Rivera eine dicke Abfindung an, eine Million Neudollar, und sie nahm das Geld und machte sich aus dem Staub. Es scheint so, daß der Urlauber durch eine äußerst kleine Veränderung der Transportvorrichtung – oder eine Stromschwankung im falschen Moment – an einen Ort gelangt, der der Hölle sehr ähnlich ist. Vielleicht ist es dort so wie hier …«

Er deutete unbestimmt auf die zusammengepferchten, schmutzverkrusteten, nach Abwässern stinkenden Baracken; die abgespannten Gesichter, die unter Plastikplanen hervorspähten, die über die krummen Eingänge genagelt waren. Er fuhr fort: »Vielleicht ist es schlimmer. Miss Rivera wurde in eine solche Hölle geschickt. Offenbar hatte sie sich nur knapp den Verstand bewahrt. – Passen Sie auf, dieser Hund will ein Stück von Ihrem Schenkel! Er ist verwildert …« Es war ein knochiger gelber Mischling, seine Augen waren trübe, die Schnauze in einem Zähneblecken verzerrt. Winslow holte die Pistole aus der Tasche und sagte: »Das wird ein paar von diesen Leuten zu essen geben.« Die Pistole krachte. Ich fuhr zusammen. Er hatte dem Hund tatsächlich in den Kopf geschossen. Seine Beine knickten ein, und er fiel zuckend um. Eine alte, Selbstgespräche führende Frau eilte heraus und zerrte den toten Hund am Schwanz in ihre Hütte.

»Die Niederschrift weckte unser Interesse«, fuhr Winslow fort, während wir weiter die Straße entlanggingen. (Ich blickte über die Schulter zurück und sah eine Menge, die uns in sicherer Entfernung folgte; eine Ansammlung von Vogelscheuchen.) »Und wir erblickten unsere Chance, die Amtsleiter zu kassieren. Sie waren korrupt, und uns reichte es. Wir untersuchten und untersuchten und stießen auf etwas Unerwartetes. Eine Übereinstimmung zwischen der Zunahme der Urlauber des Eden Club und der statistischen Verschlechterung der Lebensbedingungen der Leute in ihrer Umgebung. Putchek wußte davon; man nannte es ›Verkohlung der Abschußrampen‹, weil sie die Himmelsreisen mit dem Start von Raketen verglichen – und die Abschußrampen werden von Raketentriebwerken verkohlt, Thorpe. Die Abschußrampe des Eden Club ist unsere Welt; ihr Verkohlen stellt die Nebenwirkung auf diese Welt dar: die sich verschlimmernde Rezession, die sich vergrößernde Kluft zwischen arm und reich. Und als das weiterging, wurde die Wechselbeziehung – unmittelbarer. Sehen Sie, Thorpe ...« Er zeigte auf etwas.

Wir waren an einer Grube angelangt. Sie hatte einen Durchmesser von vierhundert Metern und war tiefer, als ich sehen konnte, von feinem schwarzgrauem Staub überzogen. Die Hütten waren ganz bis an den Rand herangebaut; die nächstgelegenen waren halb zusammengefallen, teilweise in den Ascheboden eingesunken.

Dicke, ölige Regentropfen prasselten herab, sprenkelten den Kies und trommelten auf die Blechdächer, in immer schnellerem Wirbel, als der Platzregen zunahm. Unter seiner Wucht brachen drei der Hütten am Rand des Kraters augenblicklich zusammen, knickten ein wie der niedergeschossene Hund, zerbröckelten wie Sandburgen unter einer Welle; ich hörte menschliche Stimmen aus den Trümmern schreien, ein dissonanter Chor von Klagen; erspähte Gesichter in der matschigen Asche, Gesichter, gezeichnet von Resignation. Die einen Moment später verschluckt wurden. »Es gibt viel mehr als diese hier, Thorpe. Überall auf der Welt. Sie entstanden, nachdem der Eden Club richtig groß geworden war. Tausende von Menschen sind in diesen Gruben verschwunden. Sie sind alle in einer Art von … Trägheit gefangen. Verzweiflung. Deshalb wehren sie sich nicht. Sie spüren, wie die Grube an Ihnen zieht …« Er hatte recht: ich fühlte, wie sie an mir zerrte, eine Art von Vakuum, das mein Selbstwertgefühl aufsaugte, meinen Überlebenswillen. Mich auseinanderriß, mich wünschen ließ, einen Schritt vorzutreten, mich hineinzuwerfen.

»Von amtlicher Seite wird das alles vertuscht«, sagte Winslow.

»Hören Sie auf«, sagte ich. Ich riß meine Augen von der Grube los. Der Drang, mich hineinzustürzen, hatte mich beinahe übermannt. Ich konnte es nicht länger aushalten. »Erschießen Sie mich, oder lassen Sie's sein«, sagte ich. »Ich haue ab.« Ich drehte mich um und begann den Weg zurückzugehen, den wir gekommen waren.

Ich wartete auf den Schuß. Nach einer Weile ging er neben mir, vorgebeugt gegen den Regen. Einmal mußte er in die Luft schießen, um die Menge zu zerstreuen. Aber innerhalb von zwanzig Minuten waren wir in seinem Wagen.

»Vielleicht ist das, was mir und Danville passiert ist, Teil des Musters von Nebeneffekten, die jeden treffen, der den Himmel nicht besucht«, sagte Winslow. »Vielleicht trifft es irgendwann auch Sie.« Wir saßen in seinem Wagen, hörten zu, wie der Regen aufs Dach hämmerte. Er nahm seine Sonnenbrille ab und richtete seine rosa Augen auf nichts Besonderes. »Uns wurde gekündigt. Man sagte, wir hätten unsere Befugnisse überschritten, was wir tatsächlich hatten. Daß wir die Dinge aufgebauscht hätten. Was nicht stimmte.« Er zerrte sinnlos an einem Ärmel seines Papieranzugs; der Saure Regen hatte ihn angegriffen, und der Ärmel löste sich unter seinen Fingern. »Mir ging das Geld aus. Die Kleidung vermodert auf meinem Rücken. Aber worauf es ankommt – worauf es hätte ankommen sollen« – er sah mich an –, »sind diese Leute hier draußen.«

Ich sagte nichts. Ich würgte an dem, was ich gesehen hatte.

Er sagte: »Warum haben Sie die Reise nicht gemacht?«

»Nur so ein Gefühl. Daß es zu sehr der Vorspiegelung nahekäme, alles wäre in Ordnung. Daß es zu weit ginge, in unserem privaten Himmel zu schwelgen, wo so viele Menschen in der Hölle leben. Es war schon immer falsch, aber so konnte ich nicht wegsehen, irgendwie … Es war ein Schritt zuviel … Schuldgefühl, nehme ich an, darauf reduziert es sich.«

»Ihr Instinkt hat Sie nicht getrogen, Thorpe. Ich wußte es, als ich Sie interviewte – ich konnte erkennen, daß Sie die ganze Angelegenheit anödete. Ich habe meine Hausaufgaben über Sie gemacht. Diese Sachen gelesen, die Sie vor ein paar Jahren geschrieben haben. Ich wußte, daß Sie nicht glücklich sind mit dem, was Sie für Gannick tun; andere Leute davon zu überzeugen, Millionen mit dem sinnlosen Genuß von Scheiße zu vergeuden. Es *ödet* Sie an. Aber Sie klebten am Geld.«

»Vor allem hatte ich einfach Angst. Nicht genug Einkommen zu haben, um mir ein Sicherheitspolster zulegen zu können. Ich hatte Angst, so zu enden wie diese Leute … Deshalb mußte ich es tun.«

»Nein, Sie haben es nicht getan. Sie nicht. Sie sahen, worauf es hinauslief … Deshalb, Thorpe – was werden Sie jetzt tun?«

»Ich habe keinerlei Beweise für Bestechung. Oder für irgend etwas anderes. Und lassen Sie mich Ihnen eins sagen: die Öffentlichkeit will nicht, daß ihr diese Sache miesgemacht wird. Sie will nicht, daß sie in Frage gestellt oder bekämpft wird. Sie will den Himmel und scheißt auf die Konsequenzen, und sie zahlt für eine Menge Wahlkampagnen von Senatoren, um dafür zu sorgen, daß ihre Chancen, in den Himmel zu kommen, nicht beeinträchtigt werden. Ich kann einfach nichts tun.«

»Sie irren sich, Thorpe. Sie können sogar eine ganze Menge tun.«

Ich wußte, was er von mir wollte. Es gab keinen Grund, es zu tun. Ich konnte davonkommen; ich konnte es vermeiden. Ich konnte selbst damit anfangen, den Himmel zu besuchen. Ich konnte …

Ich konnte nicht. Ich sah die Gesichter vor mir, deren Ausdruck sich in Staub verwandelt hatte. Ich fühlte den Sog der Entropiesenke. Dies gesehen zu haben, veränderte mein Bewußtsein. Ich hatte meine moralische Unschuld verloren. Und wußte: ich konnte dem nicht den Rücken zuwenden. »Was wollen Sie von mir?«

»Es beginnt mit einer Reise zum Himmel.«

Es wird schwer werden, hatte Winslow gesagt. *Vielleicht das Schwerste, was Sie jemals tun mußten.*

Das war es. Es war, als zwinge man jemanden, der junge Hunde liebte, einen zu erwürgen; es war, als sähe man seine Mutter das erste Mal seit zehn Jahren wieder und müßte ihr – obwohl man sie liebte – im Moment der Wiederbegegnung ins Gesicht spucken.

Es bedeutete, im Himmel zu sein und ihn zu verschmähen. Die Aussicht war lieblich, mild, warm, als befände man sich in einer impressionistischen Landschaft – und, wie aller großer Impressionismus, niemals langweilig. Ich war nackt, ohne mich jedoch zu schämen; zum ersten Mal erfuhr ich Nacktsein ohne Verlegenheit. Ich trieb gewichtslos über den Baumwipfeln, schwelgte in genau der richtigen Menge Sonnenschein, fühlte die Liebkosung der Musik, die sie von sich gaben, und schwelgte in der anbrandenden Freude, die ein Heimkehren war: der Anblick von Freunden (Freunde, die ich vorher nicht gekannt hatte), die mich in dem Garten erwarteten, sich mir mit einer leuchtenden Freude in den Gesichtern zuwandten ...

Ich riß mich los und begann zu suchen.

Diese Handlung brachte die Statthalter des Himmels auf den Plan; sie strömten aus den Bäumen wie ein Gedanke aus einer Synapse und umflogen mich anmutig in Spiralen: sanfte Lichter, lebende Gedanken. Sie drängten näher heran, um das unangebrachte Begehren in mir zu besänftigen – doch mit einem knisternden Blitz, der ein Ausdruck von Willen war, stieß ich sie zurück. Weigerte mich, mich von ihnen in den Himmel einfügen zu lassen.

Was also willst du? fragten sie.

Ohne zu sprechen, fragte ich sie: Wie kommt es, daß uns der Zutritt hier überhaupt gestattet ist? Dieser Ort war bestimmt etwas, das man sich verdienen mußte.

Die Anwesenheit ist dir erlaubt, weil du hierher gekommen bist. Der Große Organisator hat diesen Ort geschaffen; der Große Organisator ist das lebendige Prinzip, das jegliche Ordnung und Harmonie erschafft. Du bist hier, in der Absoluten Harmonie, also muß der Organisator es gewollt haben.

Ich sagte ihnen, was auf unserer Welt vor sich ging, bei den Armen. Wie sich die Dinge verschlechtert hatten. Ich fragte sie, warum dies geschah.

Es gibt Gesetze hinsichtlich des Erhalts von Masse und Energie. Wenn man ein Glas aus einer Flasche füllt, leert sich die Flasche um eben dieses Volumen. Deine Welt ist die Flasche. Eure Privilegierten leeren sie: die anderen müssen leiden. Es gibt Maschinen von metaphysischer Wahrheit, die den physikalischen Gegebenheiten zugrunde liegen. Ihr habt mit den Maschinen herumgespielt. Eure Reichen umgeben sich mit gestohlener Gnade: mit der subatomaren Essenz der Ordnung, die den Ausgebeuteten gestohlen wurde. Diese gestohlene Gnade bewahrt sie davor, den Preis zu bezahlen: die anderen sind dazu gezwungen.

Dann ist dieser Ort kein übernatürliches Paradies?

Er ist eine Funktion des Gesetzes: aller Gesetze einschließlich derjenigen, die ihr ›Physik‹ nennt, aller Gesetze dessen, was ihr ›Wissenschaft‹ nennt und aller Gesetze, die deine Spezies entdeckt hat. Dieser Ort ist ein großer Apparat; wie in deiner Welt eine Kirche eine physikalische Konstruktion zur Darstellung der Idee des Heiligen ist, benutzten wir hier eine physikalische Konstruktion, um Heiligkeit zu materialisieren.

Der Himmel wird von einer Maschine erzeugt?

Ja. Von einer Maschine, hervorgebracht von der großen Maschine, die das Universum ist.

Dann sagt mir, welche Veränderungen ich vornehmen kann, um das Ungleichgewicht in der Maschine zu beheben, um die Verschlechterung an unserem Ende der Welt anzuhalten.

Das Naheliegende, sagten sie.

»Bei mir begann es mit einem Büchsenöffner. Ich sah eine Hand, die einen altmodischen Büchsenöffner hielt, einen von der Art, die man in die Büchse hineinstoßen muß. Doch die Hand stieß ihn mir in den Bauch, öffnete ihn wie einen Deckel, sägte auf meine Leiste zu; durch den Schmerz hindurch blickte ich genauer auf die Hand und sah, daß es meine eigene war. Ich konnte nicht sagen, daß ich keine Kontrolle über sie hatte. Ich kontrollierte die Hand, aber ich ließ sie mich aufschneiden.

Ich war kein Masochist; es machte mir keinen Spaß. Ich schrie darum, daß es aufhörte, und ich meinte es ernst. Nach einer Weile verschwand die Wunde, aber inzwischen fügte ich mir natürlich eine andere zu. Ohne es zu wollen, aber aus eigenem Antrieb. Das Paradoxon verhöhnte mich. Gleichzeitig beobachtete ich den großen Bildschirm, der meine Erniedrigungen und Dummheiten wiedergab, und wußte, daß mich meine Mutter auf einem anderen Bildschirm dabei beobachtete, wie ich mir die Gunst eines kleinen Jungen in Spanish Harlem erkaufte ... Meine Empfindungen der Erniedrigung und des Leidens in all ihren Schattierungen wurden nicht im mindesten durch die Zeit oder Vertrautheit gemindert. Nichts davon verschaffte mir Erleichterung oder ein Gefühl von Buße ... Später fand ich Benzin und Werkzeug und Gras mit Hundescheiße dran, und ich benutzte all diese Dinge, um ...«

> – Aus einem Interview mit Frank Putchek
> in der geschlossenen Abteilung der Psychiatrie
> des Bellevue Hospitals.

Es hatte sich mir ins Gedächtnis eingeprägt, als ich vom Himmel zurückkehrte. Die Statthalter hatten mir die Veränderungen eingeprägt: die algebraischen, elektronischen Veränderungen, die Gleichungen für die neuen Steuerchips, die in die Transportvorrichtungen eingebaut werden sollten. Wir fuhren von einer Transportstation des Eden Club zur nächsten, quer durchs ganze Land, Winslow und ich, in die Techniker-Overalls des Eden Club gekleidet, die ich gestohlen hatte, und gaben vor, routinemäßige Überprüfungen vorzunehmen. Und nahmen die Veränderungen vor.

Wir richteten es so ein, daß unsere Neueinstellungen nur die neuen Zehn-Minuten-Reisen betrafen, die nur den reichsten Urlaubern vorbehalten waren. Den Industriebaronen, ihren verdorbenen Kindern; den

Vampiren der Aktiengesellschaften; den korrupten Politikern.

Und dann war da natürlich noch Putchek. Wir kümmerten uns darum. Weil Winslow mit Putchek gesprochen und dieser zugegeben hatte, daß er frühzeitig von den Nebenwirkungen der Erste-Klasse-Touristenreisen zum Himmel gewußt hatte. Putchek hatte davon gewußt, und es war ihm egal gewesen. Putchek sollte als erster reisen; als erster von vielen.

Allmählich begann es zu wirken: das Los der Ausgebeuteten und Unterdrückten begann sich zu wenden, und einige der Müllgruben wurden zu Gärten. Die Aschegruben lösten sich auf wie ein heilender geologischer Krebs. Die Slumbewohner erstarkten: sie organisierten sich und bauten und erhoben Forderungen. Es gab dort kein Utopia, und es wird auch nie eins geben. Aber es gab Würde dort, und bald auch Nahrung und Obdach.

Wir stellten das Gleichgewicht wieder her. Die Justierung funktionierte. Sie funktionierte, weil der Eden Club in Sicherheitsfragen nachlässig geworden war. Was bedeutete, daß wir eine überraschend große Anzahl von Leuten zur Hölle schicken konnten.

Andererseits, vielleicht hätte uns das gar nicht überraschen sollen.

Hader im Hades

Bragglestons letzter irdischer Gedanke kreiste um die Erkenntnis, daß er einen schweren Fehler gemacht hatte, sich nicht auf dem laufenden zu halten – insbesondere nicht im Hinblick auf den schnellen Wechsel im amerikanischen Denken. Seine vierzehn Jahre als professioneller Gewerkschaftsagitator hätten ihm eigentlich eine Nase dafür verschaffen müssen, wann es nicht geboten war, einen Streik vorzuschlagen. Er hatte sich jedoch einen Augenblick ausgesucht, da gerade zwei amerikanische Schiffe von U-Booten der Nazis versenkt und ein Regiment mutiger Amerikaner von Japanern eingekesselt worden war ... sein Publikum war jedenfalls nicht in der Stimmung, sich etwas bieten zu lassen.

Braggleston blieb weder die Zeit, den Kopf einzuziehen, noch seine üblichen Argumente über die ›Verfassungsrechte‹ an den Mann zu bringen. In diesem Moment war unwichtig, daß er im Grunde alle Antworten draufhatte; sein Gegner stellte gar keine Fragen. Er schlug sofort zu ... und zwar energisch. Braggleston hatte ausreichend Ideen, doch keine Zeit, sie darzulegen; ihm standen brennende Worte zu Gebote, doch es fehlte die Zeit, sie zu formen. Es gelang ihm lediglich ein unverständliches Flehen:

»Momentmal!« jammerte er. »Ichkanndochalleserklä ...«

Dann traf die Keule das Ziel, und Braggleston ging

zu Boden. Ein Blitz sprengte durch sein Gehirn. Die Knie knickten ihm ein, sein Magen drehte sich um, und der feste Asphalt raste ihm entgegen. Vage spürte er das Heulen eines mächtigen Windes ... er war sich eines schnellen Fluges durch bodenlose, düstere Unendlichkeiten bewußt ... zupfender Klauen und einer Weite, die in Agonie kreischte. Und dann ...

Und dann sagte eine ungeduldige Stimme: »Braggleston!«

»Verschwinden Sie!« sagte Braggleston. Er fühlte sich müde und krank und hatte bohrende Kopfschmerzen. Er lag unbequem. Sein Bett war hart, die Laken fühlten sich heiß an – was für ein Laden war das hier? »Verschwinden Sie!« forderte er noch einmal.

Die Stimme war boshaft-beharrlich. »Hector Braggleston«, sagte sie, »stehen Sie auf!« Braggleston lag mit dem Gesicht nach unten. Abrupt gab es einen stechenden Schmerz in seiner nördlichsten Extremität, und er sprang brüllend auf die Füße.

»He!« rief Braggleston. »Was soll das? Zum Teufel, was ...?«

Sein Protest erstarb in einem erstaunten Japser. Die Augen traten ihm aus dem Kopf, während er sich umsah. Kein Wunder, daß er das ›Bett‹ ungemütlich gefunden hatte. Seine Roste waren Stangen aus kirschrotem Stahl, die Matratze war ein Nest glühend weißer Kohlen. Sein Körper schimmerte in einem zornigen Rosa, wo die Haut mit dem Grill in Berührung gekommen war, ein Muster, das an alte Spitzenklöppeleien erinnerte. Kein unattraktiver Effekt, aber ... erschreckend. Er schluckte. Unvermittelt kam ihm die Erkenntnis, und ein Ausdruck des Entsetzens erschien in seinen Augen.

»*Die H-hölle!*« sagte er mit schwacher Stimme.

Sein Gefährte stimmte ein hohles Lachen an. Mit beinahe lässiger Achtlosigkeit ließ er seinen Schwanz in Hectors Richtung zucken und stach ihm mit dem feurigen spitzen Ende zweimal in die Kehrseite.

»Tun die Brandstellen weh?« fragte er beiläufig. »Wenn Sie wollen, besorge ich Ihnen ein bißchen erfrischende Karbolsäure. Nein? Nun ja ... euch Menschen ist auch nichts recht zu machen. Gehen wir!«

Braggleston zuckte zurück, wich einem Schlag des Schwanzes aus und starrte seinen Bewacher an. Er war keine sonderlich eindrucksvolle Erscheinung. Klein und hager, schmutzig-rot vom haarlosen Schädel bis zu den gespaltenen Hufen. Zwei gekrümmte kurze Hörner, schimmernd-schwarz, prangten ihm auf der Stirn. Eines der Hörner war offenbar bei einem lange zurückliegenden Unfall abgebrochen worden und trug nun eine angestoßene Gummiprothese. Das Wesen schien müde zu sein und brauchte dringend eine Rasur.

»S-Sie«, stammelte Braggleston, »sind ein *D-Dämon!*«

»Und Sie«, sagte der andere mürrisch, »sind ein ahnungsloser Dummkopf! Sehen Sie etwa Flügel an meinen Schultern? Ich bin kein Dämon, ich bin nur ein Kobold. Kommen Sie, gehen wir!«

»Gehen! Aber – autsch! Hören Sie auf, mit dem Ding herumzufuchteln! Wohin wollen wir?«

»Natürlich zur Arbeit. Haben Sie sich etwa eingebildet, die Hölle wäre eine einzige freudvolle Orgie? Man hat Ihnen sechshundert Jahre Schwerarbeit beim Hades-Arbeitsprojekt 608 auferlegt, an der Avernus-Superschnellstraße Nummer 3.«

»Sechshun ...« Braggleston schluckte trocken herunter. »Aber w-wie lange muß ich hier überhaupt bleiben, Euer Eh- ... ich meine, Herr Kobold?«

»Petigone heiße ich. Nennen Sie mich Pete. Alle reden mich so an. Ach, gar nicht mal so lange, wenn man bedenkt, daß wir die ganze Ewigkeit vor uns haben.

Wollen Sie es wirklich wissen?« Pete ließ den Schwanz vor seinem Gesicht hin und her fahren und hielt sich die sanft vibrierende Spitze schließlich vor die Lippen. »Lil? Sei'n Sie mal ein böses Mädchen, geben Sie mir das Auftragsbüro, ja? Bist du das, Stinky? Sag mal, wie sieht die Akte von Hector Braggleston aus? Nein ... *Braggleston*, hab' ich gesagt! B wie Brutalität, R wie Raub, A wie Aussatz ...

Was? Siebzehn Äonen? Das ist doch Unsinn! Da meinst du bestimmt den Hexenmeister Billy Braggleston. Der wird gerade von Geiern in West-Abaddon ausgeweidet. Ich meine vielmehr einen gewissen Hector ... Ach, jetzt hast du ihn? Zwei? Danke, Unhold!«

Er wandte sich zu Braggleston um. »Sehen Sie? Ich hatte recht. Nur zweihunderttausend.«

»Zwei ... hunderttausend ... Jahre?« ächzte Hector.

»O nein«, berichtigte ihn Pete frohgemut, »Jahrhunderte. Wollen wir jetzt gehen?«

Es war eine lange, anstrengende Reise, die Bragglestons normale Körperkräfte bei weitem überstieg. Der Weg führte über sengende Gitterflächen mit ständig zunehmender Hitze. Hector, dessen Füße ihm große Pein bereiteten, hätte sich bald der Verzweiflung ergeben, wenn ihn nicht der Anblick anderer, die noch schlimmer dran waren als er, aufgemuntert hätte: Viele mußten auf allen vieren unter den Gittern herumkriechen, die Asche herausholen und das Feuer stochern.

Sie umrundeten einen See aus geschmolzener Lava, über dem einige hunderttausend kreischende Seelen an Spießen aus weißglühendem Stahl hingen, durchwateten einen Bach aus gelöschtem Kalk, in dem ein langsam kochender ehemaliger Kriegsherr, der sich, auf einen Spieß geschoben, über einem Kohlenfeuer drehte, vergeblich seinen Durst zu löschen versuchte, und verhielten einen Augenblick lang neben einer Plattform, auf der sich ein riesiger Regenwurm zusammengeringelt hatte.

Pete stellte sich Hectors entsetztem Blick in den Weg und grinste stolz.

»Hübsch, nicht wahr? Wollen Sie mal sehen, wie das geht? Hier, Sie!«

Er streckte den Schwanz aus und spießte mitten im Flug den ausgepeitschten Körper eines Menschen auf, der von zwei Unwesen als Badminton-Ball verwendet wurde. Das geschundene Ding wand sich und kreischte. Einer der Unholde grollte: »He, Pete, das ist nicht fair! Er gehört uns! Hol dir einen frischen Sünder!«

»Ach, geh doch in den Himmel!« rief der Kobold lachend. Er schleuderte den Menschen auf die Plattform. »Passen Sie auf!« wandte er sich an Braggleston.

Durch den Aufprall ausgelöst, löste sich ein dünnes Drahtnetz von der Oberseite und den Flanken der Umfriedung und bewegte sich kreuzweise durch den Körper und zerteilte ihn in einen Haufen winziger Stücke. Der Regenwurm hob den Kopf und bewegte sich langsam hin und her. Dann rückte er näher an den zuckenden Haufen heran und begann die Stücke gemächlich mit der Nasenspitze zu berühren.

»Jetzt muß er das wieder zusammensetzen«, erklärte Pete begeistert. »Eine Art dreidimensionales Puzzle, verstehen Sie? Nur ist er eben blind, und seine Poren sondern Säure ab. Bei jeder Berührung eines Stückes versucht es von ihm fortzukommen. Er braucht fünftausend Jahre, um die Aufgabe zu erledigen. Sobald er damit durch ist, kommt der Draht zurück und schneidet den Körper erneut in Stücke. Ist das nicht lustig?«

Braggleston erschauderte. »Muß ich ...?« fragte er. »Werde ich ...?«

Pete schnaubte angewidert durch die Nase. »Natürlich nicht. Das ist nur für kleine Untaten. Sie aber haben eine beneidenswerte Latte von Bösheiten mit in den Hades gebracht, Braggleston. Ein ganzes Leben der Sünde und Gewalt. Dem Komitee gefällt so etwas. Als Anerkennung für solche Vorleistungen hat es sich für Sie eine ganze neue Serie wunderschöner geistiger Torturen ausgedacht. Keine so krassen und unfeinen Methoden ... aber da wären wir ja.«

Die emporwallenden Dampfwolken hatten sich verzogen. Hector erkannte, daß sie am Fuß eines hoch aufragenden Felsberges standen, an dessen düsteren Klippen ein schmaler, gefährlich aussehender Pfad in ungeahnte Höhen führte – ein Steg, auf dem hier und dort die winzigen Punkte qualvoll schuftender Seelen auszumachen waren.

Er blickte seinen Begleiter verständnislos an.

»Da wären wir also«, wiederholte er. »Aber wo sind wir?«

»Am Mount Avernus. Das Fernziel ist es, aus dem Fußweg eine breite Straße zu machen. Natürlich besteht die Schwierigkeit darin, daß es dort oben kein Material gibt, mit dem man Straßen bauen kann, mithin muß alles von hier unten hinaufgeschoben werden. Na, nehmen Sie sich einen Stein.«

Mit dem Daumen deutete er nonchalant auf einen riesigen Haufen Felsbrocken am Anfang des Weges. Braggleston, der der Handbewegung mit den Blicken folgte, zuckte aufgeschreckt zusammen.

»Stein! Die Brocken sind ja groß wie Häuser! Ich könnte unmöglich ...«

Pete runzelte die Stirn. Sein Schwanz, der sich urplötzlich auf erschreckende Weise in neun sägezähnige, drahtspitzengespickte Peitschenstränge geteilt hatte, zuckte versuchsweise auf Bragglestons Kehrseite zu.

»Was, haben Sie etwa ein Leben voller Spaß erwartet?« fragte der Kobold mürrisch. »Kieselsteine? Nun machen Sie schon, Braggleston. Und achten Sie auf die Vipern hinter der zweiten Biegung. Es sind die besonderen Lieblinge Seiner Majestät. Er wird wütend, wenn jemand die Tierchen stört. Na, dann tschüs. Bis später.«

Besorgt linste Hector in die dunstigen Höhen empor. »Da hinauf?« fragte er stockend. »Wir sehen uns da oben wieder?«

»Sie werden's herausfinden«, sagte Pete spöttisch und setzte ein böses Grinsen auf.

Hector brauchte nicht lange, um zu begreifen, weshalb sich Pete so amüsierte. Am Fuß des Berges suchte er sich den kleinsten Felsbrocken aus, der zu finden war – unter dem bösen Blick eines hellgrünen, argusäugigen Sukkubus, der vier Reihen fußlanger gelber Reißzähne zeigte. Unter größter Mühe gelang es ihm, seine Last den steilen Hang hinauf in Bewegung zu setzen.

Petigone hatte ihn vor den Vipern gewarnt; die Gefahren, die am Wege sonst noch lauerten, hatte er dagegen verschwiegen. Es gelang Braggleston, sich um das Vipernnest herumzuarbeiten, ebenso überwand er das Kakteenbeet, das eine Meile breite Gletscherfeld und die Kolonie von Kampfameisen, die ihn mit hungriger Begeisterung in Empfang nahmen, nachdem er seine Last soeben durch einen Strom übelriechenden Sirups befördert hatte; nicht gefaßt war er jedoch auf den plötzlichen Angriff zahlreicher Affen, die sich auf ihn stürzten, als er seinen Felsen gerade mühselig um eine Haarnadelkurve rollte, hoch oben auf einer steilen Klippe, gut eine Meile über den lodernden Abgründen Gehennas.

Die kleinen Monstren, leprös-weiß aussehend und spielerisch veranlagt, waren mit scharfen Pinzettengebilden und weichen Staubwedeln ausgestattet, die einem Menschen, dessen Kleidung seine Unsterblichkeit nicht teilte, schon zu schaffen machen konnten. Die

Attacke kam aus heiterem Himmel. Wie ein Schauer riesiger Schneeflocken besprangen sie ihn von höherliegenden Felsen und aus Felsrissen, liefen ihm zwischen den Beinen herum, bestiegen seine Schultern und seinen schwitzenden Kopf und bearbeiteten ihn keckernd, schrillend, quietschend mit ihren Folterinstrumenten. Es kitzelte höllisch.

Vergeblich schrie Braggleston seine Drohungen hinaus und flehte die Angreifer an. Die boshaften Affen des Avernus setzten ihr keckes Spiel mit dem unwilligen Spielgefährten rücksichtslos fort. Bewegliche Schwänze ringelten sich heimtückisch um seine stolpernden Gliedmaßen, Pinzetten kniffen, Stöcke wurden gestoßen, und Federn kitzelten. Bragglestons Felsbrocken geriet ins Schwanken, da Braggleston ihn nicht mehr richtig festhalten konnte. Der Weg war eng, der Felshang steil. Der Koloß schwankte immer heftiger, stellte die Vorwärtsbewegung ein und begann zurückzurollen – eine erdrückende Masse, die Hector immer unaufhaltsamer bedrängte.

Braggleston zerrte an einem keckernden Affen, der sich auf seinem Kopf eingenistet hatte, und suchte verzweifelt nach einer Möglichkeit, dem entfesselten Fels-Monstrum zu entgehen. Es führte kein Weg an dem Brocken vorbei nach oben. Der Stein verfolgte ihn hangabwärts. Es gab nur einen Fluchtweg – von der Klippe zu springen. Mit einem Verzweiflungsschrei stürzte sich Braggleston ins Leere.

Ein heißer Wind kreischte an seinen Ohren entlang. Der steinige Keller der Hölle raste seinem stürzenden Körper entgegen. Es gab einen Augenblick flammengrellen, erschütternden Schmerzes … dann Schwärze.

Und aus der Dunkelheit eine Schwärze, die so durchdringend war, daß sie seinen brennenden Körper betäubte. Und aus der Stille die amüsierte Stimme Petigones.

»Ach, Braggleston, so schnell sind Sie zurück?«

Hector stöhnte und öffnete die Augen. Er spürte Wunden und Quetschungen am ganzen Körper, er hatte Schmerzen von Kopf bis Fuß ... aber trotzdem waren seine Knochen intakt. Torkelnd richtete er sich auf.

»N-nicht!« flehte er.

Widerstrebend senkte Pete den Eimer mit der brodelnden Flüssigkeit, die er zum Teil bereits über Braggleston ausgeschüttet hatte.

»Euch Menschen kann man es *nie* recht machen!« grollte er. »Das Feuer ist zu heiß, das Wasser zu kalt. Nun will man als Kobold schon mal helfen, und da ...«

»D-das Zeug ist aber kein W-wasser!« keuchte Hector.

»Flüssiger Sauerstoff«, schnüffelte Pete. »Praktisch dasselbe.« Aber er leerte den Eimer über dem schreienden Kopf einer Seele, die ganz in der Nähe bis zum Kinn in einem Berg von Skorpionen vergraben war, und starrte Hector mit ernstem Gesicht an.

»Wie weit sind Sie gekommen?«

Hector deutete auf den Felshang über sich. »Ich kam ganz gut voran«, plapperte er. »Ich kam ganz gut voran, bis diese verdammten Affen ...«

»T-t-t«, sagte Pete mißbilligend. »Die sind nun wirklich nicht verdammt ... *Sie* sind es. Die Affen, soso? Ich hatte mir gleich gedacht, daß Sie die nicht schaffen. Die holen jeden Neuen runter. Na, ich wünsche Ihnen mehr Glück beim nächsten Versuch.«

Braggleston starrte den anderen bedrückt an. »Nächster Versuch?«

»Aber ja doch! Sie haben doch nicht etwa geglaubt, Sie hätten Ihre Aufgabe schon erfüllt, oder? Du meine Böse, Mann, Sie haben eben erst angefangen! Überhaupt können Sie nicht zur zweiten Strafe aufrücken, wenn Sie nicht vorher einen Felsen auf den Gipfel dieses Berges befördert haben. Aber Kopf runter! Es wird ein bißchen dauern, dann kriegen Sie den Dreh schon raus.« Er grinste Hector an, denn ihm war noch etwas eingefallen. »Kitzlig sind Sie, ja? War das das Problem?«

Braggleston nickte. »Die Staubwedel – schlimm!«

»Ich sag' Ihnen eins«, meinte Pete. »Ich sorge gern dafür, daß meine Schützlinge ihre reelle Chance kriegen. Vor dem nächsten Anlauf verschaffe ich Ihnen ein kleines Bad in Schwefelsäure. Was sagen Sie dazu? Das gibt hübsche Schwielen, die sind dann ganz unempfindlich.«

»Vergessen Sie's!« sagte Hector hastig.

Petigone zuckte die Achseln. Zusammen wanderten sie zum Fuß des Berges zurück, von wo Braggleston seinen ersten fehlgeschlagenen Versuch gestartet hatte.

Diesmal erhielt er einen größeren Stein, aber nun kannte er den Weg und seine Gefahren ja besser, hatte er das alles doch schon einmal durchgemacht. Er wäre bei diesem zweiten Vorstoß sicher viel schneller in Gang gekommen, wäre er nicht ein kurzes Stück hinter einer sehr alten Seele an den Start gegangen, die ihren Stein ächzend und kreischend und plappernd den Weg hinaufrollte und jede Viertelmeile zitternd und prustend und weinend Pause machte.

Dieser Zustand war sehr ärgerlich, zumal sich die alte Seele stets immer dann eine Pause einfallen ließ, wenn sie eine der vielen Gefahren des Weges erfolgreich überwunden hatte. So kam es immer wieder vor, daß Braggleston mitten in einer sehr unangenehmen Situation innehalten mußte.

Aber er hielt durch. Er war kein mutiger Mann, doch was seinem Charakter an Seelenstärke fehlte, wurde durch sture Beharrlichkeit mehr als wettgemacht. Zum Glück besaß er auch eine ziemlich beschränkte Phantasie. So war die Straße vor ihm stets nur mit jenen

Schrecknissen bevölkert, die er tatsächlich sehen konnte und nicht von der Unzahl eingebildeter Scheußlichkeiten, die der vor ihm kämpfenden Seele die Kraft raubten.

Es war keine Kleinigkeit, aber irgendwie gelang es ihm erneut, den Gletscher, die Vipern und die Strecke geölter Kugellager-Kügelchen zu überwinden, auf denen seine Last kaum Halt fand, ebenso den Tunnel qualmenden Schwefels, durch den der Weg führte. Dennoch sah er schon mit Schrecken dem Moment entgegen, da er erneut die Klippe der boshaften Affen erreichte. Und mit jedem überwundenen Hindernis kam dieses gefürchtete Ereignis näher, bis sich schließlich der Steilhang noch kaum eine Viertelmeile vor ihm befand.

Braggleston war auf das Schlimmste gefaßt. Er sagte sich fieberhaft, er dürfe den Affen diesmal nicht gestatten, ihn vom Weg abzubringen. Sollten sie doch kneifen und zerren, stoßen und kitzeln, soviel sie wollten! Irgendwie mußte er durch. Erde oder Hölle – sie waren Tiere und er ein Mensch. Es *mußte* eine Möglichkeit geben, sie zu schlagen. Menschliche Intelligenz ... Geistesgegenwart ...

Braggleston lachte grimmig. Geistesgegenwart war ein kümmerlicher Ersatz für das, was er in Wahrheit wollte – Abwesenheit des Körpers.

Schließlich hatte der vor ihm schuftende Reisende das Reich der Affen erreicht. Braggleston hörte sein gequältes Geschrei und vermochte über den Rand seines Felsbrockens hinweg zu verfolgen, wie sich die alte Seele verzweifelt bemühte, seine Last weiterzubefördern und gleichzeitig den Angriff der bleichen Ungeheuer abzuwehren.

Inzwischen war auch Hector in das Interessengebiet der Affen vorgedrungen. Er biß die Zähne zusammen und schob seine Last entschlossen weiter. Energisch unterdrückte er den Wunsch, den Stein loszulassen und die keckernden Horden abzuwehren, die sich auf ihn stürzten ...

Und urplötzlich dröhnte ihm der Schädel vom metallenen Klang eines riesigen fernen Gongs. Gewaltige Schallwellen hallten durch die dampfenden Weiten des Hades. In ihrem Gefolge erklang so etwas wie das Seufzen von einer Million erschöpfter Wesen. Urplötzlich waren die Affen fort. Plappernd und quiekend verschwanden sie in ihren Felshöhlen und Schluchten, aus denen sie ihren Angriff begonnen hatten. Und über Gehenna hing eine sanfte, unverständliche Ruhe.

Eine Stimme klagte neben ihm.

»Endlich! Ich dachte schon, es wäre nie wieder soweit!«

Braggleston hob den Kopf und sah erstaunt den alten Mann neben sich stehen, dessen Felsbrocken ein kurzes Stück vor ihm auf der Straße lag. Panik überkam ihn. Sollte ihm die Unvorsichtigkeit des alten Verrückten die Früchte seiner Arbeit rauben, nachdem er es schon so weit geschafft hatte ...?

»Ihr Stein!« brüllte er. »Lassen Sie den nicht einfach so liegen, Sie Idiot! Wenn er zurückrollt ...«

Der alte Mann starrte ihn erschöpft an.

»Sie müssen neu hier sein.«

»Na und?« heulte Braggleston. »Warum nicht? Aber wenn Ihr Felsen zurückrollt ...«

»Tut er nicht«, seufzte die andere Seele. »Haben Sie den Gong nicht gehört? Er läutet die Ruheperiode ein. Alles kommt zur Ruhe, bis der Gong wieder ertönt. Es ist die Zeit, wo wir zu essen bekommen, müssen Sie wissen. Der Fraß ist natürlich schrecklich, aber wenn man nur einmal im Jahrhundert was bekommt ...«

»Jahrhundert?« wiederholte Braggleston. »Aber ich bin erst kurze Zeit hier!«

Der alte Mann lachte freudlos. »Das glauben *Sie*. Wissen Sie, wieviel Zeit vergangen ist, seit wir unten am Hügel angefangen haben?«

»Vier Stunden?« schätzte Braggleston. »Fünf? Sechs?«

»Nicht Stunden«, berichtigte ihn der andere. »Sondern Jahrzehnte. Es sind mindestens vierzig Jahre!«

Urplötzlich waren sie zu dritt. Der Neuankömmling war Petigone, der in jeder Hand eine dampfende Schale hielt. Er reichte sie den beiden Menschen.

»Na, los, nehmen Sie schon«, knurrte er. »Ich kann hier nicht ewig so stehen. Zum Teufel, was bildet ihr euch eigentlich ein, wer ihr seid?«

Hector starrte seine Schale mißtrauisch an. Selbst jemanden, der seit hundert Jahren nichts mehr zu essen bekommen hatte, erschien der Inhalt nicht gerade appetitlich. Im Lauf seines irdischen Lebens hatte es auch eine Zeit gegeben, da Braggleston sich mit Chemie beschäftigt hatte. Seine Nase identifizierte jetzt den verführerischen Duft solcher Leckereien wie in Vitriol gekochter Kohle, Anthrazit-Frikassee mit Strychnin-Sauce und zerdrückte Fliegenpilze in Chloroform.

Er starrte Pete an, dann seine Mahlzeit und richtete den Blick wieder auf den Kobold.

»Aber ... aber das kann ich doch nicht essen!« sagte er heftig.

Pete zuckte mit dem Schwanz.

»Euch Menschen kann man es nie recht machen!« grollte er. »Verflucht soll meine Seele sein, wenn das nicht eine verdammte Plage ist! Ich bediene euch von vorn und hinten, lasse sogar mein Abendessen fahren – und was erhalte ich zum Dank?«

»Aber das ist ja Gift!« klagte Braggleston. »Tödliches Gift! Ich sterbe davon!«

»Quatsch doch! Sie sind längst tot, haben Sie das vergessen? Der da ißt jedenfalls.«

Hector betrachtete die alte Seele, die hastig die Mahlzeit zu sich genommen hatte und nun nicht minder hastig an den Abgrund eilte, wo seine alten Schultern in nicht mißzuverstehenden krampfartigen Zuckungen auf und nieder fuhren.

»Er *hat* gegessen, wollen Sie wohl sagen«, erwiderte Hector betrübt. »Inzwischen schafft er's schon wieder raus.«

»Aber ja doch.« Petigones Stimme klang ungeduldig. »Das macht er immer. *Alle* machen das. Aber man braucht schließlich *ein bißchen* Nahrung, oder nicht? Na, wenn Sie nicht essen wollen, soll mich das nicht kratzen. Ich muß jetzt weiter.«

Und er verschwand in einem kleinen Wölkchen aus purpurnem Licht.

Braggleston wandte sich an seinen alten Weggefährten.

»Das ist nun wirklich das Letzte!« sagte er. »Ich bleibe nicht hier.«

»Sie können erst gehen, wenn Sie Ihre Strafe abgeschlossen haben.«

»Dann schließe ich sie eben ab«, sagte Hector grimmig, »und verschwinde von hier. Es stimmt also – während der Ruheperioden sind die Quälereien unterbrochen?«

Der alte Mann nickte. »Das gehört auch zu den Strafen. Man gönnt uns ab und zu ein wenig Ruhe, damit die Folterungen sich um so schlimmer anfühlen, wenn sie wieder anfangen.«

»Will mir scheinen«, sagte Hector abschätzend, »als wäre dies eine verdammt gute Zeit, unsere Steinchen den Rest des Berges raufzurollen. Ohne Störungen ...«

Sein Gefährte starrte ihn verblüfft an. »Auf den Gedanken bin ich noch gar nicht gekommen. Aber es *ginge,* nicht wahr?«

»Und ob!« sagte Hector. »Und wir tun's auch. Los!«

Die alte Seele nickte eifrig und humpelte zu ihrem

Stein zurück. Beide Männer machten sich wieder an die Arbeit.

Braggleston hatte nicht gewußt, wie viele andere verdammte Seelen noch auf dem Weg schufteten. Als sie sich nun in der Stille der Ruheperiode hangaufwärts kämpften, stießen sie nicht etwa auf ein Dutzend oder hundert andere Seelen, sondern auf *Hunderte* von sich ausruhenden Menschen, die die Neuankömmlinge jeweils zuerst voller Erstaunen musterten, sich Bragglestons Erklärung offenen Mundes anhörten und schließlich bei dem strategischen Manöver mitmachten.

Nur einer der Verdammten weigerte sich, bei der Kavalkade mitzumachen. Da jeder Stein für die Nachfolgenden ein Hindernis darstellte, löste Bragglestons schnell wachsende Rebellenarmee das Problem mit typisch unterweltlichem Schwung: Man warf den Saboteur mit dem Kopf voran in einen Kessel mit brodelndem Blei, woraufhin dann jeder Mann um einen Stein aufrückte.

So kam es, daß die vordersten Mitglieder der Rebellengruppe bereits den Gipfel erreicht hatten und sich Braggleston nur noch wenige Meilen von diesem Ziel befand, als der hallende Gong erneut zu hören war. Augenblicklich zuckten frische Flammen durch die heiße Atmosphäre der Hölle, und die Tortur der Verdammten setzte von neuem ein.

Am Berghang erschien die Horde der Kobolde und Dämonen, die sich eine Pause gegönnt hatten. Sie kamen, sahen und kreischten vor Zorn, als sie die vielen Dutzend Verdammte erblickten, die während der Ruheperiode das angeblich unerreichbare Ziel besetzt hatten. Ein pechschwarzer Dämon breitete wilden Blickes mächtige Flügel aus und raste einem unbekannten Hauptquartier entgegen, um sich Anweisungen zu holen. Braggleston starrte der entschwebenden Gestalt besorgt nach, verdoppelte seine Anstrengungen und brüllte den sich vor ihm Abmühenden aufmunternde Worte zu.

Sekunden später war der Bote wieder zur Stelle, umgeben von einer Horde infernalischer Soldaten – ihre bunte Aufmachung schien Hector darauf hinzudeuten. Diese Krieger stürzten sich in rachedürstigem Zorn auf ihre Opfer.

Die nun einsetzende Inquisition war schnell, kurz und gnadenlos. Braggleston erfuhr zu seinem Kummer, wie töricht es gewesen war, von seinen Leidensgenossen Treue zu erwarten. Noch ehe die ersten Strafandrohungen ausgesprochen waren, zogen sie die Köpfe ein und deuteten mit anklagenden Fingern in Hectors Richtung. Sekunden später hatten zwei ebenholzschwarze, schimmernde Erzungeheuer Braggleston hinter seinem Felsen hervorgezerrt und vor dem Anführer des dämonischen Korps in die Knie gezwungen.

Dieser Bursche runzelte drohend die Stirn und breitete seine schwarzen Schuppen aus wie ein kriegerischer Truthahn. Zornig funkelte er Hector an.

»So!« fauchte er. »*Sie* haben dies also in Gang gebracht! Was soll das? Wissen Sie nicht, daß während der Pausen alles zum Halten kommt?«

»Niemand hat mir gesagt, ich solle Pause machen«, gab Hector zurück. »Ich hatte Anweisung, den Felsbrocken zum Gipfel des Berges zu rollen ...«

»Schweigen Sie, Mensch!« dröhnte der Dämonenbefehlshaber. »Sie wußten genau, was von Ihnen erwartet wurde! Sie haben gesehen, daß alle anderen Pause machten. Wenn man in der Hölle schuftet, hat man sich gefälligst nach den anderen Höllianern zu richten!«

Boshaft blitzte er Hector an, und winzige Rauchwolken lösten sich aus seinen geweiteten Nasenlöchern. »Sie scheinen mir eine neue Seele zu sein. Stimmt das?«

»Ja, Sir«, antwortete Hector bescheiden.

»Wer ist Ihr Kobold?«

»Mein …?« Da fiel ihm ein, was die Frage bedeutete. »Oh, Sie meinen sicher Pete!«

»Petigone! Dachte ich's mir doch!« tobte der Dämon. »Dieser verflixte Kobold! Der ist in letzter Zeit weichherzig wie der Himmel! Jerida!« Er wandte sich an einen seiner Krieger. »Gib Petigone Bescheid, er soll sich schleunigst im Hauptquartier melden. Und was *dieses* Ding angeht – werft es auf ein paar Jahre in die Verliese, bis das Komitee ein Urteil darüber spricht.«

Spitze, flammenheiße Krallen griffen nach Braggleston. Schwarze Flügel öffneten sich, und der gesamte lodernde Hades lag wie eine rote Landkarte unter ihm, während die unheimlichen Bewacher ihn gegen seine lautstarken Proteste zu den zentralen Foltergruben der unteren Gehenna beförderten.

Dort wurde er einige Zeit später von Petigone aufgesucht.

Der Kobold sah alles andere als glücklich aus. Er hatte dunkle Ringe unter den Augen, und der Schwanz hing ihm schlaff auf den Boden. Angewidert starrte er Braggleston an.

»Beim Hades, was ist mit Ihnen los?« fragte er. »Kaum drehe ich Ihnen mal den Rücken, bringen Sie uns beide in Schwierigkeiten. Ich wünschte beim Bösen, Sie wären ins Paradies gekommen!«

Mit einem erleichterten Seufzen blickte Hector zu ihm auf.

»Pete! Meine Güte, was bin ich froh, daß Sie hier sind! Helfen Sie mir, diese Dinger loszuwerden!« Er tastete vergeblich an einem Schwarm winziger, rasiermesserscharfer Würmer herum, die ihn bekrochen, angelockt von dem heißen Honig, in dem er gekocht worden war, ehe man ihn in das Verlies warf.

»Fluchen Sie mich nicht an!« fauchte Pete. »Was diese Dinger angeht … die verschwinden wieder, sobald ich

Sie auszupeitschen beginne. Verdammnis!« rief er aufgebracht. »Vermutlich muß ich Ihnen auch noch Steinsalz in den Leib reiben, nachdem ich die Haut abgepeitscht habe. Dabei sind meine Hände so zart wie ein Vampirkuß!«

»A-auspeitschen?« stammelte Braggleston. »Steinsalz?«

»Übel wird mir davon!« grollte der Kobold. »Immer nur Arbeit! Arbeit! Arbeit! Was anderes gibt's hier nicht. Manchmal wünschte ich, ich wäre ein Engel!«

Entsetzt über seine Lästerung hielt er inne, machte hastig das Zeichen des *crux ansata* und murmelte eine Litanei aus der Schwarzen Messe vor sich hin.

»Warum haben Sie sich während der Pause nicht ausgeruht? Sheol weiß, *ich* wäre froh über jede Gelegenheit dazu. Aber komme ich zur Ruhe? Nein. Vierundzwanzig Stunden täglich im Dienst, Tag für Tag, Jahr für Jahr, Jahrhunderte, Jahrtausende ...«

Braggleston musterte den anderen in plötzlichem Interesse und vergaß den Blutsauger, der sich an seinem rechten Schenkel festzusetzen versuchte. »Vierundzwanzig Stunden täglich?«

»Und zwar immer unter Hochdruck!« bestätigte Pete düster. »Neue Seelen müssen begrüßt werden, es gibt Feuer zu entfachen, man muß Wasser holen für den kochenden Kessel, dann die vielen Auspeitschungen ... gar nicht zu reden von einer Sechsstundenschicht in der schmutzigen, stinkigen Ghul-Kammer. Manchmal frage ich mich, wer hier eigentlich bestraft wird – wir Kobolde oder ihr Sterblichen?«

»Vierundzwanzig ... Stunden ... täglich?« wiederholte Braggleston nachdenklich und schürzte die Lippen. Sein Blick verschleierte sich. »Wissen Sie, das ist nicht recht«, sagte er.

»Was Sie nicht sagen!« grollte Pete. »Was soll ein armer Kobold aber erreichen? Er erhält seine Befehle wie jeder andere. Wir müssen zwei Milliarden Jahre als Lehrling dienen, ehe wir uns Flügel wachsen lassen und Dämonen werden dürfen. Der Dämonenjob ist aber auch kein Zuckerschlecken. So einer muß Ausflüge zur Erde unternehmen – verflixt kalt ist die Erde – und euch Ahnungslose in Versuchung führen; er muß Kriege anzetteln, er muß Waffen bereithalten, falls sich bei euch mal ein Streit vom Zaum brechen läßt, er muß junge Mädchen neugierig machen ...«

»Und was gibt's dafür?« unterbrach Braggleston den anderen.

»Was es dafür gibt?«

»Na, was erhalten Sie für die zwei Milliarden Jahre Schwerarbeit? Und die Dämonen? Wie sieht ihr Minimallohn aus? Werden Überstunden berechnet? Ich sehe schon, die Arbeitszustände hier sind ganz schrecklich. Wie sind die Lebensumstände geregelt? Sorgt Ihr Chef ... ich meine, sorgt *er* dafür, daß Sie gut zu essen bekommen und ansprechend untergebracht sind und immer ordentliche ...«

Braggleston hatte aus reiner Gewohnheit von ordentlicher Kleidung sprechen wollen. Er machte aber noch rechtzeitig den Mund zu.

Petigone betrachtete ihn neugierig. »Was ist das für ein salbungsvolles Gerede? Sprechen Sie vernünftig! Untergebracht? Wir haben keine Häuser. Lohn? Was ist Lohn? Gut zu essen? Wir essen dasselbe wie Sie. Und was das Schlafen angeht ...« Er lachte unfroh auf. »Dazu haben wir zuviel zu tun. Ich habe keinen ausgedehnten Schlaf mehr gehabt, seit im südstygischen Zoo der Leviathan ausbrach und mich mit einer Schwanzbewegung bewußtlos schlug. Das ist aber schon Äonen her.«

Braggleston hatte seine physische Ungemach längst vergessen. Diese winzige Pein ging in der Flamme zorniger Entrüstung unter, die ihn erfüllte. Ohne auf die aufgedunsenen Sauger zu achten, die mit matten, feuchten Geräuschen von ihm abfielen, stand er wutschäumend auf und wandte sich zu Petigone um.

»Das ist ja unhaltbar! Ja, wirklich!« dröhnte er. »Die alte Geschichte – im Himmel wie auch auf Erden. Klassenbewußtsein! Unfaires Kapital! Der unterdrückte Arbeiter! Ich möchte wetten, *er*«, – er gab dem Namen eine scharfe Betonung –, »ich möchte wetten, *er* arbeitet keine vierundzwanzig Stunden am Tag! Ich wette, *er* ißt und schläft ausreichend! Na, habe ich recht?«

Petes dunkelrotes Gesicht erbleichte zu einem blassen Lachsrosa. Besorgt schaute er sich um und schob sich näher an Braggleston heran. »Sie meinen Satan?« fragte er nervös.

Braggleston nickte.

»Aber er ist der Chef!« rief Pete. »*Er* braucht gar nicht zu arbeiten. *Er* lebt im Palast und kümmert sich um die besonderen Sachen. Etwa die Versuchung von Heiligen oder die Begrüßung neu eingetroffener Würdenträger. *Er* ...«

»Das genügt!« sagte Braggleston herablassend. »Die Situation ist doch klar. Die Ausbeutung der Arbeiter, das findet hier statt. *Er* wohnt in einem Palast. Im Schoße des Luxus. Zweifellos von einem Harem der leckersten Frauen im Hades umgeben. *Er* trinkt und speist wie ein Prinz, *er* trägt die schönsten Kleider, während ihr nackt herumlaufen müßt. Die reinste Ausbeutung! Ich habe mein ganzes Leben dagegen gekämpft! Nun finde ich dieselbe Situation hier. Ihr arbeitet, damit *er* sich ausruhen kann. Mit dem Schweiß eurer Hörner eröffnet ihr ihm die Möglichkeit, sich einer einzigen, endlosen Orgie des Luxus hinzugeben. Das ist empörend! Sie brauchten dringend«, tobte Braggleston, »Sie brauchten dringend eine Gewerkschaft!«

Pete nickte ihn verständnislos an. »Gewerkschaft?«

»Na, eine Verhandlungsbasis für alle!« brüllte Hector.

»Minimumlöhne und eine Arbeitszeitregelung. Gleiche Rechte für alle Arbeiter! Anderthalbfachen Lohn für Überstunden. Bessere Arbeitsbedingungen, Vorrechte für die Älteren und Rentenzahlungen im Alter. Sagen Sie mal, wie viele Kobolde gibt es eigentlich im Hades?«

Petigone kratzte sich mit einer langen Kralle, die einen abgebrochenen Nagel hatte, am gesunden Horn. »Etwa eine Viertelmillion.«

»Und die anderen Arbeiter?«

»Dämonen«, sagte Petigone, »etwa hunderttausend. Dann die Oger, Ghuls, Vampire, Sukkuben, ein paar Werwölfe, Trolle, Gnome, Hexen ...«

»Was würden Sie sagen – wie viele sind das insgesamt?«

»Ein paar Millionen, würde ich schätzen. Natürlich gibt's dann da noch die Troglodyten, Bolglorbs und Poltergeister ...«

»Die können wir außer acht lassen«, sagte Braggleston. »Uns interessieren im Augenblick nur die gelernten Arbeiter. Um die anderen kümmern wir uns später. Hören Sie, ob Sie es wohl schaffen, all diese Kollegen während der nächsten Ruhepause zu einer Großversammlung zusammenzuholen?«

»Ich ... ich nehme es an«, sagte Pete zweifelnd. »Vermutlich alle bis auf die Dämonen. Die sind ein bißchen hochnäsig. Aber ich kenne einen oder zwei – zum Beispiel Ahazrihman ...«

»Sehen Sie zu, daß einer oder zwei dabei sind«, sagte Braggleston grimmig, »dann kommen die anderen von allein. Ob Sie mich wohl lange genug hier herausholen können, um vor der Versammlung zu sprechen?«

Petigone biß sich auf die Unterlippe. »Ich könnte so tun, als brächte ich Sie zu den Kochgruben, um Ihre Leber heißmachen zu lassen.«

»Dann bereiten Sie alles vor!« befahl Hector. »Wir

müssen uns organisieren. Wir werden es ihm schon zeigen! Ihr armen Teufel habt hier wirklich seit Urzeiten in einem höllischen Durcheinander geschuftet. Nun wird es bald eine neue Ordnung geben ... Moment mal! Weshalb machen Sie den Feuerhaken da heiß?«

Pete flüsterte vorsichtig: »Ich tu's, Braggleston, denn Sie haben völlig recht. Aber im Augenblick bin ich hier, um Sie zu foltern. Wenn ich Ihnen nicht ein bißchen was zu schmecken gebe, könnte man Verdacht schöpfen ...«

»Sie haben rote Farbe, oder?« fragte Braggleston.

»Ja.«

»Warum malen Sie dann nicht die Spitze des Spießes rot an und tun nur so, als sengten Sie mich an? Ich schreie tüchtig, den Unterschied merkt niemand!«

Petigone zog ein zweifelndes Gesicht. »Damit gingen Sie aber Ihrer Strafe aus dem Wege«, sagte er.

»Nun bringen Sie nicht alles durcheinander«, sagte Braggleston in schlichter Würde. »Es geht um unsere Sache. Ich bin bereit, zum Wohle der Massen ein persönliches Opfer zu bringen. Ich verzichte sogar auf ein bißchen wünschenswerte Qual, um dieses verdammenswerte System zu sabotieren, das uns fest im Griff hat. Nur zu, Macduff!« Und mutig entblößte er die Brust vor dem unerhitzten Stahl.

»Petigone heiße ich«, sagte Pete. »Na, dann brüllen Sie mal los, Braggleston.«

So begann im Hades Hector Bragglestons Eintreten für die Sache, die ihn auf der Erde interessiert, ernährt und letztlich in ein frühes Grab gebracht hatte.

So sehr konzentrierte er sich auf seinen Plan, Gehenna umzugestalten, daß das nächste Jahrhundert unglaublich schnell vorübereilte. Braggleston brachte diese Zeit keine große Pein. Denn bei jeder neuen Begegnung trug Hector dem Kobold frische Gründe vor, die für eine Infernalische Gewerkschaft sprachen. Petes Zweifel wechselten zu Billigung, Billigung wurde zu Zustimmung, und die Zustimmung erblühte zu lebhafter Unterstützung.

Diese Begeisterung löste eine der beiden unangenehmen Perioden aus, die Hector in diesem Jahrhundert durchmachen mußte. Zu seinem Leidwesen mußte er feststellen, daß Erregung Petigone mit großer elektrischer Energie auflud. Pete erging sich lustvoll über die Arbeitsbedingungen, die Kobolde ertragen müßten, und er begann zu stottern und zu toben und verbreitete kraftvolle statische Funken, als sei er ein zersprungener Kondensator. Noch vor Ende des Gesprächs war Hectors Haar versengt, und seine Nerven vibrierten durch und durch. Er hatte das Gefühl, mit einem gewaltigen Gewitterblitz ins Bett gegangen zu sein.

Das einzige andere Unangenehme ereignete sich, als eine Woche lang nicht Petigone bei ihm erschien, um die nun üblich gewordene vorgetäuschte Folterung vorzunehmen, auf die sich die beiden als heimliches Mittel geeinigt hatten, um den befehlshabenden Mächten ihre Verachtung zu bezeigen.

Petes Aufgaben wurden von einer jungen, energischen Furie namens Jael übernommen, die Braggleston noch nicht in seinen Plan einzuweihen wagte. Diese Harpyie, die es darauf anlegte, sich schon während ihrer Ausbildung zur Foltermagd erste Sporen zu verdienen, erdachte sich neue und so exquisite Torturen, daß Bragglestons Verlies zu einer der lautesten Sektionen in ganz Mittel-Gehenna wurde. Aber nur bis zu dem Augenblick, da die Furie Hector mit einer Überdosis von Arsen versehentlich Kehle und Zunge ausbrannte, was seine Schreie zu einem erstickten Blubbern werden ließ.

Als Pete schließlich in den Dienst zurückkehrte, sah er sich der Aufgabe gegenüber, einen beinahe völlig

auseinandergefallenen Braggleston wieder zusammen-
zusetzen. Dies erledigte er mürrisch, indem er zuerst
Hectors Gehör und Sprechzentrum wieder instand-
setzte, damit sich die beiden während seiner Arbeit unterhalten konnten und damit ihm Braggleston auch verraten konnte, wo fehlende Teile zu finden waren, die
die Harpyie in kleinen Privatverstecken untergebracht
hatte.

Petigone hatte seinerseits Kummer, den er bei Braggleston ablud, sobald Hector wieder Ähnlichkeit mit
einer menschlichen Seele zu zeigen begann.

»Sie hatten recht, mein guter Hector«, beschwerte er
sich bitterlich. »Die da oben kennen nicht die leiseste
Rücksicht auf die arbeitende Klasse in diesem Laden.
Wissen Sie, wo ich die letzte Woche gewesen bin?«

»N-nein«, sagte Hector unsicher, denn noch immer
hatte er seine reparierte Zunge nicht wieder in der Gewalt. »Nein, wo denn?«

»Ich habe auf der Fähre des Styx-Flusses als Schiffs-
junge arbeiten müssen. Stellen Sie sich das vor! *Ich*, der
ich mehr Elektrizität in mir habe als eine Trockenzellen-
Batterie, mußte am Wasser arbeiten! Ein dutzendmal
wäre ich beinahe einem Kurzschluß zum Opfer gefallen. Und als Gesellschaft hatte ich nur eine Horde dick-
schwänziger Naiaden und Tritonen. Und der Kapitän,
der alte Charon, ist das verschlossenste Gespenst, das
ich in meinem Tod je erlebt habe. Dieser pfennigfuchse-
rische alte Schurke ...«

»Und wieder vierundzwanzigstündige Arbeitszeit,
vermute ich«, sagte Braggleston mitfühlend.

»Ah-hm«, brummte der Kobold. Er stellte Hectors ge-
brochene Wirbelsäule wieder her. »Stehen Sie auf, sagen
Sie mir, wie sich das anfühlt. *Er* war da unten.«

»Ja?«

»Ja. *Er* und Lilith, die freche Dirne. Die ehrloseste
Sache, die ich je erlebt habe. Wandert herum mit *Sachen*

am Leib, wie eine … ganz gewöhnliche Kirchengänge-
rin!«

Braggleston nickte verständnisvoll. »So ist es eben
immer. Die arbeitende Klasse hat die ganze Last, während die Chefs stolzierend ihrem Vergnügen nachgehen. Na, lange dauert das jetzt nicht mehr. Sind alle
Vorbereitungen getroffen?«

Pete nickte. »Wir kommen im alten Verbrennungshof
am Lethe-See zusammen. Dort ist im Moment niemand
außer Gilles de Retz. Er lebt dort allein, seit man das
französische Püppchen heiliggesprochen hat. Haben Sie
sich alles zurechtgelegt, was Sie sagen wollen?«

»Alles ist wohlüberlegt«, sagte Braggleston. »Wird
übrigens 'ne gute Rede.«

Pete betrachtete ihn mißtrauisch. »Was war das? Bitte
kein Gerede wie von der fünften Kolonne, ja?«

»Ich meine«, berichtigte Hector sich hastig, »es wird
richtig *böse!*«

Als der Ruhegong ertönte, war Braggleston im ersten
Augenblick von einem Gefühl des Zweifels und der
Panik befallen. Wie schon einmal erstarben die rötlichen
Flammen der Hölle. Ein dumpfes Schweigen lag über
Schluchten, in denen normalerweise die Schreie und das
Ächzen der Verdammten widerhallte. Es herrschte eine
Art Waffenstillstand im Hades, und das unvorstellbare
Ausmaß dessen, was er im Schilde führte, erfüllte ihn
vorübergehend mit Entsetzen.

Dann fiel ihm auf, daß Gehenna diesmal nicht gänzlich zur Ruhe gekommen war. Als er und Pete aus der
heißen Grube glitten, in die der Kobold ihn unter dem
Vorwand geführt hatte, seine Eingeweide verbrennen
zu müssen, machte er andere Gestalten aus, die sich
verstohlen dem vorgesehenen Versammlungsort näherten. Graue Gespensterfiguren, blaue, verkrümmt ge-
wachsene Kobolde, grün-knorrige Trolle, die Rottönung

344

von Sukkuben und Ungeheuern – sie alle kamen zusammen, um Bragglestons Rede über die neue Ordnung zu vernehmen.

Der Mut verließ ihn beinahe zur Gänze, als er neben Petigone und einer düsteren blaubärtigen Seele, die nur unzureichend in eine aus Kinderschädeln bestehende Halskette gekleidet war, die Plattform erstieg und auf sein Publikum hinabschaute. Doch schon begrüßte ihn der Blaubart, den Petigone als Gilles de Retz vorstellte, voller Begeisterung. Petigone kündigte ihn der wartenden Menge als »unseren ordentlichen, verdammten Freund jeder Geisterschlucht des Hades« an, die Versammelten plapperten zustimmend ... und Bragglestons Nervosität glitt von ihm ab wie eine Hautschicht unter dem Skalpell.

Er vergaß die monströsen Gesichter, die zu ihm aufschauten. Sein Publikum war identisch mit tausend anderen Gruppen, zu denen er während seines irdischen Lebens gesprochen hatte. Ein starkes Zielbewußtsein regte sich in ihm, Entrüstung brachte die lodernden Worte des Zusammenhalts auf seine Lippen, und ohne große Einleitung widmete er sich seinen Argumenten.

Und sofort hatte er das Gefühl, hier auf ein aufnahmebereites Publikum zu stoßen. Als er von Lohn sprach und dabei das Grundrecht jedes Dämons und Teufels auf ein ausreichendes Einkommen anführte, breitete sich zustimmendes Gemurmel aus. Als er anständige Arbeitszeiten erwähnte – »Vierzig Stunden in der Woche, mit einem Jahrzehnt bezahltem Urlaub in jedem Jahrtausend!« – entrang sich der Kehle eines erschöpft aussehenden Geistes in der ersten Reihe ein schriller Schrei der Zustimmung. Als er schließlich, mutiger geworden, einen anklagenden Finger gegen den gierigen Herrn dieses infernalischen Unternehmens erhob und Satan kühn beschuldigte, seine höllischen Kohorten zu versklaven, um seine eigenen Luxusbedürfnisse zu stillen, und als er daraufhin verlangte, den Untergebenen das Recht der Arbeitnehmervertretung zu gewähren – da wurde die ganze Horde von Erregung gepackt. Lautes Geschrei stieg in die schwüle Luft des Hades empor. Dämonen und Ghuls brüllten gleichermaßen ihre Zustimmung hinaus. Grimmig aussehende Oger rollten tief in der Kehle ihr Einverständnis. Und ein granitstimmiger Basilisk vergaß seine dämonische Würde soweit, daß er vorstürmte und Braggleston mit schulterbeinbrechender Begeisterung auf die Schulter klopfte.

Es war eine verkniffen aussehende Wasserjungfrau, die die von Braggleston erwartete Frage anschnitt. »Das ist ja alles sehr schön«, ächzte sie mit feuchter Aussprache, »aber wie sollen wir die Ziele erreichen, die Sie uns da ausmalen?«

»Wir streiken!« erklärte Braggleston. »Wer kontrolliert die Feuerstellen und Gruben und Folterkammern? Wir! Hebt *er* auch nur einen Finger, um euch bei der tatsächlichen Zumessung der Strafe zu helfen, bei den Foltern, den Versuchungen? Nein! Wir tun die ganze Arbeit! *Wir* sind die eigentlichen Herren im Hades! *Er* muß das vor Augen geführt bekommen!«

»Aber die Verdammten?« fragte die Wasserjungfrau.

»Wir streiken – zum Gott mit den Verdammten!« brüllte Hector schwungvoll. »Nichts wird *ihn* schneller zur Raison bringen als zu sehen, wie Menschen ihre Freude haben. Das Lachen der Verdammten ist unsere stärkste Waffe.«

Ein pechschwarzer Dämon flatterte vom Rand der Menge nach vorn. »Ich glaube, da haben Sie ein gutes Argument, Mensch«, stimmte er zu. »*Er* kann die zahlreichen Pflichten, die in der Hölle anfallen, nicht selbst erledigen. Und die Arbeitslage ist wirklich höllisch. Also, ich habe keine Zeit mehr für eine hübsche Orgie gehabt, seit mir die Schwanzfedern gewachsen sind. Aber«, – und er starrte hochmütig auf die Versammlung –, »aber Sie können nicht erwarten, daß wir Dämonen uns unter solch gewöhnliche Unholde mischen wie die da unten, die doch nur …«

»Es ist alles arrangiert«, unterbrach Hector den anderen wortgewandt. »Es braucht zwischen den Kasten des Hades keine Vermischung zu geben. Jede Gruppe bekommt ihre eigene Untergewerkschaft. Jede wird im gemeinsamen Rat vertreten sein. Ich selbst«, – er lächelte bescheiden –, »erkläre mich bereit, die Pflichten des Sekretärs der Gewerkschaft zu übernehmen, bis wir unser Ziel erreicht haben. Und natürlich auch die des … äh … Schatzmeisters. Die unbedeutende Frage der Beiträge wäre auch noch zu besprechen.«

»Beiträge?« wiederholte Petigone besorgt. »Aber es gibt in der Hölle kein Zahlungsmittel, Feind Brag!«

»Dann müssen wir uns eins drucken«, erklärte Braggleston entschlossen. »Meine Bösheit, man kann doch keine höheren Löhne durchsetzen, ohne ein Geldmittel zu haben! Wir schaffen ein Kredit-Zuteilungssystem, das auf Arbeitseinheiten basiert. Zehn Sünden ergeben ein Verbrechen … zehn Verbrechen sind ein Höller. Es muß doch in der Hölle auch Drucker geben?«

Petigone lachte leise. »Millionen von Druckern. Drucker, Verleger, Lektoren …«

»Die Ein-Höller-Note wird *sein* Bild tragen«, sagte Braggleston, »und der Fünfer zeigt Liliths Gesicht. Das müßte *ihm* gefallen.« Er wandte sich an die Versammlung. »Also, das wäre im Augenblick wohl alles. Die Organisationsversammlungen werden für die verschiedenen Zweiggruppen baldmöglich einberufen. Unterdessen sagt auch euren Feinden und Kollegen Bescheid. Jetzt zurück in eure Verliese und Feuerstellen – und wartet auf den Großen Tag.«

Selbst in seinen wildesten Träumen hätte Braggleston nicht das Wachstum zu erhoffen gewagt, das sein Plan nun erfuhr. Die Nachricht von der Gründung der neuen Gewerkschaft verbreitete sich wie ein Lauffeuer durch den Hades. Bragglestons Verlies wurde zum Versammlungsort für Verschwörer aus Ober-Abaddon bis Unter-Sheol, von Avernus im Osten bis hin zu Stygien, das im fernen Westen lag.

Da seine Bewacher zu den ersten Überläufern gehörten, genoß Hector Freiheiten, wie sie eine menschliche Seele im Hades bisher noch nicht zugesprochen erhalten hatte. Seine Foltern wurden nicht nur auf ein rein symbolisches Abkochen zweimal die Woche zurückgenommen, er wurde darüber hinaus mit Luxusdingen überschüttet, wie sie bisher nur den Angehörigen der höchsten Kaste von Erzbösewichten zugestanden hatten. Eine Daunenmatratze löste die Dornen ab, auf denen er bisher geschlafen hatte. Er durfte nach den Torturstunden Salben benutzen, und ein rücksichtsvoller Wärter verschaffte ihm ein paar Asbest-Pantoffeln für seine tägliche rituelle Wanderung durch die Kohlengruben. Die Mahlzeiten ließen noch immer manche Wünsche offen, aber daran war nichts zu ändern. Solange die Gewerkschaft ihre Forderungen noch nicht durchgesetzt hatte, konnte es in der Infernalischen Küche kaum eine Änderung geben. Voller Dankbarkeit stellte Braggleston aber fest, daß der Gefängniskoch inzwischen anstelle des harten Anthrazits weiches Bitumen verwendete und daß die Schwefelsäure-Sauce so sehr verwässert worden war, daß man sie beinahe genießen konnte.

Unterdessen ging die Organisation der Zweig-Gewerkschaften voran. Pete kündete täglich frohe Botschaft über den weiteren Wuchs in der Anhängerschaft. Die Oger, Schlangen und Vampire organisierten sich als erste, dichtauf gefolgt von den Kobolden, Hexen und Sukkuben. Mit Gruppe 113 gab es ein bißchen Ärger. Es handelte sich um die Vereinigten Geister und Gespenster. Da die vorgesehenen Mitglieder unterschiedliche

Sichtbarkeitsperioden hatten, gab es anfänglich Schwierigkeiten, eine Gründungsabstimmung zu organisieren. Braggleston aber bestätigte seine Führungsqualitäten, indem er anordnete, daß ein Mitglied der Gruppe 4, der Zauberer und Magier, am Treffen der Gespenster teilnahm. Der magische Mann hatte genug Ektoplasma mitgebracht, um alle am Eintritt Interessierten körperlich aufzubauen.

Nur eine kleine Komplikation störte Hectors Glück. Seine ehemalige Folterherrin Jael hatte sich inzwischen die Sache der Gewerkschaft begeistert zu eigen gemacht. Aber damit gab sich die Harpyie nicht zufrieden. Es genügte ihr nicht, sich mit Braggleston als Anführer zusammenzutun, unangenehmerweise entwickelte sie auch eine Sehnsucht für Braggleston als *Mann*.

Braggleston, der keinen Anhänger der großen Sache beleidigen wollte, ließ ihre extravaganten Annäherungsversuche zunächst klaglos über sich ergehen. Als das Geseufze und die schmachtenden Blicke aber von Tätscheleien und weiteren Annäherungsbemühungen abgelöst wurden, mußte er ein klares Wort sprechen. Die liebestolle Furie merkte anscheinend nicht, daß mit jeder Umarmung ihre rasiermesserscharfen Krallen tiefe Furchen in seinen Rücken gruben, ganz zu schweigen von ihrem Schnabel, der eher dazu geeignet war, Leichen zu zerreißen, als einen Kuß zum Erfolg zu verhelfen.

Zunächst versuchte er ihr sanft, aber entschlossen klarzumachen, daß es im Leben eines vielbeschäftigten Mannes kaum Zeit gibt für romantische Momente. Aber darauf reagierte sie gar nicht nett. O nein! Ihre Abschiedsumarmung öffnete Braggleston die Halsschlagader und schlitzte ihm von einem Ohr zum anderen die Kehle auf. Hätte nicht Petigone schnell und entschlossen eingegriffen, wäre Braggleston nicht in der Lage gewesen, die neu gebildete Goblin-Abteilung mit einer zünftigen Rede zu begrüßen.

»Vor dieser Harpyie hatte ich gleich Angst«, sagte Pete düster, während er frisches Blut in Bragglestons leere Adern pumpte. »Wohin ist sie von hier verschwunden?«

Braggleston schüttelte den Kopf. »Hat sie nicht gesagt.«

»Sie wird irgend etwas anstellen«, ahnte Pete. »Sie kennen ja das alte Sprichwort: ›Nichts ist höllischer als eine in ihrer Liebe abgewiesene Furie.‹ Vielleicht geht sie sogar zu *ihm*.«

»Soll sie doch«, sagte Braggleston grimmig. »*Er* merkt sowieso bald, was hier vorgeht.«

Pete nickte ihn eifrig an. »Sie meinen …?«

»Genau«, sagte Braggleston nickend. »Ich gebe heute die Parole aus. Wir beginnen unseren Streik mit dem Gongschlag zur nächsten Pause.«

Petigones Angst war wohlbegründet. Der Gegenschlag kam am nächsten Tag, nachdem Braggleston soeben von der Inspektion der neuen Währung zurückgekommen war, die Gehennas Zahlungsmittel werden sollte, und kurz vor dem Ertönen des Pausengongs.

Vor seinem Verlies brausten plötzlich riesige Flügel. Braggleston hörte, wie sein Wächter erschrocken protestierte, gespaltene Hufe hämmerten auf den tönernen Boden, und schon sprang die Tür seines Gefängnisses auf. Vor ihm stand in der vollen Prachtuniform der Königlichen Garde ein großer majestätischer Oberst der Erzdämonen. Seine Flügel waren starr vor Zorn, und seine Augen funkelten grell.

»Sie sind Hector Braggleston?« brüllte er. »Kommen Sie!«

Petigone japste und versuchte unauffällig mit dem rotschimmernden Stahl der Verliesmauer zu verschmelzen. Aber es nützte ihm nichts. Der hohe Offizier starrte ihn giftig an.

»Und Sie, Petigone! Sie bleiben hier, bis weitere Befehle eintreffen! Seine Majestät hat seltsame Berichte über Sie erhalten. Also los! Holt ihn!«

Braggleston blieb eben Zeit zu brüllen: »Vergessen Sie nicht, Pete! Wenn der Pausengong ertönt ...?«

Und wie schon einmal wurde er von starken Klauen gepackt, in die Luft gerissen und in rasendem Flug über das rotschimmernde Schachbrett der Hölle getragen.

Diesmal jedoch erwartete ihn kein Verlies. Seine Häscher setzten ihn vor dem mächtigen pechschwarzen Gebäude ab, dem Palast Seiner Infernalischen Majestät, Satans des Hades.

Eine breite Treppe wurde er hinaufgeführt und in einen so ausgedehnten Saal, daß darin sogar die mächtigen Gestalten der Bewacher zu Zwergen zu schrumpfen schienen und Braggleston voller Ehrfurcht um sich schaute. In einen Thronsaal, in Schwarz und Flammenrot ausgestattet, vor einen monströsen Thron, auf dem da saß:

»Satan!«

Der hohe Herr der Hölle blickte seine Krieger an. »Laßt uns allein!« befahl er. Augenblicklich verschwanden sie in einem Dutzend puffender purpurner Wölkchen. Der Erzbösewicht richtete einen ruhigen, neugierigen Blick auf Braggleston. »Treten Sie näher, Hector Braggleston. Ich habe seltsame Gerüchte über Sie vernommen. Nun möchte ich selbst sehen, welcher Mensch da den Mut aufbringt, dem Herrn von Tophet die Stirn zu bieten.«

Zitternd bewegte sich Hector vorwärts. Doch als er das tat, fiel ihm zugleich etwas Seltsames auf. Mit jedem weiteren Schritt in Richtung Thron schien der ungeheuer weite Saal zu schrumpfen. Die Decke schien tiefer zu hängen, die Wände schienen sich ihm anzunähern. Das Parkett unter seinen Füßen war kein vages, unverständliches Muster mehr, sondern gewann Form und Gesicht und Bedeutung. In entsprechendem Maße schien auch der Herrscher, dem er sich näherte, an Statur zu verlieren, und als Hector schließlich vor ihm stand, überragte ihn Satan nicht mehr wie ein ebenholzschwarzes Unwesen, sondern war ein Geschöpf von Bragglestons Körperstatur.

Und Braggleston erkannte, daß dieser zurechtgestutzte Satan gar nicht so furchteinflößend war. Er war vielmehr ein Teufel, der ein wenig schäbig anmutete. Die Linien, die Wangen und Stirn zerfurchten, waren weniger Anzeichen für eine zornige Majestät als die Spuren verwirrter Besorgnis. Als der große Herrscher wieder das Wort ergriff, sprach er nicht mit rollender Donnerstimme, sondern schrill und mit gereiztem Unmut.

»Also, was soll das alles, Braggleston?« klagte er. »Können Sie die Hölle nicht in Ruhe lassen. Was ist das für ein Unsinn über Streiks und Gewerkschaften?«

Braggleston erkannte plötzlich, daß diese Szene ihm nur zu vertraut war. Er befand sich hier in einem Spielchen, das er schon oft erfolgreich aufgeführt hatte. Seine Schüchternheit verflog. Er straffte die Schultern, und bulliges Selbstvertrauen verscheuchte das Entsetzen aus seinem Blick.

»Das ist kein Unsinn, Euer Majestät«, erwiderte er. »Wir meinen es ernst.«

»*Wir?*« Satan bewegte ungeduldig den Schwanz hin und her. »Was soll das heißen – *wir?*«

»Ich spreche«, sagte Hector mit schnell wachsender Sicherheit, »für die eine Million Mitglieder der D. I. V. – der Dämonen-Interessenvereinigung – mit gut dreizehntausend Ortsgruppen, die ihre Beiträge bezahlt haben. Die arbeitenden Dämonen des Hades haben es satt, ausgebeutet zu werden. Vergeblich sind sie an Sie herangetreten ...«

»Moment mal!« sagte Satan. »Niemand ist zu mir gekommen ...«

»Vergeblich«, fuhr Braggleston gelassen fort, »hat man sich mit dem Anliegen an Sie gewandt, die abscheulichen, unfairen Arbeitsbedingungen zu verbessern. Sie haben mit tauben Ohren auf solche Vorstöße reagiert. Mit dem Gongschlag, der in wenigen Augenblicken zu erwarten ist, nehmen die Arbeiter folglich die Angelegenheit in die eigenen Hände.«

In Satans dunklen Augen flackerte kurz der alte Teufel auf. »Das würdet ihr nicht wagen!« schnaubte er.

»Ach nein?« lachte Braggleston. »Na, Sie werden es erleben, Euer Majestät, wenn der Gong schlägt ... ja, da ist er schon! Jetzt werden Sie es sehen!«

Es war, als wären seine Worte ein Signal, ein Befehl. Nachdem das vage vernehmbare Ächzen des Pausengongs verhallt war, setzte zwar einen kurzen Augenblick die gewohnte Stille über dem Hades ein. Dann aber wurde dieses Schweigen von absonderlichen, verstohlenen Geräuschen abgelöst, Bewegungen, die sich in allen Bereichen Gehennas zu bilden und näherzukommen schienen. Diese Regungen ballten sich zusammen, verschmolzen zu einem zusammenhängenden, bedeutsamen Geräusch – ein Geräusch, das sich in das Geschrei dämonischer Stimmen umsetzte. Das Trampeln marschierender Füße. Satans rotes Gesicht erbleichte zu einem matten, fahlen Rosa.

»W-was ...?« stammelte er.

»Kommen Sie ans Fenster«, forderte Braggleston den anderen selbstgefällig auf. »Sehen Sie es sich selbst an.«

Er hatte in diesem Augenblick jeden Grund, stolz zu sein. Und auch dankbar, daß Petigone, dem die Freiheit geblieben war, seine Anordnungen so perfekt ausgeführt hatte. Denn als sie das Fenster erreichten, breitete sich vor ihm und dem Herrscher des Hades ein eindrucksvolles Bild aus.

Aus jedem Winkel Sheols marschierten die organisierten Geisterscharen der Hölle in den Palasthof – flatternd, sich windend, humpelnd, kreischend. Grimmig dreinblickend, aufgebracht, wie es nur entrüstete Teufel sein können, mehr als eine halbe Million an der Zahl – so rannten sie die verwirrte Palastwache nieder und bildeten eine kompakte Mauer des Protests vor dem Schloß seiner Majestät.

Auf einer Seite stand eine Horde Feuerdämonen und Salamander aus West-Abaddon unter ihrem neuen Banner – rot, darauf ein schwarzer Querbalken, darauf zwei verkohlte Sünder, getrennt durch Silber und Rot. Am Himmel kreisten in dichter Kampfformation sechs Kompanien geflügelter Dämonen. Im Wehrgraben außerhalb des Schlosses schwärmte es vor Meerjungfrauen, Najaden und Tritonen, die stolz ihre Schilder hochhielten mit den herausfordernden Worten: *Nieder mit dem Kapital! Hoch mit der Arbeit!* An anderen Orten hatten sich Einheiten von Ghuls und Vampiren, Trollen, Sukkuben und Hexen zusammengefunden und forderten ihre infernalischen Rechte.

Petigone hatte gute Arbeit geleistet, sagte sich Braggleston anerkennend. Sogar die ungelernten Arbeiter waren zur Sache bekehrt worden – Oger, Nachtschnepfen und Zitterer. Ein raschelnder Schlangenschwarm war im Hof an einem Baum der verbotenen Früchte emporgeglitten und entrollte in dieser günstigen Position ein Banner, auf dem es hieß: *Wir fordern bessere Lebensbedingungen für Schlangen! Wir haben keine Grube zum Zischen!*

Wie erschlagen drehte sich Satan zu Braggleston um. »A-aber w-warum ...«, stammelte er. »Die meinen es ja wirklich ernst.«

»Und ob sie es ernst meinen!« sagte Braggleston

freudvoll. »Die entscheidende Auseinandersetzung ist angebrochen, Luzifer. Diese Parteimitglieder repräsentieren mehr als neunzig Prozent der arbeitenden Klasse im Hades. Sie haben Anweisungen und kennen endlich ihre Rechte. Wenn Sie sich nicht auf der Stelle mit den Bedingungen einverstanden erklären, die ich Ihnen als bevollmächtigter Sekretär und Schatzmeister vorlegen werde, wird jeder Teufel im Hades die Folterwerkzeuge aus der Hand legen. Es wird im Hades keine weiteren Leiden geben, bis die Hölle zufriert!«

Mephistopheles' Augen waren lodernde Punkte des Zorns.

»Das können Sie mir nicht antun, Braggleston!« kreischte er. »Ich bin der Ober-Dämon, der Meister-Zauberer! Ich werde Sie vernichten...«

»Ich«, sagte Braggleston unwiderlegbar, »bin längst tot.«

»Dann lasse ich Sie foltern, bis Ihre Körperbestandteile um Gnade flehen!« tobte der Erzbösewicht. »Mit glühendheißen Zangen und kochendem Blei...«

»Und wer soll Ihre Befehle ausführen?« gab Hector gelassen zurück. »Es läuft nichts mehr, Nick. Sie haben hier den letzten Befehl gegeben. Im Hades gibt es eine neue Ordnung, an die Sie sich genausogut gleich gewöhnen können. Diese armen Teufel kennen ihre Rechte, und bei den sieben Todsünden – sie werden sie erhalten!«

Luzifers Wut verrauchte. Er schien zusammenzuschrumpfen wie die Hülle eines angestochenen Ballons. Sein Blick hatte plötzlich etwas Gehetztes. »Und... und wie sehen die Bedingungen aus?« fragte er mit schwacher Stimme.

»Es ist ein Währungssystem einzuführen«, begann Braggleston, »damit die Arbeiter die Möglichkeit haben, für jeweils höhere Löhne zu streiken. Der sofortige Beginn eines Infernalischen Hausbauprojekts ist zu beschließen, damit die Wohnverhältnisse der Teufel sich bessern. Schaffung eines Gesetzes über Arbeitszeiten, die Einführung von Vorrechten für ältere Arbeitnehmer, eine Komiteemitsprache bei der Verwaltung Gehennas und besseres Essen. Viel besseres Essen.«

Seine Majestät erbebte von Kopf bis Fuß. »Das sind harte Konditionen, Braggleston.«

»Es sind faire Bedingungen«, erklärte Braggleston. Nachdem er die erste Runde gewonnen hatte, konnte er es sich leisten, großzügig zu sein, und schlug einen vernunftheischenden Ton an. »Hören Sie auf, sich zu beklagen, Euer Majestät – sehen Sie das Ganze mal logisch. Begreifen Sie nicht, daß alles zum Besten ist? Seit wer weiß wie vielen Millionen Jahren haben Sie hier eine Pulverfaß-Situation gehabt. Sie haben über ihr Feuerreich geherrscht, wie es Ihnen paßte – und wie weit sind Sie damit gekommen? Waren Sie letzthin mal auf der Erde? Wissen Sie, was die Menschen von Gehenna denken? Sie halten es für einen tollen Ort!

Hören Sie, Luzifer, Sie stehen im Wettbewerb. Wie können Sie erwarten, daß die Leute in *Ihren* Teil der Nachwelt kommen, wenn er nicht nach vernünftigen Geschäfsprinzipien geführt wird? Sie üben auf die besseren Klassen keinen Reiz aus. Das Paradies bekommt alle intelligenten Menschen; Ihnen bleiben die Schwächlinge, die Heuchler und nur wenige, die aus ganzem Herzen und voller Begeisterung gesündigt haben wie ...«, – Braggleston errötete bescheiden –, »... wie ich.

Aber wenn es sich erst einmal herumspricht, daß der arbeitende Mensch im Hades beschützt wird, dann werden die Geschäfte hier unten so gut laufen, daß die Engel vor Neid ihre Harfen zerbrechen. Das würde Ihnen doch gefallen, oder?«

Satan musterte ihn abschätzend. Ein allmähliches Begreifen breitete sich in seinen Augen aus. »Sie glauben wirklich …?« flüsterte er.

»Ich glaube es nicht«, erklärte Braggleston. »Ich *weiß* es! Ich bin ein fairer Mensch, Euer Majestät. Geben Sie meinen Jungs, was sie haben wollen, dann unterstütze ich Sie gern. Ich verzichte sogar ohne weiteres für ein paar Jahrtausende auf meine persönliche Pein, bis wir den Laden richtig in Schwung haben. Danach …«

Aber Luzifer unterbrach ihn mit einer plötzlichen Geste. Der Erzbösewicht hatte seine Entscheidung getroffen. Er drängte sich an Braggleston vorbei und trat ans Fenster. Beeindruckt stellte Braggleston fest, daß er dabei wieder an Gestalt zu wachsen schien. Es trat die Umkehr jenes seltsamen Prozesses ein, der zuvor den Raum zum Schrumpfen gebracht hatte. Jetzt schienen die Wände und die Decke von ihm fortzurasen, und er war ein winziger Menschenfleck, der in den unvorstellbaren Weiten verlorenzugehen drohte.

Luzifer wuchs. Dabei gewann sein Körper an Substanz, Macht, Würde. Als er die im Hof unter ihm versammelten Massen anredete, war seine Stimme ein dröhnender Tumult.

»Ungeheuer!« rief er. »Ungeheuer, Konsorten, Höllianer – leiht mir euer Ohr! Wir, Mephisto, Luzifer, Prinz der Dunkelheit, Herr über ganz Sheolia, haben eure Bitten gehört und sind entschlossen, sie zu gewähren. Von diesem Augenblick an gibt es im Hades eine neue Ordnung. Unser Vaterland wird nach den neuesten Regeln … eines ordentlichen Geschäftsbetriebes umorganisiert werden. Und …«

Er legte Braggleston eine qualmende Pfote auf die Schulter. »Ehe er uns verläßt, möchten wir diesem ehemaligen Mitbürger in aller Öffentlichkeit unseren infernalischsten Dank aussprechen. Hector Braggleston hat all dies möglich gemacht …«

Seine Aufforderung war ein Befehl. Braggleston trat

vor, doch in seinen Stolz mischte sich stechende Sorge. »V-verläßt, Euer Majestät?« stotterte er. »Ehemalig?«

Luzifer beachtete ihn nicht weiter. »Auch seinem Helfer, dem Dämonen Petigone, sagen wir Dank«, fuhr er fort. »Beide haben unsere hochherrschaftliche Versicherung, daß die gute Arbeit, die sie begonnen haben, nach ihren Plänen fortgesetzt wird.«

Ein lauter Jubelschrei aus den Kehlen der versammelten Teufel ließ Gehenna in den Grundfesten erbeben. In der Ferne verkündete der Gong das Ende der Ruhepause. Sein heller Klang, so fand Braggleston, war das Symbol für die neue Epoche. Der Lärm war ungeheuer, trotzdem hörte er die Stimme des Herrschers seinen Namen wiederholen.

»Braggleston!« rief Luzifer leise. »Petigone!«

Seite an Seite standen sie vor ihm. Ein Ausdruck liebevoller Freundlichkeit stand in Luzifers Augen und – oder irrte sich Braggleston? – ein Hauch dämonischer Belustigung.

»Es bekümmert uns zutiefst«, fuhr Mephistopheles gewandt fort, »daß es Ihnen nicht möglich ist, die Früchte Ihrer Arbeit zu genießen. Aber so laufen die Dinge in der Unterwelt nun einmal. Wir wünschen Ihnen Freude an der neuen Umgebung. Und sagen traurig Lebewohl.«

»... Lebewohl?« rief Braggleston gequält. »Aber wir gehen doch nirgendwohin. Pete!«

Ein gewaltiger Krach lähmte seine Sinne. Der Hades kreiste vor seinen Blicken und verschwand hinter einer Wand aus grellen ultravioletten Flammen. Seine Sinne erbebten unter einem gewaltigen Stoß, der ihn herumwirbelnd, fliegend, in unergründliche Höhen trug. Rot, dann ein flackerndes Grau und schließlich ein dünnes, weiches Himmelsblau ... und in der Ferne ein goldener Schimmer; Gold durchsetzt mit Perlmutt und Bernsteinbraun und Amethystviolett.

Bestürzt schaute Hector in die Runde. Unter seinen Füßen erstreckten sich weiche rosa Wolken. Der unangenehme Schwefelgestank des Hades war aus seiner Nase verschwunden. An seiner Stelle – er nieste heftig, denn der schwül-süße Weihrauchgeruch war für seine Atemwege noch neu.

Neben ihm stöhnte Petigone. Der Dämon war nicht mehr rot. Seine Haut war alabasterweiß erbleicht. Braggleston sah nun, daß Petes Hörner von seiner Stirn verschwunden waren und daß sich schräg über seinem linken Auge ein mattschimmernder Mini-Heiligenschein ausbreitete. Und auf seinen Schulterblättern sprießten winzige Federn ...

Bragglestons Stimme klang heiser. »Pete! Was ist passiert? Wo sind wir?«

Pete ächzte aufgebracht. »Oh, Sie segensreicher Mensch! Ich hätte gleich wissen müssen, daß man auf Sie nicht hören darf, Braggleston! Da sehen Sie, was Sie angerichtet haben! Dabei hatte ich heute abend eine Verabredung mit der heißesten kleinen Hexe von Lethe!«

Braggleston hörte nun auch den Klang leiser Hosiannas und sah wie in einem fürchterlichen Traum die Menge, die ihnen auf ihrem Weg von dem perlmutterartig schimmernden Tor entgegenkam, »Himmel! Paradies!« ächzte er.

»Genau!« sagte Pete mürrisch. »Verstehen Sie nicht? Mit der Gründung der gesegneten Gewerkschaft haben Sie das einzige getan, das vor der Ewigkeit Ihre Sünden tilgte. Sie haben meinen Mitteufeln das Glück gebracht. Daraufhin wurden wir achtkantig aus dem Hades herausgeworfen! Dazu verdammt, in alle Ewigkeit hier oben zu wohnen. In der Hölle ist kein Platz für Kreaturen, die *Gutes* tun!«

Braggleston stöhnte und versuchte vergeblich, die schimmernde Harfe fortzuwerfen, die auf wundersame

Weise in seiner Hand erschienen war. »Aber ... aber ich
will ja gar nicht hier sein, Pete!« rief er. »Hier sind alle
Leute glücklich. Alle sind zufrieden. Es gibt keine Aus-
einandersetzungen, keine Reibereien, keine Unzufriedenheit ...« Plötzlich kam ihm ein Gedanke. »*Er* wußte
das von Anfang an, Pete! *Er* hat das absichtlich getan.
Das ist seine Art, uns für unsere Missetat zu bestrafen.
Er weiß genau, daß es für einen Gewerkschaftsführer
im Himmel kein Glück geben kann!«

Und Petigone nickte.

»Das«, sagte er klagend, »ist ja das Höllische daran,
Braggleston!«

Virtuelle Engel

Der Titel dieser Abteilung ist ein wenig hochgestapelt. Die drei Geschichten handeln zwar allesamt von Engeln und knüpfen damit an den vorangehenden Abschnitt an, doch in der ersten Geschichte sind es die traditionellen Engel der jüdisch-christlich-islamischen Mythologie, und sie handelt von nichts Geringerem als von der Ewigkeit – freilich keiner wie bei Terry Pratchett kybernetisch handgemachten und auch keiner, die gerettet werden müßte, sondern einer im Gegenteil ziemlich beschwerlichen. Ihr Verfasser, **R. A. Lafferty** (geb. 1914 in Neola, Iowa), ist irischer Abstammung und hat sich als konservativen Katholiken bezeichnet, doch er war vor allem in den sechziger und siebziger Jahren einer der experimentierfreudigsten und exzentrischsten US-amerikanischen SF-Autoren (auch »Eine Sekunde der Ewigkeit« wirkt nicht besonders fromm). Er hat über 150 Kurzgeschichten und einige Romane·geschrieben. Die Initialen stehen übrigens für »Raphael Aloysius« – da mußte er ja einfach etwas über Engel schreiben …

Ein ungewöhnlicher Engel in der gewöhnlichen Welt ist der Held von »Was kosten Flügel« von **Horace L. Gold** (1914–1996). Der Autor wurde in Montreal geboren, verbrachte aber den größten Teil seines Lebens in New York, wo er sich vor allem als Herausgeber der heute legendären SF-Zeitschrift Galaxy einen Namen machte, aber auch mit eigenen Erzählungen – u. a. in seinem Band Die Alten sterben reich (The Old Die Rich, 1955) – und mit einem gemeinsam mit L. Sprague de Camp verfaßten Roman, Niemand außer Luzifer (None But Lucifer, 1939). Wohl am bekanntesten sind von ihm einige humoristische Fantasy-Geschichten wie »Der Ärger mit dem Wasser« (Trouble with Water, 1939); auch die hier ausgewählte Erzählung gehört, obwohl sie weniger oft gedruckt wurde, in diese Kategorie.

Der Autor der dritten Geschichte, **Robert Silverberg** (geb. 1936 in New York), hat über hundert SF-Bücher und mehr als 60 Sachbücher geschrieben, außerdem zahlreiche Anthologien herausgegeben. Daß er zu den Klassikern der Science Fiction gehört (in dieser Anthologie neben Bradbury, Bester und Sturgeon), verdankt er allerdings weniger der schieren Menge seiner Werke und auch nicht den frühen Arbeiten, sondern den Erzählungen und Romanen, die er seit den sechziger Jahren geschrieben hat, nachdem er der SF vorübergehend den Rücken gekehrt hatte. Mit Novellen und Erzählungen gehört er zu den am häufigsten mit renommierten SF-Preisen ausgezeichneten Autoren; erfolgreiche Romane waren u. a. Es stirbt in mir (Dying Inside, 1972, deutsch 1975) über einen Telepathen, der seine Gabe allmählich verliert, Krieg der Träume (Lord Valentine's Castle, 1980, deutsch 1980) im Grenzbereich von SF und Fantasy sowie der eher historische als phantastische Roman König Gilgamesch (Gilgamesh the King, 1984, deutsch 1987).

Seine Erzählung »Basileus« wurde von den Mitgliedern der Science Fiction and Fantasy Writers of America in die Fantasy Hall of Fame aufgenommen, eine Auswahl der besten phantastischen Literatur aller Zeiten. Darin geht es nun tatsächlich um virtuelle Engel, und wie bei Terry Pratchett wird die virtuelle Welt im Computer erzeugt und greift in die reale Welt über – das freilich auf viel nachhaltigere Weise.

Eine Sekunde der Ewigkeit

Es endet nicht mit einem – es *beginnt* mit einem Wimmern.

Es war eine Dämmerung, die alles entzweiriß – ein flammendes Leuchten, gemessen an dem jedes künftige Licht weniger als das schwache Flackern einer Kerze ist – Hitze, an der gemessen die Hitze aller künftigen Sonnen nicht mehr als ein ausgebranntes Streichholz ist – die Polaritäten, die für immer die Spannung errichteten.

Und in seiner Mitte ein Wimmern, so empfunden wie jenes erste Rucken, das darauf hindeutete, daß die Zeit begonnen hatte.

Die zwei Herausforderungen standen da, größer als der Radius des Weltraums, der geboren wurde, und eine schwache Kreatur, Boshel, stand in der Mitte, zu zaghaft, um eine der beiden Herausforderungen anzunehmen.

»Äh, wie lange werdet ihr beiden wegsein?« nuschelte Boshel.

Das Schöpferische Ereignis war die Revolte, die das Nichts entzweiriß. Die beiden Seiten formierten sich, verfeindete Nationen des Blitzes, aufgespalten über dem jähen Abgrund. Zwei Vorkämpfer standen sich gegenüber mit einer Bitterkeit wie nie zuvor – Michael in weißes Feuer gehüllt und Helel im schwarzpurpurnen Schein. Und mit ihnen ihr Gefolge. Allegorisch hat man es später als Hinnahme und Ablehnung ausgedrückt und als Gut und Böse, aber am Anfang war es die Polarität, die das Universum nährte.

Zwischen ihnen, wie ein Pygmäe, stand Boshel alleine in wimmerndem Zögern.

»Raus mit dem Urmetall, wenn ihr mit uns kommt!« grollte Helel wie Donnerhall, als er in seiner Wut sein Gefolge davonführte, um eine neue Ansiedlung zu gründen.

»Äh, werdet ihr vor dem Abend zurücksein?« wimmerte Boshel.

»Geh zur Hölle!« brüllte Michael.

»Den Einfaltspinsel kannst du behalten!« schnaubte Helel.

»Der hat nicht einmal genug Schwefel in sich, um ein Scheißhaus anzuzünden.«

Die zwei großen Heerscharen trennten sich, und Boshel blieb alleine im Nichts zurück. Er stand immer noch da, als es einen zweiten kleinen Ruck gab und die Zeit ernsthaft begann, die Schote in einem Regen von Funken platzen ließ, die anwuchsen und davonzogen. Er stand immer noch da, als die Funken Form annahmen und anfingen, sich zu drehen, und er stand auch noch da, als das Leben auf den kleinen Rußstäubchen begann, die sich von den Funken gelöst hatten. Eine ganz lange, lange Zeit stand er da. »Was machen wir mit dem kleinen Knilch?« fragte jemand aus der unteren Hälfte der Hierarchie Michael. »Schließlich kann er uns doch nicht dauernd die Landschaft verschandeln.«

»Ich werd' fragen«, sagte Mike. Und das tat er.

Aber Michael bekam gesagt, daß die Verantwortung bei ihm läge, daß Boshel für sein Zögern bestraft werden müsse, und daß es bei Michael läge, die geeignete Strafe zuzumessen und dafür zu sorgen, daß sie auch vollzogen wurde.

»Weißt du, er hat die Zeit am Anfang stottern lassen«,

sagte Mike zu seinem Untergebenen. »Er hat da einen Zufallsfaktor eingeführt, der alles beeinträchtigte. Es muß eine Strafe sein, die etwas mit der Zeit zu tun hat.«

»Hast du eine Vorstellung?« fragte der Untergebene.

»Ich werde mir etwas einfallen lassen«, versicherte Michael.

Eine ganze Weile später blätterte Michael eines Nachmittags an einem Zeitschriftenstand in Los Angeles in einem Buch.

»Hier steht«, tönte Michael, »wenn man sechs Affen an sechs Schreibmaschinen setzte und sie lange genug schreiben ließe, würden sie sämtliche Werke Shakespeares genau niederschreiben. Zeit ist etwas, wovon wir genug haben. Das wollen wir versuchen, Kitabel, und sehen, wie lange es dauert.«

»Was ist ein Affe, Michael?«

»Ich weiß nicht.«

»Was ist eine Schreibmaschine?«

»Ich weiß nicht.«

»Was ist Shakespeare, Mike?«

»Jeder kann Fragen stellen, Kitabel. Hol das Zeug zusammen und fang an mit dem Projekt!«

»Es klingt wie ein recht langwieriges Projekt. Wer wird es überwachen?«

»Boshel. Das ist genau das Richtige für ihn. Das wird ihn Geduld lehren und einen Sinn für Ordnung, und ihn mit der Majestät der Zeit beeindrucken. Das ist genau die Strafe, die ich gesucht habe.«

Sie beschafften das Zeug und übergaben alles Boshel.

»Sobald das Projekt abgeschlossen ist, Bosh, ist deine Wartezeit um. Dann kannst du dich der Gruppe anschließen und mit uns anderen deinen Spaß haben.«

»Nun, immerhin besser, als herumzustehen und nichts zu tun«, sagte Boshel. »Es würde schneller gehen, wenn ich die Affen erziehen dürfte und die dann Kopien anfertigen könnten.«

»Nein, es muß ganz zufällig getippt werden, Bosh. Du hast schließlich den Zufallsfaktor ins Universum gebracht, also mußt du ihn auch ausbaden.«

»Irgendeine besondere Ausgabe, der die Kopie entsprechen muß?«

»Die Ausgabe der Blackstone Readers mit siebenunddreißigeinhalb Bänden in einem, die ich hier habe, würde genügen«, sagte Michael. »Ich habe mit den Affen gesprochen, und sie sind damit einverstanden. Ich habe achtzigtausend Jahre dazu gebraucht, um sie soweit zu bringen, daß sie reden konnten. Aber das ist ein Nichts, wenn man von der Zeit spricht.«

»Mann, sprechen wir vielleicht von der Zeit!« stöhnte Boshel.

»Ich habe einen Handel mit den Affen abgeschlossen. Sie werden gegen Langeweile und Müdigkeit immun sein. Dir kann ich das Gleiche nicht versprechen.«

»Äh, Michael, da es ja eine ganze Weile dauern kann, hätte ich gerne gewußt, ob ich vielleicht irgendeine Uhr kriegen kann, um zu sehen, wie schnell alles läuft.«

Also machte Michael ihm eine Uhr. Es war ein Würfel aus bearbeitetem Stein, der an jeder Kante ein Parsec maß.

»Du brauchst sie nicht aufzuziehen, du brauchst überhaupt nichts damit zu machen, Bosh«, erklärte Michael. »Ein kleiner Vogel wird alle tausend Jahre kommen und seinen Schnabel an diesem Stein wetzen. Du kannst ablesen, wie die Zeit verstreicht, wenn du zusiehst, wie der Stein kleiner und kleiner wird. Das ist eine vorzügliche Uhr mit nur einem beweglichen Teil, dem Vogel. Ich kann nicht garantieren, ob dein Projekt beendet sein wird, wenn der ganze Stein abgewetzt ist, aber du kannst immerhin feststellen, daß Zeit verstrichen ist.«

»Besser als gar nichts«, sagte Boshel, »aber es wird

ziemlich langweilig werden. Trotzdem glaube ich, daß dies ein ziemlich mittelalterlicher Zeitbegriff ist.«

»Das glaube ich auch«, sagte Michael. »Aber ich will dir sagen, was ich tun kann. Ich kann dich an diesen Stein anketten und dafür sorgen, daß ein anderer gro-ßer Vogel dich im Sturzflug anfliegt und dir Stücke dei-ner Leber herausreißt. So stand es in einer Geschichte in einem anderen Buch an diesem Zeitungsstand.«

»Du machst mich ganz schön fertig, Mike. Das wird nicht notwendig sein. Ich werd' mir die Zeit schon ir-gendwie vertreiben.«

Boshel setzte die Affen an die Arbeit. Sie waren dazu abgerichtet, willkürlich auf die Tasten der Schreibma-schine zu dreschen. Innerhalb einer kurzen Zeitperiode (wie die Größeren Geschöpfe die Zeit zählen) hatten die Affen schon ganze Shakespearesche Worte produziert: so zum Beispiel das Wort ›Last‹, das in der zweiten Szene des ersten Akts von *Richard III.* zu finden ist; ›Geh‹, das sich in der zweiten Szene des zweiten Akts von *Julius Cäsar* findet, und ›sei‹, das in der allerersten Szene im ersten Akt von *Der Sturm* vorkommt. Boshel empfand das als sehr ermutigend.

Einige Zeit später produzierte einer der Affen zwei Shakespeare-Worte hintereinander. Um diese Zeit war die Heimatwelt Shakespeares (die zugleich die Heimat-welt des Zeitungsstands in Los Angeles war, wo eine große Idee geboren wurde) schon lange nicht mehr im Geschäft.

Nach einer weiteren Weile hatten die Affen ganze Sätze geschrieben. Bis dahin war schon ein gutes Stück Zeit abgelaufen.

Die Schwierigkeit mit dem kleinen Vogel bestand darin, daß sein Schnabel anscheinend gar keiner beson-deren Schärfung bedurfte, wenn er alle tausend Jahre kam. Boshel entdeckte, daß Michael ihn mit einem ganz schmutzigen Seraphimstrick hereingelegt hatte und den

Vogel die ganze Zeit mit Pudding gefüttert hatte. Der Vogel wischte nur zwei- oder dreimal leicht an dem Stein und verschwand dann für weitere tausend Jahre. Und doch war nach höchstens tausend Besuchen ein unverkennbarer Kratzer an dem Stein wahrzunehmen, ein höchst hoffnungsvolles Zeichen.

Boshel begann zu erkennen, daß die Aufgabe zu schaffen war. Ein Affe – und nicht einmal der brillanteste von ihnen – produzierte schließlich einen ganzen Satz. ›Sein oder nicht sein, das ist die Frage?‹ Und in diesem Augenblick geschah etwas anderes. Für Boshel kam das recht überraschend, weil es das erste Mal war, daß er es je gesehen hatte, aber er würde es noch milliarden Male sehen, ehe es fertig war.

Ein winziges kosmisches Stäubchen am äußersten Rande des Weltraums begegnete einem anderen Stäubchen. Das hätte nicht ungewöhnlich sein sollen; Stäubchen begegneten dauernd Stäubchen. Aber dieser Fall war anders. Jenes Stäubchen – in entgegengesetzter Richtung – war das äußerste im ganzen Kosmos gewesen. Da kann man sich nicht voneinander entfernen. Das Stäubchen (ein wimmelndes Konglomerat bevölkerter Welten) betrachtete das andere Stäubchen mit Augen und Instrumenten und sah seine eigenen Augen und Instrumente, die es zurückbetrachteten. Was das Stäubchen sah, war es selbst. Die kosmische tetradimensionale Sphäre war fertiggestellt. Das erste Stäubchen war sich selbst begegnet, wie es aus der anderen Richtung kam, und der Weltraum war durchquert.

Dann brach alles zusammen.

Die Sterne erloschen, einer nach dem anderen. Eine Milliarde nach der anderen. Alpträume des Fallens! All die abgedunkelten Gestirne fielen ins Nichts, das nichts als Abgrund war. Nichts blieb übrig, außer einer winzigen Schote im Nichts, und ein paar zusammenhanglose

Dinge wie Michael und seine Kollegen, und Boshel und seine Affen.

Boshel empfand einen Augenblick lang Unruhe: er hatte sich an den Anblick des sich ausdehnenden Universums gewöhnt. Aber er hätte nicht unruhig zu sein brauchen, es begann alles von vorne.

Ein paar Milliarden Jahrhunderte tickten lautlos dahin. Wiederum platzte die Schote in einem Regen von Funken auseinander, die dahinzogen und wuchsen. Sie nahmen Form an und begannen sich zu drehen, und aufs neue erschien das Leben auf den Rußstäubchen, die jene Funken abgeworfen hatten.

Immer wieder geschah dies. Jeder Zyklus schien verdammt lange zu dauern, während all das geschah; aber im Rückblick waren die Zyklen nur wie ein Licht, das an- und ausgeht. Und im längeren Rückblick waren sie wie eine hochfrequente Wechselstrommaschine, die eine atemberaubende Zahl solcher Zyklen in jeder Nanosekunde produzierte und sich äonenlang weiterdrehte. Und doch begann Boshel, sich zu langweilen. Es gab einfach kein anderes Wort dafür.

Als erst ein paar Milliarden kosmischer Zyklen vollendet waren, hatte der Uhrfelsen eine Kerbe, in der man ein Pferd hätte verstecken können. Der kleine Vogel kam oft zurück, um seinen Schnabel zu schärfen. Und Pithekos Pete, der schnellste der Affen, hatte jetzt völlig zufällig den *Sturm* geschrieben, komplett und perfekt.

Sie schüttelten sich alle die Hände, Affen und Engel. Es war ein großer Augenblick.

Doch der Augenblick dauerte nicht an. Pete schrieb, anstatt weiterhin dem Zufallsfaktor gemäß auf die Tasten seiner Schreibmaschine zu schlagen, um den Rest der Stücke zu schreiben, nein, Pete schrieb seine eigene verbesserte Version des *Sturm*. Boshel war wütend.

»Aber es ist besser, Bosh«, protestierte Pete. »Und ich hab' da auch ein paar Ideen über Bühnenbau, womit wir das wirklich groß herausbringen können.«

»Natürlich ist es besser! Aber wir wollen sie nicht besser, wir wollen sie ganz *genauso*. Könnt ihr Affen denn nicht kapieren, daß wir hier ein Problem der Wahrscheinlichkeit bearbeiten? Ach, wie seid ihr doch blöd!«

»Gib mir dieses verdammte Buch einen Monat, Bosh, dann kopiere ich all den Quatsch, und dann sind wir fertig«, schlug Pithekos Pete vor.

»Vorschriften, ihr Idioten, Vorschriften!« stieß Boshel hervor. »Wir müssen den Regeln gehorchen. Ihr wißt, daß das nicht erlaubt ist, und außerdem würde man es merken. Ich habe Grund zu der Annahme, und es schmerzt mich, das sagen zu müssen, daß einer meiner Affen und Kollegen hier im Raum ein Informant ist. Wir würden nie damit durchkommen.«

Nach dem kurzen Mißverständnis lief alles besser. Die Affen blieben an ihrer Arbeit. Nach einer Anzahl von Zyklen, die man am besten mit einer Neun ausdrückt, die von in Pica gedruckten Nullen gefolgt ist, deren Zahl ausreicht, um das ganze Universum zu einem Zeitpunkt kurz vor einem Zusammenbruch zu umspannen (Radius und Umfang der größten Sphäre sind natürlich gleich), war die erste komplette Version fertig.

Sie war natürlich fehlerhaft und mußte zurückgewiesen werden. Aber sie enthielt weniger als dreißigtausend Fehler; das ließ große Dinge und am Ende den Triumph vorausahnen.

Später (Leute, um *wieviel* später!) waren sie ihm ganz nahe. Zu der Zeit, als die Spalte in dem Uhrenfelsen ein mittelgroßes Sonnensystem hätte aufnehmen können, hatten sie eine Version mit nur noch fünf Fehlern.

»Es kommt noch«, sagte Boshel. »Es wird zur rechten

Zeit kommen. Und Zeit ist das einzige, wovon wir genug haben.«

Später – viel, viel später – schienen sie es perfekt zu haben. Zu der Zeit hatte der Vogel fast ein Fünftel des großen Steins mit seinen alle Jahrtausende erfolgenden Besuchen abgewetzt.

Michael selbst las die Version und konnte keinen Fehler finden. Das war natürlich nicht beweiskräftig, denn Michael war ein ungeduldiger und hastiger Leser. Zur Bestätigung waren drei Lesungen vorgesehen, aber noch nie zuvor war die Hoffnung so hoch gewesen.

Die Version bestand die zweite Lesung durch einen wesentlich sorgfältigeren Engel und wurde als buchstabengenau bestätigt. Aber jener Leser beendete seine Arbeit spät in der Nacht und war möglicherweise gegen Ende zu ein wenig oberflächlich geworden.

Sie überstand auch die dritte Lesung, alle siebenunddreißig Stücke, auch die Gedichte am Ende. Es war Kitabel, der selbst schreibende Engel, der jene dritte Lesung vornahm. Er war gerade im Begriff, das Zertifikat zu unterzeichnen, als er innehielt.

»Irgend etwas geht mir im Kopf herum«, sagte er und schüttelte denselben, um ihn klarzubekommen. »Da hallt etwas nach, das nicht ganz stimmt. Ich möchte keinen Fehler machen.« Er hatte ›Kitab ...‹ geschrieben, seine Unterschrift aber noch nicht vollendet.

»Wenn es mir nicht einfällt, werde ich heute nacht nicht schlafen können«, beklagte er sich. »Es war nicht in den Dramen; die waren perfekt, das weiß ich. Es war etwas in den Gedichten – ziemlich am Ende, irgendeine Dissonanz. Entweder hat der Barde eine besonders unpassende Zeile geschrieben oder in der Wiedergabe war ein Fehler, den mein Auge zwar übersah, aber an den mein Ohr sich erinnerte. Ich muß zugeben, daß ich gegen Ende zu ziemlich schläfrig war.«

»Oh, bei allen Welten, die je erschaffen wurden, unterschreib doch!« bettelte Boshel.

»Du hast schon so lange gewartet, daß dich ein weiterer Moment auch nicht mehr umbringt, Bosh.«

»Darauf würde ich an deiner Stelle nicht wetten, Kit. Ich bin kurz vor dem Platzen, das kann ich dir sagen.«

Aber Kitabel nahm sich das Buch noch einmal vor und fand es – einen Vers in *Phönix und Taube:*

> ›Sei aus unserem Rat verwiesen
> Jeder Vogel rauh und arg.
> Nur der Aar, des Flugs Monarch
> Müsse dies Begängnis grüßen.‹

So stand es im Buch selbst.* Und was Pithekos Pete geschrieben hatte, war fast, aber nicht ganz dasselbe:

> ›Sei aus unserem Rat verwiesen
> Jeder Voggel rauh und argg
> Nur der Aar des Fluggs Monarch
> Verdammt noch mal, das gg hänggt fest‹

Und wenn Sie nie einen Engel haben weinen sehen, dann können Worte Ihnen nicht beschreiben, welche Schau Boshel da abzog.

Sie sind heute abend immer noch an der Arbeit, tippen nach den Gesetzen des Zufalls, denn jener letzte traurige Beinahesieg lag weniger als eine Million Milliarden Zyklen zurück. Und erst vor einem halben Augenblick – auf halbem Weg im gegenwärtigen Zyklus – hat einer der Affen nicht weniger als neun Shakespeareworte hintereinander hingeschrieben.

Es gibt immer noch Hoffnung. Und der Vogel hat jetzt den Felsen fast auf die Hälfte seines Umfangs abgeschliffen.

Was kosten Flügel?

»Aber du hast es versprochen!« sagte Liz Blackwell. »Du hast Stein und Bein geschworen, daß du sie dir amputieren läßt.«

»Amputieren!« rief Dr. Jonas entsetzt. »Ich habe nie dergleichen gehört.«

»Sie haben auch noch nie von jemandem mit Flügeln gehört«, sagte sie. »Bitte, Harvey – du hast es *versprochen!*«

»Das war, als du so wütend warst, weil ich soviel Aufmerksamkeit anzog«, sagte Harvey Leeds. Wie er so in Schuhen und Unterhose dastand, die Flügel in ihrer ganzen Pracht ausgebreitet, sah er aus wie eine moderne geflügelte Siegesgottheit, männliche Abteilung. »Liz, wenn Gott nicht wollte, daß ich fliege, hätte er mir keine Flügel gegeben.«

Dr. Jonas legte das Bandmaß beiseite, mit dem er am Werk gewesen war. »Von oben bis unten haben sie fünf Fuß sechs Zoll. Die Flügelspanne beträgt elf Fuß vier. Wenn wir Ihr früheres Gewicht vom gegenwärtigen abziehen, sind sie dreiundfünfzig Pfund schwer. Sie wachsen aus den Schulterblättern und sind direkt mit Ihren Knochen-, Muskel- und Kreislaufsystemen verbunden. Ich habe nie zuvor Flügel bei einem Menschen gesehen, aber Ihre scheinen völlig in Ordnung zu sein. Sie zu amputieren, wäre das gleiche, als wolle man ein gesundes Bein abnehmen –

ein unverzeihlicher Verstoß gegen das Berufsethos, junge Frau.«

»Aber es ist so *peinlich*, mit ihm auszugehen«, sagte sie. »Warum mußten sie wachsen? Sie waren *himmlisch*, als sie die Größe wie bei kleinen Engeln hatten.«

»Sie haben um eine Untersuchung gebeten«, sagte Dr. Jonas zu Harvey, »und ich habe mein möglichstes getan, obwohl ich immer noch glaube, Sie hätten zu einem Tierarzt gehen sollen. Sich diese Flügel wachsen zu lassen, muß Sie eine Menge gekostet haben. Trinken Sie viel Milch, um das Kalzium zu ersetzen, das Sie verloren haben. Schlafen Sie viel und essen Sie viel Gemüse. Mit anderen Worten, ich empfehle Ihnen dasselbe, was ich auch einer jungen Mutter riete.«

Harvey zog Hemd und Jacke rückwärts an, damit Liz sie zuknöpfen konnte. Es gab ihm ein engelsgleiches und irgendwie priesterliches Aussehen, wie die Flügelenden fast den Boden berührten.

»Ich muß mir die alten Statuen eingehend ansehen«, sagte er, »um herauszufinden, wie das Kleidungsproblem gelöst wurde.«

»Ein guter Einfall«, sagte Dr. Jonas. »Es ist erstaunlich, wie exakt die alten Bildhauer sie hingekriegt haben. Sie müssen nach lebenden Modellen gearbeitet haben. Dann wären Sie nicht einzigartig, sondern nur selten. Wie haben die Flügel zu wachsen begonnen?«

»Ich weiß es nicht«, gestand Harvey.

»Ich schon«, sagte Liz. »Es kommt alles davon, daß er so verdammt *gut* ist. Er hat kein einziges Laster, und ich kann Ihnen sagen, einem normalen Mädchen wie mir raubt das ziemlich den Nerv. Die erste Veränderung kam, als er seine Aufzeichnungen durchsah und dabei etwas anderes entdeckte – er hatte den Staat um ungefähr zwei Dollar betrogen. Er versuchte sie zu bezahlen, aber sie sagten, die Bücher seien geschlossen, und er solle die Sache vergessen. Also schickte er das Geld anonym. Und in der Nacht danach bemerkte er, daß er irgendwie leuchtete, als hätte er eine Art Heiligenschein ringsherum.«

»Es war nur recht und billig, das Geld zu schicken«, rechtfertigte sich Harvey.

»Aber was ist mit den Flügeln?« beharrte Dr. Jonas.

»Ob Sie es glauben oder nicht – er ist tatsächlich noch Jungfrau, in seinem Alter! Ich wollte herausfinden, ob wir wirklich zueinander passen, doch er sagte, wir sollten uns *für* uns aufsparen, bis wir verheiratet seien. Und das, Harvey Leeds, ereignete sich, als dein Rücken zu jucken begann, und ein paar Tage später sprossen die Flügel.«

»Stimmt«, sagte Harvey bescheiden. »Ich hatte es vergessen.«

Sie schwiegen einen Augenblick lang. Dann sagte Dr. Jonas langsam: »Sie meinen also, daß es einen kritischen Punkt für Güte gibt; wenn der erreicht wird, gibt es nachhaltige physiologische Veränderungen. Mit der Bosheit ist es vielleicht ebenso – *Dr. Jekyll und Mr. Hyde* könnten auf einem Fall aus dem wirklichen Leben beruhen. Ein faszinierender Gedanke.«

»Aber was soll Harvey mit seiner Arbeit machen?« schrie Liz. »Die ganze Zeit, seit seine Flügel gewachsen sind, hat er nicht gearbeitet.«

»Herrenkonfektion ist nicht das einzige auf der Welt, wo man arbeiten kann, weißt du«, sagte Harvey.

»Genau«, sagte Dr. Jonas. »Es muß Hunderte von Dingen geben, die man als Mann mit Flügeln tun kann.«

»Wenn du dir diese albernen Flügel nicht abschneiden läßt und normal wirst, kannst du mich ein für allemal vergessen«, zeterte Liz.

Er fühlte, wie sich seine Flügel sträubten – wie bei einem Adler, stellte er sich vor. »Wenn ich Ihnen weiter nichts bedeute, Miß Blackwell, dann sind Sie offensichtlich nicht die Richtige für mich.« Er hätte gern kräftigere Ausdrücke benutzt, doch dazu war er nie imstande gewesen, was ja unter anderem auch zu seiner gegenwärtigen Lage geführt hatte.

»Also dann adieu.« Liz ließ ihre Handtasche zuschnappen und ging zur Tür.

Harvey stand eine Zeitlang unbehaglich da. »Ich glaube, für mich ist es auch besser so. Ich muß mich aufmachen und einen Weg finden, mit den Flügeln meinen Unterhalt zu verdienen.«

»Viel Glück«, sagte Dr. Jonas. »Lassen Sie mich wissen, wenn eine Veränderung eintritt.«

Der Bischof betrachtete Harvey Leeds voller Bewunderung aus allen Blickwinkeln. »Keine Frage, es sind echte Flügel, mit Federn und allem. Wie schon Ihr Arzt sagte – es ist erstaunlich, wie gut die alten Bildhauer die Flügel getroffen haben. Sie müssen tatsächlich nach lebenden Modellen gearbeitet haben. Ganz erstaunlich.«

»Die Kleidung ist ein Problem.« Harvey zog Hemd und Jacke wieder verkehrt herum an.

»Togen sind die Lösung, mein Junge – wie die Statuen sie tragen. Sie sehen ein bißchen anachronistisch aus, aber ein Mann mit Flügeln ja auch.« Der Bischof setzte sich hinter seinen Schreibtisch und zündete sich eine Zigarre an. »Also sagen Sie mir, woran Sie dachten, als Sie zu dem Gespräch mit mir kamen.«

»Na, das ist doch klar.« Harvey lehnte sich gegen die Wand, setzen konnte er sich nicht, weil es an Flügelfreiheit fehlte. »Bin ich ein Engel oder nicht?«

»Ich bin nicht befähigt, mich zu solchen theologischen Fragen auszulassen, aber die oberflächliche Ähnlichkeit ist jedenfalls vorhanden. Als Diskussionsgrundlage will ich sogar die Theorie Ihres Arztes von der kritischen Masse der Güte annehmen. Doch was kann ich für Sie konkret tun?«

»Ich möchte eine Arbeit als Engel«, sagte Harvey.

»Und was wollen Sie dabei tun?« fragte der Bischof, als er mit dem Husten fertig war.

»Ich weiß nicht, was ein Engel tut. Aber das muß die Kirche herausfinden, nicht ich.«

Der Bischof lehnte sich auf seinen Schreibtisch vor. »Guter Mann, wenn die Kirche jede Abnormität aufnähme, dann wäre sie ziemlich überfüllt, wirklich. Sie sind in der Tat ungewöhnlich, aber auf mittelalterliche Art.«

»Es muß doch eine Möglichkeit geben, wie ich einen Platz finden kann.«

»Wohlgemerkt, ich bin keine Autorität, aber mir fällt nichts ein, wie Sie der Kirche von Nutzen sein könnten, oder umgekehrt. Es gab eine Zeit, als die Kirche für Wunder Verwendung hatte, doch das war im Mittelalter, einer Zeit der Unwissenheit und des Aberglaubens.«

»Aber jetzt nicht mehr?« fragte Harvey.

»Jetzt ist die Kirche aufgeklärt. Sie ist so weit über das Mittelalter hinaus wie unsere Computer über die Rechenbretter, mit denen man damals den einfachen Zehnten ausrechnete. Die Kirche braucht gute, solide, nüchterne Geschäftsleute, die den Unterschied zwischen einem festverzinslichen Papier und einer gewöhnlichen Aktie kennen, die wissen, wie man Gelder beschafft und was man damit macht – kurzum, jedes moderne Massenmedium zu nutzen, erfordert Expertenwissen, wie man die Botschaften unserer modernen Religion an die Leute bringt.«

»Sie meinen ...«

»... daß für ein mittelalterliches Überbleibsel wie Sie einfach kein Platz in der Kirche ist.«

Harvey verstummte für einige Zeit. Dann sagte er: »Gut, das war's dann. Dabei schien es so eine gute Idee zu sein.«

Der Bischof kam hinter seinem Schreibtisch hervor und legte Harvey väterlich eine Hand auf die Schulter. »Sie werden etwas finden, mein Junge. Es geht nur darum, einen Nachteil in einen Vorteil zu verwandeln, der sich rentiert. Wenn das Leben dir eine Zitrone gibt, mach Limonade daraus. Wir in der Kirche tun das alle Tage.«

»Danke für die Audienz«, sagte Harvey mit gemischten Gefühlen, »und auf Wiedersehen.«

»Auf Wiedersehen«, sagte der Bischof ganz ohne gemischte Gefühle, »und Gott mit Ihnen.«

Sam Grubel beendete seine skeptische Untersuchung von Harveys Flügeln. »Sie sind also echt. Und woran dachten Sie nun?«

»An eine Arbeit«, sagte Harvey. »Es muß Leute geben, die bereit sind, dafür zu bezahlen, daß sie einen Mann mit Flügeln sehen.«

»In einer Raritätenschau vielleicht. Ich habe eine erstklassige Künstleragentur. Von Raritätenschauen lasse ich die Finger.«

»Aber es gibt das Fernsehen. Und die Nachtklubs. Und Kinofilme.«

»Sehen Sie«, sagte Grubel geduldig. »Sie haben weiter nichts als Flügel. Keine Nummer. Ein, zwei Gastauftritte, und fertig. Der einzige Ort, wo Sie einfach dastehen können, ist eine Raritätenschau.«

Harvey schwieg einen Moment. »Daran hatte ich nicht gedacht. Natürlich brauche ich eine Nummer. Wie fange ich es an, eine zusammenzustellen?«

Grubel öffnete die Tür zu einem großen, kahlen Raum mit Ringen und Spiegeln ringsum an den Wänden. »Da«, sagte er. »Da müßten Sie jede Menge Platz haben, um herumzufliegen. Sie *können* doch fliegen, oder?«

»Nicht besonders gut«, sagte Harvey zögernd. »In

meiner Wohnung habe ich keinen Platz, und draußen habe ich mich's einfach nicht getraut.«

»Das ist hier keine Entschuldigung. Hier sind es nur wir drei, die Ihnen zusehen.«

»Drei?« fragte Harvey. Er schaute sich in dem Raum um und erblickte einen kleinen, untersetzten Mann, der mit einer kleinen, untersetzten Frau auf Rohrstühlen saß. Sie waren gekommen, um mit Grubel zu sprechen, doch jetzt betrachteten sie Harvey mit großem Interesse.

»Lassen Sie sich nicht von ihnen stören«, sagte Grubel. »Es ist ein Akrobatenpaar …. Also fliegen Sie schon«, sagte er ein wenig ungeduldig.

Harvey zog Jacke und Hemd aus und ging an ein Ende des Probenraumes. Er spreizte die Flügel in ihrer ganzen Pracht und lief los. Er gab sich große Mühe, Flügel und Beine in Einklang zu bringen, und war fast am anderen Ende des Raumes, als er abhob. Er ruderte heftig, um nicht gegen die Spiegelwand zu prallen.

»Kein besonders toller Anfang«, sagte Grubel. »Was können Sie sonst noch?«

»Ich weiß nicht.«

»Wie wär's mit einem Looping?«

Harvey überdachte das. »Wissen Sie was?«

»Nein. Was denn?«

»Ich glaube, ich werde hier oben ein bißchen seekrank.«

»Na toll. Wenn Ihnen weiter nichts einfällt, kommen Sie runter.«

Harvey brachte die Füße nach unten in Landeposition. Er hatte nur ungefähr fünfzehn Stundenkilometer drauf, doch der Schwung bewirkte, daß er gegen eine geschlossene Tür galoppierte. Er faltete die Flügel und drehte sich verlegen um.

»Das war elendiglich«, sagte Grubel und öffnete die

Tür, an der Harvey gelandet war. »Kommen Sie wieder, wenn Sie was Brauchbares haben.«

»Zum Beispiel?« rief Harvey.

Grubel hielt inne, die Hand an der Klinke. »Ich verkaufe Nummern. Ich erfinde sie nicht.«

Harvey bemerkte, daß das Akrobatenpaar nachdrücklich nickte. »Ich gehe nach Hause und sehe, was ich zusammenkriege.«

»Es gibt immer noch die Raritätenschauen. Viel Glück.«

»Danke für die Unterredung«, sagte Harvey.

»Keine Ursache.« Grubel schloß die Tür hinter Harvey und den Akrobaten, dann öffnete er sie gerade weit genug, um sagen zu können: »Tut mir leid, Lombinos. Ich habe nichts für euch.«

Die knurrten höflich und gingen. Harvey zog Hemd und Jacke an und nahm in Gedanken den Lift. Er hatte keinen blassen Schimmer, wie er eine Nummer auf die Beine stellen sollte.

Als er den Schlüssel im Schloß herumdrehte, fühlte Harvey eine Berührung am Ellenbogen. Er schaute sich um. Da standen eine Frau und ein Mann, beide klein und untersetzt, und knurrten höflich.

»Wir folgen Ihnen nach Hause«, erklärte Mr. Lombino.

»Sie sehr leicht zu folgen«, fügte Mrs. Lombino entschuldigend hinzu.

»Wir wollen mit Ihnen über Ihre Nummer reden.«

»Das ist sehr freundlich von Ihnen«, sagte Harvey. »Kommen Sie rein.«

Als sie sich steif hingesetzt hatten, sagte Mr. Lombino: »Wir folgen Ihnen weil Sie bedeuten für uns eine Million Dollar.«

»Wirklich?« sagte Harvey und lehnte sich an die Wand. »Wieso? Wollen Sie mich managen?«

»Leider nein. Wir sind die Großen Lombinos – Akrobaten von den allerbesten –, aber Arbeit können wir nicht finden.«

»Tut mir leid, das zu hören. In der Klemme stecke ich selber.«

»Wer braucht Akrobaten? Niemand. Aber eine Gruppe mit *Flügeln* ...«

»Eine Gruppe?« fragte Harvey verdutzt.

»Sie können keine Nummer machen. Sie sind ganz falsch gebaut.«

»Er meinen für Akrobatik«, sagte Mrs. Lombino entschuldigend.

Mr. Lombino knurrte höflich. »Für Akrobatik, ja. Für die Frauen ...« Er deutete im Sitzen eine leichte Verbeugung an. »Wie lange trainieren Sie am Tag?«

»Nicht regelmäßig«, gab Harvey zu.

»Da, sehen Sie?« Mr. Lombino lehnte sich triumphierend zurück. »Meine Frau und ich, wir üben jeden Tag, den ganzen Tag, bleiben in Form und fügen neue Tricks hinzu zu unserer Nummer, die schon sehr gut ist. Könnten *Sie* das?«

»Ich könnte es versuchen. Ich *muß*.«

»Es dauern vielleicht Jahre, bis Sie in Form sind. Dann fangen Sie erst an, eine Nummer zu erarbeiten. Bei uns, wir könnten gleich anfangen.«

Harvey runzelte die Stirn. »Tut mir leid, irgendwo habe ich den Faden verloren.«

»Einfach. Mit Flügeln, wir könnten ein Vermögen machen, und Sie können ein Viertel – nein, die Hälfte – bekommen von allem, was wir verdienen.«

»Natürlich Hälfte«, sagte Mrs. Lombino mit einem entschiedenen Knurren.

»Wie machen wir das?«

»Sagen Sie uns, wo man die Flügel aufgepfropft bekommt.«

»Aufgepfropft?« wiederholte Harvey erstaunt. »Sie

sind nicht aufgepfropft worden. Sie sind einfach gewachsen.«

Die Großen Lombinos hörten auf zu knurren. »Sie sind sehr ernst«, sagte Mr. Lombino. »Bitte machen Sie keinen Spaß mit uns.«

»Ich bin durchaus ernst. Sie sind einfach gewachsen.«

»So? Wie?«

Harvey sagte es ihnen. Sie wechselten rasche Blicke.

Mr. Lombino zog eine Pistole hervor. »Wir nicht nur ernst. Wir verzweifelt. Wenn Sie das Geheimnis für sich behalten wollen, ich benutze das.«

»Hören Sie!« schrie Harvey. »Diese Flügel haben mir nichts als Scherereien gemacht. Aerodynamisch gesehen, bin ich noch lächerlicher als eine Hummel. Ich habe meine Arbeit deswegen verloren. Sie haben mich das Mädchen gekostet, das ich liebe. Ich kann mich nicht hinsetzen und muß in einer Halterung schlafen wie ein verletztes Pferd. Und wie mich die Leute anstarren – Grubel hat recht: Ich bin bloß eine Mißgeburt für die Raritätenschau! *Zum Teufel mit diesen Flügeln!*«

Die Flügel fielen zu Boden.

Harvey schaute auf sie herab, erst entsetzt, dann erleichtert. »Manchmal lohnt es sich, die Beherrschung zu verlieren«, sagte er, »und es ist an der Zeit, daß ich sie verliere. Und«, fügte er nachdenklich hinzu, »etwas anderes auch noch …«

Nachdem er die geknickten Lombinos zur Tür begleitet hatte, ging er zum Telefon und wählte rasch eine Nummer. »Hallo, Liz?« sagte er grinsend. »Hör mal, Liz …«

Basileus

Im schimmernden zitronengelben Licht des Oktobers berührt Cunningham die Tasten seines Terminals und beschwört Engel. Ein Augenblick, um das Programm zu laden, noch einer, um die Datei zu öffnen, und da sind sie, bereit, auf seinen Befehl hin auf dem Bildschirm zu sprießen: Apollyon, Anaurel, Uriel und alle anderen. Uriel ist der Engel des Donners und des Schreckens; Apollyon ist der Zerstörer, der Engel des bodenlosen Abgrunds; Anauel ist der Engel der Banker und der Börsenmakler. Cunningham ist fasziniert von den vielfältigen Pflichten und Aufgaben, großartigen wie bescheidenen, die den Engeln zugeordnet sind. »Jedes sichtbare Ding auf der Welt ist der Obhut eines Engels unterstellt«, sagt der Heilige Augustin in den *Acht Fragen.*

Cunningham hat jetzt 1114 Engel in seinem Computer. Jede Nacht fügt er noch ein paar hinzu, obwohl er weiß, daß es noch lange dauern wird, bis er sie alle beisammen hat. Im 14. Jahrhundert wurde die Anzahl der Engel von den Kabbalisten mit einiger Präzision auf 301 655 722 errechnet. Albertus Magnus hatte zuvor kalkuliert, daß jeder Engelschor 6666 Legionen und jede Legion 6666 Engel umfaßt; selbst ohne die Zahl der Chöre zu kennen, sieht man, daß das eine ziemlich hohe Summe ergibt. Und im Talmud vertrat Rabbi Jochanan die Ansicht, neue Engel würden geboren »mit jeder Äußerung, die aus dem Munde des Allheiligen entspringt, möge er gepriesen sein«.

Wenn Rabbi Jochanan recht hat, dann ist die Zahl der Engel unendlich. Obwohl Cunninghams PC außergewöhnlich viel Zusatzspeicher besitzt und, wenn sein Besitzer es will, sich in die Großrechner des Verteidigungsministeriums einklinken kann, hat er keine praktikable Möglichkeit, mit einer Unendlichkeit umzugehen. Doch er tut, was er kann. Nach nur acht Monaten Teilzeitprogrammierung schon 1114 Engel parat zu haben, ist keine geringe Leistung.

Einer seiner Favoriten ist momentan Harahel, der Engel der Archive, Bibliotheken und Raritätensammlungen. Cunningham hat Harahel auch zum Engel der Computer bestimmt – das scheint angemessen zu sein. Er beschwört Harahel oft, um die sich entwickelnden Feinheiten der Datenverarbeitung mit ihm zu erörtern. Doch er hat noch viele andere Lieblinge, und sein Geschmack neigt etwas zum Finsteren: Azrael, der Todesengel, beispielsweise, und Arioch, der Engel der Rache, und Zebuleon, einer der neun Engel, die am Ende der Welt herrschen werden. Von acht bis vier an jedem Arbeitstag ist Cunningham damit befaßt, Programme zum Abfangen ankommender sowjetischer Kernsprengköpfe zu entwickeln, und das erklärt vielleicht seine Neigung zu den mehr apokalyptischen Mitgliedern der Engelscharen.

Jetzt beschwört er Harahel. Er hat schlechte Neuigkeiten für ihn. Die Beschwörung, die er verwendet, ist die Standardversion, die man in Arthur Edward Waites *Das Lemegeton oder Der Geringere Schlüssel Salomos* findet, und er hat eine seiner Funktionstasten mit dem Text belegt, so daß ein einziger Tastendruck genügt, um sie zu laden. »Ich rufe und beschwöre dich, o du Geist N, und ich befehle dir also, daß du erscheinest und dich mir sichtbarlich zeigest vor diesem Kreise in rechter und wohlgeformter Gestalt«, beginnt sie, macht im folgenden bei der Beschwörung des Geistes N Gebrauch von verschiedenen geheimen und mächtigen Namen Gottes – wie Zebaoth und Elion und natürlich Adonai –, und sie schließt: »Ich exorziere dich wahrhaftig und mit der mir gegebenen Macht, daß du hier erscheinest und meinen Willen tust in allen Dingen, wie es mich gut dünkt. Wohlan, so komm denn nun ungesäumt sichtbarlich, friedlich und freundlich, um kundzutun, was ich begehre, mit klarer und vollkommener Stimme, verständlich und nach meiner Auffassung.« Das alles dauert nur eine Mikrosekunde, und einen weiteren Augenblick, um den Namen Harahel als Geist N einzulesen, und schon ist der Engel auf dem Bildschirm.

»Ich bin hier, wie du befohlen«, verkündet er erwartungsvoll.

Cunningham arbeitet jeden Abend von fünf bis sieben mit seinen Engeln. Dann ißt er zu Abend. Er lebt allein in einer hübschen kleinen Wohnung ein paar Häuserblocks von der Bayshore Freeway entfernt und verwendet wenig Zeit auf Kontakte zu anderen Menschen. Er hält sich für einen angenehmen und umgänglichen Menschen, und das mag zutreffen, doch er führt das Leben eines Einzelgängers. Er ist siebenunddreißig Jahre alt, einen Meter achtzig groß, mit rotem Haar, blaßblauen Augen und einem leichten Anflug von Sommersprossen auf den Wangen. Er hat am Cal Tech seinen ersten akademischen Grad erworben und dann in Stanford weiterstudiert, und seit neun Jahren ist er an ultrageheimen militärischen Computerprojekten in Nordkalifornien beteiligt. Er hat nie geheiratet. Manchmal arbeitet er nach dem Essen, von acht bis zehn, weiter mit seinen Engeln, doch praktisch nie länger. Um zehn geht er zu Bett. Er ist ein sehr methodischer Mensch.

Er hat Harahel die Körpergestalt seines ersten Computers verliehen, eines kleinen Radio Shack TRS-80, mit Flügeln zu beiden Seiten des Bildschirms. Er hatte zunächst daran gedacht, seinen Engeln abstraktere Erscheinungsformen zu geben – Harahel beispielsweise als ein Bündel von Kilobytes –, doch wie viele von Cunninghams besten und sparsamsten Einfällen hatte sich das bei der Ausführung als unpraktisch erwiesen, da sich für ihn abstrakte Konzepte schlecht in Bilder umsetzten.

»Ich möchte dich«, sagt Cunningham, »von einer Verschiebung der Zuständigkeiten in Kenntnis setzen.« Er spricht englisch mit seinen Engeln. Er weiß aus guter, wenngleich apokrypher Quelle, daß die Ursprache der Engel Hebräisch ist, doch das Sprachmodul seines Computers kennt kein Hebräisch, und er auch nicht. Doch sie sprechen durchaus bereitwillig englisch mit ihm – ihnen bleibt nichts anderes übrig. »Von nun an«, sagt Cunningham zu Harahel, »beschränkt sich dein Bereich auf die Hardware.«

Zornige grüne Linien laufen rasch über Harahels Bildschirm hin und her. »Wer hat dir die Befugnis gegeben …«

»Es ist keine Frage der Befugnis«, antwortet Cunningham glatt. »Es ist eine Frage der Exaktheit. Ich habe eben Vretil in die Datenbank eingelesen und muß seine Funktionen codieren. Er ist immerhin der Aufzeichnende Engel, der das Buch der Taten führt. Also überschneidet sich sein Gebiet zu einem bestimmten Teil mit deinem.«

»Ah«, sagt Harahel und läßt Melancholie erklingen. »Ich hatte gehofft, du würdest dich nicht um ihn kümmern.«

»Wie kann ich einen derart wichtigen Engel übersehen? Den ›Schreiber des Wissens des Allerhöchsten‹, wie es im Henoch-Buch heißt. ›Bewahrer der himmlischen Bücher und Aufzeichnungen. Schneller in Weisheit als die anderen Erzengel.‹«

»Wenn er so schnell ist«, sagt Harahel mürrisch, »dann gib *ihm* die Hardware. Von der hängt die Reaktionszeit ab, weißt du.«

»Verstehe. Aber er führt die Listen. Das sind Datenbanken!«

»Und wo leben die Datenbanken? In der Hardware!«

»Hör mal, mir fällt das nicht leicht«, sagt Cunningham. »Aber ich muß fair sein. Ich weiß, du wirst zustimmen, daß eine Aufteilung der Verantwortlichkeiten angebracht ist. Und ich gebe ihm die Datenbanken und die damit zusammenhängende Software. Du behältst den Rest.«

»Bildschirme. Tastaturen. Prozessoren. Große Sache das.«

»Aber ohne dich ist er nichts, Harahel. Du bist doch immer für Raritätenkabinette zuständig gewesen, nicht wahr?«

»Und Archive und Bibliotheken«, sagt der Engel. »Vergiß das nicht.«

»Tu ich nicht. Doch was ist eine Bibliothek? Sind das die Bücher und die Regale und Magazine oder sind es die Worte auf den Seiten? Wir müssen zwischen dem Behältnis und dem Inhalt unterscheiden.«

»Ein Grammatiker«, seufzt Harahel. »Ein Haarspalter. Ein Kasuist.«

»Paß auf, Vretil will auch die Hardware haben. Aber er ist zu einem Kompromiß bereit. Und du?«

»Du klingst von Tag zu Tag weniger wie unser Programmierer und immer mehr wie der Allmächtige«, sagt Harahel.

»Lästere nicht«, erwidert Cunningham. »Bitte. Abgemacht? Nur die Hardware?«

»Du gewinnst«, sagt der Engel. »Aber das tust du natürlich immer.«

Natürlich. Es ist Cunningham, der die Hände auf der Tastatur hat und alles unter Kontrolle. Die Engel, obwohl sie durchaus beredt sind und unverwechselbare und leidenschaftliche Persönlichkeiten besitzen, sind nur magnetische Impulse tief drinnen. In einem Wettstreit mit Cunningham haben sie keine Chance. Cunningham weiß das, obwohl er immer versucht, sich an die Regeln zu halten, und sie wissen es auch.

Es ist ihm unangenehm, daran zu denken, doch die Rolle, die er spielt, ist in jeder wichtigen Hinsicht entschieden gottgleich. Er gibt die Engel in den Computer ein; er weist ihnen ihre Aufgaben zu, ihre Persönlichkeiten und ihr körperliches Erscheinungsbild; er beschwört sie oder läßt sie ungerufen, ganz, wie es ihm beliebt.

Eine gottgleiche Rolle, ja. Doch Cunningham weigert sich, sich diesem Gedanken zu stellen. Er glaubt nicht, daß er versucht, Gott zu sein; er möchte nicht einmal an Gott denken. Seine Familie steht sich gut mit Gott – Onkel Tim war Pfarrer, vor ein paar Generationen hatten sie einen Erzbischof, seine Eltern und Schwestern bewegten sich behaglich in der göttlichen Gegenwart wie in einem warmen Bad – doch er selbst, außerstande, die Gottheit quantitativ zu erfassen, wich lieber jedem Gedanken daran aus. Es gab andere, dringlichere Angelegenheiten, die seine Anteilnahme forderten. Seine Mutter hatte gewollt, daß er ausgerechnet in den Klerus eintrat, doch Cunningham hatte das abgewendet, indem er eine derart offensichtliche und virtuose Begabung für Mathematik an den Tag legte, daß sogar sie einsah, er sei für die Wissenschaft bestimmt. Dann hatte sie um einen Nobelpreis in Physik für ihn gebeten, doch er hatte der Computertechnik den Vorzug gegeben. »Gut«, sagte sie, »einen Nobelpreis für Computer. Ich bitte die Heilige Jungfrau jeden Tag darum.«

»Es gibt keinen Nobelpreis für Computerwissenschaft, Mom«, sagte er ihr. Doch er argwöhnt, daß sie immer noch Novenen dafür betet.

Das Engel-Projekt hatte als Jux begonnen, war aber bald zur fixen Idee geworden. Er las gerade Gustav Davidsons altes *Wörterbuch der Engel*, und als er zur Beschreibung des Engels Adramelech kam, der sich mit Satan erhoben hatte und aus dem Himmel gestürzt worden war, dachte Cunningham, es könnte unterhaltsam sein, eine Computersimulation zu programmieren und sich mit ihm zu unterhalten. Bei Davidson hieß es, Adramelech werde manchmal als geflügelter und bärtiger Löwe dargestellt, manchmal als Maultier mit Federn und manchmal als Pfau, und daß ein Dichter ihn als den »Feind Gottes, größer in Bosheit, Arglist, Ehrgeiz und Schadenfreude denn Satan, verworfener als jener, ein üblerer Heuchler« beschrieben hatte. Das war reizvoll. Also, warum ihn nicht entwerfen? Die Graphik war einfach – Cunningham wählte die Gestalt als geflügelter Löwe –, doch die Persönlichkeit zu konstruieren, kostete einen Monat harte Arbeit und etliche Beratungen mit den Leuten, die am Kestrel Institute an Künstlicher Intelligenz arbeiteten. Doch schließlich war Adramelech parat, weltmännisch und diabolisch, und erzählte liebenswürdig von seiner Zeit als assyrischer Gott und von seinen Unterhaltungen mit Beelzebub, der ihn zum Kanzler des Fliegenordens (Großkreuz) ernannt hatte.

Als nächstes machte Cunningham Asmodeus, einen weiteren gefallenen Engel, von dem es heißt, er sei der Erfinder von Tanz, Glücksspiel, Musik, Drama, französischer Mode und derlei Frivolitäten. Cunningham gab ihm das Aussehen eines sehr schneidigen Iraners von Beverly Hills, mit einem winzigen Flügelpaar am Kragen. Es war Asmodeus, der vorschlug, Cunningham solle das Projekt weiterführen, also brachte er Gabriel und Raphael in den Computer, um ein gewisses Gleichgewicht zwischen Gut und Böse zu wahren, und dann Forcas, den Engel, der Menschen unsichtbar macht, verlorenes Eigentum wiederbringt und in der Hölle Logik und Rhetorik lehrt, und da hatte es Cunningham schon gepackt.

Er umgab sich mit Büchern über Geheimwissenschaften: M. R. James' Ausgaben der Apokryphen, Waites *Buch der Zeremonialmagie* und *Heilige Kabbalah*, die *Mystische Theologie und himmlische Hierarchien* des Dionysius Areopagita und Dutzende von verwandten Werken, die er mit einer Art manischer Leidenschaft aus der Datenbank von Stanford abrief. Als er seine Systeme kodifiziert hatte, konnte er an einem Abend fünf, acht, ein Dutzend Engel hinzufügen; in einer Nacht im Juni, als er doch einmal länger als üblich aufblieb, schaffte er siebenunddreißig. Als die Population wuchs, bekam sie Gewicht und Substanz, denn die Engel überlagerten einander im Speicher, und sie verhielten sich jetzt so, als hätten sie lange Gespräche miteinander geführt, auch wenn Cunningham anderweitig beschäftigt war.

Die Frage, ob er tatsächlich an Engel glaube, stellte sich ihm ebensowenig wie die nach dem Glauben an Gott. Sein Projekt war eine rein technische Herausforderung, keine theologische Untersuchung. Einmal erzählte er beim Lunch einem Kollegen davon und kassierte einen frostig leeren Blick. »Engel? *Engel?* Die mit großen schlappenden Flügeln herumfliegen und Wunder vollbringen? Du willst mir doch nicht einreden, daß du an Engel glaubst, oder, Dan?«

Worauf Cunningham antwortete: »Man braucht nicht an Engel zu glauben, um sie zu benutzen. Ich bin mir nicht immer sicher, ob ich an Elektronen und Protonen glaube. Ich weiß, daß ich nie welche gesehen habe. Aber ich benutze sie.«

»Und wozu benutzt du Engel?«

Doch Cunningham hatte das Interesse an der Diskussion verloren.

Er teilt sich seine Abende in Aufrufe seiner Engel zum Gespräch und in die Programmierung weiterer für sein Pantheon. Das erfordert fortwährende intensive Studien, denn die Literatur über Engel ist außerordentlich umfangreich, und was immer er tut, tut er gründlich. Die Studien sind zeitaufwendig, denn er möchte, daß seine Engel jeder gelehrten Überprüfung auf Echtheit standhalten. Er hockt ständig über Werken wie Ginzbergs siebenbändigem *Legenden der Juden*, die *Prophetischen Eklogen* des Klemens von Alexandria, *Die Geheimlehre* der Blavatsky.

Es ist früh am Abend. Er ruft Hagith auf, Herrscher des Planeten Venus und Anführer von 4000 Geisterlegionen, und fragt ihn nach Einzelheiten der Transmutation der Metalle, was Hagiths Spezialität ist. Er beschwört Hadranel, der in der kabbalistischen Überlieferung Pförtner an der zweiten Himmelstür ist und dessen Stimme, wenn er den Willen des Herrn verkündet, 200 000 Universen durchdringt; er befragt den Engel nach seiner Begegnung mit Moses, der ihm gegenüber den Allerhöchsten Namen aussprach und ihn erzittern ließ. Und dann läßt Cunningham Israfel den Viergeflügelten kommen, dessen Füße unter der siebten Erde stehen und dessen Kopf bis zu den Säulen von Gottes Thron reicht. Es wird Israfels Aufgabe sein, die Posaune zu blasen, die die Ankunft des Jüngsten Tages verkündet. Cunningham ersucht ihn, jetzt ein paar Takte zur Probe zu spielen, »nur zur Übung«, sagt er, doch Israfel lehnt ab und sagt, er könne sein Instrument nicht anrühren, bis er das Zeichen bekomme, und die Befehlssequenz dafür, sagt der Engel, ist nirgends in der Software zu finden, die Cunningham bisher entworfen hat.

Wenn er der Unterhaltung mit den Engeln überdrüssig wird, beginnt Cunningham mit dem allabendlichen Programmieren. Mittlerweile sind ihm die Algorithmen zur zweiten Natur geworden, und er kann binnen ein paar Minuten Engel in den Computer einspeisen, wenn er erst einmal die Studien erledigt hat. Heute abend fügt er neun weitere hinzu. Dann öffnet er eine Dose Bier, lehnt sich zurück und läßt den Tag ausklingen.

Er glaubt zu wissen, warum ihn diese Unternehmung so gepackt hat: weil er sich jeden Tag auf Arbeit mit Angelegenheiten von entsetzlich apokalyptischer Bedeutung befassen muß – mit nichts geringerem nämlich als mit der drohenden Vernichtung der Welt. Cunningham arbeitet routinemäßig mit Simulationen von Megatoten. Sechs Stunden am Tag entwirft er hypothetische Situationen, wo Land A seine Streitkräfte alarmiert, weil es einen Angriff von Land B befürchtet, welches daraufhin einen Präventivschlag argwöhnt und einen Gegenschlag zur Verteidigung vorbereitet, woraufhin Land A seine eigene Alarmstufe erhöht, und so fort, bis die Bomben unterwegs sind. Wie auch vielen aufmerksamen Leuten in Land A und ebenso Land B ist ihm bewußt, daß die Möglichkeit einer computererzeugten Fehlinformation, die zum nuklearen Weltuntergang führt, von Jahr zu Jahr in dem Maße wächst, wie sich das Zeitfenster zur Korrektur einer Fehlfunktion verengt. Cunningham weiß auch etwas, was sehr wenige andere wissen, vielleicht überhaupt niemand: daß es jetzt möglich ist, ein Signal an die riesigen Computer zu schicken – deren oder unsere, das spielt keine Rolle –, das nicht von den Impulsen zu unterscheiden ist, wie sie der tatsächliche Flug von Raketen mit Kernsprengköpfen erzeugen würde. Wenn solch ein Signal Zugang zum System erhält, sind zum gegenwärtigen Zeitpunkt mindestens elf Minuten notwendig, um seine Echtheit garantiert fehlerfrei zu überprüfen. Das ist zum gegenwärtigen Zeitpunkt eine zu lange Spanne, um zu entscheiden, ob die anfliegenden Raketen wirklich sind; die Reaktion muß viel schneller erfolgen.

Als Cunningham sein Signal zur Simulation eines Flugkörpers entwarf, dachte er sofort daran, sein Werk zu löschen. Doch er brachte es nicht fertig: Das Programm war gar zu elegant, zu perfekt. Andererseits wagte er nicht, jemandem davon zu erzählen, aus Angst, es werde sofort in eine höhere Geheimhaltungsstufe eingeordnet als die, zu der er Zugang hatte, und vor ihm weggeschlossen werden. Das will er nicht, denn er träumt davon, ein Gegenmittel zu finden, eine Art Resonanz-Abfragemodus, der alle echten Alarme von falschen unterscheidet. Wenn es das hat – falls er es je hat –, wird er beide Programme in einem Packen dem Verteidigungsministerium vorlegen. Bis dahin trägt er die Last, ein Konzept von überwältigender strategischer Bedeutung zurückzuhalten. Dergleichen hat er nie zuvor getan. Und er gibt sich nicht der Täuschung hin, seine Intelligenz sei einmalig: Wenn er so etwas entwerfen konnte, kann es jemand anders wahrscheinlich auch, vielleicht jemand von der anderen Seite. Gewiß, es ist ein nutzloses, selbstmörderisches Programm. Doch es wäre nicht das erste selbstmörderische Programm, das im Interesse der militärischen Sicherheit entwickelt wurde.

Er weiß, daß er seinen Simulator den Vorgesetzten zeigen muß, ehe noch viel Zeit vergeht. Und unter dem Druck dieses Wissens zeigt er unverkennbare Anzeichen von Abnutzung. Er mischt sich immer seltener unter andere Menschen, er hat unangenehme Träume und gelegentlich Phasen von Schlaflosigkeit, er hat den Appetit verloren und sieht abgezehrt und verhärmt aus. Das Engelprojekt ist sein einziger wirksamer Zeitvertreib, seine wichtigste Ablenkung, sein einziger Fluchtweg.

Bei all seiner sorgfältigen Gelehrsamkeit hat Cunningham nicht gezögert, selbst ein paar Engel zu erfinden. Uraniel ist einer von seinen eigenen: der Engel des radioaktiven Zerfalls, mit einem Gesicht von wirbelnden Elektronenschalen. Und er hat auch Dimitrion geprägt: den Engel der russischen Literatur, dessen Flügel Schlitten sind, sein Kopf ein schneebedeckter Samowar. Cunningham hat kein schlechtes Gewissen wegen solcher Spleens. Es ist schließlich sein Computer und sein Programm. Und er weiß, daß er nicht der erste ist, der sich Engel ausdenkt. Blake hat ganze Kompanien davon in seinen Gedichten hervorgebracht: Urizen und Orc und Enitharmon und andere. Milton, vermutet er, hat *Das verlorene Paradies* mit Dutzenden von selbsterfundenen Geistern bevölkert. Gurdjieff und Aleister Crowley und sogar Papst Gregor der Große waren an der Reihe gewesen, die Scharen der Engel zu verstärken – warum dann nicht auch Dan Cunningham aus Palo Alto, Kalifornien? Also entwirft er von Zeit zu Zeit selbst einen. Sein neuester ist der schreckliche hohe Herr Basileus, dem Cunningham den Titel Kaiser der Engel verliehen hat. Basileus ist noch nicht fertig: Cunningham ist bisher weder zu seiner äußeren Erscheinung gekommen noch zu seinen spezifischen Funktionen, außer daß er ihn zum Chefadministrator der Engelscharen gemacht hat. Doch es ist nicht besonders befriedigend, sich einen neuen Erzengel auszudenken, wenn Gabriel, Raphael und Michael schon das Oberkommando bilden. Basileus braucht mehr zu tun. Cunningham schiebt ihn auf und tippt Duma ein, den Engel der Stille und der Todesruhe, tausendäugig, mit einem feurigen Stab bewaffnet. Sein Stil bei den Engeln wird immer finsterer.

An einem nebligen, regnerischen Abend spät im Oktober ruft ihn eine Frau aus San Francisco an, mit der er flüchtig bekannt ist, und lädt ihn zu einer Party ein. Sie heißt Joanna, sie ist Mitte dreißig, arbeitet als Biologin für eine der kleinen Gene spaltenden Buden in Berkeley; Cunningham hatte vor fünf, sechs Jahren, als sie in Stanford war, eine kurze und unbestimmte Affäre mit ihr, und seither haben sie sporadisch Kontakt gehalten, mit langen Pausen zwischen den Treffen. Er hat seit über einem Jahr nichts von ihr gehört oder gesehen. »Es wird ein interessanter Haufen«, sagt sie. »Ein Futurologe aus New York, Thomson von der Soziobiologie, ein paar Videodichter und jemand aus dem Schimpansensprache-Laden, ich habe den Rest vergessen, aber sie klangen alle erstklassig.«

Cunningham haßt Parties. Sie langweilen und nerven ihn. Egal, wie erstklassig die Leute sind, wirklicher Gedankenaustausch ist in einer großen zufälligen Gruppe nicht möglich, und das beste, worauf man hoffen kann, ist eine angenehme Plauderei auf niedrigem Niveau. Er wäre lieber allein mit seinen Engeln, als auf solche Art einen Abend zu vergeuden.

Andererseits ist es so lange her, daß er in irgendeiner Gesellschaft war, daß er sich nur mit Mühe erinnern kann, wie weit die letzte Zusammenkunft zurückliegt. Wie er sich schon zeit seines Lebens sagt, muß er mehr unter Menschen gehen. Er mag Joanna, und es wäre an der Zeit, daß sie zusammenkommen, denkt er, und er fürchtet, wenn er sie enttäuscht, wird sie vielleicht wieder jahrelang nicht anrufen. Und das sanfte Plätschern des Regens, der an diesem Abend nach den langen trockenen Sommermonaten fällt, hat ihn ganz gegen seine Natur entspannt, offen, zugänglich gemacht.

»In Ordnung«, sagt er. »Ich komme gern.«

Die Party steigt in San Mateo an einem Samstagabend. Er notiert sich die Adresse. Sie verabreden, sich dort zu treffen. Vielleicht kommt sie anschließend mit zu ihm nach Hause, denkt er: San Mateo liegt nur fünfzehn Minuten von seiner Wohnung, und nach San

Francisco hätte sie viel weiter zu fahren. Der Gedanke überrascht ihn. Er hat geglaubt, er hätte in dieser Beziehung jedes Interesse an ihr verloren, im Grunde hat er geglaubt, in dieser Beziehung jegliches Interesse an wem auch immer verloren zu haben.

Drei Tage vor der Party beschließt er, Joanna anzurufen und abzusagen. Der Gedanke, in einem Raum voll Fremder herumzuwuseln, stößt ihn ab. Er kann sich jetzt nicht mehr vorstellen, warum er jemals zugesagt hat. Lieber allein zu Hause bleiben und eine lange Regennacht damit zubringen, daß er sich mit Uriel, Ithuriel, Raphael, Gabriel unterhält und Engel entwirft.

Doch als er zum Telefon geht, verschwindet dieses erneute Verlangen nach Einsamkeit so schnell, wie es gekommen ist. Er möchte wirklich zu der Party gehen. Er möchte wirklich Joanna treffen: sehr sogar. Mit Verwunderung stellt er fest, daß er entschieden nach einer Veränderung in seinem festgefügten Lebenswandel verlangt, aus seiner kleinen Wohnung ausbrechen will, vor seiner hochgezüchteten Computeranlage flüchten will, sogar vor den Engeln darin.

Cunningham stellt sich vor, wie er auf der Party ist, in einem hellerleuchteten Zimmer in einem hübschen Holz-Glas-Haus, das auf dem Hügel über San Mateo hockt. Er steht mit dem Rücken zu dem glitzernden Rundsicht-Fenster, einen Drink in der Hand, und er redet, teilt seinen reichen Wissensvorrat über Engel mit einem faszinierten Publikum.

»Ja. Dreihundert Millionen Engel«, sagt er gerade, »und jeder mit seiner festgelegten Funktion. Engel haben keinen freien Willen, wissen Sie. Die Lehre der Kirche besagt, daß sie mit freiem Willen erschaffen werden, doch im Augenblick ihrer Geburt haben sie die Wahl, sich für oder gegen Gott zu entscheiden, und diese Entscheidung ist unwiderruflich. Nachdem sie sie einmal getroffen haben, sind sie unabänderlich festgelegt, zum Guten oder zum Bösen. Ach ja, und Engel werden auch beschnitten geboren. Zumindest die Engel der Heiligung, die Engel der Herrlichkeit und vielleicht die siebzig Engel der göttlichen Gegenwart.«

»Heißt das, daß alle Engel männlich sind?« fragte eine schlanke dunkelhaarige Frau.

»Genau gesagt, sind sie körperlos und daher ohne Geschlecht«, erklärt ihr Cunningham. »Aber eigentlich sind die Religionen, die an Engel glauben, größtenteils patriarchalisch ausgerichtet, und wenn man sich die Engel bildlich vorstellt, werden sie meistens als Männer abgebildet. Obwohl manche von ihnen anscheinend das Geschlecht willkürlich ändern können. Milton sagt uns das im *Verlorenen Paradies*: ›Geister können nach Belieben ein Geschlecht annehmen, beide auch, so weich und ungebunden ist ihr reines Wesen.‹ Und manche Engel scheint man sich hauptsächlich weiblich vorzustellen. Da ist zum Beispiel die Schekinah, ›die Braut Gottes‹, die Verkörperung seiner den Menschen innewohnenden Herrlichkeit. Dann ist da Sophia, der Engel der Weisheit. Und Lilith, Adams erstes Weib, der Dämon der Wollust ...«

»Gelten also Dämonen als Engel?« will ein großgewachsener Mann von professoralem Aussehen wissen.

»Natürlich. Sie sind die Engel, die sich gegen Gott entschieden haben. Aber sie sind trotzdem Engel, selbst wenn wir Sterblichen ihre Eigenschaften als dämonisch oder teuflisch wahrnehmen.«

Er redet immer weiter. Sie hören alle zu, als sei er ein Bote von Gott selbst. Er spricht von den Hierarchien der Engel – von den Seraphim, Cherubim, Thronen, Herrschaften, Prinzipien, Kräften, Tugenden, Erzengeln und Engeln –, und er erzählt ihnen von den unterschiedlichen Listen der sieben großen Engel, die sich so sehr unterscheiden, wenn man über Michael, Gabriel und Raphael hinausgeht, und er spricht von den 90 000 Engeln der Vernichtung und der 300 Lichtengeln, er beschwört die sieben Engel mit den sieben Posaunen aus dem Buch der Offenbarung, er sagt ihnen, welche Engel die sieben Tage der Woche regieren und welche über die Tag- und Nachtstunden herrschen, er sprudelt die wundersamen Engelsnamen hervor, Zadkiel, Hashmal, Orphaniel, Jehudiel, Phaleg, Zagzagel. Es hat kein Ende. Er brilliert. Er ist ein Springquell verborgenen Wissens. Dann geht die manische Phase vorüber. Er ist allein in seinem Zimmer, es gibt keine hingerissenen Zuhörer. Wieder denkt er daran, die Party sausen zu lassen. Nein. Nein. Er wird hingehen. Er möchte Joanna treffen.

Er tritt an sein Terminal und ruft, ehe er zu Bett geht, zwei letzte Engel auf: Leviathan und Behemot. Behemot ist der gewaltige Flußpferd-Engel, die große Bestie der Finsternis, der Engel des Chaos. Leviathan ist seine Gefährtin, die mächtige Walin, die prächtige Seeschlange. Sie tanzen für ihn auf dem Bildschirm. Behemot reißt sein Maul zu einem Gähnen weit auf, Leviathan sogar noch schrecklicher. »Wir bekommen allmählich Hunger«, sagen sie zu ihm. »Wann gibt es etwas zu essen?« In der rabbinischen Überlieferung werden diese beiden am Ende der Tage alle verdammten Seelen verschlingen. Cunningham wirft ihnen ein paar elektronische Sardinen hin und schickt sie weg. Als er die Augen schließt, beschwört er Poteh, den Engel des Vergessens, und fällt in schwarzen, traumlosen Schlaf.

Er sitzt am Vormittag darauf an seinem Schreibtisch und arbeitet an einem Routineproblem, ein Programm zum Abfangen von Fehlfunktionen bei den Beobachtungssatelliten des dritten Quadranten, als er plötzlich unkontrolliert zu zittern beginnt. Das ist ihm noch nie passiert. Seine Fingernägel sehen fast weiß aus, seine

Handgelenke sind starr, die Hände zittern. Ihm ist kalt. Es ist, als ob er tagelang nicht geschlafen hätte. Im Waschraum klammert er sich an das Becken und starrt sein geschwollenes, verschwitztes Gesicht an. Jemand kommt von hinten zu ihm und fragt: »Alles in Ordnung, Dan?«

»Hm. Nur ein kleiner Anfall von so 'ner verdammten Übelkeit.«

»Das ganze wilde Leben mitten in der Woche macht einen Mann fertig«, sagt der andere und geht weiter. Die gesellschaftlichen Notwendigkeiten sind erfüllt worden: eine Frage, eine zu nichts verpflichtende Antwort, eine witzige Bemerkung, tschüs. Er hätte hier einen Schlaganfall haben können, und sie hätten es genauso durchgespielt. Cunningham hat keine Freunde im Büro. Er weiß, daß man ihn für exzentrisch hält – auf falsche Weise exzentrisch, nicht lebhaft und witzig, sondern bloß eine Art Einsiedler –, mit dem es immer schlimmer wird. Ich könnte die Welt vernichten. Ich könnte in den Großen Raum gehen und fünfzehn Sekunden lang etwas eintippen, und eine Minute später hätten wir hier Großalarm, und sechs Minuten später würden die Bomben aus der Umlaufbahn kommen. Ich könnte dieses Signal geben. Ich könnte es wirklich tun. Auf der Stelle.

Wogen von Übelkeit durchfluten ihn, und er klammert sich am Rand des Waschbeckens fest, bis der letzte qualvolle Krampf vorbei ist. Dann wäscht er sich das Gesicht, und nun schon ruhiger, kehrt er an seinen Schreibtisch zurück, um auf die kleinen grünen Symbole auf dem Bildschirm zu starren.

Am Abend, während er immer noch versucht, eine Funktion für Basileus zu finden, ertappt sich Cunningham dabei, daß er an Dämonen denkt und an einen Dämon, der nicht in der klassischen Dämonologie vorkommt – Maxwells Dämon, den der Physiker James Clerk Maxwell erdacht hat, um schnelle Moleküle in die eine Richtung und langsame in die andere zu lenken und so eine ultrawirksame Methode zum Heizen und Kühlen zu bekommen. Vielleicht könnte für Basileus eine Art Filterfunktion entworfen werden. Vorige Woche haben sich ein paar von den erleseneren Engeln über ihre Nähe zu gewissen gefallenen Engeln im Computer beklagt. »Auf dieser Festplatte ist ein Geruch von Schwefel, der mir nicht gefällt«, hat Gabriel gesagt. Cunningham überlegt, ob er aus Basileus eine Art Verkehrsposten im Programm machen kann: Er soll da drin sitzen und die himmlischen Engel in den einen Sektor der Platte schicken, die gefallenen in einen anderen.

Der Gedanke gefällt ihm ungefähr dreißig Sekunden lang. Dann sieht er, wie durch und durch trivial er ist. Er braucht keinen Engel für eine solche Aufgabe, ein bißchen einfache Software kann das erledigen. Cunninghams Korollar zu Kants kategorischem Imperativ: *Verwende nie einen Engel als gewöhnliche Software.* Er lächelt, vielleicht zum ersten Mal diese Woche. ER braucht ja nicht einmal Software. Er kann das selbst machen, indem er einfach Himmelsfürsten einer Datei zuordnet und Dämonen einer anderen. Es war ihm nicht notwendig erschienen, die Engel derart zu separieren, sonst hätte er es von Anfang an getan. Doch da sie sich nun beklagten …

Er beginnt ein Sortierprogramm zusammenzuwerfen, um die Dateien zu sortieren. Es hätte ein paar Minuten dauern müssen, doch er stellt fest, daß er grob und ungenau arbeitet, ungewöhnlich nachlässig. Mit einem kurzen Fingerdruck löscht er sein Werk. Gabriel muß noch ein Weilchen mit dem Schwefelgeruch auskommen, denkt er.

Er spürt einen dumpfen pochenden Schmerz direkt

hinter den Augen. Seine Kehle ist trocken, die Lippen kommen ihm ausgedörrt vor. Basileus muß wohl auch noch etwas warten. Cunningham ruft einen anderen Engel auf, läßt seine Finger die Auswahl treffen und sieht sich einem Engel mit leerem Gesicht und schimmernder Metallhaut gegenüber. Einer von den frühen, vergegenwärtigt sich Cunningham. »Ich erinnere mich nicht an deinen Namen«, sagt er. »Wer bist du?«

»Ich bin Anaphaxeton.«

»Und deine Funktion?«

»Wenn mein Name laut ausgesprochen wird, werde ich die Engel veranlassen, das gesamte Universum vor die Schranken des Jüngsten Gerichts zu befehlen.«

»Jesus«, sagt Cunningham. »Ich will dich heute nacht nicht.«

Er schickt Anaphaxeton fort und trifft auf den dunklen Engel Apollyon – Fischschuppen, Drachenflügel, bloße Füße, er atmet Feuer und Rauch und hält den Schlüssel zum Höllenabgrund. »Nein«, sagt Cunningham und ruft Michael auf, der mit gezogenem Schwert über Jerusalem steht, und schickt ihn fort, nur um einen Engel mit 70 000 Füßen und 4000 Flügeln auf dem Bildschirm vorzufinden, der Azrael ist, der Todesengel. »Nein«, sagt Cunningham abermals. »Nicht du. O Gott!« Eine rachsüchtige Armee wimmelt in seinem Computer. Über seinen Bildschirm zieht wie Schneegestöber ein Regiment von Flügeln, Augen und Schnäbeln. Er erschaudert und fährt das System für heute herunter. Jesus, denkt er. Jesus, Jesus, Jesus. Die ganze Nacht über explodieren Sonnen in seinem Gehirn.

Am Freitag kommt sein Vorgesetzter, Ned Harris, ungewöhnlich leutselig an seinen Schreibtisch geschlendert und fragt, ob er am Wochenende irgend etwas Interessantes vorhat. Cunningham zuckt mit den Schultern. »Eine Party Samstagabend, das wird alles sein. Wieso?«

»Ich dachte, du könntest auf eine Angeltour gehen oder so. Sieht nach dem letzten Wochenende aus, ehe die Regenzeit einsetzt, meinst du nicht?«

»Ich bin kein Angler, Ned.«

»Mach irgendeinen Ausflug. Du könntest nach Monterey runterfahren. Oder hoch ins Weinland.«

»Worauf willst du hinaus?«

»Du siehst aus, als ob du mal ausspannen müßtest«, sagt Harris liebenswürdig. »Ein paar Tage Urlaub. Du hast so schwer Zahlen geknackt, daß sie anfangen, dich zu knacken, würde ich sagen.«

»Merkt man das?«

Harris nickt. »Du bist erschöpft, Dan. Das sieht man. Wir sind hier ein wenig wie Fluglotsen, arbeiten so schwer, daß wir anfangen, von Punkten auf dem Schirm zu träumen. Das bringt nichts. Sieh zu, daß du aus der Stadt kommst, Mann. Das Verteidigungsministerium kommt eine Weile ohne dich aus. Okay? Nimm dir den Montag frei. Meinetwegen auch den Dienstag. Ich kann es mir nicht leisten, daß ein heller Kopf wie deiner vor Erschöpfung durchdreht, Dan.«

»In Ordnung, Ned. Klar. Danke.«

Seine Hände zittern wieder. Seine Fingernägel sind farblos.

»Und starte früh genug ins Wochenende. Du brauchst heute nicht bis vier hier herumzusitzen.«

»Wenn das in Ordnung geht ...«

»Mach los. Husch!«

Cunningham schließt seinen Schreibtisch und geht unsicheren Schrittes aus dem Gebäude. Die Sicherheitsposten winken ihm zu. Jedermann scheint zu wissen, daß er vorzeitig nach Hause geschickt worden ist. Ist das die Situation, wenn man während der Arbeit zusammenbricht? Er läuft ein Weilchen auf dem Parkplatz umher, unsicher, wo er seinen Wagen gelassen hat. Schließlich findet er ihn und fährt mit knapp fünfzig

Stundenkilometern nach Hause, wobei er ständig angehupt wird, als er die Autobahn entlangzottelt.

Er setzt sich erschöpft an seinen Computer, startet das System und ruft Harahel. Der Engel der Computer wird ihn wohl kaum mit derlei apokalyptischen Dingen behelligen.

Harahel sagt: »Also, wir haben dein Problem mit Basileus für dich geklärt.«

»Tatsächlich?«

»Uriel hatte den grundlegenden Einfall, ausgehend von deiner Bemerkung über den Maxwellschen Dämon. Israfel und Azrael haben sie etwas weiterentwickelt. Es wird ein Engel benötigt, der Gottes Gerechtigkeit und Gottes Gnade verkörpert. Ein Bewerter, ein filternder Engel. Er wägt die Taten ab und kommt zu einem Urteil.«

»Was ist daran neu?« fragt Cunningham. »Dieses Prinzip ist in jede Mythologie seit Sumer und Ägypten eingebaut. Es gibt immer einen Mechanismus, um die Seelen der Toten zu bewerten – diese kommen ins Paradies, jene in die Hölle …«

»Warte«, sagt Harahel. »Ich war noch nicht fertig. Ich spreche nicht von der Bewertung einzelner Seelen.«

»Was soll dann bewertet werden?«

»Welten«, erwidert der Engel. »Basileus wird der Richter von Welten sein. Er unterzieht einen ganzen Planeten der Prüfung und entscheidet, ob es Zeit für die Posaunen des Jüngsten Tages ist.«

»Ein Teil des Mechanismus der Jüngsten Gerichts, meinst du?«

»Genau. Er ist derjenige, der die Beweise Gott unterbreitet und ihm hilft, sein Urteil zu fällen. Und dann ist er es, der Israfel beauftragt, die Posaune zu blasen, und er ist es, der den Namen Anaphaxetons ausruft, um jeden vor die Schranken zu holen. Er ist der oberste Engel der Apokalypse, der Vernichter von Welten. Und wir dachten, du könntest ihn aussehen lassen wie ...«

»Ach«, sagt Cunningham. »Nicht jetzt. Laß uns ein andermal darüber reden.«

Er fährt das System herunter, gießt sich einen Drink ein, sitzt da und starrt zum Fenster hinaus auf den großen Eukalyptusbaum vor dem Haus. Nach einer Weile beginnt es zu regnen. Doch kein so gutes Wochenende, um aufs Land zu fahren, denkt er. Er schaltet den Computer an diesem Abend nicht mehr ein.

Trotz alledem geht Cunningham zu der Party. Joanna ist nicht da. Sie hat am späten Samstagnachmittag angerufen und abgesagt, sich auf eine schlimme Erkältung berufen. Er hört keine Heiserkeit in ihrer Stimme, aber vielleicht sagt sie die Wahrheit. Oder möglicherweise hat sie für den Samstagabend etwas Besseres gefunden. Aber er ist schon darauf eingestellt, zu einer Party zu gehen, und er ist so müde, so ausgelaugt, daß es mehr Mühe kostet, sein inneres Programm zu ändern, als den ursprünglichen Plan durchzuziehen. Also fährt er am Abend gegen acht durch leichten Nieselregen nach San Mateo.

Wie sich zeigt, findet die Party auf den glamourösen Hügeln westlich der Stadt statt, aber in einem kleinen engen Mehrfamilienhaus nahe dem Stadtzentrum, möbliert mit Stühlen, Sofas und Bücherregalen, die aus der Collegezeit von irgend jemandem zu stammen scheinen. Eine billige Anlage spielt die Popmusik von vor zehn Jahren, und ein flackernder Bildschirm liefert eine grobschlächtige computergenerierte Lightshow. Der Gastgeber ist so etwas wie der Marketingleiter für eine große Videospiel-Firma in San Jose, und die meisten Gäste sehen auch ein bißchen wie Mitarbeiter aus. Der Futurologe aus New York hat sich entschuldigen lassen, die berühmte Soziobiologin hat es auch nicht fertiggebracht zu kommen, die Videodichter sind zwei Schwule aus San Francisco, die nur miteinander reden und immer in der Nähe der Bar bleiben, der Experte für den Sprachunterricht für Schimpansen ist im rotgesichtigen und schwitzenden Stadium der Trunkenheit und versucht eine mollige Frau zu verführen, die mit astrologischem Schmuck behängt ist. Cunningham treibt fühllos durch die Party, als bestehe er aus Ektoplasma. Er spricht mit niemandem, niemand spricht mit ihm. Ein paar Krüge Rotwein stehen auf einem Tisch am Fenster, und er gießt sich ein Glas ein. Da steht er, reglos, von Trägheit gefangen. Er stellt sich vor, wie er plötzlich eine Rede über Engel hält und allen erzählt, wie Ithuriel Satan im Garten Eden mit seinem Speer berührte, als der Böse neben Eva kauerte, und wie der Hierarch Ataphiel den Himmel in der Schwebe hält, indem er ihn auf drei Fingern balanciert. Doch er schwieg. Nach einer Weile nähert sich ihm eine schlanke, ledrig aussehende Frau mit glitzernden Augen und sagt: »Und was machen Sie?«

»Ich bin Programmierer«, sagt Cunningham. »Meistens rede ich mit Engeln. Aber ich arbeite auch für die Nationale Verteidigung.«

»Mit Engeln?« sagt sie und lacht spröde und klirrend. »Sie reden mit Engeln? Das hat mir noch nie jemand erzählt.« Sie gießt sich einen Drink ein und geht rasch woanders hin.

»Engel?« sagt die astrologische Frau. »Hat jemand ›Engel‹ gesagt?«

Cunningham lächelt, zuckt mit den Schultern und schaut aus dem Fenster. Es regnet stärker. Ich sollte nach Hause fahren, denkt er. Es hat absolut keinen Sinn, hierzubleiben. Er füllt sein Glas erneut. Der Schimpansenmann bearbeitet immer noch die Astrologin, doch sie scheint zu versuchen, ihn loszuwerden und zu Cunningham herüberzukommen. Um mit ihm

Engel zu erörtern? Sie hat schwere Brüste, sieht ein bißchen glotzäugig und schlampig aus. Er möchte mit ihr nicht über Engel reden. Er möchte mit niemandem über Engel reden. Er behält seinen Platz am Fenster, bis es endgültig so aussieht, als sei die Astrologin unterwegs zu ihm; dann treibt er zur Tür. Sie sagt: »Sagten Sie nicht, daß Sie sich für Engel interessieren? Engel sind eine Spezialität von mir, wissen Sie. Ich habe Studien mit …«

»Angeln«, sagt Cunningham. »Ich arbeite mit Angeln. Das habe ich gesagt. Ich bin Sportangler.«

»Warten Sie«, sagt sie, doch er geht an ihr vorbei und in die Nacht hinaus. Er braucht ziemlich lange, bis er seinen Schlüssel gefunden und den Wagen geöffnet hat, und der Regen durchweicht ihn bis auf die Haut, doch das kümmert ihn nicht. Kurz vor Mitternacht ist er zu Hause.

Er ruft Raphael auf. Der großartige Erzengel strahlt schönes goldenes Licht aus.

»Du wirst Basileus sein«, sagt Raphael zu ihm. »Wir haben darüber abgestimmt, Hierarchie für Hierarchie. Alle sind einverstanden.«

»Ich kann kein Engel sein. Ich bin ein Mensch«, erwidert Cunningham.

»Es gibt genug Präzedenzfälle. Henoch wurde in den Himmel entrückt und ein Engel. Ebenso Elias. Johannes der Täufer war eigentlich ein Engel. Du wirst Basileus sein. Wir haben schon das Programm für dich angefertigt. Es ist auf der Festplatte – ruf ihn einfach auf, und du wirst sehen. Dein eigenes Gesicht, das dich anschaut.«

»Nein«, sagt Cunningham.

»Wie kannst du ablehnen?«

»Bist du wirklich Raphael? Du klingst wie jemand von der anderen Seite. Ein Versucher. Asmodeus. Astaroth. Belphegor.«

»Ich bin Raphael. Und du bist Basileus.«

Cunningham überdenkt es. Er ist so hundemüde, daß er kaum eines Gedankens fähig ist.

Ein Engel. Warum nicht? Ein verregneter Samstagabend, eine beschissene Party, bohrende Kopfschmerzen: Komm nach Hause und stell fest, daß man dich zum Engel gemacht und dir einen hohen Platz in der Hierarchie eingeräumt hat. Warum nicht? Warum zum Teufel nicht?

»In Ordnung«, sagt er. »Ich bin Basileus.«

Er legt die Hände auf die Tasten und tippt eine einfache Formulierung ein, die direkt durch den Draht an das große nordkalifornische System des Verteidigungsministeriums geht. Mit einer Änderung von zwei Tasteneingaben schickt er dieselbe Botschaft an die Sowjets. Warum nicht? Redundanz ist die Seele der Sicherheit. Der Welt bleiben noch ungefähr sechs Minuten. Cunningham war schon immer gut im Umgang mit Computern. Er kennt ihre geheime Sprache wie kaum jemand vor ihm.

Dann holt er Raphael wieder auf den Bildschirm.

»Du solltest dich selbst als Basileus sehen, solange noch Zeit ist«, sagt der Erzengel.

»Ja. Natürlich. Wie lautet der Zugangsschlüssel?«

Raphael sagt es ihm. Cunningham gibt ihn ein.

Komm schon, Basileus! Wir sind eins!

Cunningham starrt mit wachsender Verwunderung und Freude auf den Bildschirm, während die Uhr weitertickt.